新编公共行政与公共管理学系列教材

社会保障教程
Social Security Coursebook

李连友　/主编

图书在版编目（CIP）数据

社会保障教程/李连友主编.—北京：北京大学出版社，2022.11
新编公共行政与公共管理学系列教材
ISBN 978-7-301-33491-1

Ⅰ.①社…　Ⅱ.①李…　Ⅲ.①社会保障—高等学校—教材　Ⅳ.①C913.7

中国版本图书馆 CIP 数据核字(2022)第 188808 号

书　　　名	社会保障教程 SHEHUI BAOZHANG JIAOCHENG
著作责任者	李连友　主编
责 任 编 辑	梁　路
标 准 书 号	ISBN 978-7-301-33491-1
出 版 发 行	北京大学出版社
地　　　址	北京市海淀区成府路 205 号　100871
网　　　址	http://www.pup.cn
新 浪 微 博	@北京大学出版社　　@未名社科-北大图书
微信公众号	ss_book
电 子 信 箱	ss@pup.pku.edu.cn
电　　　话	邮购部 010-62752015　发行部 010-62750672 编辑部 010-62765016
印 　刷　者	天津中印联印务有限公司
经 　销　者	新华书店
	730 毫米×980 毫米　16 开本　27.75 印张　513 千字 2022 年 11 月第 1 版　2022 年 11 月第 1 次印刷
定　　　价	79.00 元

未经许可，不得以任何方式复制或抄袭本书之部分或全部内容。
版权所有，侵权必究
举报电话：010-62752024　电子信箱：fd@pup.pku.edu.cn
图书如有印装质量问题，请与出版部联系，电话：010-62756370

前　言

社会保障作为中国民生领域的基础性制度安排,既是保障人民生活的"安全网"和共同富裕的"推进器",同时也发挥着促进社会经济健康发展的"稳定器"作用。经过多年的制度建设与探索,中国基本建成了包括社会保险、社会救助、社会福利、社会优抚在内的具有鲜明中国特色、世界上规模最大、功能完备的社会保障体系。在社会科学学科体系中,社会保障是公共管理一级学科下属的分支学科,是新兴的理论性、应用性、交叉性和综合性较强的学科方向之一。随着社会保障制度体系的日益完备,立足新时代国家发展需求和普惠性、基础性、兜底性民生建设要求,扩展社会保障学理论及其政策实践的内涵具有时代迫切性。党的十八大以来,中国社会保障制度逐渐走向成熟、稳定,但也有许多新的发展和变革。一些学者从理论建构和政策引领层面开展社会保障研究,产出了一批具有国际视野、中国特色的社会保障理论和实践成果。进入 21 世纪以来,国内外已出版的社会保障相关教材内容更新却相对滞后,尤其中国的多层次、多支柱社会保障框架体系和相关政策研究亟待系统性梳理与整合。

本书是国家社会科学基金重大项目"积极老龄化的公共政策与法治问题研究"(批准号 19ZDA158)和湖南大学公共管理学院 2021 年"高水平教材培育"项目资助的研究成果,也是湖南大学社会保障教学科研团队多年教学积累和学术合作的结晶。湖南大学在老年社会保障和社会保险精算方面有专门的教学科研团队。本教材在编撰过程中,在借鉴既有研究的基础上,吸取了湖南大学教学科研团队积累的学术思想。本教材将社会保障理论和政策实践、国际学术前沿和中国社会保障特色有机地融合在一起，密切结合国内外社会保障内容体系的新发展和新理念的演进特征，综合概括了国内外社会保障学的新情况，重点反映了社会保障领域的热点理论问题和改革方向，如社会保障领域的制度完善、社会救助政策的内容拓展、特殊群体保障和服务等，并且突出了党的十八大以来我国社会保障制度改革和发展的重要举措、实践成就。本教材不仅聚焦社会各阶层密切关注的社会保险、社会福利、社会救助等传统意义上的社会保障内容，而且立足新时代下社会保障渐进式改革和多层次发展特征，与时俱进地加入了社会保险精算、残疾人福利等其他同类教材较少涉及的内容，为读者打开了一扇追踪和挖掘中国特色社会保障知识体系和政策体系的窗户。

本教材结合社会保障学的理论框架，遵循多层次、多支柱社会保障体系的要义，设计了社会保障总论、社会保险、社会救助、福利服务几大版块。其中，社会保障总论包括第一章至第四章。第一章讲解了社会保障学的学科属性、相关概念、学科发展、理论框架和方法体系等。第二章为社会保障的产生与发展，主要讲早期社会保障思想的产生以及现代社会保障制度的建立、发展与成熟，分析了社会保障制度的改革与调整，展望了社会保障制度的未来。第三章分析了主要的社会保障理论，包括马克思主义社会保障思想、福利经济学理论和社会福利理论。第四章从社会保障的管理运营入手，阐述了社会保障基金管理、行政管理、预算管理、信息管理和法治建设等内容。第五章至第十一章为社会保险版块的内容，以养老保险、企业年金、医疗保险与生育保险、长期护理保险、工伤保险、失业保险和社会保险精算等为主要内容，介绍了社会保险各子项目的定义、特征、功能、原则、典型模式、政策实施情况，着重介绍了社会保险精算的基本原理。第十二章至第十四章为社会救助版块，包括基本生活救助、专项社会救助、急难社会救助，主要讲解国内外社会救助的基本内涵、主要内容以及我国社会救助的发展历程和实践特征。第十五章至第十八章为福利服务版块，包括老年人福利、妇女儿童福利、残疾人福利、住房保障，梳理了特定群体的福利服务概念、内容、功能、主要实践，并着重总结了我国福利服务的现状、问题和未来发展方向。

本书由李连友教授主编。各章的具体写作分工如下：

第一章：李连友、乌晓琳；

第二章：李连友、李磊；

第三章：杨晶、龚茴茴；

第四章：何文；

第五章:杨晶;

第六章:刘革;

第七章:何文;

第八章:江海霞;

第九章:刘中海、乔庆梅;

第十章:龚茴茴;

第十一章:张宁;

第十二章:万旋;

第十三章:周蔚、何文;

第十四章:万旋;

第十五章:江海霞;

第十六章:王楠;

第十七章:万旋;

第十八章:王斯亮;

全书由李连友教授总纂定稿。

在本教材付梓之际,衷心感谢北京大学出版社的支持和帮助!本教材在编写过程中,吸收借鉴了大量有价值的国内外社会保障教材和相关文献研究成果,在此一并感谢!书中难免出现纰漏之处,恳请学界同仁和广大读者批评指正!

编 者

2022 年 10 月

目 录

总 论

第一章 绪 论 / 3
  第一节 社会保障学的学科属性与研究内容 / 3
  第二节 社会保障相关概念 / 4
  第三节 社会保障学与其他学科的关系 / 11
  第四节 社会保障学的学科发展 / 14
  第五节 社会保障学的理论框架 / 17
  第六节 社会保障学的方法体系 / 22

第二章 社会保障的产生与发展 / 26
  第一节 前工业社会时期社会保障制度的萌芽与探索 / 26
  第二节 工业社会时期社会保障制度的产生与发展 / 32
  第三节 社会保障制度改革与后工业时代的新发展趋势 / 47

第三章 社会保障的理论基础 / 58
  第一节 马克思主义社会保障思想 / 58
  第二节 福利经济学理论 / 65
  第三节 社会福利理论 / 71

第四章　社会保障的管理运营 / 83

第一节　社会保障管理概述 / 83

第二节　社会保障基金管理 / 84

第三节　社会保障行政管理 / 88

第四节　社会保障预算管理 / 92

第五节　社会保障信息管理 / 97

第六节　社会保障法治建设 / 100

分论一　社会保险

第五章　养老保险 / 107

第一节　养老保险概述 / 107

第二节　国外典型养老保险制度模式 / 109

第三节　我国养老保险制度体系 / 111

第四节　养老保险的投资运营与监督管理 / 121

第六章　企业年金 / 129

第一节　企业年金概述 / 129

第二节　国际典型企业年金计划 / 135

第三节　我国企业年金发展状况 / 143

第七章　医疗保险与生育保险 / 156

第一节　医疗保险与生育保险概述 / 156

第二节　国外典型医疗保障制度模式 / 158

第三节　我国医疗保险与生育保险制度 / 167

第八章　长期护理保险 / 178

第一节　长期护理保险概述 / 178

第二节　长期护理保险制度模式 / 184

第三节　我国长期护理保险制度试点情况 / 194

第九章　工伤保险 / 205

第一节　工伤保险概述 / 205

第二节 我国工伤保险制度内容 / 207
第三节 我国工伤保险制度的发展 / 210
第四节 工伤预防 / 213
第五节 工伤康复 / 215
第六节 国外典型工伤保险制度模式 / 217

第十章 失业保险 / 225

第一节 失业保险概述 / 225
第二节 国外典型的失业保险制度模式 / 232
第三节 我国失业保险制度发展及现状 / 240

第十一章 社会保险精算 / 248

第一节 社会保险精算概述 / 248
第二节 社会保险精算方法 / 251
第三节 养老保险的精算分析 / 263
第四节 医疗保险的精算分析 / 272

分论二 社会救助

第十二章 基本生活救助 / 289

第一节 社会救助概述 / 289
第二节 最低生活保障 / 295
第三节 特困人员救助供养 / 300

第十三章 专项社会救助 / 304

第一节 医疗救助 / 304
第二节 教育救助 / 309
第三节 住房救助 / 313
第四节 就业救助 / 318
第五节 灾害救助 / 323
第六节 法律救助 / 327

第十四章　急难社会救助 / 334
　　第一节　急难社会救助概述 / 334
　　第二节　临时救助 / 336
　　第三节　生活无着的流浪乞讨人员救助 / 340
　　第四节　突发公共事件困难群众急难救助 / 343

分论三　福利服务

第十五章　老年人福利 / 349
　　第一节　老年人福利概述 / 349
　　第二节　老年人福利的国际经验 / 352
　　第三节　我国老年人福利 / 360

第十六章　妇女儿童保障与福利 / 366
　　第一节　妇女福利概述 / 366
　　第二节　妇女福利的国际经验 / 370
　　第三节　我国妇女福利事业 / 373
　　第四节　儿童福利概述 / 376
　　第五节　儿童福利的国际经验 / 381
　　第六节　我国儿童福利事业 / 385

第十七章　残疾人福利 / 390
　　第一节　残疾人福利概述 / 390
　　第二节　残疾人福利的提供 / 394
　　第三节　我国残疾人福利制度的发展 / 399

第十八章　住房保障 / 409
　　第一节　住房保障概述 / 409
　　第二节　住房保障的国际经验 / 414
　　第三节　我国的住房保障 / 421

总　论

第一章 绪 论

本章概要

本章主要讲解了社会保障学的学科性质、理论框架、方法体系,及社会保障相关概念,以帮助学生了解社会保障学科全貌,掌握社会保障学科属性、基本理论框架及主要研究方法,初步理解社会保障问题研究的复杂性及社会保障学科的多元性。

第一节 社会保障学的学科属性与研究内容

一、社会保障学的学科属性

社会保障学是一门新兴的社会科学。它是"一门相对独立的学科,即是在经济学、政治学、社会学等多学科的基础上发展起来的一门独立的、交叉的、处于应用层次的社会科学"[1],是"研究国家、社会和个人如何在自身能力范围内应对居民生产、生活及发展过程中面临各种可能风险(如贫困、失业、疾病、伤残、老年等)所带来的经济损失和生活困境的方法、策略和措施;研究如何改善人们的生存和生活条件以最大化地增进人类社会福利的一门科学"[2]。

---

[1] 郑功成:《论社会保障领域的理论建设》,《中国社会保险》1995年第7期,第8—19页。转引自郑功成主编:《社会保障概论》,复旦大学出版社2005年版,第7页。

[2] 杨翠迎主编:《社会保障学》,复旦大学出版社2015年版,第3页。

二、社会保障学的研究内容

一门学科要单独成立,首要的条件就是有明确的研究对象。"科学研究的区分,就是根据科学对象所具有的特殊的矛盾性。因此,对于某一现象的领域所特有的某一种矛盾的研究,就构成某一门科学的对象。"[①]社会保障学的研究对象是社会保障制度,也就是说,社会保障学是研究社会保障制度运行规律的一门综合性的社会科学。

作为一门研究人类社会保障实践活动及其发展规律的新兴学科,社会保障学的研究内容由三部分组成:社会保障学的基础理论问题、社会保障学的实践应用理论问题,以及社会保障学的管理理论问题。

其中,社会保障学的基础理论问题研究主要包括:(1)社会保障基本理论,如基本概念、内涵、特点、功能、基本内容、基础理论、经典实践案例等;(2)社会保障模式研究,如社会保障的演变、社会保障体系的形成、社会保障模式特点等。

由于社会保障实践按照应用领域可分为社会保险、社会救助、福利服务等部分,因此,社会保障学的实践应用理论问题研究就主要包括各部分实践在基本概念、内涵、特点、功能、基本内容及体系、保障模式等方面的研究。

社会保障学的管理理论问题研究主要包括:(1)社会保障管理研究,如社会保障资金供给、管理及其运营等研究;(2)养老保障、医疗保障、劳动保障、社会救助、社会福利以及住房保障政策研究;(3)社会保障法制的研究等。

第二节 社会保障相关概念

一、社会保障的定义

"社会保障"源于英文"social security",直译为"社会安全或社会保护"。社会保障是一个十分古老的问题。自古以来,总有一部分社会成员由于各种原因陷入生活困境,需要政府、社会或他人援助才能避免生存危机。为维护社会稳定,缓解阶层矛盾,各国政府在较早时期便制定实施诸如救灾、济贫等社会政策。19世纪末,德国首次建立了社会保障制度。相较而言,"社会保障"一词问世较晚,它出自美国1935年颁布的《社会保障法》。1938年,新西兰通过一项法案,把社会救济、社会保险的所有单项法规合并,称为"社会保障制度"。1944年,第26

---

① 《毛泽东选集》(第一卷),人民出版社2006年版,第309页。

届国际劳工大会通过的《费城宣言》正式使用"社会保障"一词,现代意义上的社会保障概念逐渐形成。

由于社会保障受到政治、经济、社会、文化等诸多因素的影响,各国具体国情的不同又使其在社会保障制度实践中出现较大差异,因此,世界各国、各地区对社会保障的认识和理论界定存在差异。总体上,各国、各地区将社会保障看成:(1)一种确保社会生活安定、促进社会稳定和经济发展的社会机制;(2)一种社会安全制度;(3)一种公共福利计划;(4)一种社会保险制度;(5)一种预防、解决社会问题的安全网;(6)一种经济分配方式;(7)一种法律制度;(8)一种社会政策。这些观点从不同的视角界定了社会保障,反映了当代世界各国国情差异与各国社会保障制度多样化相吻合的一种客观现象。

总而言之,社会保障是指以政府为主体,依据法律规定,通过国民收入再分配以及基本公共服务提供等方式,对公民在暂时或永久失去劳动能力以及生活发生困难时给予物质帮助,保证其基本生活,以及全面增进全体公民社会福利的一系列有组织的举措和制度安排。

二、社会保障的性质

社会保障的性质是指其内在的质的规定性,具体体现在自然属性、社会属性、劳动属性和分配属性等方面。

(一) 社会保障的自然属性

社会保障的自然属性体现在两个方面:(1)不论社会制度为何,一个国家都要有社会保障,这是社会化大生产条件下生产力发展的客观要求。(2)社会保障是国民收入社会化配置的一种再分配形式,劳动者的社会保障不是宗教的社团慈善事业,也不是政府济贫性质的单纯的社会伦理调节,而是劳动力再生产的组成部分,是一定社会经济形态下的法定的分配制度。不同社会制度下社会保障的自然属性使得社会保障具有连续性。社会主义的社会保障是汲取了资本主义的社会保障中合理的成分发展而成的。

(二) 社会保障的社会属性

社会保障具有社会属性是由于社会保障是一种分配关系,它的性质是由社会生产关系的性质决定的,是社会生产关系在社会保障领域的体现。社会生产关系有两个层次:一是决定生产关系性质的基本关系和基本制度;二是生产关系的基本关系和基本制度的实现形式和运行机制。社会生产关系的基本制度和具体实现形式是两个根本不同的问题,在不同的基本制度下,具体实现形式可以相同;在相同的社会经济制度下,由于客观条件不同,具体实现形式也可以不同。具体实现形式受生产力发展水平的制约。社会保障的社会属性是由社会生产关系基本制度的性质决定的,因而在不同的社会形态下,社会保障所体现的分配关系是不同的。

(三) 社会保障的劳动属性

社会保障的劳动属性可以从必要劳动和剩余劳动两个方面理解:

1. 必要劳动

劳动者及其家属的社会保障(包括职工福利)属于必要劳动,就是花费在直接用于生产者个人及其家庭消费那部分产品上的劳动,也就是为维持劳动力再生产所必需的劳动。[①] 而劳动者的社会保障就是保证劳动者恢复和延续劳动力以及在丧失劳动能力时获得生活必需品的一种手段。医疗保障是恢复劳动者身体健康,使劳动力再生产能够正常进行所必需的;产假补助及子女的社会保障是劳动力不断更新所必需的;退休养老保障则是在劳动者年老丧失劳动能力时保证其能维持基本生活所必需的。

2. 剩余劳动

没有劳动能力的人和不与劳动挂钩的社会保障项目,如社会救济、社会优抚、社会福利等,属于剩余劳动。例如,对生活水准在平均基本生活线以下的贫困户、贫困者提供的社会救济,为残疾人和无生活来源、无人赡养的社会孤老举办的社会福利事业,虽然其用途也是生活消费,保证满足相关人员的基本生活需要,但由于其资金来源不是由享受者用自己的劳动创造的,而是由物质生产部门劳动者向社会提供的剩余劳动转化而来的,因而属于剩余劳动范畴。

总而言之,社会保障的劳动属性包括必要劳动和剩余劳动。社会救济、社会优抚等的资金来源于剩余劳动部分是没有争议的。中国的社会保险(如医疗保险)包括一些劳动力再生产费用,也就是包括一部分必要劳动。伴随中国社会保险制度的完善,现阶段,一部分保险费用由劳动者个人承担,也就是说,劳动者将自己的必要劳动的一部分交给国家管理,作为社会保险基金的一个来源。由此,社会保障基金就应从劳动者创造的价值中扣除和储存,而且提供的必要劳动越多,扣除额和储存额也越多,享受保险金的数额也应该越多,这就可以将劳动者

---

① 在社会主义制度下,必要劳动采取劳动力再生产费用的形式。劳动力再生产费用由三部分组成:维持劳动者自身的劳动力再生产所必需的生活资料;维持劳动者家属的生活所必需的生活资料;劳动者的必要教育训练费用。

享受社会保障的权利与扣除、储存社会保障基金的义务紧密地结合起来,从而有利于克服职工中存在的社会保障由国家包揽的依赖思想,鼓励劳动者努力劳动,依靠自己的力量建立社会保障基金,并合理而节约地使用社会保障基金。

(四)社会保障的分配属性

以社会保障资金为例。社会保障的分配属性使得它通过社会保障资金的筹集与社会保障待遇的给付,在不同的保障对象之间横向调节着收入分配,同时在代际进行纵向收入分配的调节。社会保障的分配属性不仅影响不同阶层的社会成员之间的分配关系,而且影响国家与职工、国家与企业、企业与职工之间的分配关系,此外还影响了代际分配关系。因此,社会保障的分配属性在一定程度上有助于克服社会分配不公并缩小社会贫富差距。

三、社会保障的特征

社会保障是国家和社会建立的一系列有组织的保障措施和制度的总称。由国家组织和领导的社会保障,具有国家主体性、强制性、再分配性、基本生活保障性、社会性、互济性、储存性和福利性等特征。其中,国家主体性、强制性、再分配性和基本生活保障性是确立社会保障制度的基本要求。

(一)国家主体性

社会保障的国家主体性是指,有关社会保障的各项政策要由国家来制定,并且依靠国家力量来组织实施。现代社会保障的主要特征是政府普遍承担起对社会进行保护的责任,并通过国家立法和国家行政机器对社会保障系统进行规划、组织和管理,且社会保障的责任主体是政府。无论具体采用哪种模式,各国财政部门都不同程度地主动参与社会保障基金的管理和运营,并且绝大多数国家的社会保障基金的筹集、支出和管理都由政府负责,政府对社会保障财务负有最后的(并非完全的)责任。正如政府配置资源只需要政府做出配置决策一样,只要是由国家做出的收支决策,不论执行机关为谁,社会保障就仍然保有国家主体性的特性。

(二)强制性

国家主体性和强制性是密切联系的。国家是动员社会财富的最有效机器,是实现社会保障强制性的坚强后盾。社会保障制度关系到全体公民切身利益,作为市场经济的基础性构件之一,它既有延续性和稳定性,又有依据客观情势而修正的变动性。无论是稳定还是变动,都必须以法律规范为依据来确定社会保障各项内容。社会保障是国家依据相关法律和政策强制实施的行为。

社会保障的强制性主要体现为：

第一，社会保障的法制性。公民享受社会保障的权利与国家提供保障的责任或义务均由法律规定，社会保障的具体项目、内容、形式、标准及受益人资格条件均需要制定相应的法规予以明确；每一级管理机构的职能、责任、办事程序，每一项保障资金的征缴、支付、管理与营运原则和方法都应建立在法制化、规范化的基础之上。

第二，社会保障对主体的强制性。社会保障面向全体国民，只要符合社会保障有关法律规定，就必须参加并接受社会保障。即，社会保障依法强制符合条件的劳动者及其用人单位参加。同时，社会保障依法强制符合条件的劳动者及其用人单位在享受相应权利之前履行相应的义务（如缴费）。

第三，社会保障基金筹集方式的强制性。社会保障基金是社会保障事业稳步推进的前提。社会保障基金的筹集方式主要有两种：一是凭借国家的政治权力，通过税收制度实行强制性课征；二是通过颁发有关的法令、法规等进行强制性统筹，即采用社会统筹方式来建立基金。

（三）再分配性

再分配性是指，国家把劳动者个人已经得到或应该得到的一部分收入集中起来进行管理、运营和增值，按照国家法律规定进行再次分配。由国家出面统筹社会财富，保证社会保障所用财力来自全社会，使筹集起来的社会财富在最大时空范围内进行再分配，从而使社会保障的再分配性得以充分有效地实现。

（四）基本生活保障性

社会保障是社会按照一定时期的生产力发展水平，对生存遇到困难的社会成员予以物质帮助，以满足其基本生活需要。基本生活保障性是指，社会保障所要达到的目标是在社会成员处于幼、老、病、残、失业等困难的情况下，社会为其提供最基本的生活资助。若这部分人的基本生活需要得不到保障，那么他们的生存就可能面临威胁，进而影响社会安定。当然，社会保障水平是随生产力发展水平的提高而逐步提高的。无论在什么情况下，对社会成员的基本生活需要必须予以物质保证。有社会保障做保证，社会成员就具有安全感，就可以在心理上保持平衡，从而可以在安定的社会环境中从事创造性劳动。

（五）社会性

社会保障的社会性是与生俱来的，因为它是生产方式和生活方式社会化的产物。工业革命后,社会化大生产逐渐成为主要的生产方式,家庭的保障作用日益减弱,社会保障越来越成为一种迫切的社会需求。社会成员希望被纳入社会保障体系,以期在遭遇社会风险时可以获得一定的保障。社会保障的社会性体现在:社会保障要以国家为主体举办和组织实施;社会保障对象是全体社会成员;资金实行社会统筹和调剂,社会保障基金来源于国家财政拨款、各类社会组织和个人的捐赠和缴费;社会保障实行社会化管理,社会保障管理对全体社会成员负责,并建立全社会统一的法定基本社会保障制度。

(六)互济性

互济性体现在社会保障的国民收入再分配功能上。社会救助和社会福利的资金来自公民为社会剩余劳动提供的资金,体现了劳动者对非劳动者的无偿援助。不同公民的社会保障基金的扣除、储存、分配和使用,在数量上、时效上是不相同的。部分公民分配使用的数量可能多于扣除、储存数,其享受社会保障基金是"部分取之于己,部分取之于人";部分公民分配使用的数量少于扣除、储存数,其扣除、储存的社会保障基金是"部分用之于己,部分用之于人"。

(七)储存性

社会保障的储存性体现在建立并运营社会保障基金以使全体国民获得普遍的保障。社会保障基金是先行扣除、缴纳和储存,然后进行分配和使用的。即使是社会救济和社会福利的保障基金,也应通过扣除或其他途径储存起来。社会保障基金如果不进行事先扣除和储存,社会保障就得不到切实可靠的保证。社会保障的储存性意味着,社会保障基金的分配使用是将原来储存的社会保障基金返还给劳动者,其实质是"取之于己,用之于己;能劳动时储存,不能劳动时返还"。储存性还意味着,这部分基金形成后,除增值目的外,一般不用于生产,也不采取经济原则进行分配,以便在任何情况下都能满足社会保障的物质需求。

(八)福利性

社会保障的福利性是指,社会保障体现国家福利政策和福利分配,使公民在生活中都能享受到从国家和社会获得物质帮助的基本权利。社会保障的目的是当人们遭遇疾病、失业、灾害等情况时能获得物质帮助,满足其基本生活需求。所以,它不以获得利益为目标。作为社会保障的一部分,社会医疗保险的首要目标就是社会困难群体的医疗保障。[①]

[①] 邓大松、刘昌平等:《改革开放30年:中国社会保障制度改革回顾、评估与展望》,中国社会科学出版社2009年版,第100页。

四、社会保障的基本原则

社会保障的基本原则是指建立社会保障制度的指导思想和基本方针,也是社会保障理论的组成部分。社会保障的基本原则主要有公平与效率相协调原则、权利与义务相结合原则、社会保障水平适度原则等。

(一) 公平与效率相协调

所谓公平,就是公正、公道、平等、一视同仁、不偏不倚,一般是指所有参与者(个人或团体)的各项属性(包括投入、获得等)平均。公平与效率相协调原则所说的公平是指经济公平,即社会收入分配的公平,包括三个层级:一是机会公平或起点公平;二是过程公平;三是结果公平。机会公平是指社会为每个成员提供的获得收入的条件是平等的。过程公平是指规则公平。结果公平是指社会成员之间的收入分配保持在合理、适当的范围之内。所谓效率,是指资源投入与产出的比率。① 公平是人类的共同价值观;而效率则是节约资源、增加社会财富,从而满足人类需要的重要手段。因此,在实际操作中,我们必须坚持公平与效率相协调的根本原则,不能片面地追求公平而丧失效率,也不能因追求效率而牺牲公平。社会保障制度的建立和落实也不例外。

在社会保障制度制定和实施的过程中,坚持公平与效率相协调原则就是正确认识公平与效率对立统一的辩证关系。两者的统一性表现在:一方面,效率是公平的物质前提。社会公平的逐步实现只有在发展生产力、提高经济效率、增加社会财富的基础上才有可能。没有效率作为前提和基础的公平只能导致平均主义和普遍贫穷。另一方面,公平促进效率。政策、制度属于上层建筑领域,它们的公平与否直接影响效率。任何不公平的政策、制度都只能是对效率和社会活力的破坏。

(二) 权利与义务相结合原则

权利与义务紧密关联。公民要享受权利就必须承担义务,在履行了一定义务之后就应享受到保障的权利。公民既是权力的主体,也是义务的主体,所以权利与义务是不可分割的。

一方面,现代社会保障以社会保障权利的基本人权属性为前提。社会保障

---

① 效率的提高意味着劳动生产率的提高、物质消耗的减少,同时意味着社会财富的增加、社会生产力的发展。分配领域所说的效率是指经济效率,即经济资源的配置状态。资源配置得当、利用充分,则资源配置效率高;反之,则是低效率或效率损失。帕累托最优是人们判断经济总体运行效率与社会福利大小的一个重要准则。

权是一项基本人权的思想已成为世界上大多数国家的共识和建构现代社会保障制度的基本立意。所以说,社会保障是保障人权的基本手段。社会保障在经历了一百多年的演变之后,成为实现人权的有效途径,而保障人权也成为建立和完善社会保障制度的出发点之一。

另一方面,与权利相伴随的是义务。社会成员作为义务主体要履行应尽的义务,才能取得作为权利主体的资格。这里的义务包括两个层次:一是劳动或工作义务,这是最基本的;二是捐献或缴费义务。

(三) 社会保障水平适度原则

社会保障水平代表着一个国家或地区给予公民保障的程度和水平。它既包含量的内容,又包含质的特征,是质与量的统一体。从量上讲,社会保障水平有"高"与"低"之分,通常用社会保障支出总额占国内生产总值的比重来衡量。从质上讲,社会保障水平有"适度"与"不适度"之分。其测定标准是,社会保障支出不仅要与国家经济发展水平相适应,而且要与各级政府、单位和个人的承受能力相适应;既要保障公民基本生活,又要促进国民经济的健康发展。

社会保障水平适度体现在社会保障应当与社会经济发展相协调。社会保障水平过高是指社会保障支出增长过快,超过了国民经济能够承受的范围。社会保障水平过低反映出社会保障的需求不能得到满足,其后果是社会保障应有的功能不能很好地实现,公民的基本生活不能得到有效保障,从而影响社会的安定与和谐,最终影响整个国民经济的发展。此外,社会保障的结构性不合理也是一种社会保障水平的"不适度"。

第三节 社会保障学与其他学科的关系

社会保障学是一门综合性学科,是研究复杂社会保障实践活动的科学。由于社会保障学与其他社会科学学科都致力于对人类社会的研究,从而它不可避免地会在研究对象、研究内容、研究方法等方面与其他学科相互交叉,产生联系。

一、社会保障学与社会学的关系

社会学是从整体上研究社会、社会发展以及社会问题的一门综合性学科。具体而言,社会学是对社会整体进行研究的科学,它通过研究社会整体及要素的相互关系、运动过程,认识其构成及变化、发展规律。社会学将社会看成一个整体。在社会发展的进程中,经济、政治、法律、文化、道德、思想、意识乃至存在的各种社会问题等,它们之间都是密切联系的。而社会学的优势正在于将社会看成一个整体,而这种整体观对于社会保障问题的解决有着非常直接的启示。

社会学与社会保障学联系紧密,主要体现在两个方面。一方面,社会学与社会保障学在研究领域、研究内容上存在高度交叉、重叠。在当前社会,流动人口权益保障、人口老龄化、劳动就业等问题既是社会学研究的核心问题,又是社会保障学研究的主要内容之一。另一方面,社会学为社会保障学奠定了必要而坚实的理论基础。社会学领域所有研究方法和理论基础在社会保障学科领域同样适用。正是二者在研究领域、研究内容上的高度交叉、重叠,才使得社会保障学与社会学在众多学科中关系最为密切。

二、社会保障学与人口学的关系

人口学是研究人口发展,人口与社会、经济、生态环境等相互关系的规律和数量关系及其应用的社会科学。人口学的研究对象是作为社会生活主体的人口的发展规律性,以及人口与社会、经济、环境等各因素间的本质联系。人口学的主要研究内容有人口变动与人口发展。人口变动主要是指出生、死亡、迁移等人口过程变动,年龄、性别等自然结构变动,城乡、地域、文化、职业、婚姻、家庭等非自然结构以及相关的特征变动。人口发展则指人口在与资源、环境、经济、社会的相互作用下的发展。

人口学与社会保障学在研究问题、理论研究、方法研究方面存在交叉。一方面,人口的生存、发展、教育、再生产以及人口流动等研究问题同样也是社会保障学研究和讨论的问题。另一方面,人口学为社会保障学研究提供了一定的理论基础与方法支撑。人口学与社会保障学同属社会科学,基于二者研究对象、研究内容的交叉性,研究方法的趋同性,人口学中的许多理论与研究方法同样适用于社会保障学的研究。

三、社会保障学与经济学的关系

经济学是研究各种经济活动和相应的经济关系及其运行规律的学科,其核心思想是物质稀缺性和资源的有效利用,由理论经济学和应用经济学两大领域构成。经济学是一门社会科学,需要从具体和一般两个角度对其进行考察。例如,经济史和经济统计研究的是个别的、具体的现象以及时空中个别的关系。经济政策和财政科学等应用性的经济学科则是在具体的情况下,根据某些基本性的原则,研究对应的行动策略。而对于类型及其典型关系的把握,则是理论经济学的任务。

社会保障学与经济学在研究内容上存在交叉,经济学理论与研究方法也为社会保障学的研究提供了一定的方法论基础。以金融学为例可进一步理解社会保障学与经济学的联系。

金融学是以货币为中心(或主线)专门研究货币及与货币运行有密切联系的信用、金融机构、金融市场的历史发展和金融运行规律的一门学科。金融学和社会保障学联系紧密。一方面,金融学与社会保障学在研究问题上存在交叉。例如,社会保障筹资问题、社会保障费率调整问题、社会保险基金可持续运营问题、社会保险精算问题等既属于金融学的研究范畴,也是社会保障学研究的重要问题。另一方面,金融学与社会保障学在实践中密不可分。金融学的基本理论与原理为社会保障问题的研究与业务实践提供较好的方法论基础。例如在养老领域,依托各类金融机构(银行、基金、保险、信托等)提供的非制度养老资产管理(商业养老保险、住房反向抵押贷款等)以及养老金融科技支持(适应老年群体的软硬件)等金融创新,可实现养老资金来源多元化。

四、社会保障学与管理学的关系

管理学着重研究在现有的条件下如何通过合理的组织及如何配置人、财、物等要素,有效提高生产力水平,实现组织的既定目标。它是系统研究管理活动的基本规律和一般方法的科学,是适应现代社会化大生产的需要而产生的。因此管理学是一门工具性质的学科。管理起源于人类的共同劳动,凡是有人类生活的地方,就必然有管理。通过管理,人们的生产、生活和其他活动才能有目的、有秩序地进行。

社会保障制度的实施过程体现为政府成立专门的社会保障机构,组织专业人员,运用现代管理学原理对社会保障活动进行决策、计划、监督、调节,以及对社会保障基金进行筹集、运营、管理和相关待遇给付等。这些活动可从社会保障的行政管理和社会保障的业务管理两个方面进行理解。社会保障的行政管理主要包括:社会保障立法;对社会保障政策和法令实施过程的监督和检查;受理社会保障方面的申诉;调解和裁决社会保障方面的纠纷;以及对管理人员进行招募和培训。社会保障的业务管理主要包括:建立社会保障的档案管理制度;建立严格的财务管理制度;建立社会保障待遇的申请、资格鉴定和审批制度;以及做好社会保障管理中的群众工作。

总的来说,社会保障学与管理学在研究对象、研究方法与研究目的上存在交叉。首先,社会保障学的研究对象可以囊括于管理学的宏观研究对象之中。其次,社会保障学的研究目的(使社会保障组织与管理部门更加高效地运作社会保障制度)与管理学的研究目的不谋而合。最后,管理学的大量理论、原则与方法为社会保障学提供了较好的方法论基础。

第四节 社会保障学的学科发展

一、国外社会保障学科的发展

社会保障学是与实践联系最为紧密的学科之一。国外社会保障学科始于相关部门解决的具体制度问题,发展于作为问题认识基础的政策分析与制度变迁等社会保障宏观问题,最终作为社会政策(或公共政策)归于公共管理范畴。因此,国外各大高校多将社会保障学科归于政治学学科或者公共政策和公共管理学科。[1]

自社会保障诞生以来,政府始终是社会保障体系中最重要的影响力来源。在不同时期、不同国家和地区以及不同的社会政治经济文化背景下,政府责任边界也在不断变化。

20世纪末,西方社会福利扩张时期结束,开始了长期具有"紧缩"特征的调整和改革。政府在控制社会福利开支、缩减社会福利项目等紧缩式的调整和改革过程中,往往面临着巨大的政治压力。这就需要政治学为政府提供一些可以减轻改革阻力的策略或技巧,例如模糊策略、分化策略、补偿策略、自动触发策略、学习和疲劳策略以及激进优先策略等。

社会政策是一种研究解决社会问题的科学,有广义和狭义两种解释。同时,社会政策又是现实世界中的一种社会行动,也就是说,社会政策的产生是社会经济制度发展的必然结果。作为一种实践,社会政策源于现代意义上的国家发展史,这一观点可从西方工业文明的发展历史中得到验证。在19世纪的欧洲,德国率先诞生了社会政策这门学科。"社会政策理论的方面,历史上发生最早而发达最盛的,就是德国。德国的经济学者,可说全部都是社会政策论者。因此,我们要知道社会政策思想的渊源,不能不就德国去考察。而德国社会政策思想产生的原因,也不过(一)是由于1870年前后欧洲经济生活的大变动,大家对于自由

---

[1] 杨翠迎主编:《社会保障学》,复旦大学出版社2015年版,第18页。

放任的学说生了反抗,(二)是受社会民主党和社会主义各种学说勃兴的影响。"① 德语的"社会政策"一词对应"Sociolopolitik"。德国历史学派代表人物瓦格纳将其定义为:"社会政策是依靠立法和行政手段,解决分配过程中不平等弊端的国家政策,其目的是缓解劳资关系及其他各阶级之间的矛盾,从而实现正义,促进社会的整体发展。"②伴随社会政策的系统化发展,总体来看,福利国家的新政治学、资本主义多样化和权力资源理论构成了社会政策研究的主要理论范式。

二、中国社会保障学科的发展

中国社会保障学科起源于中国特色社会保障制度。1986年,《国民经济和社会发展第七个五年计划(1986—1990)》第五十一章明确要求:"'七五'期间,要有步骤地建立起具有中国特色的社会主义的社会保障制度雏形。"在"七五"期间,"中国特色的社会主义的社会保障制度"这一建设目标的首次提出,决定了中国社会保障学科的独特性。

伴随着社会保障实践的长足进步,社会保障学科也得到蓬勃发展。1997年,《授予博士、硕士学位和培养研究生的学科、专业目录》首次提出设立社会保障这一学科,同行政管理、社会医学与卫生事业管理、教育经济与管理、土地资源管理等专业共同隶属管理门类公共管理一级学科。1998年又开设"劳动与社会保障"本科专业。

自社会保障学科建立以来,中国社会保障研究队伍不断壮大,社会保障理论指导实践、服务改革的能力不断提高,中国特色社会保障理论体系、学术体系、话语体系正在形成。中国社会保障学科的发展具体体现在师资力量不断壮大、各层次人才培养基础不断夯实、科研成果与交流平台规模不断发展这三个方面。

(一)师资力量不断壮大

中国第一代社会保障研究者基于不同学科背景,促进了社会保障多学科交叉研究格局的形成,并取得了丰硕的研究成果。在社会保障成为独立学科之前,政治学、经济学、社会学、管理学等学科领域的学者以跨界或兼职的方式开展社会保障研究。

政治学学科背景的学者将社会保障视为国家的义务和公民的权利,关注法律法规的建设以促进中国社会保障制度安排的公平性。经济学学科背景的学者

---

① 郭真:《社会政策ABC》,ABC丛书社1930年版,第8页。
② 何植民主编:《信毅教材大系:社会政策新论》,复旦大学出版社2018年版,第22页。

强调效率,重视社会保障领域的成本收益分析,力求社会保障的制度和行为具有可持续性。社会学学科背景的学者关注社会保障政策的可及性和不同社会群体成员的可得性,促进了社会保障政策与举措的精准性和有效性。管理学学科背景的学者们聚焦并通盘考虑相关各方的诉求、可供使用的资源和约束条件,尽可能地使相关各方满意,以确保社会保障政策与改革的可行性。

这些年来,来自不同学科的教师和研究者在社会保障领域共事合作,相互包容,优势互补,"仁者见仁也见智,智者见智也见仁",再加上越来越多的社会保障学科国内外新一代年轻学者的加盟,一支多元、高质量的师资队伍已基本形成。

(二)各层次人才培养基础不断夯实

根据《1998年度经教育部备案或批准设置的普通高等学校本科专业名单》,全国首批设立劳动与社会保障本科专业的学校为7所①,首批设置社会保障专业硕士点的高校为3所②。截至2020年底,共有167所高校开设社会保障本科专业,全国招收社会保障专业博士研究生的高校为38所(包括设有公共管理一级学科博士点的高校)③,涵盖综合类、财经类、理工类、师范类、民族类、农林类和医药类等多种类型的大学,其中部分高校还设有社会保障专业硕士和博士学位授权点,或是设有公共管理一级学科的硕士和博士学位授权点。

可见,从1998年至今,社会保障人才培养经历了从无到有的发展历程,建成了从本科、硕士、博士到博士后的完整学科专业体系。具有中国特色的社会保障理论教材体系和课程体系已基本形成,为社会保障各层次人才培养奠定了坚实基础。

(三)科研成果与交流平台规模不断发展

2001—2002年,6门主干课教材④作为教育部"面向21世纪课程教材"和《全

---

① 中国首批设立劳动与社会保障本科专业的学校为:中国人民大学、首都经济贸易大学、天津职业技术师范学院(现为天津职业技术师范大学)、山西财经大学、武汉大学、中南财经大学(现为中南财经政法大学)、四川大学。
② 中国首批设置社会保障专业硕士点的高校为:武汉大学、中国人民大学、辽宁大学。
③ 林闽钢:《构建中国特色社会保障学科——二十五年发展回顾与前瞻》,《西北大学学报(哲学社会科学版)》2021年第4期,第65—72页。
④ 这6门主干课程教材分别是:邓大松主编的《社会保险》;李珍主编的《社会保障理论》;穆怀中主编的《社会保障国际比较》;林义主编的《社会保险基金管理》;马培生主编的《劳动经济学》以及赵曼主编的《人力资源开发与管理》。

国普通高等学校劳动与社会保障专业主干课程教学基本要求》一起由中国劳动社会保障出版社公开出版。多年以来,这套教材和教学基本要求被广为采用。

2015 年中国社会保障学会成立,同时搭建的全国社会保障学术大会、全国社会保障教学研讨会、全国社会保障青年学者论坛、中国养老金高峰论坛等平台,为社会保障界的学术交流创造了条件。截至 2021 年 10 月,社会保障国际论坛已在中国、日本、韩国成功举办了 16 届。

2017 年创刊的中国社会保障学会会刊《社会保障评论》,填补了社会保障领域高端中文学术期刊的空白。《社会保障评论》致力于促进中国社会保障理论学术繁荣,为中国社会保障改革与制度建设提供理论支撑和理性建言。

第五节 社会保障学的理论框架

一、总论模式

社会保障学是一门交叉性学科,也是一门新兴学科。作为一门相对独立的学科,社会保障学所探究的是别的学科无法包容或无法完全包容的理论范畴。它所肩负的任务,不仅是要揭示和阐明社会保障制度产生与发展的一般规律和特殊规律,而且需要为社会保障政策的制定提供科学的依据,使社会保障政策与本国的国情及所处的时代相适应,帮助社会保障体系正常、健康、高效、持续运行。因此,社会保障学尤其强调将理论运用到实践中。

从现有的理论基础来看,社会保障学的理论体系尚未最终确立,其理论框架亦未定型,所以做社会保障学研究只能先将现实中的具体问题抽象化,然后再进行范畴比较研究。但是,根据社会科学研究的一般法则、社会保障制度的发展实践以及发达国家围绕社会保障问题已经取得的研究成果,仍然可以从总体上把握社会保障学的基本理论框架,它主要包括以下问题。

首先是社会保障的基础理论问题。这一层次除社会保障的一般理论或规律外,客观上还应当包括福利经济学、社会福利学等与社会保障的知识体系相结合的领域,这些领域堪称社会保障学的理论基石。其中,社会保障发展理论,社会保障结构理论,社会保障心理学与伦理学理论,社会保障与政治、社会、经济乃至意识形态的关系理论,社会保障学与政策学等相关学科的关系等,是这一层次理论的核心。

其次是社会保障的实践应用理论问题。这一层次探究的是社会保障各个子系统乃至各个具体保障项目的产生、发展及运行规律,它客观上表现为政策研究。其内容应当包括社会保险政策、社会救助政策、社会福利政策以及其他社会保障系统与各具体项目的政策研究。

最后是社会保障的管理理论问题。社会保障以政府与社会为责任主体,面向全体国民,可供分配的资源亦是一种公共资源,从而不仅需要强化管理,而且强调公共权力的介入。因此,社会保障学需要特别重视管理理论的研究。这一层次探究的是社会保障法制、社会保障管理体制、社会保障财务会计制度与统计制度、社会保障监控与预警等。政府介入的程度和调控手段以及具体的运行机制构成了这一层次理论的核心。

上述仅仅是一个简单的框架,但它已经勾画出社会保障学理论的基本轮廓。在发达国家,处于第一层次的社会保障基础理论是相当丰富的,这不仅表现在理论成果的数量与质量上,而且表现在许多具有世界影响力的代表性人物上,如20世纪20年代初期的福利经济学创始人庇古、1998年诺贝尔经济学奖获得者阿马蒂亚·森等,他们均因在福利经济学、贫困问题等方面的卓越研究成果而享誉世界。社会保障实践应用理论方面亦涌现出了英国国家福利蓝图的设计者贝弗里奇这样杰出的代表性人物。与发达国家相比,中国的社会保障学学科建设显然刚刚起步。

同时,社会保障问题的复杂性和社会保障学的多学科交叉性还决定了研究社会保障问题不能局限于传统的规范式研究方法,而是需要在立足现实的基础上,从发展的、开放的角度出发,选择科学的研究方法,包括纵向与横向结合的研究方法、定性分析与定量分析相结合的方法、多学科综合研究的方法等。社会保障客观上涉及经济、社会、政治等多个学科,它的发展需要多学科参与,它的理论体系也只有在多学科综合研究的基础上才能逐渐成熟起来。

二、分论模式

社会保障学理论框架的分论模式是指参照社会保障项目或者风险,从社会保障政策层面对社会保障学研究的内容进行分析,进而形成社会保障学分论概貌。其主要特点是以政策分析为主,对社会保障项目的原理和实践进行描述,探讨社会保障政策实践的演变规律。

分论模式的社会保障学理论框架体系主要包括两类:一是按照社会保障项目类型安排划分,二是按照保障风险安排划分。

(一)按照社会保障项目类型安排划分

按照社会保障项目类型安排划分的社会保障学理论框架是指,依据社会保障项目的资金来源与保障对象分类,将社会保障项目分为社会保险、社会救助、社会福利以及补充保障项目。

1. 社会保险

对社会保险的划分一般按保障项目背后的福利需求分类,包括养老保险(和企业年金)、医疗保险、失业保险、工伤保险和生育保险。

(1)养老保险和企业年金。

人口老龄化逐步成为世界性趋势,养老保险可以看作是对老龄化这一必然事件做出的补偿,其所保障的对象在社会保险的各险种中是最广泛的。其他社会保险项目的参加者由于风险发生概率等因素不一定都能享受到相应的待遇,而养老保险待遇的享受人群是最为确定和普遍的,几乎人人都会进入老年。养老保险是国家根据劳动者的体质和劳动力资源状况,确定年龄,允许劳动者达到这个年龄界限时可以解除劳动义务,完全或基本退出生产劳动或工作岗位,在年老丧失劳动能力的情况下,由国家或社会给予一定数量的收入补偿和物质帮助,以保障劳动者老年时期基本生活的一种社会保险制度。企业年金是补充性质的养老保险制度,与社会养老保险共同构成多层次、多支柱养老保障制度体系的重要板块。虽然企业年金和社会养老保险是基于不同的出发点和目标建立起来的,但它们共同从属于国民生活保障系统,对促进社会发展和增进国民福利起着不可低估的作用。

(2)医疗保险。

医疗保险主要包括社会医疗保险、全民健康服务、商业医疗保险与储蓄医疗保险。

社会医疗保险是指由国家通过立法形式强制实施的一种医疗保险制度,其基金筹集方式主要是国家、企业和个人缴纳保费,政府酌情给予补贴,当参保者需要医治时由社会提供医疗服务和物质帮助,它是社会保障体系的子系统之一。中国和德国是典型的以社会医疗保险为主的国家。

全民健康服务模式也称为国家医疗服务体系(National Health Service, NHS),是指政府直接举办医疗保障事业,通过税收形式筹措医疗保险基金,采取预算拨款形式给医疗机构分配资金,向本国居民直接提供免费或低收费医疗服务,比较有代表性的是英国、爱尔兰、丹麦等国家所实行的福利型医疗保健制度。

商业医疗保险按市场法则自由经营。其作为一种特殊商品资源买卖,卖方是民间团体或私人非营利性医疗保险公司以及营利性商业保险公司;买方既可以是企业、民间团体,也可以是政府或个人。商业保险的资金来源主要是参保者缴纳的保费。一般而言,政府不出资或不补贴。美国是实施商业医疗保险模式的典型代表。

储蓄医疗保险是强制性储蓄保险的一种形式,是依据法律规定,强制雇员或者劳资双方缴费,以雇员的名义建立医疗储蓄账户,用于支付医疗费用的一种制度。这种模式起源于18世纪英国产业革命的"职业保障基金",以后逐渐传播到英国殖民地。经过长期发展,以新加坡的中央公积金制度最为成功。

(3) 失业保险。

失业保险起源于欧洲。法国、挪威、丹麦先后于19世纪初建立了非完全强制性失业保险。随后,英国建立了强制性失业保险,并最终发展成为世界失业保险的主流。失业保险是指国家通过建立失业保险基金,对因失业而暂时中断生活来源的劳动者在法定期限内给予失业保障金,以维持其基本生活需要的一项社会保险制度。因此,失业保险是对有劳动能力并有劳动意愿但无劳动岗位的公民提供的保障,包括就业转失业的人员和新生劳动力中未实现就业的人员。此外,劳动者只能在法定的期限内享受失业保险待遇,超过这一期限,即使劳动者没有找到工作,也不可再享受失业保险。由于失业保险基金主要来源于社会筹集,由个人、单位和国家三方共同负担,筹集的失业保险资金全部并入失业保险基金,因此,失业保险基金可在统筹地区内统一调度,以发挥失业保险制度互助共济的功能。

(4) 工伤保险。

工伤保险是社会保险的一个重要组成部分。虽然工伤保险只针对遭受工伤或有职业病风险的特殊人群,但这些人群所受到的伤害往往波及面比较广,而且会引发劳资争议和冲突,因而在大多数国家,工伤保险都是最早建立起来的险种之一。随着社会的发展,工伤保险的功能不断延伸,现代意义上的工伤保险一般是工伤预防、工伤补偿、工伤康复三位一体的。工伤保险是国家通过立法强制实施的,为在生产过程中遭受意外事故或职业病伤害的劳动者及其家属提供医疗服务和经济补偿,保证其基本生活需要的社会保险制度。我国2003年颁布的《工伤保险条例》中规定,我国实行工伤保险是为了保障因工作遭受事故伤害或者患职业病的职工获得医疗救治和经济补偿,促进工伤预防和职业康复,分散用人单位的工伤风险。

(5) 生育保险。

生育保险是国家通过立法,对因怀孕、分娩而无法从事正常的生产劳动,经济来源中断的女职工给予医疗保健服务、生活保障和物质帮助的一项社会保障制度,其宗旨在于通过向职业妇女提供生育津贴、医疗服务和产假,帮助她们恢复劳动能力,重返工作岗位。生育保险的功能主要是通过现金补助和实物供给来实现。生育保险是一种对女性职工表示关注的国际上通行的措施,这一措施是伴随着参与工业劳动的妇女数量急剧增长而被采纳的。在社会保障体系中,生育保险属于与职业相关联的保障计划,它的出现比工伤、养老、医疗、失业等其他社会保险要晚,因为只有在经济发展达到一定水平时,女性就业比较普遍后才会产生生育保险的相关需求。生育保险的保险事故是正常生理活动引发的,其所引起的暂时不能参加劳动的状况,一般属于正常的生理改变,与疾病等引起的病理变化不同,与失业、老年等社会风险造成的经济收入中断也不同,因此,生育保险具有其特殊性。

2. 社会救助

社会救助是社会成员在陷入生存危机或无法维持最低限度的生活状况时,由国家和社会按照法定的程序和标准向其提供满足最低生活需求的物质和服务援助的社会保障制度。它是社会保障体系的重要组成部分,是社会稳定的最后一道"安全网"。

3. 社会福利

社会福利[①]是由"社会"和"福利"两个单词组成的复合词。依据《辞海》的解释,"社会"是以一定的物质生产活动为基础而相互联系的人类生活共同体。英语中社会福利(social welfare)一词最早见于1941年美国总统罗斯福与英国首相丘吉尔所签订的《大西洋宪章》。

社会福利有广义和狭义之分。广义的社会福利又称"大福利",包括国家和社会举办的文化、教育事业,城乡居民和职工的住房、医疗、养老,城乡社区或企事业单位举办的各种公益事业等。狭义的社会福利是社会保障体系的组成部分,指对生活能力较弱的儿童、老年人、单亲家庭、残疾人、慢性精神病人等的社会照顾和社会服务。

4. 补充保障

补充保障(Supplementary Security)是对基本保障的补充,与基本保障共同构

---

① 汉语中的"福利"一词,最早出现在《后汉书·仲长统传》中,"是使奸人擅无穷之福利,而善士挂不赦之罪累",这里的福利是指幸福和利益。《现代汉语词典》(第7版)对"福利"一词的解释是"生活上的利益,特指对职工生活(食、宿、医疗等)的照顾"。

成了多层次的社会保障体系框架。补充保障是基本社会保障的对称,指在基本社会保障制度安排之外的,以非政府主导性、非强制性为特征的各种社会化保障机制。

（二）按照保障风险安排划分

按照保障风险安排划分的社会保障学理论框架是依据保障项目背后的福利需求进行分类,主要包括养老保障、健康保障、工伤保障、失业保障(部分教材将工伤与失业保障合并为劳动保障)、住房保障等。补充保障还可以细分为教育保障、贫穷保障、灾害保障、法律保障等。

第六节 社会保障学的方法体系

社会保障学的研究方法与方法论共同组成社会保障学的方法体系。

一、社会保障学的研究方法

研究方法又称研究方式,是贯穿社会科学研究全过程的整体性、模块化的形式和类型。作为一门渗透了多学科知识的交叉学科,社会保障学的研究方法呈现多样性特征,即采用跨学科的研究方法对社会保障问题进行综合研究。总的来说,基于资料类型、收集资料途径或方法、分析资料手段和技术这三个主要标准,可以将社会保障学研究中较为常见的研究方法分为调查法、实验法、实地研究法和文献研究法(见表1-1)。①

表1-1 主要研究方法

研究方法	资料类型	收集资料途径或方法	分析资料手段和技术
调查法	定量资料	结构式问卷 结构式访谈 统计报表	统计描述 统计推断 数学建模等

---

① 风笑天认为研究方式是"研究所采取的具体形式或研究的具体类型,包括调查法、实地法、实验法和文献法"。孔德认为社会研究方法可以分为间接和直接两类。间接的方法是社会学与其他科学共用的方法,包括观察法、实验法和比较法。直接的方法是社会学所特有的方法,即历史法。纽曼从资料收集和分析的角度将调查法、实验法、文献法中的内容分析和统计资料二次分析归为定量研究,将实地法和文献法中的历史比较法归为定性研究。

(续表)

研究方法	资料类型	收集资料途径或方法	分析资料手段和技术
实验法	定量资料	结构式问卷 结构式观察 结构式访谈 量表	统计描述 统计推断 数学建模等
实地研究	质性资料	无结构观察 无结构访谈	质性分析的系列方法
文献研究	质性（历史比较）或定量（统计资料二次分析、内容分析、元分析）资料	统计资料 历史文献 其他文献	质性分析 定量分析

资料来源：David de Vaus, *Surveys in Social Research*, London: Routedge, 1985, p. 6. 转引自曹堂哲：《公共管理研究方法——基于公共管理问题类型学的新体系》，北京大学出版社2014年版，第42页。

二、社会保障学的方法论

基于社会保障学科研究对象的复杂性，其方法论流派也呈现多样性特点。

（一）辩证唯物主义和历史唯物主义方法论流派

从方法论的基础来说，辩证唯物主义和历史唯物主义是社会保障学的方法论基础。在研究经济社会关系时，必须以辩证唯物主义作为方法论基础。也就是说，要用对立统一的观点分析和处理社会保障经济社会关系中的各种矛盾和问题；要用普遍联系的观点分析社会保障各个项目之间，以及社会保障经济社会关系同其他各种社会和经济现象之间的联系和影响；要用发展的观点考察社会保障经济社会关系及其发展变化的趋势。同时，还要运用历史唯物主义的观点和方法，这就是说，既要从社会保障经济社会关系发展的特殊规律出发，又要从社会保障经济社会关系的一般规律出发；了解历史条件对社会保障的制约性，既要看到社会主义社会保障与资本主义社会保障的质的区别，又要看到社会主义社会保障与资本主义社会保障之间的连续性、继承性；既要注意研究本国社会保障经济社会关系发展的历史性，又要重视研究其他国家社会保障经济社会关系发展的历史性。总之，要从实际出发，辩证地、历史地、发展地研究中国特色社会主义的社会保障经济社会关系。

（二）实证主义方法论流派

实证主义方法作为自然科学和社会科学研究的基本方法，对社会保障学科发展影响深远。

具体而言，对于科学发现类的研究问题，通常使用实证主义作为主导的研究方法论框架。理论逻辑和经验检验是实证研究的两个基本要素。对于与现实生活密切相关的社会保障学而言，实证的方法是最为重要的研究方法。实证研究方法是指利用专门的数量分析技术，分析和确定有关因素间的相互作用方式和数量关系的分析方法，是说明研究对象"是什么"或"怎么样"的知识体系。它按照事物本来的面貌描述事物，着重刻画现象的来龙去脉，概括出若干可以通过经验证明正确或不正确的基本结论，要求进行大量的实际调查，以了解事物的真实情况、基本数据、历史背景、某一事物与其他事物的矛盾和联系，为科学抽象和逻辑加工奠定事实、材料、数据、信息等实践基础。

（三）其他方法论流派

社会保障学还存在许多其他的方法论流派，包括诠释主义方法论流派、批判主义方法论流派、技术设计方法论流派、评估研究方法论流派、后现代主义方法论流派、女性主义方法论流派等。这些方法论流派之间存在非常复杂的、纵横交错的关系。其中，诠释主义方法论流派旨在实践，即诠释主义与人文、价值、规范、意义等领域紧密相关，所形成的知识为规范、价值和诠释类知识。与社会保障学问题研究相关的诠释主义方法包括政治哲学途径、伦理学途径、现象学途径等。批判主义方法论流派旨在解放，"科学哲学所指涉的'批判'蕴含着两层意义：一是指对科学哲学方法的内在批判，二是指对社会现象本质的逻辑思维的怀疑。就研究的观点而言，批判意味着研究者必须将研究话题导向社会中不正义的社会事实，并通过研究过程，解放压迫意识与达到改革的途径，这其实就是一种赋权的过程"[1]。反思是批判主义方法论的主要方法。技术设计方法论流派旨在技术发明，即设定目标后，通过战略与政策设计、结构设计，实现特定目标。评估研究方法论流派旨在评估认定。评估活动既要注重客观性，又要注重主观评价，还力图改进现状，因此评估研究可视作实证主义方法论、诠释主义方法论和

---

[1] 范明林、吴军、马丹丹编著：《质性研究方法》（第二版），格致出版社、上海人民出版社2018年版，第53页。

批判主义方法论的融合。后现代主义方法论流派是一个充斥着多种理论的大家族,这些理论包括话语理论、新公共服务理论、治理理论、后官僚制理论等。女性主义方法论流派则通过性别这一独特视角深刻审视女性在社会、政治、经济、文化、教育以及意识形态等领域所面临的不平等对待。女性主义理论主要包括自由主义女性主义、马克思主义女性主义、社会主义女性主义、激进女性主义以及后殖民主义女性主义。①

关键词

社会保障　学科发展　研究范式

复习思考题

1. 社会保障学的研究内容是什么?
2. 社会保障学的主要研究方法有哪些?
3. 试从总论模式或分论模式概述社会保障学的理论框架。
4. 简述社会保障学的学科性质。

---

① 邝利芬:《女性主义政治学的发展与重构》,天津大学出版社2019年版,第34页。

第二章　社会保障的产生与发展

本章概要

本章主要介绍前工业社会、工业社会以及后工业社会的社会保障制度,分析社会保障制度产生的缘由与发展、改革与调整,并展望社会保障制度的未来走向,以期让学生对社会保障制度的历史演变及发展脉络有一个较为全面的认识。前工业社会时期,社会保障制度萌芽,初具雏形;工业社会时期,各国相继建立社会保障制度;后工业社会时期,社会保障制度面临一些新的问题与挑战,各国在改革中持续探索前进的道路。

第一节　前工业社会时期社会保障制度的萌芽与探索

一、原始社会的社会保障

最初的社会保障制度是以一种统一的组织形式出现的,其基本作用是保障每个成员的生命安全,组织内部的规则是简单的产品平均分配。氏族或部落为早期人类提供了生存保障。在氏族社会或部落社会时期,人类生产力低下,面临食物匮乏与安全风险等多重压力。部分人选择结盟,形成氏族或部落,并采用对劳动产品平均分配的规则抵御风险。这种"只有利他才能利己"的信念在氏族或部落成员中树立起来后,逐渐传递给后代,最终演变为人类早期的文化价值和最初的道德标准,并在以后人类社会的发展进程中得以延续和改良,成为社会保障制度的最早探索。

二、奴隶社会的社会保障

(一) 古埃及的社会保障

公元前2686年至公元前2181年,古埃及进入古王国时期。在这一时期,国家主要以土地保障的形式应对经济安全风险,土地所有权归属于法老,他将土地租赁给奴隶与贫民耕种来获取租金,而奴隶与贫民通过劳动获得口粮。[①] 然而,过重的徭役和赋税破坏了这种保障结构,加剧了古王国时期埃及社会的贫富分化。公元前2100年,埃及爆发了大规模的奴隶、贫民起义,部分贫民依靠军功晋升成为新的奴隶主阶层。伴随战争,社会财富不断流动与向上集中,古埃及社会阶层不断更新迭代并产生了债务奴隶的问题。公元前730年,古埃及的生产力得到大幅提升,国内外贸易取得新的发展。统治者波克霍利斯针对债务奴隶问题推动改革立法:(1)禁止利息超过本金;(2)债权人只能索取债务人的财产作为抵押,而不能占取人身,也就是说财产属于个人,而公民人身属于国家。这是古埃及以国家的身份正式提出的有关国民的经济保障与人身保障,可以说波克霍利斯改革是原始氏族或部落共同保障制度衰落后奴隶社会保障制度兴起的标志。

(二) 古希腊的社会保障

古希腊原始社会在历经漫长的解体过程后,形成了小规模的城邦制。这种制度模式同东方奴隶制相比,在经济分配方面具有较强的平等性,抵抗商品经济冲击的能力相对较强。在众多的奴隶制城邦中,雅典是最具代表性的。早期,提修斯改革将雅典公民分为贵族、农民和手工业者。后二者没有任何特权。公元前621年,德拉古将当时的习惯法编纂为成文法,这一改革加强了对私有产权的保护并促进了私人财产的积累,债务奴隶群体开始出现,社会矛盾日趋激化,平民暴动一触即发。因此,公元前593年,梭伦针对这一问题进行改革。改革重点包括:(1)取消债务,禁止借贷以人身作担保,废除债务奴隶制度;(2)赎回被贵族卖往国外的债务奴隶;(3)按照不同等级设定应尽的军事义务,规定殉国者的子

---

① 具体的占有形式包括:(1)"王庄形式",即法老占有,王族派遣官员经营,法老收取贡献;(2)大臣或贵族占有,即法老将名下土地赏赐给大臣或贵族,土地产出归大臣或贵族;(3)农村公社占有,由公社农民负责土地产出,公社农民向法老缴纳租税。

女全部由国家抚养和教育;(4)限制贵族权力,建立平民晋升通道。此后,克里斯在公元前509年基于梭伦改革进一步提出发展民主政治,以完善公民的基本生存权利保障。

(三)古印度的社会保障

公元前1500年至公元前600年是古印度由原始社会向奴隶制社会转型的过渡时期,史称"吠陀时代"。在这一时期,雅利安人进入印度河流域,对原住民发起大规模战争,将所获俘虏变成奴隶,推行瓦尔那制度,即种姓制度。以婆罗门、刹帝利、吠舍与首陀罗为代表的四大类种姓阶层中,前三个种姓都是雅利安人。其中,婆罗门主要是祭司和僧侣阶层,掌管神权和教权;刹帝利主要是王族、武士等;吠舍是从事一般行业如农、牧、工商、手工等劳动职业的平民百姓;首陀罗则是战败的原住民和从事低贱工作的劳动者。古印度种姓制度的推行为高等种姓群体提供保障性权力奠定了基础。《摩奴法典》中规定,若债务人无力偿还债务,而其地位又低于债权人的种姓或属于同一种姓,则须以劳役偿还。

公元前4世纪末,古印度建立孔雀王朝,开始迈入古代印度奴隶制经济发展的全盛时期。据文献记载,孔雀王朝的钱德拉古普塔王以向其子民提供福利闻名。他的顾问大臣憍底利耶在其专著《利论》中提出,社会保障是国家的责任。与此同时,《利论》将社会保障与福利的内容界定为生计保障,即保护社会弱势阶层,消除国民的后顾之忧,保护消费者、妇女儿童、奴隶以及犯人的福利。国家通过提供避难所、食物和免费渡船等措施实施对社会弱势阶层的专门保护。受憍底利耶《利论》的影响,莫卧儿王朝开始征收宗教税,通过向富人征税、向穷苦者提供福利的形式保障社会弱势阶层的生计。然而,执行的好坏情况却取决于君王及其顾问是否信守承诺。虽然这一时期并未形成正式的社会保障制度,但统治者通过社会保障维护其统治的最初探索,也展现了他们过人的智识与责任担当意识。

(四)古代中国的社会保障

早在三千多年以前,中国就已产生社会保障制度的萌芽,并以救济制度为主体,成为统治者维系政权的重要手段。从《周礼》《管子》等古籍记载中可以看出中国古代传统社会保障的理念及制度雏形。周朝建立后,统治者认识到民众的重要性,力行仁政,采取惠民、保民之策,"用康保民",得到民众拥护,国力日趋强盛。基于民本思想,有作为的统治者都强调"从民去欲、去民所恶"。春秋时期的管仲坚持民本思想,主张"慈民""敬百姓"的政策,得到齐人的称赞与拥护。此外,晏子等春秋名臣也主张惠民之政。

据《周礼》记载,当时虽未有专门的社会保障机构,但国家极为重视社会保障事务,从中央至地方都设置了专员负责实施对灾民及老幼残疾、鳏寡孤独、贫穷疾病之人的救济与帮助。荒政是我国古代政府救济饥荒的政策、法令和制度。《周礼·地官司徒》中提出了十二条旨在灾荒之年"聚万民"的荒政措施,构成一套完整的体系。该体系中既设有"小宰""司稼""遗人"等自上而下的专职官员,又有散利、薄征等经济举措,体现了积谷备荒的救济思想。此外,统治者非常重视仓储制度,形成了完备的仓廪管理体制,并提出"保息"六政,即"以保息六养万民,一曰慈幼,二曰养老,三曰振穷,四曰恤贫,五曰宽疾,六曰安富",以施行社会救助。虽然不能排除《周礼》社会保障制度中的理想化色彩,但其中的不少举措的确是周朝社会政策的真实反映。

在其他先秦诸子的著作中,《管子》对社会保障制度的论述也比较系统。《管子·五辅》提出"德有六兴",即厚其生、输以财、遗以利、宽其政、匡其急、振其穷。《管子·入国》中说到,在刚刚主持国政时要力行"九惠之教",即九种惠民的政策:老老、慈幼、恤孤、养疾、合独、问病、通穷、振困和接绝。给人民输送财物,改善他们的生活环境与质量,提供生活上的便利,并救民于水火之中。书中还着重提出要为人民的生产创造条件,对老幼贫困之人进行生活救助。相较而言,《周礼》主要记载了当时的社会现实,而《管子》更多的是社会保障制度设想,补全了《周礼》的遗漏之处,初步构建了古代中国社会保障制度的框架。

三、封建社会的社会保障

实行社会保障是争取民心的重要手段,是安定社会的有效方法。封建时期的东西方国家都是战乱频发,稳定社会秩序成为统治的重中之重。受限于当时的生产方式,提供土地和粮食是救济的主要方式。尽管这一时期的社会保障在原始社会时期的保障措施的基础上有所发展,但都未形成完整的社会保障制度体系。相较而言,中国比西方更早地构建了相关的法律制度。

(一)中国封建社会的社会保障

中国古代的国家职能相对简单,主要是国防、社会治安和防灾救灾。在漫长的封建社会时期,中国的灾害救济已形成一套较为完整的法律制度,这在世界社会保障法律史上,堪称典范。中国历代的社会救济措施种类较多,方法也不尽相同,但它们都在一定程度上提供给受灾民众最基本的经济生活保障,社会救济的主要对象也都是社会困难群体,这与现代社会救济在思想上具有一致性。此外,古代中国的社会救济管理机构是官府和官府设立的社会团体、组织等。筹集、储

备、管理、发放社会救济物资是各级官府的基本任务。具体而言,中国封建社会的救济制度采用的救济方式主要包括:

1. 赈济钱物

赈济钱物,即由官府按一定标准向救济对象定期或偶尔给付粮银以保障受赈者的基本生存条件。通常做法是用义仓储备钱粮,必要时无偿发放给救济对象,即开仓放赈。开仓放赈包括两种形式:一种是朝廷建仓储粮,开仓赈济;另一种是由地方官府建仓储粮,开仓赈济。汉代以后,赈粮救灾济贫成为历代王朝社会救济的主要措施。"建仓储备,开仓赈济"是世界上最早的救济措施,也是最有效的救济措施。这一措施至今仍为世人采用,只是具体形式不同而已。

2. 粜籴赈济

粜籴赈济中,"粜"指卖粮食,"籴"指买粮食。粜籴赈济是指官府在丰年粮贱时,以高价购买粮食,蓄于常平仓;在荒年粮贵时,平(低)价卖给灾民,以救济灾民的制度。这一制度最早可追溯到魏国宰相李悝颁行的"平籴法",此法主要内容有:依收成丰歉将年份分为大、中、小三等,在丰年时,由官府购买粮食,仓储起来,以免"甚贱伤农";在灾年平价卖出粮食,以防"籴贵伤民"。这种通过平抑粮价进行救济的措施,对稳定社会、保证农业生产的持续发展有积极的作用,为以后各朝各代所采用,也为现代社会救济政策所借鉴。

3. 工赈措施

工赈是指国家在灾害发生后,选择灾情最为严重的地区,开展河堤整治、道路修筑等,进行开工施赈,以由官府给民工结算工钱的形式发放赈灾款,救济灾民。这种工赈社会救济形式早在战国时就已产生。《晏子春秋》中记载:"齐景公之时,饥,晏子请为民发粟,公不许,当为路寝之台,晏子令吏重其赁,远其兆,徐其日,而不趋。三年台成,而民赈,故上说乎游,民足乎食。"这种工赈救灾的方式也为之后的各朝各代所采用,赈济方式既有赈款,也有赈谷、织物等。由于工赈的工价较高,一般能够维持灾民生计,利于灾区经济的恢复和社会秩序的稳定。同时,工赈救灾还能促进社会基础设施建设,增强抗灾能力。这种救灾措施,对现代社会的生产自救具有重要启迪。

4. 置地复业

古代中国时有战乱和灾害,产生大量流民,造成社会动荡。面对"大军过后,必有凶年"的严峻社会问题,许多朝代制定了"田野辟,户口增"的治国方针,颁布垦荒令以招抚流民。鼓励垦荒,促进农业生产,为经济复苏和社会安定创造了条件。置地复业就是指,针对因自然灾害或战祸而流离失所、无地可耕者,或因自然条件恶化有地不能耕种者,由官府划拨土地给其耕种,或以法令鼓励垦荒耕种,或由官府出钱粮组织兴修农田水利设施、治理灾害环境等,以此解决灾民、流民的生产、生活问题,促进社会稳定。

(二) 西方封建社会的社会保障

历史上,公元 476 年西罗马帝国灭亡后至文艺复兴这段时间,通常被称为中世纪,这一时期西欧各国处于封建社会。公元 6 世纪末的罗马城邦出现较大规模的有组织的社会保障措施,城邦的市政当局用捐款和公款购买谷物,无偿地分发给丧失劳动能力者和阵亡将士遗属,用以缓解社会矛盾。但这种社会保障方式带有明显的施舍特点,不同于现代的社会保障。此外,封建贵族和教区主教也会主办一些社会慈善事业,为丧失劳动能力者提供最基本的生活保障,以维持再生产,然而这种社会保护方式很大程度上取决于贵族的好恶和年成的丰歉,缺少法律支持,具有很大的主观随意性。

封建割据势力之间的战争致使社会动荡,盗贼横行。国家的安全保障只能逐渐由私人保障所替代。伴随着平民阶层对经济安全保障需求的增长,庄园制的保障模式渐趋成型。随着社会劳动生产力的不断提高,社会分工进一步加速,基于社会相互依赖的贸易活动也不断增加。庄园制因领主和农奴之间契约的惯性,使得农奴地租、服役的数量和类别稳定下来;但人口的持续增加和物价的不断上涨,导致领主地租收入减少,农奴积蓄存量增多。部分农奴转变为自由人,甚至转变为手工业者。因此,至公元 1300 年,欧洲的旧庄园制已变得有名无实。[①]

这种转变使平民面临的风险除了原有的政治战争风险和自然风险之外,又新增加了经济风险。为规避这种由交易产生的经济风险,1310 年,佛兰德尔商人自发成立了保险商会。1316 年在布鲁日成立的保险商会开始订立海运货物的运输费率。随即,世界上最早的海运保险单于 1347 年诞生。此外,行会是中世纪晚期的又一重要保障组织。商人和工匠在新兴城市中,由于失去了重要的保障后备资源(土地),因此,需要建立行会(也称基尔特)这种组织来规避不确定性风险所带来的损失,以实现相互救济、保护职业利益的目标。行会政策从本质上来讲是一种基本生存保障制度。行会的首要目标是保证每个会员都能达到基本的生活标准,并且保证生活质量不会下降。有些行会甚至可以通过内部控制和

---

① 〔美〕汤普逊:《中世纪经济社会史:300—1300 年》(下册),耿淡如译,商务印书馆 2011 年版,第 452—478 页。

对外垄断的手段增加每位会员的个人财富。可见,在早期的行会组织中,无论是商人行会还是手工业行会,互帮互助是最重要的精神追求,也是行会组织成立的主要目的。但是到了13、14世纪,这些行会变为新的寡头组织,不再吸纳来自劳动阶级或无产阶级的普通工人会员,反而日益局限于富有的资产阶级。[①]

第二节 工业社会时期社会保障制度的产生与发展

工业社会的社会保障制度是在传统农业社会解体之后,伴随工业革命和社会化大生产而形成和发展起来的,它首先是资本主义社会的产物,是市场经济运行机制的重要组成部分。当我们在思考社会保障制度的发展进程时,会很自然地回想:在此之前,人类是怎样解决生存和生活保障问题的?现代社会保障制度是怎样发展起来的?西方各国的社会保障制度经历了怎样的演变过程?本节从社会保障制度产生与发展的时代背景出发,梳理社会保障制度建立与发展的基本历程,并以德国、英国和美国为代表对社会保险型、福利型与市场型国家的社会保障制度做出考察,分析比较不同类型社会保障制度的发展演变进程。

一、工业社会时期社会保障制度的产生背景与发展脉络

考察社会保障制度的起源,可以发现人类从传统的农业社会走向工业社会时,家庭保障已不足以防范工业化给人们带来的风险,于是产生了社会保障制度。可以说,社会保障是工业社会为其成员防范自下而上的风险、维持基本生活能力而提供的一种制度安排。[②] 工业化经济背景下的一系列社会变化是现代社会保障体系形成不可或缺的因素。

(一) 19世纪90年代至20世纪30年代

现代社会保障制度产生于19世纪90年代至20世纪30年代。以社会保险制度的诞生为标志,现代社会保障制度的产生条件主要包括两方面。一是政治方面,伴随着进步主义思想发扬、普选制推行、工会运动发展,以及民主社会主义和现代自由主义的影响进一步扩大,世界各国开始重视政府在社会保障中的责任,私人机构和地方组织在社会保障特别是在社会救助方面的作用逐渐减弱。

[①] 〔美〕汤普逊:《中世纪经济社会史:300—1300年》(下册),耿淡如译,商务印书馆2011年版,第481—503页。

[②] 余兴厚:《西方城市化进程中的社会保障制度及对我国的启示》,《生产力研究》2006年第2期,第110页。

二是经济方面,在自由资本主义阶段,工业革命的纵深发展使得资本主义经济危机开始显现,各国政府迫切寻求一种制度建设以保障本国人民的经济安全。在这一时期,各国纷纷建立了现代社会保障制度以取代传统的贫困救助。如1883年德国颁布《疾病保险法》推行疾病保险制度。继德国之后,法国于1898年实行工伤保险,1905年开始实行失业保险,1910年又实行了养老保险。英国于1908年颁布《养老金法》,开始实施养老保险,使领取养老金在历史上第一次成为公民的一种权利,并以法律的形式加以确定。1911年英国议会通过了《国民保险法》,包含"健康保险"和"失业保险"两大部分,成为世界上第一个全国性、强制性的失业保险法律,该法律规定保险费由雇主、工人和国家三方负担。瑞典于1891年实行疾病保险,1901年实行工伤保险,1913年实行养老与残疾保险。到第一次世界大战前,丹麦、奥地利、英国等16国建立了养老保险,比利时、英国、瑞士等9国实行了疾病生育保险,英国、法国、西班牙等9国实行失业保险,波兰、南非、美国等37国实行了工伤保险。至此,社会保障制度已在西方国家确立,并开始走向成熟。

(二) 20世纪30年代至20世纪70年代

现代社会保障制度的发展成熟阶段是20世纪30年代至20世纪70年代。这一时期,以美国的社会保障制度的建立为代表,现代社会保障制度由社会保险制度朝着综合性社会保障制度迈进。同时,英国政府宣布建成世界上第一个福利国家则标志着现代社会保障制度开始进入成熟阶段。此后,普遍性福利政策开始在世界各国制定实施,几乎所有的早期工业化国家均建立了普遍式的社会保障制度,各类保障范围与规模也在逐步发展壮大,并于二战后步入繁荣时期。英国率先在《贝弗里奇报告》的基础上通过了《家庭津贴法》(1945)、《国民保险法》(1946)、《国民健康保险法》(1946)、《国家救助法》(1948)等一系列重要法案。因此,英国社会保障制度率先取得了全面和跨越式的长足发展。随后,以英国为参照标准,西欧、北欧、北美和大洋洲的许多国家和地区也纷纷颁布普遍式的社会福利政策,建立起以社会福利为核心的社会保障体系。国际劳工组织于1952年通过社会保障的国际性公约《社会保障最低标准公约》,该公约规定社会保障制度应包括医疗照顾、疾病与生育保险、失业救济、家属津贴、工伤保险、老年遗属残障保险这六项主要内容。《社会保障最低标准公约》的制定标志着社会保障制度已经成为全球化的制度,此后,发展中国家也纷纷建立了社会保障制度。

现代社会保障制度发展的背景同样可以从两个方面理解。在政治上,各国政府通过扩大公共开支以增加社会保障福利待遇的举措在世界范围内获得了广泛认同。同时,随着欧洲社会民主党和美国民主党派的执政,各国政府对社会保障制度的建设逐渐重视起来。此后,少数族裔、妇女、残障人士等群体的权益受到保护,这进一步扩展了社会保障制度的覆盖范围。各国公共部门的就业岗位随着社会保障制度的发展而大幅增加,在一定程度上减轻了社会失业问题带来的不良影响。在经济上,社会保障制度已经成为向社会成员提供生活保障和经济安全保障的重要工具。随着主张国家干预的凯恩斯经济学占据主流地位,国家主管的社会保障项目取得良好发展,帮助国家政权快速融入社会经济生活并占据决定性地位,社会各阶层的权利也在一定意义上趋于平等,一定程度上促进了社会公平。而社会公平的实现又正反馈于社会保障制度覆盖范围与受益群体的扩大,进一步加快了社会保障制度的全民化和普及化。

二、社会保险型国家社会保障制度的建立——以德国为例

19世纪中叶,德国工业快速发展,尤其是纺织业、机械工业、钢铁等行业的兴起,使得大量劳动力从家庭生产单位中脱离出来,他们来到城市却游离于城市生产生活方式之外,生活质量很低,成为城市中的新阶层——"贫民"。随着"贫民"阶层人数的不断增长,这部分群体也成为城市的不安定因素,甚至是社会稳定的一大"隐患"。除此之外,刚刚实现统一大业的德国依然面临严峻的国际挑战,需要争取相对稳定的社会发展环境。在此背景下,社会保险制度应运而生。

德国社会保险的建立同德国历史上著名的首相俾斯麦分不开。作为德国实现统一后的第一任首相,俾斯麦针对当时尖锐的社会矛盾采取"胡萝卜加大棒"的手段,一面严格镇压工人运动、查禁社会民主党活动,一面也接受新历史学派的政策主张,通过实施社会政策和社会立法保护工人劳动者的利益。1855年、1857年和1861年,俾斯麦先后访问巴黎,并对拿破仑三世支持在工人中推行国家年金、工人基金、预防失业生产合作等措施产生浓厚兴趣。1862年,俾斯麦担任普鲁士首相时,成立了劳工问题研究委员会,提出工人住宅、劳动保险等社会政策建议。这些努力有效推进了社会保险立法的顺利通过及社会保险制度在德国的建立。1881年11月17日,俾斯麦颁布《社会保险宪章》,为建立社会保险制定了准则。该法案强调:"所有因年老和病残而无劳动能力的人,都有权从社会获得较以往更多的帮助。"

1883年德国出台《疾病保险法》,这是世界上第一部社会保险法律;1884年颁布《工伤事故保险法》;1889年颁布《老年和残疾社会保险法》(见表2-1)。虽

然三部社会保险法的正式出台在时间上有先后之别,但它们是同时被政府摆上议程的。三部法案的颁布确立了社会保险的基本体系,为工人在患病、发生工伤事故以及老年贫困时获得经济援助和生活物资提供了法律保障。德国疾病(含生育)、工伤和养老三项社会保险法的颁布和实施,历来被称为社会保障史上划时代的重要里程碑。以这些社会保险法律的颁布为标志,社会保险制度在德国逐步建立起来,德国从此进入现代社会保障阶段,即以社会保险为主的阶段。与此同时,德国的实践也对欧洲国家社会保险制度的建立以及福利国家的建设起到了重要借鉴和示范作用。

表2-1 19世纪末德国三大保险法的内容比较

	疾病保险法	工伤事故保险法	老年和残疾社会保险法
保险对象	符合法律规定的工业劳动者,年收入不超过2000马克	符合法律规定的工业劳动者,年收入不超过2000马克	年收入不超过2000马克的所有工业劳动者与雇员
基金来源	费用由雇主承担30%,雇员承担70%,国家给予一定补贴	费用全部由雇主承担	费用由雇主及雇员各负担一半,国家给予补贴。参保者服兵役期间的保费由国家承担
资格条件	患病	因公受伤,但不包括故意受伤	老年津贴领取者需达到70岁,并缴费1200周,残疾津贴领取者也须缴费200周
津贴标准	津贴标准为工资的50%。从生病后的第3天开始领取,领取最高时限为13周	工伤事故保险津贴标准为工资的2/3。需护理者的标准为全额工资,领取时限为14周。工伤致死者的家属可领取死者工资的20%	基本津贴为50马克,由国家补贴,固定津贴为60马克,其余依缴费期限和工资等级确定
组织管理	由各种疾病保险基金组织管理,雇员因承担绝大部分费用而在疾病保险管理机构中发挥决定作用	工伤事故保险由企业协会管理。雇主在工伤保险管理中发挥决定作用	养老保险由国家统一管理

资料来源:Peter A. Kohler, *The Evolution of the Social Insurance, 1881-1981: Studies of Germany, France, Great Britain, Austria and Switzerland*, New York: F. Pinter, 1982, pp. 28-31.

三部社会保险法颁布之后,德国现代社会保障制度主要呈现如下特点:(1)注重提高保障对象的生活质量;(2)基于标准雇佣关系,通过就业缴费进行社会保障的资金筹集;(3)坚持公共社会保险机构的多元主体结构,即公共社会保险机构是由雇主和工会代表组成的自治机构;(4)后续护理和现金转移支付优先级别高于预防;(5)以家庭为社会保障制度服务单位进行制度设计。基于上述特点,艾斯平-安德森将其归为保守福利国家类型。①

德国最早的社会保险对象仅限于劳动工人,社会保险基金来源于雇主和雇员,其中,对于疾病保险,雇主负责三分之一,雇员负担剩余三分之二;工伤保险则由雇主全权负责,其费率依据每年进行的工伤事故频率评估和基金收支情况灵活调整;养老和残障保险的费用一般由雇主和雇员平均分担。如果基金收支出现问题,政府将针对保险基金的缺口提供一定的财政补助。

这三部社会保险法在实施过程中不断修正完善,并于1900年由帝国议会统一为《德意志帝国民法典》。1911年《德意志帝国民法典》增加了针对寡妇、孤儿的《遗属保险法》以及《雇员保险法》;1923年颁布《帝国矿工保险法》;1927年又颁布了《失业保险法》。从1883年到1927年,德国先后建立了涵盖疾病、工伤、残疾、老年和失业等方面的社会保险,形成了世界上第一套完整的社会保险体系,开创了资本主义国家社会保障体系的先例。德国社会保障体系的建立对改善劳资关系、促进经济发展、缓解阶级矛盾等发挥了积极作用,对保护劳动者权益具有重要意义;社会保险法体现的风险分担原则也是科学的,为后来社会政策的发展提供了可借鉴的范例。

具体来说,德国社会保障制度包括社会养老保险、失业保险、医疗保险、工伤保险以及社会救济五个方面的内容。

(一) 养老保险

德国1889年颁布的《老年和残疾社会保险法》是第一部现代意义上的社会养老保险法,标志着现代社会养老保险制度的正式确立。德国养老保险分为法定义务保险和自愿保险两种,其中法定社会养老保险是社会保险体系最重要的组成部分。除国家官员和军人外,所有工资属于规定限额(每周报酬不多于480马克)内的雇员都是义务保险对象。此外,部分收入不高的独立经营者和自由职业者也是法定的义务保险人。自愿保险者主要是医生、律师、零售商等,他们不受法定义务保险的约束。

德国法定养老保险的资金来源包括两个方面。一是企业的雇主和雇员缴纳的法定养老保险费,这是全部养老金的主要部分。法定缴纳养老保险费的计算

---

① 〔丹麦〕哥斯塔·艾斯平-安德森:《福利资本主义的三个世界》,苗正民、滕玉英译,商务印书馆2010年版,第105—122页。

依据并不是投保者的全部工资额,而是以一定的收入界限为计算尺度,这个界限又随着每年雇员收入平均增长而变化。二是联邦财政补贴。国家对老年保险领取者每人补贴50马克。德国养老保险基金实行现收现付制度,养老金标准依据保险对象原工资标准和当地地区等级而定,达到退休年龄并缴纳30年以上养老保险费即可领取养老保险金。

(二) 失业保险

德国失业保险保障的对象基本采用国际标准,覆盖范围相当广。能够工作并且确实在寻找工作但不能得到适当职业,因而没有工资收入的人即可成为失业保险对象。此外,德国实行强制性失业保险,《就业促进法》规定,凡是月收入在400—5600马克的雇员和职工,都要参加法定强制的失业保险,参保对象几乎涵盖了所有就业人口,临时工、自由职业者以及不能被解雇的公务员等不在强制失业保险之列。

德国失业保险基金来源主要包括雇员缴纳的保险费、雇主缴纳的保险费、联邦财政补贴等。《就业促进法》规定雇主和雇员有义务向劳动局缴纳失业保险费,缴费标准是工资总额的6.5%,由雇主和雇员各承担一半,其中,雇员的保险费由雇主从工资中扣除,连同雇主应缴的部分一起交到保险承办机构,再由保险承办机构划给劳动局。失业保险基金的缴费标准不是固定不变的,它根据劳动力市场需求和失业状况做相应调整,变化的趋势是逐年增加。

德国失业保险金的使用主要包括保障就业岗位、支付失业救济金和职业促进费用。1970年颁布的《职业教育促进法》将失业保险的工作重点逐步从发放失业保险金转向职业介绍和职业培训。1991年德国失业保险费的支出为700亿德国马克,其中用于失业保险金的只有270亿马克,而用于职业培训的费用就有230亿马克,还有150亿马克用于创造新的就业岗位。职业促进的措施主要有劳动力市场和就业政策研究、职业介绍(职业咨询)、职业培训、鼓励就业和职业恢复等。在德国,有1/3的大工业企业和55%的手工企业自己办职业学校,有95%以上的青年受过免费职业培训。德国失业保险制度上的这种转变不仅使失业的职工得到基本的生活保障,而且保证了劳动力的持续供给和劳动力素质的不断提高,促进了充分就业。

按照德国《就业促进法》的规定,享受失业保险待遇的最基本条件有五项:(1)必须是失业人员。(2)必须到劳动局进行失业登记。(3)必须提出申请,要求享受失业保险待遇。(4)必须接受职业介绍。法律规定,如果一个失业者想得到失业保险金或失业救济金,那么他必须接受职业介绍员介绍的"合适的职业"。

享受失业保险金和失业救济金的失业者必须定期到负责他的职业介绍员那里去报到,去外地旅行前必须到职业介绍员那里去请假。(5)必须具有"候补资格"。所谓候补资格就是说,失业者必须在失业前的一定时期内从事某项工作,并履行了缴纳失业保险费的义务。即在失业前的3年内,累计缴纳失业保险费不少于1年。由于德国劳动者的就业变动性较大,就业形式和类别比较复杂,德国《就业促进法》对就业时间的开始、中断、结束都做了一系列规定。

在失业保险管理制度方面,德国形成了由政府、雇主和雇员三方共同组成的自治机构,根据职能分工和权力制衡的原则,实行政事分开、社会化管理、社会化服务和社会化监督的管理体制。劳动与社会秩序部和联邦劳动局系统之间实现了政事分开。前者的主要职能是起草与业务有关的法案及制定劳动与社会保障方面的政策,在全国范围内实行统一的失业保险;而后者的职能是直接贯彻执行就业法律和政策,实施就业促进措施。联邦劳动局实行上下垂直领导、分区服务的管理体制,以保证管理的高效运作。它在经费预算过程中,充分发挥州、地方劳动局的积极作用,并对该年度的联邦就业促进和失业保险经费做出预算,联邦、州及地方劳动局按预算严格执行。

(三) 医疗保险

1883年制定的《疾病保险法》标志着德国建立了法定医疗保险制度。德国医疗保险的覆盖范围是根据雇员的收入来确定的,毛收入不及一定标准的雇员、失业人员、农林企业主、在残疾人机构工作的残疾人员、大学生、退休人员等必须参加法定医疗保险,而收入超过一定标准的高收入者可以自由选择社会医疗保险或商业保险。除此之外,还有两类群体可以不参加法定医疗保险,一类是国家公务员,一类是自我雇佣人员(包括企业家),后者可以选择购买私人保险或者完全自理。到目前为止,法定医疗保险覆盖了90%的德国人口。因此,法定医疗保险的地位非常重要,为德国五大社会保险支柱之一,也是多种医疗保障中最基本的一种保障形式,法定医疗保险也一直是德国施行医疗卫生政策最主要的手段。

德国医疗保险基金主要来源于雇主和雇员的缴费,他们各自负担医疗保险费用的一半。同时,德国社会医疗保险的收费只由经济收入的高低来决定,高收入多缴费、低收入少缴费,而不受个人健康状况的影响,但是不同缴费标准的人享受同等的医疗保险待遇,这体现了德国社会医疗保险社会共济的精神。德国的医疗保险基金没有设立个人账户,退休人员和失业人员的费用完全由养老金和失业保险金承担。

法定医疗保险同时实行实物待遇原则和报销原则。其中,实物待遇原则是指患者接受医疗服务或治疗时,原则上无须交费,直接受领实物形式的医疗保险待遇。所发生的费用由医疗保险局承担,具体方式是医疗保险局与医疗服务提供方签订合同,约定由提供方为患者提供医疗实物,其所耗费用由医疗保险局补偿。报销原则即患者在接受医疗卫生服务时,由患者先行支付费用,之后到医疗保险局报销。1997年以前,法定医疗保险对强制参保人实行单一的实物待遇原则,1997年改革后,原先只适用于自愿参保人的报销原则一般化,任何参保人都可以自由地选择以上两种待遇享受原则。

德国的医保组织机构采用自治管理模式,联邦、州、民间合法协会三方进行协商并共同决策。在国家层面,联邦议会(包括联邦众议院和联邦参议院)、联邦卫生部是参与卫生政策制定的主要部门。卫生部负责提出改革议案,其他相关部门派出代表参与立法讨论,并由联邦议会确立法律框架。德国还设立有各种民间合法协会,如德国法定医疗保险的经办机构是疾病基金会,主要负责保费的筹集和支付。另外,德国法定医疗保险可以通过特定的医药行业协会发挥作用,这些医药行业协会对于规范医疗服务行为起着十分重要的作用。

法定医疗保险的经办机构是七类法定医疗保险局,包括地方医疗保险局、企业医疗保险局、手工业医疗保险局、农民医疗保险局、海员医疗保险局、矿工医疗保险局以及替代医疗保险局。除农民医疗保险局、海员医疗保险局和矿工医疗保险局的参保人外,其他医疗保险局的投保人可以自由退出并加入另一医疗保险局。医疗保险局在资金和组织上都是独立的,有自己的管理委员会和理事会。医疗保险局在州一级和联邦一级成立具有公法法人性质的联合会组织,同样实行自治管理,其管理委员会同样由雇主和雇员选出的代表组成。主要监管职能包括对内协调各医疗保险局的利益,对外维护医疗保险局的权益,处理医疗保险局和相关机构之间的关系,以及执行其他任务。

(四) 工伤保险

德国工伤保险制度始建于1884年,后经多次修改,不断得到完善,现行的工伤保险立法是1963年修改公布的。法定工伤保险主要承担工伤事故和职业病所带来的职业风险。所谓工伤事故指投保人在工作中和上下班的路上所出现的事故。职业病指职工由于从事其职业所得的疾病。投保人一旦发生工伤事故,保险机构就应提供保险赔付。法定的工伤事故保险对象包括雇员、农民,以及从事社会福利事业的人(如民事保护成员、急救员、救生员、献血员、乡和市议会的成员)。另外,自由职业者和独立生产者可自愿加入法定工伤事故保险,国家公务员和军人不在法定工伤事故保险的范围之内。

德国的工伤保险通过不同经济部门成立的同业公会进行管理,这些公会拥有工伤预防、康复和赔偿业务的所有管理权。同业公会由雇主、雇员代表组成,每6年召开一次代表大会并选举董事会。代表大会的代表和董事会代表由数量相等的雇主和雇员代表组成,代表大会是同业公会的权力机构,董事会是日常权力机构。董事会决定经营战略,在国家法律允许的范围内建立工伤保险的补充规章制度、决定人员任免、批准年度的预决算等。日常业务由总经理负责。同业公会在遵守国家法律和接受政府监督的前提下开展工作,政府不干预其日常业务。同业公会实行自治的原则。如果投保人不服其决定,可以向法院提出诉讼,根据投保人的要求也可以对其决定进行复审。

1884年俾斯麦政府颁布《工伤事故保险法》是为了安抚在恶劣的劳动环境中遭受伤害的劳动者,并没有将劳动者的职业安全预防提高到显著的地位。但经历了一个多世纪的发展,职业安全预防已经成为德国工伤保险的首要目标。德国工伤保险同业公会不但设有专门的机构进行工伤预防管理,而且对事故预防的投入也是逐年提高。工伤预防的资金支付可以用于有利于工伤预防的一切方面,包括培训、事故预防规章的制定和出版相关的出版物、事故预防人员和物资的支出、应急救治的职业安全健康服务等。根据德国同业公会统计,德国工伤保险用于工伤预防的支出现已超过用于工伤赔偿和急救的支出。之所以将工伤预防置于首要地位,是因为工伤预防可以从根本上减少工伤救治、赔偿和康复的费用,可以减少长期的伤残待遇支付;劳动者也不会因为工伤或职业病而退出劳动领域;保证了工伤保险供款和基金的充足性,促进了制度的良性循环。所以说,这是提高制度运行效率的治本之策。由此可见,德国工伤保险对工伤预防的重视,是源于对制度规律和制度根基的深刻认知,是源于对制度本质的把握。

与伤残赔偿相比,康复在德国工伤保险中处于极为重要的地位,德国各工伤保险管理机构都制定了"先预防、后康复,先康复、后赔偿"的工作原则,以最大限度地减轻职业伤害给劳动者造成的不利影响,更重要的是它保障了工伤劳动者重新获得参与社会的权利。2001年生效的德国《社会法案》第九章将伤残康复的目标定为"减少或消除残疾人自主平等地参与社会的障碍,为残疾人或有残疾危险的人创造更好的生活"。因此,劳动者遭受职业伤害之后,康复是先于工伤赔偿而被考虑的措施,工伤康复是德国工伤保险继工伤预防之后的第二个目标。从建立之初的"工人赔偿制度"转型为"劳动者安全保障制度",德国工伤保险做到了最大限度地保障劳动者的职业安全,最大限度地降低职业伤害对劳动者的影响。

(五)社会救济

德国的社会救济制度始于20世纪40年代。1942年,德国政府出台了救济法令,规定了公共救济的种类、救济程度、救济标准及救济水平。德国的社会救济项目包括低收入家庭生活救济和特殊生活处境下的救济两大类。前者覆盖那些依靠自身能力无法负担基本生活的群体,后者则包括生病期间的救济,以及满足老年人特定需要的额外救济等。1962年,联邦德国政府颁布了新的《联邦社会救济法》,并在随后几年对救济范围和救济支付方式进行了修改。1975年,绝育和计划生育救济项目也列入《联邦社会救济法》。20世纪80年代,随着德国失业率的攀升和收入不平等程度的加剧,贫困人口开始增多,领取社会救济的总人数迅速膨胀,救济支出也急剧上涨。因此,从20世纪90年代起,日益放缓的经济发展速度难以支撑德国持续增长的福利开支,包括社会救济制度在内的社会保障制度进入改革时期。根据施罗德政府提出的社会救济改革方案,2005年1月1日起《联邦社会救济法》作为第12篇并入德国《社会法典》。

三、福利型国家社会保障制度的建立——以英国为例

(一)济贫制度

济贫制度恰好出现在早期的慈善事业阶段和现代社会保障制度建立的过渡时期,它是西方由农业社会向工业社会过渡的一种主要的社会保障模式,标志着国家通过立法的形式介入济贫事务,是社会保障发展史上一个重要的里程碑。

1531年,英国制定了第一部由政府救济贫民的大法案,成为世界上第一个通过专门立法建立社会救济制度的国家。法案规定对确实丧失工作能力且品行端正者给予社会救济,而身体健全、有劳动能力的乞丐将受到惩罚。1470年左右,英国贫困、失业、流浪等社会问题日益严重,圈地运动导致大量的自耕农和佃农失去了赖以生存的土地,开始流入城镇,沦为贫民和乞丐。面对因圈地运动而出现的大量流民、乞丐,政府试图采取两种对策进行整治:一是制定法规以阻止圈地运动;二是制定"惩治流浪者的血腥法律"。在1530年至1597年间,英国政府颁布了13个有关禁止流浪的极其残酷的法令。这些法令包括要求老年人和无劳动能力者持特许证乞讨,身体健康者一度违令处以刑罚,二度违令割一半耳朵,三度违令处以死刑,以及在逃跑奴隶额上或背上烙上"S"(Slave)印,在某地3天无所事事的流浪者胸前烙上"V"(Vagabond)印等。圈地运动和迫害流浪者的

血腥立法,激起广大人民群众的坚决抵抗。为解决贫困、失业、流浪等社会问题,稳定社会秩序,1601 年,英国女王伊丽莎白一世颁布了《伊丽莎白济贫法》,史称旧《济贫法》,是国家通过立法干预贫困救济,确立济贫制度的重要标志。该法规定:(1)全国普遍设立收容贫民的济贫院,通过委任贫民救济官的方式建立起全国范围的地方济贫行政体系;(2)征收济贫税,确定从富裕的地区征税补贴贫困地区的转移支付方式;(3)建立贫民救济院、贫民习艺所,组织有劳动能力的贫民和孤儿通过劳动和习艺而自立;(4)对无劳动能力的老弱病残者,通过院内收容和院外救助两种方式进行救助;(5)对失依儿童,以孤儿院收养、家庭补助、家庭寄养等方式进行抚养。旧《济贫法》在现代社会保障发展史上具有重要意义,它以立法的手段,征收济贫税,救济贫困者,保障或强制贫困者就业,开创了通过国家立法推动社会保障事业的先例。旧《济贫法》颁布后,英国逐渐建立了以征收济贫税、建立济贫院、实行教区安置为主要内容的一整套济贫制度。这种具有社会保障性质的救济措施的实行,缓解了英国的流民问题,保证了社会稳定发展,为产业革命创造了条件。

然而,19 世纪上半叶,随着产业革命的发展,济贫法的弊端逐渐暴露出来:旧《济贫法》实施后,政府下拨的救济款大多被封建主和商人侵吞,引起贫民的严重不满;再加上从圈地运动走上工业化道路后,英国贫民日益增多,集聚于城市,不仅危害社会稳定,还阻碍了工业发展。在此背景下,英国政府于 1834 年颁布了《济贫法修正案》,即新《济贫法》。新《济贫法》中关于资格认定的规定更加苛刻,严格禁止对有工作能力的人提供济贫院之外的救济,申请救济的有工作能力的贫困者必须入住济贫院并从事苦役般的劳动。同时,新法通过将济贫权力集中到中央和地方政府,为弱势群体救济中的国家干预和政府介入提供了保障。

(二)新自由主义与社会保障制度

新自由主义是近代西方的一股政治思潮,发端于英国,是在传统自由主义基础上演变而来的。就其理论和实践意义而言,新自由主义是西方世界带有普遍性质的意识形态。主要代表人物有 L. T. 霍布豪斯、J. A. 霍布森、赫伯特·阿斯奎斯、劳合·乔治和温斯顿·丘吉尔等人。新自由主义有三个基本观点:第一,强调自由的有限性,反对极端的个人主义;提倡自由的共享性,强调个人的道德责任和服从公共利益的义务。第二,放弃自由放任主义,主张国家干预社会经济,国家的责任是保障。第三,主张建立有效的社会保障制度,反对帝国主义,主张民族自决、平等合作和世界和平。总的来说,新自由主义具有明显的阶级调和与社会和谐倾向,突破了以经济发展为主的自由放任主义,倡导对社会问题进行一系列温和的改良,以缓和阶级矛盾。这些思想主张成为英国建立现代社会保障制度的重要理论基础。

1906年英国大选,自由党获得胜利,上台执政,新自由主义成为新一届英国政府制定政策的重要理论基础,直接导致一系列社会保障政策的出台,从而帮助英国成功确立了现代社会保障体系的制度基础。例如,1906年英国自由党颁布《餐食供应法》,规定向小学生提供免费午餐;1908年颁布《儿童法》和《养老金法》,其中《养老金法》为年满70岁、收入低于一定水平的老年人提供养老金,这是历史上第一次国家无偿地为低收入老年人提供生活保障;1909年颁布《住宅及都市法》和《劳动交换法》;1911年颁布《国民保险法》,对健康保险和失业保险做了强制性规定;1920年颁布《失业保险法》和《盲人法》;1926颁布《寡妇孤儿及老年年金法》,对经济危机所造成的社会失业人口及其所赡养人口的生活保障做了法律规定。英国的这些立法不但大大突破了1834年新《济贫法》"院内救济"的规定,而且体现出现代社会国家责任制的特征。然而,这些立法始终是一种职业化保障的立法,尚未形成统一的原则、标准以及统一的管理等。

(三)两次世界大战期间的社会保障制度

由于战时需要,在第一次世界大战期间,英国几乎所有的人都能找到工作,从而实现了英国近代史上第一次"充分就业"。在此期间,英国政府首次给军事服务人员的家庭提供补助,家属每周可领取12先令6便士,儿童每周可领取2先令,其他战争遗属或遗孤则由政府直接发放津贴。

第一次世界大战之后,由于复员军人暴乱和各地工人罢工,英国议会于1920年和1921年连续两次修改《失业保险法》,扩大保险覆盖范围。新参加失业保险的参保人领取失业保险的条件中不再设立缴纳保险费这一条规定,这时的失业保险实际上已经变成了失业救济。1931年,鉴于部分失业者在失业保险待遇领取期内没有找到工作,为了保障这些人的基本生活,英国政府决定用临时救济代替失业津贴。自此,英国失业救济基金与失业保险基金分割开来,失业救济基金直接依靠国家税收,而失业保险基金的主要来源是参保人的缴费。

(四)《贝弗里奇报告》

1941年6月,受阿瑟·格林伍德委托,由贝弗里奇任主席的协调委员会对战后英国的社会保障方案和相关服务进行了一次全面的调查,以完善社会保障制度。1942年11月,该委员会提交了《社会保险与相关服务的报告》("Social

Insurance and Allied Service"，又称《贝弗里奇报告》）。《贝弗里奇报告》提出了一整套"从摇篮到坟墓"的社会保障制度，报告中设想为国民提供的9种社会福利包括：失业、伤残和培训保险金，养老金，生育保险金，寡妇保险金，监护人保险金，抚养补贴，子女补贴，工伤养老金，一次性补助金（包括结婚、生育、丧葬和工亡4种补助金）。该报告指出，社会保障应遵循以下四个基本原则：一是普遍性原则，即社会保障应该满足全体居民不同的社会保障需求；二是保障基本生活原则，即社会保障只能确保每个公民最基本的生活；三是统一原则，即社会保险的缴费标准、待遇支付和行政管理必须统一；四是权利和义务对等原则，即享受社会保障必须以劳动和缴纳保险费为条件。这些原则的提出和实施使社会保障理论更加丰富和趋于成熟。

贝弗里奇在报告中建议社会保障计划应包括三种社会保障政策：社会保险、自愿保险和社会救济。社会保险用于满足居民的基本需求；自愿保险用以满足收入较多的居民较高的需求；社会救济针对贫困的居民。他还提出了改革社会保险的六条原则：(1)基本生活待遇标准统一；(2)缴费费率统一；(3)行政管理责任统一；(4)待遇标准适当；(5)广泛保障；(6)分门别类，适合不同人群。报告还指出社会保障计划是一个"以劳动和交纳保险费为条件，保证维持人们生存所必需的收入，让他们可以劳动和继续保持劳动能力的计划"。这些原则体现了社会保障计划的两个理论基点：一是社会保障以保证居民拥有维持生存所必需的生活资料为最低限度；二是社会保障应当体现"普遍和全面"的宗旨，即应惠及全体居民及各种不同的社会阶层，社会保障是全民的全面保障。

《贝弗里奇报告》是一份饱含公平理念与智慧光芒的政策研究报告，对社会保障制度的发展和完善具有深远的影响。该报告一方面审视英国当时社会保障制度所存在的诸多问题，分析了原因，详细论述了报告中所建议的二十三项改革的理由及具体细节，另一方面提出了一系列建立健全社会保障制度的新理念、新原则，发挥了具有里程碑意义的两大作用：一是该报告把各种改革者的不同愿望融进了一个有内在联系的框架，是当代社会保障思想的集大成之作；二是该报告确立了战后英国社会保障体系重建的基本框架，标志着福利国家思想开始由理论转变成现实。在《贝弗里奇报告》的基础上，英国政府于1944年发布了社会保险白皮书，基本接受了《贝弗里奇报告》的建议，并相继制定《家庭津贴法》《国民保险法》《国民健康保险法》《国民救济法》等一系列法律。1946年颁布的《国民保险法》中的许多条款就源自《贝弗里奇报告》，例如，规定参保人必须按照年龄、性别和婚姻及就业状况分档次缴费，在业人员待遇按照同等比例确定，失业、生育、疾病、丧偶和退休等各项福利待遇都是如此。1948年,英国首相艾德礼宣布英国已经建成世界上第一个福利国家。

四、市场型国家社会保障制度的建立——以美国为例

美国是世界上较早实行系统社会保障法律制度的国家。工业革命的完成为美国社会保障事业的发展提供了动力。在大规模建设社会保障制度之前,美国社会的养老问题主要依靠家庭和市场解决,且这一时期的美国人通常退休较晚。伴随20世纪工业化和城市化的进程,经济危机反复冲击着美国。工业革命带来的经济繁荣,受惠者主要是大资产阶级,老年工人由于其所掌握的技术被淘汰而面临失业风险和生活危机。特别是在20世纪30年代,以纽约股票市场大崩盘为标志的经济大萧条给美国带来了极大的灾难。大量工厂倒闭,大批工人失业,到1933年,失业者达到1500万人,占全国工人总数的1/3。

在美国人民的呼吁下,受命于危难之中的罗斯福政府推行新政,于1933年5月签署《联邦紧急救济法》,规定联邦政府需承担起救济公民的责任,并拨出资金分配给各州进行紧急失业救济。同年11月创建"民用工程管理局",雇用大量失业工人,并为其提供救济金,缓解当时美国社会的大部分就业压力。随后,罗斯福政府于1934年6月提出社会保障制度建设的立法计划,组建委员会起草法案,并于1935年颁布标志着美国社会保障制度建立的《社会保障法》[①]。

1935年颁布的《社会保障法》为美国建立起了一套全面的社会保障计划,政府担负起统一办理社会福利的责任,以法律的形式保障了公民的权利。这种全国性社会保障制度的创立为美国社会的发展奠定了制度基础。美国的基本社会保障制度框架如表2-2所示。具体来看,美国的社会保障主要内容涉及退休养老、医疗健康、就业与失业、残障和遗属等部分。针对不同群体建立起的完善的社会保障制度体系,如美国的文官退休养老制度,军队的养老、健康保险与失业

---

① 美国1935年《社会保障法》共有十篇,是美国历史上第一部关于社会保障的立法,包括养老金制度、失业保险、儿童救济、最低工资、资助保障等方面,主要内容涵盖两大保险计划和三项救助计划:一是建立由联邦政府主办的老年保险。新的老年保险计划由雇主和雇员双方共同缴纳费用。二是由联邦政府和州政府合办的失业保险。失业保险由各州独立组织管理,向雇主征缴税费筹集一定的资金,当职工失业时向其提供补贴。三是实行老年人救助计划,在各州进行家庭调查,由联邦政府基金向老年人提供基础的现金补贴。四是盲人援助计划。对各州所成立的并且获得联邦政府批准的盲人援助项目提供联邦补贴。五是儿童援助计划。对于16岁或18岁以下,父母亡故或残疾而不能得到应有照顾,无独立生活能力的贫困儿童的家庭提供现金帮助。

保障制度,铁路职工的养老、失业与健康保障制度等,各有特殊的法律规定和管理体系,即使是对于外国人也有一套非常健全的福利制度。随着社会的发展,美国对于残障者和儿童也建立起了丰富的社会福利保障。1939年,国会通过了《社会保障法》修正案,为就业人员提供社会保险;1946年,建立社会保障专门管理机构社会保障局;1950年,随着制度的改革,社会保险覆盖范围进一步扩大至军职服役人员和其他自谋生活人员;1960年,由雇主和雇员共同承担的社会保障税从原来的1%调整为3%。

表2-2 美国社会保障制度基本框架

	资金来源	基本福利	保障计划	法律和政策主体
公共退休养老保障	个人与雇主共同缴纳社会保障税(FICA税);个人缴纳自雇税(SECA税)	养老金、残障补助金、遗属福利等	OASI、DI、SSI;退伍军人MGIB、SMC、DIC等;铁路职工的TierⅡ福利与事业福利;联邦政府雇员的CSRS和FERS计划等	《社会保障法》《国内税收法》;美国社会保障局、美国国内税务局等
雇主退休养老保障		养老金	ERISA规定的各种雇主养老计划	1974年ERISA、《社会保障法》《国内税收法》;美国社会保障局、美国国内税务局等
医疗保障		医疗费报销	Medicare、HI、Medicaid	《社会保障法》;美国社会保障局、美国国内税务局、各州政府(Medicaid)
失业保障		失业金	UI	《社会保障法》;美国社会保障局、美国国内税务局、各州政府
社会慈善制度	社会救助	生活保障	私人和机构举办的很多计划	相关法律和税法;国内税务局

(续表)

	资金来源	基本福利	保障计划	法律和政策主体
社会福利制度	联邦和州公共资金	医疗援助、教育培训、低保住房、非公民福利等	SCHIP、TANF、SSI、Medicaid、食品券、职工离职休假政策等	相关法律,《社会保障法》,包括农场法和国防法等;联邦政府和州政府
商业保险	自我储蓄、购买保险产品	商业性收益	"职工食堂"计划,灵活花销账户(FSAs)等	各种相关法律;社会保障局、监管机构

资料来源:李超民编著:《美国社会保障制度》,上海人民出版社2009年版,第13页。

当然,美国的《社会保障法》尚存在一些不足,例如缺乏全国统筹的标准,各州社会保障经费分配不统一。但总的来说,美国《社会保障法》的出台确立了联邦政府在社会保障领域的领导地位,其积极影响主要表现为:在一定程度上缓解了社会矛盾,保障了社会生产的恢复与发展;奠定了美国社会保障制度的立法基础,开创了美国社会保障制度的新时期,为后续美国社会保障制度的发展做了铺垫。

第三节 社会保障制度改革与后工业时代的新发展趋势

本节首先从社会保障制度面临的人口老龄化发展态势、经济社会发展困境与财政支出压力的角度分析社会保障制度改革的背景,然后以保险型、福利型、市场型国家社会保障制度以及社会保障制度私有化改革实践为例,阐述典型国家在开源与节流两方面的改革举措。最后立足于后工业时代出现的新型就业形态给社会保障制度改革发展带来的新挑战与新机遇,从全生命周期、整体性治理等理论视角,展望未来社会保障制度的改革方向与发展取向。

一、典型国家社会保障制度的改革

(一)社会保险型国家社会保障制度改革

1. 改革背景与举措

所谓社会保险型模式,是指用人单位和劳动者都必须按照一定费率缴纳社会保险费,建立社会保险基金。在劳动者面临退休、失业、疾病等风险时,由社会保险基金给付相应的社会保障待遇,以确保劳动者的基本生活;当社会保险基金支付能力不足时,由国家财政提供资助。社会保险型社会保障模式以德国、日本为代表,这种社会保障模式建立在国家立法的基础上,具有强制性,遵循效率与公平相结合的原则,其理念是:社会保障体系以帮助那些在竞争中暂时落败者,使他们能够重新参与自由竞争为追求。同福利国家相比,社会保险型国家的社会保障制度发展是较为稳定的;社会保障的发展同经济增长之间的关系比较协调,出现的问题也较少。但是,社会保险型国家社会保障制度也存在一些需要解决的问题,如社会保障支出增长过快,政府财政支出压力过重。这种模式采取现收现付的筹资方式,特别是在老龄人口逐渐增多、就业人口数量下降的情况下,缴费人数减少,但削减社会保障支出又十分困难,由此带来基金入不敷出的困境。因此,在人口老龄化不断加快和提前退休人口持续增长的大背景下,社会保险型国家社会保障制度的可持续性受到严峻考验,社会保障制度需要进行调整与改革。

为了减少国家财政在社会保障方面的支出,确保社会保障支出水平能保障国民的基本生活,社会保险型国家重新确立社会保险制度,并将基本养老金、基本医疗保险金等支出口径由原来的政府财政支出改为从各种社会保险基金中支出。此外,为满足各种收入层次的国民需求,社会保险型国家大力提倡建立多层次的保险体系,主要包括基本保障(第一层次)、补充保障(第二层次)和个人保障(第三层次)这三个层次。

2. 改革实践——以日本和德国为例

日本是社会保险型国家,社会保障制度体系比较健全,在20世纪60年代日本就已经宣布成为"全民皆年金,全民皆保险"的国家。但21世纪初的金融危机给日本经济发展带来巨大冲击,当时的社会保障制度也面临着严峻的挑战,日本政府对社会保障制度体系进行了一系列积极的和全方位的改革。

为缓解财政支出压力,大力实施开源性措施:一是分别上调养老保险中国民年金和厚生年金的缴费水平,且年金的领取年龄被延至67—68岁;二是阶段性提高企业健康保险组织的医疗保险费用分担金额,阶段性提高就医行为中个人负担的费用比例;三是提高消费税以增加财政收入,将增加的财政收入全部用于社会保障制度发展需要等。

节流方面的措施包括:一是实施新的下调养老金支付水平的方案;二是针对医疗卫生,推广使用普通药物以降低医疗费用开支;三是在护理保险实施过程中有效利用志愿服务,减少护理服务费用等。今后日本社会保障的发展趋势主要集中在减轻财政负担、应对人口老龄化等方面。

德国作为典型的社会保险型国家,其社会保障模式并非完美无缺。在步入福利国家行列的同时,德国社会保障的福利开支不断增长,国家财政赤字加剧,高福利带来的高税收增加了企业经营成本,给社会经济发展带来很大负担。面对全球化背景下经济发展压力、人口老龄化加剧以及财政赤字持续扩大,德国经济和社会保障日益陷入"高福利→高缴费→高成本→低出口→低增长"的怪圈。因此,德国社会保障改革势在必行。

养老保险方面,由以政府为主体的公共养老金制度向以企业为主体的职业养老金和以个人为主体的自愿性养老金相结合的全方位养老金制度转变;对养老金缺口进行有益补充,通过相关立法,逐步推迟领取退休金的年龄。医疗保险方面,一是改变医疗保险的筹资方式,实行全国范围内执行统一费率的筹资模式;二是缩小医保覆盖范围,打破医疗保障体系中对公民选择医疗机构的限制,公民可以在私人医疗机构和国家规定的医疗机构中自由选择,两种医疗机构自由竞争,以有效降低医疗费用。

(二) 福利型国家社会保障制度改革

1. 改革背景与举措

福利型国家的社会保障作为一种社会制度,对国家的经济、政治以及社会生活中的各个方面和各个领域都有着重大影响。该模式以《贝弗里奇报告》中勾勒的"社会福利蓝图"为基础,以20世纪40—60年代的西欧、北欧国家如英国、法国、瑞典等国为典型。但随着社会发展,西方福利国家的经济逐渐出现衰退,失业率长期居高不下,人口老龄化日益严重等,使得社会保障制度面临着严峻危机。[①]

福利危机影响下的社会保障面临的问题主要表现为以下几个方面:一是社会保障费用不断增长,政府难以承担。近20年来,欧洲各国社会保障财政支出不断增加,且随着人口老龄化,社保支出占比日益提高,社保支出的增长速度超过了经济发展速度,从而造成了社会保障的严重赤字。二是社会保障带来公平与效率的冲突,使得经济发展动力不足。在多数福利国家,高水平的福利保障对人们的劳动生产热情产生了一定消极影响,甚至养活了一批懒汉,影响社会整体经济效益。三是社会保障经办和管理机构臃肿,官僚作风严重。社会保障项目的增设确实需要各级各类的专门人才和管理人员,但是也出现了机构林立、人员冗余、管理混乱、官僚作风突出等问题,这些都进一步加重了财政负担,从而加剧

---

① 穆怀中主编:《社会保障国际比较》(第二版),中国劳动社会保障出版社2007年版,第38页。

了社会保障收支失衡的问题。所以,福利国家的社会保障改革势在必行。

福利型国家社会保障改革的开源举措包括:第一,开征社会保障收入所得税。如英国等国家开征社会保障收入所得税,尤其是失业保险金和养老金的个人所得税,其税收全部纳入社保基金。第二,提高社会保险费(税)率。调整费(税)率是短期内快速增加社会保障资金的最有效措施。第三,提高或取消社会保障缴费基数的上限。这实际上是扩大了缴费的基数,从而提高了社会保障缴费水平,增加社会保障资金总量。第四,扩大就业,增加社会保险缴费的人数,减少失业保险领取人数,增加社会保障资金收入总量。

福利型国家社会保障改革的节流具体措施包括:第一,对社会福利津贴进行征税。在福利国家,社会津贴以往是免税的。第二,推迟退休年龄,提高缴纳退休保险费最低年限,以此缓解养老保险压力。第三,降低福利标准。第四,严格规定福利待遇的享受条件。

2. 改革实践——以英国和法国为例

(1) 英国的改革实践。

1979 年,以撒切尔为首的英国保守党上台执政,英国开始进入 20 世纪末重要的改革时代。其中,社会保障制度改革涵盖养老保险、住房、卫生等领域。首先,撒切尔政府对失业补贴和家庭补贴进行改革,合理减少国家在社会保障方面的责任,强调个人在社会保障中应该更加积极地承担义务与责任,以缓解收支失衡的问题。其次,废除了国民养老金制度,将年金保险的负担逐步从国家转向企业。1984 年通过了《住房及建房控制法》,推行公房私有化,实行鼓励私人拥有住房的政策。政府通过缩短居住年限、提供折扣和低息贷款等优惠政策,刺激私人买房,以减少政府负担的大量住房津贴。最后,在医疗保障方面,为解决国立医疗机构的效率问题,中央允许地方政府向效益好的私人医院拨款,允许医生集体开业参与社会良性竞争,建立医疗质量评价制度,完善初级医疗服务机制。虽然这些政策对于抑制通货膨胀产生了一定的效果,但由于失业率居高不下,大规模削减社会福利支出加剧了社会的两极分化,引起了社会群众的不满情绪,英国民众通过游行来表示抗议,改革最后也不得不告一段落。

工党首相、"温和派"的代表布莱尔上台后积极推行"第三条道路"改革。受吉登斯"第三条道路"学说的影响,布莱尔于 1998 年在下院公布了社会福利改革计划。该项改革计划的宗旨是:为有工作能力的人创造就业机会,为无工作能力的人提供生活保障,最终节省福利开支。具体而言,布莱尔政府对社会保障制度的改革主要集中在以下几方面:一是就业保障改革。英国从 1997 年改变了消极的失业救济制度,向积极促进就业的方向转变,即实行"从福利转向工作"的政策。二是养老金制度改革。一方面继续强调个人责任,鼓励有能力者参与职业养老金和个人储蓄年金计划,另一方面建立基本养老金制度。三是进行国家医疗服务体系改革。

(2)法国的改革实践。

由于福利制度改革关系到不同阶层、行业和年龄人群的切身利益,法国的社会保障改革之路十分艰难,很多改革措施都引起了社会的强烈反应和民众的抗议反对。除此之外,根据《马斯特里赫特条约》的规定,法国当时距离欧盟提出的单一货币要求很远。为此,法国不得不全面削减政府开支,紧缩国家财政,向实行多年的社会福利制度开刀,以在短时间内达标。面对国内压力,法国在社会保障改革方面进行大胆尝试与探索,以期找到"具有法国特色"的改革道路。法国采取了诸多开源节流的措施来减少社会保障方面的赤字。如1983年增收特别消费税,1990年征收普遍社会税,增加疾病保险税,以增加国家收入。1995年11月,新上台的朱佩政府提出一揽子方案,对社会保障制度进行"结构性改革",计划在五年内实现压缩社会保障支出的目标。2000年3月21日,若斯潘政府再次提出养老金改革计划,强调在坚持退休金分配制原则的基础上,刺激经济增长,增加就业岗位,减少失业人数,以应对养老金制度所面临的挑战。

(三)市场型国家社会保障制度改革

1. 改革背景与举措

市场型国家社会保障模式以强调市场经济的效率和节省原则为主要特征,这种社会保障类型成为包括中国在内的后发工业化国家建立社会保障体制的重要参照系。市场型社会保障制度最突出的优势是其以相对低的支出负担保障社会成员的基本生活以及社会稳定,从而支持经济以较快速度保持增长。这种最为谨慎、最为保守的社会保障体制,似乎可以避免其他西方国家普遍发生的社会保障体制危机,但现在也面临着财政危机、工作伦理危机和家庭危机等困境。

市场型社会保障模式改革基本思路也分开源和节流两个方面:一方面,通过延迟退休和提高社会保障税率以增加社会保障缴费,来保证已退休人员养老金待遇的发放;另一方面,通过实施养老金领取比例与领取年龄挂钩的政策,即首次领取年龄越高,所得养老金收益越高,以此来激励劳动者推迟退休,减轻养老金发放压力。同时,对于退休者的过高养老金收益进行税收调节,避免社会保障福利化。

2. 改革实践——以美国为例

美国作为市场型社会保障国家的典型代表,所面临的外部冲击主要包括:一是人口变化的冲击。由于"婴儿潮一代"的工作者转为退休者,加之人口寿命的延长,美国人口年龄结构发生巨大变化。二是制度本身的变化,如社会保障体制本身具有的依赖性和自增强效应,以及社会保障基金的管理、投资等问题。

为了维护社会保障体系的正常运转,从开源的角度来说,美国不断提高劳动人口缴纳的基金贡献率;从节流的角度来说,不断下调基金受益者享受的收入替代率。从内部因素变化来看,加强对社会保障局及各地分支机构的审计监督;在保障应付尽付的基础上,节约开支;合理处理中央和地方的关系,充分调动中央、地方和民间的积极性;在社会保障的功能发挥上,采取明确分工、划清责任等措施。

美国目前所进行的社会保障体制改革的大方向,实质是逐渐以"私人保障体系"取代"社会保障体系"。主要由雇主和雇员双方出资的"401(K)"计划就是具有私人性质的养老金保障项目之一。首先,雇员根据收入和支出状况自愿加入401(K)储蓄项目。其次,雇主根据企业财力、企业政策和法律规定对雇员存款量进行追加,追加的部分在雇员达到一定条件后,归雇员本人所有。最后,一个企业的401(K)储蓄可以自主决定交由企业、共同基金、保险公司或银行等专业金融机构协助管理。储蓄金的增值部分按比例打入个人账户,雇员在退休后方可支取401(K)储蓄。

此外,1965年美国颁布法律成立了针对贫困人口医疗问题的"医疗救助"体系和针对老年人医疗问题的"医疗照顾"体系。在"医疗照顾"体系中,美国政府提出的改革举措主要有四个方面:(1)进一步提高缴费水平,以抵消医疗费用的上涨;(2)对享受不同层次医疗服务的人实行区别收费,在一定程度上把医疗保险支出与缴费挂钩;(3)放开享受"医疗照顾"体系补贴的老年人的选择权,以公立和私立医疗机构之间的竞争来降低过高的医疗费用;(4)鼓励个人将医疗保险项目从社会保险转入私人商业保险,逐渐扩大私人商业保险的规模,同时也相应缩小医疗社会保险的责任和风险。

(四)社会保障制度的私有化改革——以智利为例

20世纪80年代,智利的养老保险制度改革引人注目。作为国家主导社会保险制度私有化改革的先驱,智利模式深受世界各国的关注。可以说,智利的改革是自19世纪80年代俾斯麦创造的德国社会保险模式和20世纪40年代以后依据《贝弗里奇报告》建立的福利国家模式后最引人注目的社会保险制度改革。

智利模式是指智利实行的由个人缴费、个人所有、完全积累、私人机构运营的养老金私有化模式:一是养老基金的社会统筹取代了强制性的个人退休账户;二是养老基金管理由公共管理部门转到私人机构;三是养老金筹资模式由现收现付制转变为基金制;四是社会养老计划从原有的固定养老金制转变为固定缴费制,养老金数额主要取决于投保人缴费与养老基金投资收益状况。智利模式引入市场竞争激励机制,提供给投保人更多的选择权利和空间,提高了基金运营效率,增强了社会保障金的社会储蓄、投资、增值功能,保证养老金及时、有效给付,规避了传统养老保险的缺陷。其实际成效主要表现为:一是养老保险改革与自由市场机制实现良性互动。由私营公司通过市场竞争和投资运营为参保人提供尽可能高的收益率,增加养老基金资产的积累。二是政府采取严格的监管措施,制裁违规资金管理与操作行为。三是私有化增强了社会保障基金的储蓄功能,促进了智利资本市场发展,减少了国家对外资的依赖。四是养老金私有化改革降低了养老金缴费率,减少企业劳动力成本,加强缴费和给付之间的关联性,有利于提升劳动就业率,使得低收入者和普通民众也能在新制度中受益。

然而随着改革的推行,其弊端和缺陷也不断暴露出来:第一,参保率较低。智利养老制度私有化改革政策的普及范围有限,很大比例的工人并没有参加养老制度。第二,监管风险问题。私营化管理隐蔽性强,当遭遇经济衰退时,管理公司可能破产,从而造成参保者的权益受损,最终仍然加重政府负担。第三,制度运营成本并未减少。私营养老金管理公司为争取业务量,不得不花费巨额营销费用。第四,养老基金的保值增值较大程度上取决于经济增长,因而存在较大的市场风险。

鉴于养老保险制度私有化改革过程中暴露的一系列重大问题,智利模式受到智利民众的广泛质疑,尤其是2016年8月智利百万人游行抗议现有的以AFP为管理基础的个人账户制度,因而有学者认为智利的养老金私有化改革是失败的,智利模式带给我们的不仅是经验,更多的是值得吸取的教训。首先,智利模式推行的个人账户制度缺乏收入再分配的互济功能,势必导致社会收入分配差距的拉大。其次,虽然社会保障改革中可以通过增加个人责任来减轻政府责任,通过部分保障领域或部分保障环节的私有化来促使运行效率提高,但如果走向个人负责的极端和将这一公共领域完全转变为私有化并由自由市场来调控,则肯定是一种有违社会发展规律的倒退,其结果必然是失败。

二、后工业时代社会保障制度的新发展趋势

随着后工业时代的到来,各行各业的信息化进程不断加快,社会保障的信息

化建设也不断发展。在此背景下,以大数据为支撑的信息技术平台为社会保障的数字化转型和精准服务提供了可能。与此同时,技术的进步伴随着社会利益关系和劳动关系的日趋复杂化,社会保障管理服务的难度不断加大,这也倒逼各国继续加强对社会保障制度的深入改革,以整体提升社会保障治理效能。

近年来,世界经济危机、国际移民及难民问题相继爆发,工业4.0和数字经济的蓬勃发展导致生产方式、就业形式相应转变,临时工、非全日制就业、隐蔽性就业等非正规就业形式的大量出现,进一步弱化了劳工集体谈判机制,加大了收入分配不平等。这些新情况新问题的出现,亟须社会保障制度创新,通过创新举措探索社会保障制度的未来发展方向。

当代社会保障正面临着人口老龄化与高流动性、信息技术与数字经济塑造新就业形态、家庭保障功能持续弱化与人民福利诉求持续高涨、全球化与逆全球化带来区域竞争不确定性等诸多挑战。其中,人口老龄化体现了人类社会的发展进步,但也带来了影响日增的养老问题。应对人口老龄化挑战,满足老年人口日益增长的各类保障需求,成为社会保障未来发展的重要诉求。此外,互联网经济的迅猛发展催生了许多新的商业形态,而新业态又带来了多元化的就业形式,如自由职业、灵活就业、兼职就业等。新业态在创造新的经济增长点、增加很多灵活就业岗位、为困难群体提供就业机会的同时,也带来了一些新的社会风险,如工作贫困、社会保险缺失和职业福利缺位等。随着互联网信息技术的发展,未来经济社会发展的不确定性增加,而这也增加了社会保障的复杂性和压力。新业态的蓬勃发展和劳动关系的变化使得劳工权益与社会保障问题日益凸显,这就需要改进社会保障制度设计,以适应数字时代的经济社会发展需要,更好地保护社会成员,尤其是保障新业态从业人员的劳动权益。

总而言之,随着全球化背景下人口老龄化进程的加速,人口跨国、跨区域流动的增多,以及新经济新业态对原有的雇佣模式与劳资关系的冲击,各国社会保障的未来发展面临着共同的挑战,特别需要正视新问题带来的危机与挑战,同时以辩证的眼光展望未来社会保障的发展方向。

(一) 全生命周期理念推进的改革

后工业社会时代的到来催促着社会保障理念的不断创新,自福利国家建成"从摇篮到坟墓"的现代社会保障体系以来,全生命周期社会保障理念受到越来越多的关注。生命周期既是分阶段的,个人在不同阶段面临的风险有所差别,需要设计不同的社会保障项目以满足个体的需求;同时,生命周期各阶段也是相互联结的,尤其是对于养老保障制度而言。在现收现付模式下,主要由当下劳动年龄人口创造的社会财富为老年人提供经济支持,而老年人得到这种经济支持的合理性则是其在年轻时也按照此逻辑为彼时的老年群体提供了支持。由此可见,自然传承的代际互助关系是现收现付养老保障制度的核心关系。全生命周期的养老保障制度的内涵就是,积极应对人口老龄化不能仅关注养老保障制度,也要关注面向劳动年龄人口的社会保障制度,如生育支持措施、工作与家庭平衡政策等。

因此,在信息化背景下,需要基于全生命周期视角,通过优化针对不同生命周期阶段风险的社会保障项目结构,来促进社会保障制度发展与体系完善;充分利用公共信息服务平台,发挥互联网、大数据、云计算、人工智能等技术优势,规范社会保障治理流程,提升社会保障数字化服务的系统优越性。按"数据向上集中、资源有效整合、服务向下延伸"的原则,以不同地区、不同人群的差异化社会福利需求为导向,以社会保障业务经办、公共服务、基金监管和宏观决策等核心应用为目标,实现信息的互联互通与资源的互助共享,提高社会保障治理水平和治理效率。

此外,近年来新冠肺炎疫情也使各国经济社会遭受重大冲击,应以疫情大考为契机,深化社会保障制度改革,充分发挥社会保障化解风险和兜底保障的重要功能,构筑起恢复生产、稳定社会、保障民生的强大支撑。理顺社会保障制度改革完善与经济社会稳定运行的辩证关系。妥善处理社会保障稳定性与灵活性的问题,做到兼顾重点与全面,兼顾常态与非常态,科学精准实施社会保险减税降费,有效促进经济社会平稳过渡。坚持共建与共享相结合,坚持权利与义务相匹配,坚持保障力度与经济社会发展水平相适应,稳步推进制度改革完善。努力构建更加公平、更可持续的社会保障体系,更好发挥制度稳增长、调结构、惠民生的基础作用。促进社会保障与社会工作、社会服务、社会治理的协同联动。坚持以共建共享共治的基本原则为指引,充分调动多元社会力量参与社会建设与社会发展的积极性、主动性,真正尊重社会成员在社会治理中的主体地位,做到社会事务共同承担,社会建设共同参与,社会风险共同应对,社会成果共同分享。在尊重市场规律与社会运行规则的条件下,促进信息、人才、项目、资金等社会资源在社会保障、社会工作、社会服务与社会治理之间实现协同整合与互动共享,充分发挥国家基本经济制度、多层次社会保障制度和多方共同参与的社会治理制度的优势。

(二) 以整体性治理理念加快制度建设

新产业、新业态的兴起改变了传统的劳动用工形式,催生了多元和灵活的新型就业形式。与稳定就业的劳动者相比,新业态从业人员的用工关系、工作方式、工作时间、工作内容、报酬支付方式等发生了根本性的变化,亟须进一步优化社会政策,确保新业态就业群体的合法权益。为解决新业态从业人员的社会保障问题,国内外都积极进行政策和实践探索。

制度环境的差异会导致解决新业态就业者社会保障问题的路径依赖的不同。在保障新业态就业者合法权益上,美国与德国、英国的做法存在显著差异。美国坚持在劳动法层面以二元形式对工人进行分类,将新业态就业者归入独立承包商范畴,无权享有任何劳动保护,通过商业保险的形式为就业者提供一定程度的保障。德国与英国却另辟蹊径,通过延伸"类雇员"与"工作者"的含义,将新业态从业者归入其中,拓展了劳动法覆盖范围,将从业人员作为中间保护类型的主体之一,对其进行不完全的倾斜保护。

我国积极开展对新业态社会保障制度建设的探索,部分试点已走在世界前列。然而,当前各类保障政策碎片化问题严重,在劳动关系认定、权益保障内容、监督管理主体等方面存在着一定程度的割裂。为此,应当强化统筹协调与协同合作,从整体性治理的高度规范新业态从业人员劳动权益保障体系的建设:首先,要淡化劳动关系,助力权益保障从"偏人"走向"全人"。一是实现劳动关系与社会保障权的适度"脱钩"。尝试"淡化"劳动关系,突破现有劳动权益保障以劳动关系认定为前提的制度藩篱。二是以"劳动参与"的既定事实替代"劳动关系"的机械认定。不以"劳动关系"论保障,而以"劳动参与"为准绳,将所有劳动者"一视同仁"纳入社会保障的基本范畴。三是以保障"全人"取代保障"偏人"。设计让所有新业态从业人员享有与传统"正式雇员"相同的社会保障待遇,通盘考虑缴费主体、缴费额度、风险分担、待遇给付等核心问题,在各方合作博弈的过程中实现动态均衡。其次,要健全制度设计,助力待遇给付从单一走向多元。循序渐进构建起完善的新业态从业人员劳动权益保障制度。一是继续完善专业性职业伤害保障制度建设。建立新业态从业人员职业伤害保险基金,优化其缴费方式和费率机制,统筹设计未来工伤保险与新业态从业人员职业伤害保险融合统一的制度接口。二是拓展现有社会养老保险和医疗保险覆盖范围。以现有的职工与城乡居民养老保险、医疗保险制度为蓝本将新业态从业人员纳入保障范围,将社会保险的缴费基数核定由以工资为基础更改为以收入为基础,更好发挥税收优惠政策促进新业态从业人员参加个人养老金制度与商业医疗保险的正向激励作用。三是转变失业保障制度的建设思路。由传统的经费补助延伸为就业技能培训、工作岗位培育、招聘信息推介等多元支持的失业保障体系。四是鼓励有条件的地方或企业,渐进式推进新业态从业人员生育、住房、低保、法律援助等社会福利与社会救助权利保障体系方面的探索。最后,要实现协同整合,助力业态监管从低效走向高效。一是明晰权责边界,构建行业主管部门与职能部门协同共治的基本格局。统筹兼顾新业态企业的健康发展和从业者的权益保障,建立良好的企业发展环境与劳动就业秩序。二是促进资源整合共享,提升业态监管中的数字治理水平。强化新业态从业人员劳动权益保障监督执法队伍建设与监管技能水平的提升,适应平台企业对劳动者实行算法管理的复杂情境。三是加快完善法律法规体系,实现从常态监管转向长效治理。坚持以包容审慎原则维护各方合法利益,加快建立健全新业态企业发展优惠政策、劳动者权益保障等法律法规体系。逐步推动平台企业承担公平就业、最低工资、劳动定员定额、劳动安全卫生、职业伤害保障试点等劳动保障责任,让新业态从业人员得到更好保障,同时也促进新业态企业更好发挥稳就业、保民生的积极作用。

关键词

社会保障制度建立　社会保障制度改革

复习思考题

1. 社会保障制度产生的原因是什么?
2. 社会保障制度的发展历程如何?
3. 社会保障制度的改革措施都有哪些?
4. 社会保障制度未来的发展趋势是什么?

第三章　社会保障的理论基础

本章概要

本章总结了马克思主义分配和慈善思想、福利经济学理论的基础理论,还纳入了福利体制理论、福利多元主义等理论作为社会保障研究的理论基础。马克思主义分配和慈善思想中包含了大量的社会保障思想,福利经济学中的收入均等和福利最大化也是社会保障的重要理论基础,国家干预主义提倡的国家全面干预经济的思想为现代社会保障制度的完善和发展提供了理论依据,福利体制理论和福利多元主义也使社会保障理论及实践得到重视,并不断发展。

第一节　马克思主义社会保障思想

一、马克思主义分配思想

马克思、恩格斯关于公平正义、生产资料社会所有、按劳分配、按需分配、贫困和劳动剩余价值的论述,是社会保障收入分配思想理论体系中的重要理论依托,有助于我国更好地解决收入分配差距的问题。马克思并不认为资本主义国家建立社会保障制度的正义性,并由此对早期资本主义的社会保障制度进行猛烈批判。① 马克思说:"什么是'公平的'分配呢? 难道资产者不是断言今天的分

---

① 汪连杰:《马克思的社会保障思想及其中国化研究》,《经济学家》2018 年第 6 期,第 21—28 页。

配是'公平的'吗？难道它事实上不是在现今的生产方式基础上唯一'公平的'分配吗？"①"在雇佣劳动制度的基础上要求平等的或甚至是公平的报酬，就犹如在奴隶制的基础上要求自由一样。"②根据马克思主义分配思想，资本积累进一步加剧了无产阶级的贫困化。马克思指出，"一切生产剩余价值的方法同时就是积累的方法，而积累的每一次扩大又反过来成为发展这些方法的手段。由此可见，不管工人的报酬高低如何，工人的状况必然随着资本的积累而恶化"③。马克思既指出无产阶级的贫困存在绝对化的特点，同时也承认随着资本主义社会经济的发展，无产阶级的贫困还存在相对化的特点。④ 尽管无产阶级贫困化同时存在绝对化与相对化的特点，但是，无产阶级与资产阶级的生活状况的差距还是在明显扩大。他指出："在劳动生产力提高时，劳动力的价格能够不断下降，而工人的生活资料量同时不断增加。但是相对地说，即同剩余价值比较起来，劳动力的价值还是不断下降，从而工人和资本家的生活状况之间的鸿沟越来越深。"⑤恩格斯始终关注着济贫法制度改革的进展情况。恩格斯尖锐地批判了以马尔萨斯为代表的自由主义思想家在对待穷人问题上的错误理论以及新济贫法制度。⑥ 恩格斯批评了按照新济贫法制度建立起来的济贫院的救济原则，他指出，在1834年由议会通过的新济贫法制度下，"一切现金或生活资料的救济都取消了；只保留一种救济方式，即把穷人收容到已经在各处迅速建立起来的习艺所里去"，并且，这种习艺所"足以吓退每一个还有一点希望可以不靠这种社会慈善事业过活的人"⑦。市场机制下的收入分配存在种种缺陷，由于资源禀赋的异质性，市场机制中的竞争机会和受益不均等，导致国民从初次分配中获取的收入也存在差别。部分群体可能会由于资源禀赋的劣势面临收入风险，陷入贫困状态。从社会整体角度而言，穷人和富人之间，不同地区之间，不同行业之间的这种初次分配不平等必然造成较大的收入分配差距。因此，需要进行以政府为主体的社会保障再分配，对收入分配进行调节，以弥补市场在分配领域的失灵，并使劳动者在风险发生时减少损失，避免陷入贫困。

---

① 《马克思恩格斯文集》第3卷，人民出版社2009年版，第432页。
② 同上书，第56页。
③ 《马克思恩格斯文集》第5卷，人民出版社2009年版，第743页。
④ 丁建定：《从马克思到列宁：无产阶级社会福利思想的发展》，《当代世界与社会主义》2019年第2期，第43—51页。
⑤ 《马克思恩格斯文集》第5卷，人民出版社2009年版，第597—598页。
⑥ 《社会保障概论》编写组编：《社会保障概论》，高等教育出版社2019年版，第61页。
⑦ 《马克思恩格斯文集》第1卷，人民出版社2009年版，第487页。

从国家的角度来说,社会保障基金的重要理论支撑是社会总产品在分配和再分配之前的六项扣除。马克思在《哥达纲领批判》中对拉萨尔的"劳动所得应当不折不扣和按照平等的权利属于社会一切成员"①的观点进行了批判,并阐释了社会主义社会保障的资金来源问题。马克思认为,"为丧失劳动能力的人等等设立的基金,总之,就是现在属于所谓官办济贫事业的部分"②,是事先安排的,它由公共福利基金支出,自然风险保障被划入社会再生产积累范畴。在《资本论》第3卷中,马克思对社会保障基金的来源问题做了阐述,并考察了国民收入的再分配,即剩余产品的分配问题。③ 他在分析各种收入及其源泉时指出,"利润的一部分,即剩余价值的一部分,从而只体现新追加劳动的剩余产品(从价值方面来看)的一部分,必须充当保险基金"④。对于社会成员对生产资料共同占有关系的再生产,马克思指出,"如果我们把'劳动所得'这个用语首先理解为劳动的产品,那么集体的劳动所得就是社会总产品。现在从它里面应当扣除:第一,用来补偿消耗掉的生产资料的部分。第二,用来扩大生产的追加部分。第三,用来应付不幸事故、自然灾害等的后备基金或保险基金"⑤。马克思明确提出了从社会总产品中扣除后备基金和保险金,建立社会保障基金,为社会弱势群体提供基本生活保障,并为全体社会成员提供公共服务的观点。他指出,在扣除上述三个方面所需的生产消费资料部分之后,剩余的社会总产品才能成为消费资料。理论上说,六项扣除中上述的三项发生在分配领域。马克思指出,社会福利费用尽管来源于生产者通过劳动创造的财富,它"又会直接或间接地用来为处于社会成员地位的这个生产者谋利益"⑥。在批判资本主义分配正义的基础上,马克思提出了共产主义社会的分配正义原则,认为分配公平的实现需要社会统筹保障,没有劳动能力的群体也应具有生产和发展的权利。在现代社会保障体系中,社会保障转移支付是政府为丧失劳动能力者和因风险的冲击暂时失去稳定收入者提供的生存帮助,这部分资金往往来自政府预算。从社会发展角度来看,社会保障的收支与整个国民经济的运行构成紧密联系,充当"内在稳定器"的角色。无疑,马克思主义收入分配思想,对研究和解决中国收入差距拉大、社会保障不充分问题及促进收入分配改革提供了学理支撑。

---

① 《马克思恩格斯选集》第3卷,人民出版社2012年版,第357页。
② 同上书,第362页。
③ 屈炳祥:《〈资本论〉与马克思的科学财富观》,《当代经济研究》2012年第6期,第7—14页。
④ 《资本论》第3卷,人民出版社2004年版,第960页。
⑤ 《马克思恩格斯文集》第3卷,人民出版社2009年版,第432页。
⑥ 同上书,第433页。

二、马克思主义慈善思想

马克思、恩格斯关于贫困救助、收入再分配等的思想是社会保障和慈善事业发展的重要组成部分。事实上,马克思主义慈善观的产生与当时浓厚的宗教氛围有着密切的联系。① 马克思、恩格斯生长在基督教兴盛的时期,宗教文化和宗教教育对其慈善思想和理论有重要影响。慈善理念的产生与当时劳苦工人的现实惨状和宗教慈善有着密切的联系。虽然英国教会很早就提出了开设慈善基金会的想法并付诸实践,以及后来英国新济贫法的产生,似乎给劳苦的工人带来了一丝丝的希望与生机,但是有劳动能力的失业者必须进贫民习艺所才能得到救济的规定,表面上是帮扶弱势群体,实则是资本家用表面上的慈善行为来掩盖自己的剥削行为。因此,马克思、恩格斯从剩余价值理论角度来论证、批判和揭露资本家的虚伪慈善,并对这种伪善的慈善行为予以抨击,后续研究者在此基础上发展了马克思主义慈善思想。

马克思主义慈善思想认为资产阶级慈善是虚伪的活动。马克思、恩格斯对于资产阶级所宣称的慈善行为持否定态度。他们认为,资产阶级所鼓吹的"慈善"思想只是"宣扬对英国的现状更加没有用处的慈善和博爱"②,指出资产阶级所从事的慈善活动是以自身盈利为目的的,是为了满足一己私欲而欺骗广大工人群众的行为,他们是"面善口惠的贵族"③,仅仅是为了麻痹工人,使工人能够为其付出更多的劳动,使其获得更多的资本。在《共产党宣言》中,马克思和恩格斯指出包括所谓的"慈善事业组织者"在内的一部分人其实是资产阶级的一员,目的是保障资产阶级社会的生存。④ 因为即使他们做出再多的慈善行为,让工人群众的贫困生活有所改善有所提高,那也是以获得更多的自身利益为前提的。可见,资产阶级组织慈善活动的目的"都是教人俯首帖耳地顺从占统治地位的政治和宗教",使工人听到的只是"劝他们唯唯诺诺、任人摆布和听天由命的说教"⑤。马克思在《1844年经济学哲学手稿》中指出,"工资是异化劳动的直接结果"⑥。

---

① 马克思、恩格斯的慈善理论并非在某部著作中有系统的介绍,而是贯穿整个马克思主义理论体系。
② 《马克思恩格斯文集》第1卷,人民出版社2009年版,第472页。
③ 《马克思恩格斯文集》第3卷,人民出版社2009年版,第13页。
④ 同上书,第60页。
⑤ 《马克思恩格斯选集》第1卷,人民出版社2012年版,第130页。
⑥ 《马克思恩格斯选集》第1卷,人民出版社2012年版,第61页。

资产阶级行善是为了他们自己的利益,把自己的施舍看做一笔买卖。① "有些慈善家力图使工人相信,只要能够改善工人的命运,他们可以付出巨额金钱。这些厂主就正是这样的慈善家。"②这种慈善行为不仅不能改善劳苦工人的痛苦处境,甚至会使得无产阶级受到更严重的剥削和压迫。

根据马克思主义慈善思想,无产阶级的慈善是真正的慈善。在马克思的论述中可以看出其对资产阶级"虚假"慈善的批判和摒弃,同时更加关注无产阶级之间的友谊,他所赞同和欣赏的慈善是无产阶级之间互相帮助、互相促进的慈善活动。在资产阶级社会中,广大的无产阶级之间的友谊更加深刻,更加真挚。在恶劣的生存环境中,他们对生活、困难、贫困有着共同的理解,会互相同情,站在对方的角度去思考问题,而不是互相伤害,向比自己更加贫困、艰难的同伴去伸手索要。只有这样的关系才能更好地促进社会发展,促进无产阶级的团结。马克思、恩格斯二人赞同与认可无产阶级为改善自己整个生活状况而进行的反抗,认为这是"最动人、最高贵、最合乎人性"③的反抗,共产主义才是人类斗争的最终目标,自由、平等、博爱才是无产阶级慈善的主题。二人在坚持唯物史观的基础上,通过调研分析了慈善的历史、性质以及社会地位等,并提出著名的论断——作为一种道德行为的慈善活动,并不会从基础上解决无产阶级的贫困现象。④慈善是社会道德行为的一种表现方式,它本身所固有的再分配属性也能够大大缓解社会矛盾,促进社会稳定。建立在再分配基础之上的社会结构才能真正展现出慈善行为的本质。

马克思、恩格斯对如何帮助弱势群体也提出了自己的看法,那就是"官办济贫事业"——设立救助弱势群体的基金,让他们同样享受到国家和社会给予的福利。这意味着,慈善活动的济贫扶弱功能应当由社会成员自觉承担。并且,在社会救济对象上,马克思更加侧重于那些贫困、残疾、幼小等没有工作能力的人。

随着时代的进步,马克思主义学者对马克思主义慈善观有了更加深刻的认识与理解,并进一步丰富与完善马克思主义慈善观。卢卡奇于1923年发表了《历史与阶级意识》一文,让更多的人认识到了人本主义思想。卢卡奇指出,要以人的实践活动和人的主体性来克服"异化","从实践中打破存在的物化结构"⑤。

---

① 《马克思恩格斯文集》第1卷,人民出版社2009年版,第479页。
② 同上书,第749页。
③ 同上书,第449页。
④ 任平:《论马克思主义慈善观》,《学术研究》2010年第5期,第9—15页。
⑤ 〔匈〕卢卡奇:《历史与阶级意识》,杜章智、任立、燕宏远译,商务印书馆1992年版,第290页。

布洛赫从马克思"现实的人道主义"思想和民主理想出发,要求重新把天赋人权理念导入马克思主义的人权概念,这是一种建立在人道主义基础上的政治学说。① 之后法兰克福学派产生,该学派注重"人本主义思想",批判资本主义制度的罪恶性。霍克海默主张将人从痛苦中解放出来,以个人发展为中心,实现社会的自由平等。② 萨特在其著作《存在与虚无》中主要论述了"存在即自由"的观点,人类必须拥有自由的活动实践,而这就需要社会、政府给予贫困人口一定的帮助,来进一步实现人的自由与解放。③ 可见,博爱、慈善深入当时学者们的内心。

马克思主义的慈善思想肯定了慈善活动在实现社会平等、解决社会贫困中的重要作用,为建设中国特色社会主义慈善理论体系提供有力了支撑。我国的慈善事业正在向多方位、多角度的方向发展,慈善范围已经涉及生活、医疗、教育、住房等方方面面。慈善事业的建设和发展需要融合马克思主义慈善观,将其运用到具体实践上,找到中国慈善事业发展的客观规律,来更好地解决现实存在的问题。根据马克思主义慈善观,我国慈善事业的发展不仅要满足困难群众的物质需求,更要实现困难人口的精神丰腴进而实现人的全面发展,这就需要社会各界秉持"人道主义精神"来共同参与。政府和社会作为慈善事业的重要主体,可以整合慈善资源对社会利益进行调节和分配,促进社会的公平正义,减小贫富差距。

三、西方马克思主义的福利国家理论

20世纪六七十年代,西方新左派学者以马克思主义的视角对福利国家进行了反思。新马克思主义者于1960年在英国创办杂志《新左评论》(*New Left Review*),此后出现了以詹姆斯·奥康纳(James O'Connor)、伊恩·高夫(Ian Gough)、克劳斯·奥菲(Claus Offe)为代表的新马克思主义学派。该学派学者应用马克思主义关于阶级与阶级斗争、资本主义生产方式与矛盾等的理论概念讨

---

① 金寿铁:《希望的视域与意义——恩斯特·布洛赫哲学导论》,商务印书馆2016年版,第270—271页。
② 陈学明:《20世纪初西方三大马克思主义思潮的先后问世与相互角逐》,《北京联合大学学报(人文社会科学版)》2012年第3期,第25页。
③ 潘志恒:《飘荡在虚无中的自由——萨特〈存在与虚无〉一书中的自由理论评析》,《比较法研究》2005年第4期,第138页。

论社会福利与社会政策。① 新马克思主义也是批判福利国家、分析福利国家危机的重要视角。新马克思主义者探讨的重要议题是:资本主义的社会和经济制度本身是不利于人类的发展的,资本主义如何在剥削关系中仍然能够维持有效性,以及资本主义如何在各种矛盾中发展。新马克思主义认为,福利国家带来的经济和政治的安定局面其实是不稳定的,资本主义承受不了由福利带来的巨大消耗和负面影响,最终必然产生福利财政危机。②

高夫是新马克思主义福利国家理论的代表人物,他用马克思主义中剥削、阶级、资本主义生产形式的概念对西方资本主义福利国家的发展进行分析,并在《福利国家的政治经济学》中做了系统性论述。他的主要观点有:第一,福利国家或社会政策的发展与工人阶级斗争和资本主义国家结构的集中化密切相关,根源于资本主义福利国家的内在矛盾。福利国家的发展受到经济发展、工业化和技术的推动,而且在资本主义国家环境下,劳工阶级为了实现自身利益的斗争也是其发展的重要根源。劳工阶级通过工会组织大规模的劳工运动,资本家为了维持资本的持续积累和缓和阶级矛盾,开始让步,并进行再分配干预。③ 第二,资本主义福利国家是矛盾的。福利国家是一个矛盾的系统。福利国家给资本主义社会中的工人阶级和弱势群体带来了实实在在的利益,但也参与了对他们的镇压和控制。福利国家增加了社会消费,提升了人们的生活水平,提高了劳动生产率,也减少了资本主义经济体制带来的不良社会后果。它在某种程度上是对工人阶级的让步,但它也减弱了工人阶级参加运动的积极性,某种程度上又保护了资本主义。第三,资本主义福利国家危机是不可避免的。对资本主义福利国家而言,增加国家在社会福利方面的开支对维持资本累积和再生产是必须的,但过度开支又会导致资本积累和经济增长速度变慢。战后的资本主义国家普遍出现慢性通货膨胀,这根源于资本主义福利国家的基本矛盾,是阶级冲突的结果。第四,他提倡以福利国家重组而非大幅度削减社会开支的方式应对福利国家危机。高夫认为福利国家可以从四个方面进行重组,包括:调整教育政策使其更有效地满足劳动力市场需求;调整社会保险政策以鼓励失业者工作,增强劳动力市场活力;调整社会福利服务管理,改进社会服务的效率和质量;以及促进社会服务的

---

① 彭华民等:《西方社会福利理论前沿:论国家、社会、体制与政策》,中国社会出版社2009年版,第84页。
② James O' Connor, *The Meaning of Crisis*, New York: Basil Blackwell, 1987; Claus Offe, *Europe Entrapped*, Cambridge: Polity Press, 2014.
③ Ian Gough, *The Political Economy of the Welfare State*, London: Macmillan, 1979, pp. 59-68.

私营化,鼓励购买私人供给的服务。① 第五,提出"社会工资"的概念。社会工资是指国家对个人的现金给付②,包括各类健康项目、失业和家庭津贴项目。这些社会工资其实是集体消费,这部分给付和服务最终回到资本主义生产过程,对劳动力再生产起到重要的作用。第六,福利国家的走向也取决于资本主义社会中两个主要阶级之间的平衡。福利国家的重组或者改革中的合作主义不会消除资本主义国家的内在矛盾,反而会产生新的冲突。③

高夫运用马克思主义政治经济学的基本概念,采用历史和比较的分析方法,为批判和反思资本主义福利国家提供了重要的视角。但是他的理论基本根源于欧洲特别是英国当时的社会现实,不能简单地套用到其他社会情境中。

第二节 福利经济学理论

一、旧福利经济学

福利经济学理论是西方基本经济理论的重要组成部分,福利经济学理论主张国家承担社会福利的责任,为国家建立社会保障制度提供了理论依据。现代社会保障理论深受西方经济学尤其是福利经济学派的影响。根据福利经济学理论,"福利"是指收入、财富给人们带来的效用。一般认为,福利是客观的资源对人们所产生的一种效用,可以反映人们的需要得到满足的程度。"社会福利"是从社会层面而言的,即针对所有公民普遍提供的资金和服务,旨在保障国民维持一定生活水准、提高国民生活质量。按照福利经济学理论的释义,社会福利可以从广义和狭义两种范式去理解。广义的社会福利可以理解为各种政策和社会服务,如提高广大社会成员生活水平方面的公共服务,目的在于为社会成员各个方面的福利提供待遇保障。狭义上而言,社会福利主要是针对某些特殊群体(包括生活能力较弱的未成年人、老人、妇女、失能人群等)提供的社会照顾和社会服务。事实上,社会福利相关的政策体系涵盖的内容是十分广泛且丰富的。社会福利不仅涉及生活保障、教育事业、医疗保健方面的福利待遇,而且包括文化娱乐、体育锻炼等较高层次的福利待遇。并且,社会福利作为一种服务政策和服务措施,不仅旨在提高国民的物质生活和精神生活水平,也是国家的社会职责和社

---

① Ian Gough, *The Political Economy of the Welfare State*, London: Macmillan, 1979, pp. 136-141.
② Ibid., pp. 108-122
③ Ibid., p. 152.

会功能的体现。社会福利在保障生活的基础上能够保护和延续社会成员的全面发展,促进其生活质量的改善。

庇古是20世纪20年代福利经济学的代表人物之一,提出了以公平为核心的旧福利经济学。以庇古为代表的旧福利经济学主张建立和实施养老保险制度和失业救助制度,认为社会保障具有收入再分配性质,能够对一国的经济福利产生作用。以庇古为代表的福利经济学理论主张收入均等化,认为分配越均等,社会福利水平就越高,并提出了两个基本命题。第一个命题是:国民收入总量愈大,社会经济福利就愈大。根据该命题,国民收入数量的多寡以及国民收入在社会成员之间的分配情况,很大程度上决定了社会经济福利。① 第二个命题是:国民收入分配愈是均等化,社会经济福利就愈大。② 这意味着经济福利的提高需要从"生产"和"分配"两端着力:增加国民收入总量;解决社会收入分配不均等。事实上,以上两个命题分别涉及了社会生产资源最优配置和收入分配均等化的问题,反映了效率与公平(配置与分配)的不可分性。而通过收入均等化实现"将高收入阶层的货币收转移一部分给穷人",消除国民收入分配中的不均等,就可以最大程度提高社会经济福利。合理的社会保障收入再分配过程,是一个收入分配格局"帕累托改进"的过程。收入均等化是庇古福利经济学的重要内容,其主张"分配越均等,社会福利就越大"。依据庇古命题,国民收入增加如果是因收入分配差距扩大而获得,社会福利可能毫无意义。公平是福利的第一要务,丧失公平的经济增长可能成为无意义增长。③ 根据福利经济学的庇古标准,富人的收入边际效用低于穷人的收入边际效用,所以收入应该再分配,达到收入的均等化。④ 此外,根据庇古的福利经济学思想,社会福利和经济福利是两种不同的福利类型。经济福利是能够用货币衡量的部分,而社会福利难以用货币度量。

二、新福利经济学

20世纪30年代在旧福利经济学基础上发展形成了"新福利经济学"。效率与公平是新旧福利经济学研究的主要内容。新福利经济学的理论根源可以追溯到帕累托的经济学说。帕累托提出福利改进和最优理论,创立了以效率为判断标准的新福利经济学。在福利经济学中,效率指的是帕累托效率。帕累托效率

---

① 〔英〕庇古:《福利经济学》,金镝译,华夏出版社2017年版,第70页。
② 同上书,第74—75页。
③ 马旭东、史岩:《福利经济学:缘起、发展与解构》,《经济问题》2018年第2期,第9—16页。
④ 郭伟和编著:《福利经济学》,经济管理出版社2001年版,第17页。

成立的两个前提是:一个社会的生产技术和消费者的偏好函数是既定的;一个社会的收入分配状况不变。显然,生产技术、消费者偏好和收入分配的改变会使得资源最优配置的状态相应发生改变。①

效用是基数的还是序数的,是新旧福利经济学的重要争论焦点之一。序数效用论是新福利经济学的基本主张,由此基数效用和序数效用的争论产生了一系列经济学概念。新福利经济学根据序数效用论反对旧福利经济学的福利命题,特别是反对"将高收入阶层的货币收入转移一部分给穷人"的主张。②根据新福利经济学思想,边际效用是不能衡量的,并且无法将个人的效用进行比较,效用数值的大小是不能用基数数词表示的,效用水平的高低只能用序数数值表示。

马歇尔提出消费者剩余的概念,并在边际主义思想的基础上把边际效用价值论和成本价值论综合在一起,提出了均衡价格理论。③ 卡尔多于1939年在《经济学的福利命题和个人间的效用比较》中提出补偿标准。如果受益者在补偿受损者的条件下,其福利仍然能够得到改善,而其他人的福利不比以前差,那么这一变化就是好的。④ 这一特征还可以理解为,获益者得到的利益足以弥补受损者的损失。希克斯在《福利经济学的基础》中认为卡尔多标准还不够完善,提出了自己的补偿标准。"卡尔多-希克斯改进"是描述收入分配和资源配置状态的经济模型,为衡量经济政策和行为成功与否提供了标准。西托夫斯基在《关于经济学福利命题的一个注解》中反对从经济学的范畴研究收入分配问题,对福利标准或补偿原则继续进行讨论,并提出双向检验标准(既进行卡尔多检验,又进行希克斯检验),但是该标准仍不具备动态一致性,应用范围有很大局限性。⑤

社会福利函数理论是新福利经济学研究的重要内容。对社会福利函数的讨论可以追溯到伯格森和萨缪尔森。伯格森提出研究社会福利函数的"新方向",认为卡尔多、希克斯等人的新福利经济学将实证问题和规范问题分开,将效率问题和公平问题分开的思路行不通。继伯格森判断标准之后,萨缪尔森等人对社会福利函数做了进一步论述,形成了福利经济学的社会福利函数论派。⑥ 阿罗提

---

① 吕文慧:《福利经济学视角下的效率与公平》,《经济经纬》2007年第2期,第27—30页。
② 许崴:《试论福利经济学的发展轨迹与演变》,《国际经贸探索》2009年第12期,第28—31页。
③ 齐良书:《论经济学中的价值理论》,《政治经济学评论》2022年第1期,第141—159页。
④ 马旭东、史岩:《福利经济学:缘起、发展与解构》,《经济问题》2018年第2期,第9—16页。
⑤ 姚明霞:《西方福利经济学的沉浮》,《当代经济研究》2001年第4期,第67—69页。
⑥ 郝春虹:《税收分配伦理、福利命题评价与社会福利最优状态研究》,《财经理论研究》2017年第3期,第11—24页。

出的阿罗一般性定理认为,在某些条件下社会福利函数是不存在的,阿罗社会福利函数必须至少满足五个合理化的条件。根据社会福利函数理论,社会福利是个人福利的加总,且社会福利应该是一种以经济福利为基础的包括政治福利和文化福利在内的广义福利。① 社会福利函数论者还认为,社会福利可以用多元函数来表示,最优状态不仅指生产和交换的最优状态,还要具备福利在个人间的合理分配这一条件。李特尔标准所依据的关于福利标准的学说是对卡尔多、希克斯、西托夫斯基学说的补充或修正,通过引入实际的收入分配状况来检验和修正前述标准的不足。②

国家如何根据社会形势及多方面的情况调控福利水平,在保证民众基本生活的同时,促进经济增长,进而达到一种"适度福利"的状态,成为现在福利经济学关注的重要议题。英国、瑞典等国家的社会福利制度最为典型。这种国家保障型模式以全民性和普遍性的保障原则为核心,通过经济的再分配措施来调整社会资源倾向,从出生到死亡,国家基本上包办了一切的费用,包括劳动就业、医疗保障和养老服务等方面的开支。其资金来源于国家税收,对全民实施"从摇篮到坟墓"的无差别保障。然而,"福利国家"的社会福利体制也存在加重国家财政负担和刺激通货膨胀的弊端。另外,虽然社会福利制度保障了国民生活,普遍提高了其生活质量,但过于沉重的财政福利支出容易导致"福利病",降低受保障群体的生产积极性,甚至可能诱致"懒汉"现象,引发社会矛盾等,不利于社会的长期发展。随着人口老龄化、结构性失业等问题的加剧,新的社会风险和挑战不断增加。

社会保障政策以社会福利最大化为目标,其政策结果涉及经济福利、政治福利和文化福利等。当代西方经济学对收入分配的研究主要从福利经济学和发展经济学两方面展开。现代社会保障理论深受西方经济学尤其是福利经济学派的影响。③ 西方学者在借鉴福利经济学思想的基础上,较深入地研究了社会保障收入再分配问题,并形成了相当成熟的理论体系,这为西方社会保障体系奠定了重要的理论基础。社会保障从基金筹集到支付的过程实质上是国民收入的分配与再分配的过程。作为具有收入再分配性质的社会保障政策,通过对国民收入的

---

① 胡象明:《广义的社会福利理论及其对公共政策的意义》,《武汉大学学报(哲学社会科学版)》2002年第4期,第426—431页。
② 郝春虹:《税收分配伦理、福利命题评价与社会福利最优状态研究》,《财经理论研究》2017年第3期,第11—24页。
③ 邓大松:《中国社会保障若干重大问题研究》,海天出版社2000年版,第186页。

再分配,在一定程度上减少了社会成员发展结果的不公平。社会保障及其相应的社会政策,能使一部分相对贫困的民众拥有最低生活保障,刺激全社会人力资源的发展,从而长期促进经济社会发展和保持社会形态相对稳定。

三、国家干预主义

国家干预主义是以国家全面干预经济为思想内核建构的理论体系和政策主张。社会保障作为一项利国利民的国家制度安排,其理论发展和完善离不开以凯恩斯为代表的国家干预主义学派的影响。凯恩斯提出了全面干预的理念,试图以政府干预弥补市场失灵。20世纪30年代,凯恩斯出版了《就业、利息和货币通论》,通过考察经济危机、失业以及人口增长和经济发展等问题,否定了萨伊定律并提出"有效需求不足"的观点,将消费需求和投资需求的不充足归因于消费倾向递减、资本边际效率递减及流动性偏好三大基本心理定律。① 后来的学者继承并改进了凯恩斯国家干预思想与经济增长理论。根据凯恩斯主义,"有效需求不足"是资本主义经济危机与失业的重要原因,并且"有效需求不足"问题的产生与消费不足及社会投资不充分又存在关联,这为政府干预的必要性和干预的范围提供了依据。解决有效需求不足和缓解失业问题的重要策略是国家干预,通过制定和实施一系列刺激社会消费和公共投资的经济政策可以达到扩大有效需求的目的。随着有效需求不足问题的解决,社会危机和失业问题就得以化解。在国家干预的问题上,新制度学派与凯恩斯学派是十分接近的②,都主张必须依靠政府对市场经济的失衡问题进行干预和调节。萨缪尔森是新凯恩斯主义学派的重要学者,他在对凯恩斯的政府干预思想进行传承的基础上,还创新性地整合了新古典经济学的政府理论③,认为市场失灵和政府失灵是并存的,需要用收入、价格及生产要素供给的调节手段干预经济发展。萨缪尔森主张通过货币政策和财政政策控制经济运行过程,熨平经济周期。④ 在继承凯恩斯主义的有效需求理论的基础上,凯恩斯主义经济学派还建构了与社会保障、平等相关的理论体系。

凯恩斯主义学者强烈主张用国家干预替代自由放任政策,并坚信运用货币政策和财政政策对自由市场经济进行有效干预,可以影响社会消费需求。在凯

---

① 〔英〕约翰·凯恩斯:《就业、利息和货币通论》,金华译,立信会计出版社2016年版,第3页。
② 安福仁:《中国市场经济运行中的政府干预》,东北财经大学博士学位论文,2000年,第49页。
③ 尹伯成:《"综合"、"折中"与经济学的创新——以约·斯·穆勒、阿·马歇尔和保罗·萨缪尔逊为例》,《江海学刊》2008年第5期,第58—63页。
④ 崔建军:《凯恩斯革命中的创新与继承》,《当代经济科学》2010年第2期,第118—123页。

恩斯主义学者看来,政府干预的重心体现在财政政策上。要达到充分就业,必须增加有效需求。国家干预可以影响个体间的财政转移支付,对收入不足者和受失业风险影响的群体进行一定的救济,进而达到增加消费需求和保持经济高速发展的目标。在这个过程中,政府也实现了促进效率与平等的目标。凯恩斯主义学者还特别主张通过政府举债支出来弥补财政赤字。政府干预政策有效性的重要前提之一是确保市场对资源配置的基础作用,否则可能会出现政策失效。

根据凯恩斯主义的国家干预理论,市场失灵决定了政府干预的必要性,而且政府的财政政策是解决有效需求不足及其衍生问题的根本途径,这就为政府介入社会保障领域提供了理论基础。国家干预的主要形式是在市场经济条件下,通过制定一系列经济政策和社会政策,实现经济和社会的平衡发展。积极的社会政策可以解决各类社会问题,维持社会稳定,为经济发展创造良好的政治和社会环境,调动劳动者的生产积极性,培养优质充足的人力资源,促进经济增长和创新进步。社会政策是国家层面的大设计,它是面向社会全体的,具有预防和解决社会问题的作用。尤其是积极意义上,社会保障政策能够有效保障和改善民生,消除产生不稳定的社会根源;缩小社会分化和不平等,缓解利益冲突;促进经济发展和提高人民生活质量,提振人民对政府的信心。由于社会保障事业具有特殊的社会功能,所以社会保障可视为政府对社会发展的一种干预和调控,各国政府都不同程度地介入社会保障领域。纵观21世纪世界各国的经济社会发展状况可知,社会保障政策已经成为通过立法和政府行政干预,解决社会问题,维护社会稳定,改善社会环境,增进社会福利的一系列政策、方针或行动准则。但是,社会保障政策必然消耗一定的社会资源,因此国家不能过度干预。如果国家保障水平过高,一方面政府财政压力大,超出赤字警戒线;另一方面也会降低社会竞争水平,阻碍经济可持续发展。

在社会保障事业的发展中,完全通过行政命令分配和调节社会保障资源是不现实的,并且容易带来不当的交易成本、损害社会治理效率。在国家和社会之间构建一种有效的政府干预机制,是实现国家治理和社会保障效率的重要基础。在20世纪五六十年代,为了实现经济增长和社会发展的目标,凯恩斯主义所倡导的国家干预与调节方法成为西方各国政府普遍奉行的政策。但是,在20世纪七八十年代爆发经济危机之后,资本主义的国家干预暴露出了政府支出膨胀、预算赤字扩张和通货膨胀等严重后果。自20世纪80年代,西方国家的宏观调控就出现了从凯恩斯主义向新保守主义的转变,即在经济增长和充分就业等经济政策目标的基础上,控制通货膨胀成为重点经济目标。① 凯恩斯主义学派对其思想主张进行了补充和完善,形成了所谓的新凯恩斯主义学派:新古典综合派和新剑桥学派。以萨缪尔森为首的一些西方经济学者建立的新古典综合派把凯恩斯的宏观收入决定论同新古典学派的微观均衡价格论"综合"为一体,使凯恩斯主义能应用于相对繁荣时期的经济状态。② 新古典综合派重视基于经济效率的经济增长政策,提出将社会保障作为经济稳定均衡的基础。新剑桥学派的核心理论是收入分配,认为资本主义社会存在的收入分配失调缺陷必然导致"富裕中的贫困"和一系列社会矛盾,并主张通过政府干预解决社会收入不合理问题。③

凯恩斯主义的国家干预理论促进了二战后全球社会保障制度的发展和完善。随着西方经济学家对国家干预政策以及公平和效率的认知变化,国家干预主义思潮下社会保障理论和实践问题也在不断演进。根据国家干预主义理论,社会保障政策和经济政策都是在一定时期内不同国家针对自身体制、国情制定的一系列改善现状的政策干预措施,其目的都是解决现有的危机,维持社会稳定,促进经济发展。很多国家采取保险补贴和增加就业双管齐下的政策,既对没有劳动能力的老人、残疾人等群体给予关怀,又让失业和剩余劳动力实现就业,以在保证社会公平的前提下促进经济发展,维护社会稳定,提高生产活力。同时通过福利导向型社会政策给予社会公众更多福利,对"蛋糕"进行再分配,以满足社会成员的需要。

第三节 社会福利理论

一、福利体制理论

福利体制理论又称福利模式,是学者在综合考察不同国家福利组合、福利输出与分类效应的基础上归纳福利制度差异性及解释的有关理论。④ 在20世纪50年代,蒂特马斯将现代工业化社会中的福利国家安排分为两种理想类型:第一种是残补型福利制度。这种制度假定,市场和家庭这两个部门不能正常发挥作用

---

① 徐崇温:《当代资本主义和国家的干预与调节》,《理论前沿》2000年第24期,第10—12页。
② 王健:《新凯恩斯主义经济学》,经济日报出版社2005年版,第6页。
③ 褚鸣:《新剑桥学派的现状与未来》,《国外社会科学》2006年第4期,第56—59页。
④ 〔丹麦〕哥斯塔·埃斯平-安德森:《福利资本主义的三个世界》,苗正民、滕玉英译,商务印书馆2010年版,第349页。

时,社会福利机构才临时发挥作用。第二种类型是制度性再分配型福利制度。该模式强调个人福利是社会集体的责任,排除了市场的作用;社会福利是按需提供的,目标是平等、社会团结。①

到20世纪90年代,由丹麦学者埃斯平-安德森在《福利资本主义的三个世界》中提出的福利体制理论则是在该理论范式中影响最为深远的理论之一。该理论包括以下重要内容。

第一,福利国家的再界定。埃斯平-安德森认为,不应该以"国家对公民的一些基本的最低限度的福利负有保障责任"来界定"福利国家",他也不认为仅依靠社会福利的支出水平就能够充分反映国家在福利方面的责任。福利国家是一种社会再生产结构,不仅关注"技术"问题,而且关注权力问题,产生阶层效应;福利制度不仅应该关注政府部门,而且应关注更大范围的"福利组合"(Welfare Mix),即公共部门、私人部门与家庭在维持生计和分配福祉上的互动。②

第二,福利国家的划分标准及原因。埃斯平-安德森用三个维度来区分不同的福利体制:劳动力的去商品化程度、分层效应和福利三角的互动关系。劳动力去商品化(decommodification)是福利国家的核心概念,受马歇尔的"社会权利"概念的启发,"去商品化"这个概念是指国家把个人从市场力量的运作范围中解放出来,并使市民获得一个社会认可的独立于市场的生活程度。去商品化水平是衡量社会权利的基本指标。③ 分层效应是指福利国家不可避免地会产生分层效应,即会强化或缓和或维持公民在劳动力市场中的分层。在"福利体制"中,政府、市场和家庭在福利提供中可能处于"核心""补充"和"边缘"等不同位置,它们三者之间不同的组合将产生不同的分层化效果。④

第三,福利国家的三个理想类型(见表3-1)。以"去商品化""分层化"和"福利三角的关系结构"为指标,埃斯平-安德森将当时的18个经济合作与发展组织(OECD)国家划分成三种类型:以德国为代表的保守主义体制国家,以英、美为代表的自由主义体制国家,以瑞典为代表的社会民主主义体制国家。保守主义体制国家中,宗教的和传统的关于家庭和性别分工的观念占有统治地位,教会和志愿组织在社会福利供给中发挥着很大的作用;三个福利生产机构中,家庭处

---

① Richard Titmuss, *Essays on the Welfare State*, London: Allen and Unwin, 1958, p. 75.
② 〔丹麦〕哥斯塔·埃斯平-安德森:《福利资本主义的三个世界》,苗正民、滕玉英译,商务印书馆2010年版,第26—28页。
③ 同上书,第63—65页。
④ 同上书,第105—106页。

于核心地位,国家处于补充地位,而市场则处于边缘位置;这个体系被称作社会保险模式,它提供差异性的福利计划,并将进一步增强领薪者之间的分化。自由主义体制下,国家支持市场经济,社会服务的提供应该是有限的并以家计调查为前提的;在三个福利生产机构中,市场处于核心地位,而家庭和国家都处于边缘位置;这样的体制可能进一步深化劳动力市场上两极分化的格局。社会民主主义体制的福利国家,其特点是劳动力高度非商品化,社会福利项目高度制度化;政府不是人们寻找帮助的最后一道防线,而是确保人们的福利需要得到满足的基本机制。

表 3-1 埃斯平-安德森福利体制的三种类型

	保守主义类型	自由主义类型	社会民主主义类型
代表国家	欧洲大陆国家,如德国	盎格鲁-撒克逊国家,如美国、澳大利亚	北欧国家,如瑞典、丹麦、挪威
社会目标	工人的收入维持	对贫困和失业者的救助	社会成员的平等与公平的再分配
给付的基本原则	缴费性原则	选择性原则	普惠性原则
给付的技术原则	社会保险型原则	目标定位型原则	再分配的原则
给付结构	部分型给付	家计审查	统一费率

资料来源:〔丹麦〕哥斯塔·埃斯平-安德森:《福利资本主义的三个世界》,苗正民、滕玉英译,商务印书馆 2010 年版,第 349 页。

第四,福利国家模式的阶级动力。福利国家产生于缓和社会矛盾的需求中,所以工人阶级的个人需要、组织形式对福利国家模式的形成十分重要。福利国家体制的差异应当从权力结构的角度进行解释,其中两个因素尤其重要:一是在制度建立之初政治联盟形成的形态;二是工人运动的结构,尤其是工人与政党之间的关系。埃斯平-安德森通过对 OECD 国家三阶段历史时期内阁席位的份额分析得出,保守主义福利国家体制的特征与这些国家历史上的天主教政党相关;北欧地区之所建立起了普遍的社会民主主义型社会保障体系,与其在转型期内工人和农民阶级结成强有力联盟(红绿联盟)有关。总之,埃斯平-安德森认为,对福利国家的分析不应该局限在经济发展、人口变量等因素上,而应该深入考察其政治结构特征,特别是阶级动力特征。

《福利资本主义的三个世界》这一著作中的思想已被广泛应用于学术研究和理论讨论。该著作在各经济体福利国家的比较分析中具有开创性地位。此后,"福利模式/体制"变成一个使用非常广泛的专有术语,成为研究福利国家和福利制度比较的主要概念和工具,并开始成为一个重要的学科领域。[1] 同时该著作也受到许多批评,如有学者质疑其三个维度指标的有效性和可复制性[2],也有学者认为福利国家不断演变的性质往往使其难以归类。但更多的学者开始应用并拓展该理论框架,提出"南欧福利模式"[3]"东亚福利模式"[4][5]等概念和理论来解释地方福利制度的发展。

二、福利三角与福利多元主义理论

福利三角(Welfare Triangle)及福利多元主义(Welfare Pluralism)是20世纪70年代开始发展起来的对社会政策进行宏观分析的理论视角。该理论范式产生于对福利国家危机的批判。福利多元主义与早期的福利多元组合存在一定差异:福利多元组合更侧重社会福利结构特征的描述,强调福利资源的多主体结构;而福利多元主义则侧重对社会过程、多元价值的论述。[6] 福利多元主义的三分法(国家、家庭、市场)和四分法(国家、家庭、市场、志愿组织)没有绝对的界限,都是对福利提供的反思,强调福利的来源应该多元化。该理论范式反对国家作为提供福利的单一主体,强调人民获得的福利是多种制度福利的总合;国家、家庭、市场、志愿组织等多元福利提供主体应当在福利的规则制定、筹资和提供中共担责任。[7] 这类理论的典型代表包括罗斯的三部门福利多元组合理论、约翰逊的四部门福利组合理论以及伊瓦斯的福利三角理论。

---

[1] Holliday Ian, "Productivist Welfare Capitalism: Social Policy in East Asia," *Policy Studies*, Vol. 48, No. 1, 2000, pp. 706-723.

[2] Georges Menahem, "The Decommodified Security Ratio: A Tool for Assessing European Social Protection Systems," *International Social Security Review*, Vol. 60, No. 4, 2007, pp. 69-103.

[3] Maurizio Ferrera, "The 'Southern Model' of Welfare in Social Europe," *Journal of European Social Policy*, Vol. 6, No. 1, 1996, pp. 17-37.

[4] Holliday Ian, "Productivist Welfare Capitalism: Social Policy in East Asia," *Policy Studies*, Vol. 48, No. 1, 2000, pp. 706-723.

[5] Christian Aspalter, "The East Asian Welfare Model," *International Journal of Social Welfare*, Vol. 15, No. 1, 2006, pp. 290-301.

[6] 彭华民:《福利三角:一个社会政策分析的范式》,《社会学研究》2006年第4期,第157—168页。

[7] 同上。

第三章 社会保障的理论基础

罗斯认为,福利提供不完全是政府行为,国家虽然在福利提供中扮演重要作用,但绝不应当是福利的唯一主体。无论是个人还是家庭都要从市场中购买福利,工人通过出卖劳动获得福利,因此市场也是福利的重要来源。而从历史的角度来看,家庭一直都是福利的基本提供主体。因此,社会总体的福利来源于三个部门:家庭、市场和国家。三个部门的关系是相互补充的,福利的提供中任何一方对于其他两方都有贡献;而任何一方主体作为单独的福利提供者都存在一定的缺陷。罗斯认为,当国家提供社会福利,而又不排除市场、家庭在其中的作用,即三者共同提供福利时,就形成了混合福利社会。①

约翰逊则在罗斯的多元组合理论的基础上进一步增加了"志愿部门"这一主体。约翰逊同样反对将国家作为福利提供的唯一主体的取向,反对福利国家的过度慷慨。② 他区分出四个福利部门:国家部门、商业部门、志愿部门和非正式部门。商业部门可以提供营利性福利,如职工福利;志愿部门福利则是指互助组织、非营利机构、社区组织提供的福利;而非正式部门福利则是由亲戚、邻里提供的福利。③

德国学者伊瓦斯则提出了福利三角的研究范式。④ 他采用罗斯的三分法,将福利部门区分为国家、市场和家庭。但他进一步丰富了三分法框架,强调福利三角的文化、经济和政治背景,阐释了三个部门对应的不同的组织、价值和社会成员关系(如表3-2)。国家对应的是公共组织,国家通过社会福利制度进行再分配,体现的价值是平等和保障,社会成员作为行动者建立的是和国家的关系。市场对应的是正式的组织,提供就业福利,体现的价值是选择和自主,社会成员作为行动者建立的是和经济的关系。家庭是非正式的组织,个人努力、家庭保障和社区互助是非正规福利的核心,体现的是团结和共有的价值,社会成员作为行动者建立的是和社会的关系。伊瓦斯认为社会成员是三种制度互动过程中的行动者,个人得到的福利首先来自(市场)经济制度;而国家提供的社会福利和家庭提

---

① Richard Rose, *Common Goals but Different Roles: The State's Contribution to the Welfare Mix*, Oxford: Oxford University Press, 1986.

② Norman Johnson, *Mixed Economies of Welfare: A Comparative Perspective*, London: Prentice Hall, 1999.

③ Norman Johnson, *The Welfare State in Transition: The Theory and Practice of Welfare Pluralism*, Amherst: University Massachusetts Press, 1987, p. 94.

④ Adalbert Evers, "Shifts in the Welfare Mix: Introducing a New Approach for the Study of Transformations in Welfare and Social Policy," in A. Evers and H. Wintersberger, eds., *Shifts in the Welfare Mix: Their Impact on Work, Social Services and Welfare Policies*, Bloomington: Campus Verlag, 1990, pp. 7-30.

供的家庭福利可以分担社会成员在遭遇市场失败时的风险,福利三角之间相互影响,互为补充。①

表 3-2 福利三角的组织、价值和关系

福利三角	组织	价值	关系
国家	公共的	平等、保障	行动者和国家的关系
市场	正式的	选择、自主	行动者和经济的关系
家庭	非正式/私人的	团结、共有	行动者和社会的关系

资料来源:彭华民等:《西方社会福利理论前沿:论国家、社会、体制与政策》,中国社会出版社 2009 年版,第 3 页。

福利多元主义理论受到多方面的批判。有人认为福利多元主义的社会政策发展有潜在危险和不平等,比如可能导致政府转嫁自身的责任至私人部门[2];也有人认为福利多元主义只不过是不同意识形态竞争做出的妥协选择[3]。但无论如何,福利多元主义已成为西方社会政策的理论主流。在实践中,众多福利国家改革都在由国家提供福利向多元部门提供福利转变。福利多元主义通过多元化福利提供结构有利于促进自由和增权,实现社会团结和整合。

三、需要理论

社会福利制度是为了满足人类需要而存在的,对需要的研究是社会福利理论的核心内容。需要理论是当代社会福利理论的重要组成部分。[4] 古往今来,许多学者从不同的角度阐述了对需要的见解,学者们的观点尽管存在很大差异,但其相似之处在于都强调社会需要是多维度或多层次的,且社会需要是动态发展的,社会需要应该与经济发展水平相适应,等等。比如,改革开放以来,随着我国经济社会的发展,人民生活水平不断提高,老年人对其生活质量也提出了更高、更多元的需求,这种社会需求推动我国老年社会福利项目不断丰富和发展。因

---

① 彭华民、黄叶青:《福利多元主义:福利提供从国家到多元部门的转型》,《南开学报(哲学社会科学版)》2006 年第 6 期,第 46—54 页。

② Norman Johnson, *Mixed Economies of Welfare: A Comparative Perspective*, London: Prentice Hall, 1999.

③ Robert Pinker, "Making Sense of the Mixed Economy of Welfare," *Social Policy and Administration*, Vol. 26, No. 4, 1992, pp. 273-284.

④ 彭华民等:《西方社会福利理论前沿:论国家、社会、体制与政策》,中国社会出版社 2009 年版,第 28—30 页。

此,社会需要推动社会政策的发展,需要是社会政策制度运作的理念基础。①

早在19世纪,马克思就对社会需要有所论述。马克思在《1844年经济学哲学手稿》中就有对人的需要的论述。马克思的需要理论包含两方面重要的内容:首先,人的需要具有社会属性,且人的需要因为所嵌入的社会环境和历史环境的不同而不同,所以具有历史性和唯物性。其次,社会需要是通过社会分配来满足的。马克思提出了需要满足物分配的基本原则,即按劳分配和按需分配。这是马克思对社会需要理论的重要贡献。② 现代需要理论研究兴盛于20世纪70年代,其重要的内容包括:第一,是否存在社会需要及如何界定社会需要;第二,需要的类型和体系化;第三,如何满足社会需要及需要满足的测量。

弗莱认为社会政策领域的"需要"(need)与经济学领域的"需求"(demand)这两个概念存在差异;需要不应当以欲求和动机来进行界定。③ 另外,个人的需要与社会的需要也存在差异;只有当个体成员的需要嵌入社会背景成为社会群体成员共同具有的需要时,才会发展成社会需要;社会需要无法满足就可能演化发展为社会问题。

社会需要的类型化是社会需要理论的重要内容。马斯洛的需要层次理论区分了生存(physiological)的需要、安全(safety)的需要、归属和爱(belonging and love)的需要、自尊(esteem)的需要、自我实现(self-actualization)的需要。④ 泰勒-古比以社会福利制度为背景将需要分成终极需要、中介需要和个人需要。⑤ 艾夫就将社会需要区分为社会成员定义的需要(population-defined need)、照顾者定义的需要(caretaker-defined need)和实务人员推断出的需要(inferred need)。⑥

康明斯则将人的福利需要概括为七个方面:物质、健康、生产力、亲密关系/友谊、安全、社区归属和情感。⑦ 努斯鲍姆认为个体拥有尊严的生活应当具备十方

---

① 彭华民等:《西方社会福利理论前沿:论国家、社会、体制与政策》,中国社会出版社2009年版,第28—30页。
② 转引自同上书,第29页。
③ 同上。
④ A.H. Maslow, "A Theory of Human Motivation," *Psychological Review*, Vol. 50, No. 4, 1943, pp. 370-396.
⑤ Peter Taylor-Gooby and Jennifer Dale, *Social Theory and Social Welfare*, London: Edward Arnold, 1981, p. 294.
⑥ Jim Ife, "The Determination of Social Need: A Model of Need Statements in Social Administraion," *Australian Journal of Social Issues*, Vol. 15, No. 2, 1980, pp. 92-107.
⑦ Robert Cummins, "Domains of Life Satisfaction: An Attempt to Order Chaos," *Social Indicators Research*, Vol. 38, No. 3, 1996, pp. 303-328.

面的需要支持:生命,身体健康,躯体完整,感觉、想象力和思想,情感,实践理性,友好关系,娱乐,对所在环境的掌控,以及个人生态。① 尼夫认为人的需要具有共存性、互补性和权衡性,人的需要可以分为存在(existential)和价值(axiological)两大类。② 其中,"存在"范畴包含存在、拥有、行动和互动四类需要,而"价值"范畴则包含生存、保护、感情、理解、参与、创造、休闲、身份认同和自由九个类别的需要。对个人需要和社会需要的区分和体系化是需要评估、福利提供的重要基础。

多亚尔和高夫的"人类需要理论"是重要的需要理论之一,包含五方面重要内容③:第一,强调存在普遍性的人类需要。历史上,许多福利理论流派都反对"存在普世的人类需要"这一说法,多亚尔和高夫则反对这类观点。他们认为存在普遍性的人类需要。多亚尔和高夫区分了"需要"和"想要(需求)",认为需要不同于想要(want),是一种必要条件,具有客观性。第二,需要是人类行动和互动的前提条件。基础的需要包括身体健康与精神自主,这是个人行动的前提,也是"社会参与"的前提条件。第三,人类需要的满足具有一定的社会条件。第四,应区分需要满足物(satisfier)、基本需要和中介需要。满足物就是满足基本需要的各种物品和关系。比如,健康和自主是基本需要,基本需要的体现有赖于中介需要的满足。第五,需要满足要分成基本需要和中介需要来测量。基本需要的满足应符合"最适"的标准,体现参与的适切性和临界点的适切性。身体健康作为基本需要,可以通过死亡率、平均寿命指标来测量;自主性作为基本需要,可以通过参与机会的剥夺、心理疾病等指标测量。中介需要的满足则应体现最小的中介适切性,它受制于当地经济社会的发展条件。多亚尔和高夫区分了11类中介需要,包括:适当的营养和水、有保护功能的住宅、免于危险的工作环境、适当的健康照顾、儿童安全的成长环境、重要的基本的社会关系的建立、重要的初级关系、安全的自然环境、经济保障、安全节育和养育、基础教育。

四、第三条道路

"第三条道路"也被称为"中间道路",是20世纪末期出现的社会政治思想。

---

① Martha Nussbaum, *Women and Human Development: The Capabilities Approach*, Cambridge: Cambridge University Press, 2000, pp. 78–80.
② Manfred Max-Neef, "Development and Human Needs," in Paul Ekins and Manfred Max-Neef, eds., *Real-Life Economics: Understanding Wealth Creation*, London: Routledge, 1992, pp. 197–213.
③ 〔英〕莱恩·多亚尔、伊恩·高夫:《人的需要理论》,汪淳波、张宝莹译,商务印书馆2008年版。

哈罗德·麦克米伦(Harold Macmillan)于1938年在其著作中提出"中间道路"的思想①;而现在提到"第三条道路"多指英国社会学家安东尼·吉登斯(Anthony Giddens)的理论思想。20世纪末,英国社会保障制度改革再次面临重要的道路选择,吉登斯的第三条道路的思想应运而生,其理论影响了英国前首相布莱尔及其工党政府的措施,具有非常重要的实践意义和影响。

吉登斯的第三条道路思想包括如下几个方面。② 第一,该理论是基于对经典社会民主主义和新右派的批判以及对后传统社会的反思。吉登斯认为世界发展进入后工业社会(或后传统社会),具有"全球化""解传统化"和"人为不确定性"三个特征。第二,福利国家的危机本质在于其无法应对后传统社会的风险。吉登斯区分了两类风险,即外部风险和内部风险(人为风险)。外部风险为来自外部的、由传统或自然的不确定性和固定性所带来的风险,这些风险可预见、具有规律性,如生老病死,因此可通过传统的社会保险制度加以应对。而人为风险是难以预料的,并无历史经验可资借鉴或用传统方法可以解决的风险。在后传统时代,人们面临更多的人为风险,因此传统的保障制度无法有效应对。福利国家的危机是风险管理的危机。第三,要应对后传统社会的危机,就需要建立一个全新的社会框架,并制定与之相适应的社会保障和政策,包括:提倡积极福利;修复被破坏的团结,复兴个人和社会对他人的责任感;摆脱解放政治,建设生活政治;关注一个开放的和全球化的世界,以及人们该如何提高生活质量的问题;提倡一种能动性的政治,强调社会成员个人的能动性,通过积极的信任解决问题;建立对话民主,在公共领域中通过对话而不是通过权力去解决或者处理矛盾等。

表3-3 第三条道路与传统社会民主主义和新自由主义的维度比较

维度	传统社会民主主义	第三条道路	新自由主义
理论阐述	权利; 公平; 市场失灵	权利与责任; 公平与效率; 市场和国家失灵	责任; 效率; 国家失灵
价值观	平等; 保障	融入; 积极的福利	自由; 不干预

---

① Harold Macmillan, *The Middle Way: A Study of the Problem of Economic and Social Progress in a Free and Democratic Society*, London: Random House, 1938.
② Anthony Giddens, *The Third Way: The Renewal of Social Democracy*, Cambridge: Polity Press, 1998.

(续表)

维度	传统社会民主主义	第三条道路	新自由主义
政策目标	结果平等； 充分就业	机会平等； 就业能力	机会平等； 低通胀
政策手段	权利； 国家； 国家财政支出； 保障； 分层； 高税收和缴费税； 高服务和高效益； 高现金再分配； 普惠主义； 高工资	条件； 民间社会/市场； 国家/私人资金和提供； 灵活适应性； 网络； 务实的投资； 服务水平高和效益低； 资产再分配比例高； 普惠型与选择型组合； 最低工资和抵扣税额	责任； 市场/民间社会； 私人/国家给付； 不保障； 市场； 低税率和消费； 服务和优惠水平低； 低再分配； 选择型； 低工资

资料来源：〔英〕皮特·阿尔科克、玛格丽特·梅、凯伦·罗林森主编：《解析社会政策（上）：重要概念与主要理论》，彭华民主译，华东理工大学出版社2017年版，第159页。

吉登斯的"第三条道路"福利政策强调"无责任即无权利"以及权利与义务的平衡。相比于传统社会民主主义对"社会权利"的强调，第三条道路强调接受保障福利应履行的义务。比如，领取失业救济的人应当履行主动寻找工作的义务。另外，吉登斯提出了"积极福利"的主张，即有效的风险管理不仅应当关注减小风险或者保护人们免受风险影响，还应该利用风险的积极一面，并为风险承担提供必要的资源。① 此外，吉登斯提出了"社会投资型国家"的概念，以区别于"福利国家"。积极福利的开支由政府和其他各种机构共同承担，应该采取更加地方化的分配体制而非自上而下的福利分配方式。社会保障观念要发生积极的变化。福利供给的重组应当与积极发展社会组织结合起来。②

第三条道路不仅仅是抽象的理论，它也影响了世界各地（欧洲、拉丁美洲和大洋洲）的许多政党的政策，其中以美国克林顿执政时期的民主党（1992—2000）和英国布莱尔执政时期的新工党（1997—2007）为典型代表。③ 布莱尔和吉登斯

---

① 丁建定、裴默涵：《"第三条道路"社会福利思想主张的发展》，《社会保障研究》2020年第6期，第88—95页。
② 〔英〕安东尼·吉登斯：《第三条道路的政治》，郭忠华译，《中山大学学报（社会科学版）》2009年第2期，第1—6页。
③ 〔英〕皮特·阿尔科克、玛格丽特·梅、凯伦·罗林森主编：《解析社会政策（上）：重要概念与主要理论》，彭华民主译，华东理工大学出版社2017年版，第155页。

声称,第三条道路代表了美国和欧洲大陆最佳特质的结合,汇集了美国经济动力(American economic dynamism)与欧洲社会融合(European social inclusion)的内容。拥护者称第三条道路是崭新而独特的,不同于传统的社会民主主义和新自由主义,强调其是一个全新的或现代化的社会民主主义。但第三条道路从理论本质上来说并不容易界定①:有人认为,第三条道路只是衍生出的一种新的政治语言;吉登斯本人称之为新型的社会民主主义或社会民主主义的复兴;还有人认为第三条道路是较为纯粹的自由主义。

此外,可持续发展理论也是社会保障研究的重要理论基础。20世纪下半叶,随着经济社会的发展,人们逐渐认识到经济发展和环境、资源之间的矛盾关系,可持续发展理论应运而生。1987年,联合国世界与环境发展委员会发表了一份报告《我们共同的未来》,明确提出了可持续发展的定义:"既满足当代人需求,又不损害后代人满足其自身需求的能力。"可持续发展理论的核心是公平,包括代内公平和代际公平。②"代际公平理论系统推出于20世纪80年代,其核心就是'后代人优先原则'。该理论在可持续发展理论中的地位最为重要,并被视为可持续发展理论的基石。"③代际公平强调的是一种代际的纵向公平。代内公平强调的是同代人之间的横向公平。可持续发展理论最初并不是用于解决社会福利制度相关问题的,它旨在解答国家应该如何正确处理经济发展和有限的资源、环境之间的关系。但可持续发展理论中的一些核心理念对老年人福利的发展同样有着深刻启示,尤其是其所强调的发展的公平。各国老年人福利的发展,一方面应当注意同代老年人群体间的公平,既要关注具有特殊困难的老年人群体,保障其拥有正常的晚年生活,同时也要推进普惠性老年人福利的发展,推动整个社会老年人生活质量的整体提高。另一方面,代际公平是老年人福利发展的重点也是难点,解决公平问题的主要目的是实现政策的延续性。实现老年人福利政策延续性主要涉及两个主体,年轻人群体和老年人群体。年轻人群体的稳定、持续的投入是老年人福利供给的主要来源;老年人福利政策如果注重对老年人人口红利的进一步挖掘,发挥老年人群体的主观能动性,对政策延续性的实现也大有裨益。

---

① 〔英〕皮特·阿尔科克、玛格丽特·梅、凯伦·罗林森主编:《解析社会政策(上):重要概念与主要理论》,彭华民译,华东理工大学出版社2017年版,第158页。

② 方行明、魏静、郭丽丽:《可持续发展理论的反思与重构》,《经济学家》2017年第3期,第24—31页。

③ 同上。

关键词

国家干预主义　福利经济学　西方社会福利理论　福利体制理论　第三条道路

复习思考题

1. 简述旧福利经济学和新福利经济学的异同。
2. 简述《福利资本主义的三个世界》的基本内容。
3. 简述多亚尔和高夫的需要理论的内容。
4. 简述吉登斯的第三条道路的主要思想。

第四章 社会保障的管理运营

本章概要

本章主要讲解社会保障管理运营的相关内容,帮助学生掌握社会保障基金管理、行政管理、预算管理、信息管理及法治建设等的具体内涵,了解我国社会保障管理运营中存在的问题及未来的发展方向。

第一节 社会保障管理概述

一、社会保障管理的定义及原则

社会保障管理是指由国家(政府)成立专门的社会保障管理机构,组织相关专业人员对各项社会保障事务进行计划、组织、协调、控制和监督,以实现社会保障目标的过程,具体包括基金管理、行政管理、预算管理、信息管理以及法治建设等方面。

为实现社会保障管理的科学化和系统化,通常需要遵循如下原则:

第一,公开、公正与效率原则;

第二,依法管理原则;

第三,属地管理原则;

第四,与相关系统协调一致的原则。

二、社会保障管理模式

当前,社会保障管理的典型模式主要有集中管理、分散管理以及集散结合管理三种模式。

(一)集中管理模式

集中管理模式,是把社会保险、社会救助、社会福利等项目全部纳入一个管理体系中,建立统一的社会保障管理机构,集中对社会保障各项目的基金营运、预算、监督、信息等实施统一管理。集中管理模式的最大优势在于能够有效避免政出多门导致的利益冲突,降低管理成本,提高管理效率,使社会保障功能得到更有效的发挥。而集中管理模式的局限性主要体现在容易忽视不同社会保障项目的特性,进而可能会影响管理效果。

(二)分散管理模式

分散管理模式,是针对不同的社会保障项目,各自建立一个相互独立的具有经办、营运及监督等职能的部门进行管理。这一管理模式能够确保各社会保障管理部门事权、预算等的独立性,同时拥有较大的自主性来根据各个社会保障项目的特点制定详细、周全的管理法规,并可以及时调整保障项目和内容,较灵活地适应社会发展的需要。但与此同时,分散管理模式需要的管理机构多,易引发组织臃肿、人员冗余、效率低下等问题。

(三)集散结合管理模式

集散结合管理模式,是根据社会保障项目的不同,把集中统一管理和分散自主管理有机结合起来的管理模式。该模式既对共性较强的社会保障项目实行集中统一管理,同时设立专门部门对特殊性较强的项目进行分散管理,从而将集中管理和分散管理的优势有机结合起来,提高了管理效率,能够更充分地发挥社会保障功能。

第二节 社会保障基金管理

一、社会保障基金的定义和特征

社会保障基金是确保社会保障待遇支出和制度正常运行的专用资金和储备基金,包括政府、企业及个人筹集的各项社会保障资金,是社会保障制度得以正常运转的经济基础。

社会保障基金的主要特征包括：第一，公益性。筹集和支付社会保障基金主要是为了预防和化解社会风险，保障全体社会成员基本生活需要，因此社会保障基金管理具有鲜明的公益性。第二，专款专用。社会保障基金只能用于国民社会保障需求的支出，不得挪作他用或混用。第三，合规性。社会保障基金管理的各个环节都应置于有关法律法规的严格约束之下，并定期发布报告供社会监督，以杜绝过度使用、挪用、贪污等行为的发生，确保基金安全、合规。

二、社会保障基金的分类

根据用途的不同，社会保障基金可分为社会保险基金、社会救济基金、社会福利基金和社会优抚基金。其中，社会保险基金是由用人单位、个人以及政府共同筹集，用来支付个体因年龄、疾病、生育、工伤或失业等退出劳动期间所享受的保险金和津贴，包括基本养老、医疗、工伤、失业和生育五项社会保险基金；社会救济基金和社会优抚基金一般来自国家或地方财政，前者主要用来保障居民在陷入困境时能够维持最低生活需要，后者主要用来给那些对国家和社会有特殊贡献的人及其家属提供褒扬和优惠性质的物质帮助；社会福利基金主要来自国家财政及社会、单位和个人的捐助，用以有针对性地为残疾人、老年人、妇女等特殊群体以及一般社会成员提供服务，从而提高国民的生活质量。

三、社会保险基金的筹资模式

社会保险基金的筹资模式主要有现收现付制、完全积累制和混合制三种方式。在实践中，现收现付基金通常计入统筹账户，完全积累基金则计入个人账户。

（一）现收现付制

现收现付制又称社会统筹制，筹资原则是以横向收支平衡为依据，先测算出待遇给付需求，然后以支定收，当期筹资清偿当期支付。现收现付制是医疗保险制度的典型筹资模式。

（二）完全积累制

完全积累制又称个人账户制，其要求劳动者在就业期间向个人账户缴纳社会保障费用，达到领取条件即可一次性或按月度、年度等分次领取。筹资原则是以收定支，并实现个人财务生命周期内的纵向收支平衡。完全积累制通常适用于养老金制度。

（三）混合制

混合制又称部分积累制，是现收现付制和完全积累制的结合。混合制是将近期的横向收支平衡和长期的纵向收支平衡相结合,在满足当期支出需要的基础上,留有一定的积累以应对未来需要。当前我国的基本养老保险和职工基本医疗保险实施的是混合制筹资模式,包括统筹基金和个人账户两个基金账户。

四、社会保障基金管理的目标和原则

社会保障基金管理是社会保障制度运行的核心环节。其目标在于通过实施基金管理,确保基金的完整与安全,同时实现基金保值增值,满足给付的需要。

根据上述目标,社会保障基金管理需要遵循如下几个原则:

第一,依法规范管理。社会保障基金管理的各环节都必须以法律、法规、政策为依据,按照规范的程序与方式来管理基金。

第二,实行基金预算管理。根据既定的社会保障政策与目标来编制年度与中、长期收支预算,从而组织资金筹集以及支付相应的社会保障待遇。

第三,坚持收支两条线管理。在实践中,社会保障基金征收系统与支出系统可以由一个部门管理,也可以由两个独立部门分别管理,但无论采取哪种方式,都必须分别建立基金账户,以提高管理效率,保障基金安全。

五、我国的社会保障基金管理

我国于2000年8月建立起全国社会保障基金,它由中央财政预算拨款、国有资本划转、基金投资收益和国务院批准的其他方式筹集的资金构成,专门用于人口老龄化高峰时期的养老保险等社会保障支出的补充及调剂,并由全国社会保障基金理事会负责管理运营。基金建立以来,规模不断扩大,投资运营总体表现良好。截至2020年末,社保基金资产总额30 198.10亿元。社保基金自成立以来的年均投资收益率达到8.30%,累计投资收益额17 958.25亿元。[1]

(一)全国社会保障基金投资管理现状

全国社会保障基金"战略储备金"的性质决定了基金的投资管理既要保证基金免受贬值的风险,实现高收益,又要确保"养命钱"的安全性,尽量避开高风险的投资渠道。按照投资渠道的风险收益等级、投资期限长短、投资地点等划分方

---

[1] 《2021年全国社会保障基金理事会社保基金年度报告》,http://www.ssf.gov.cn/portal/xxgk/fdzdgknr/cwbg/sbjjndbg/webinfo/2022/08/1662381965418407.htm,2022年9月17日访问。本节中所列数据如无特别说明,其来源均为此。

式,全国社会保障基金的投资管理呈现出以下特点①:

第一,以直接投资为主。《全国社会保障基金投资管理暂行办法》中有明确规定:"企业债、金融债投资的比例不得高于10%,证券投资基金、股票投资的比例不得高于40%。"因此,我国社会保障基金运营管理具有鲜明的安全性特征。截至2021年末,直接投资资产10 213.08亿元,占社保基金资产总额的33.82%;委托投资资产19 985.02亿元,占社保基金资产总额的66.18%。② 其中,银行存款和国债等收益率固定、风险较小的固定收益类投资工具(资产),由社会保障基金理事会进行直接投资;而股票、金融债券、证券投资基金等收益率高、风险较大的权益类投资工具(资产),由理事会选择专业的投资管理人进行委托投资。尽管近年来委托投资比重呈现不断上升的趋势,但与其他国家相比,我国社会保障基金的直接投资比重仍然较高。委托投资比重低的原因在于,全国社保基金主要在境内投资,出于稳定国内资本市场的考虑,理事会成立之初就对基金权益类投资比重进行了严格限制。但是,委托投资比例低限制了全国社会保障基金依靠投资管理人和市场力量来追求更高投资收益率的可能性。

第二,以境内投资为主。截至2021年末,社保基金投资于境内的资产仍占绝大部分,达到27 474.73亿元,占基金资产总额的90.98%;境外投资资产2723.37亿元,占基金资产总额的9.02%。这同样与《全国社会保障基金投资管理暂行办法》在资金来源、投资比重、机构性质等方面的规定直接相关。相比于西方发达国家,我国社保基金境外投资比例非常低。2018年澳大利亚未来基金的境外投资占到80%,收益率为11.5%;挪威政府全球养老基金要求全部投资于境外;加拿大养老金计划基金的境外投资比例也达到85%。

第三,以短期投资为主。2021年末,全国社保基金投资于交易类金融资产、持有至到期投资、可供出售金融资产和长期股权投资等四类资产的比重达到96%。其中,交易类金融资产的投资比重最高,占全部资产的48%,且保有增长的趋势。投资于这几类资产的目的是在短期内出售来赚取差价,因此交易类金融资产占比越高,表明投资的短期性越明显。但是,全国社保基金是一只具有战略储备金性质的长期投资基金,这意味着现行投资理念与基金性质存在一定的不匹配。

---

① 肖颖:《全国社会保障基金的管理现状与优化路径——基于基金筹集和投资运营的分析》,《北京劳动保障职业学院学报》2020年第3期,第14—15页。
② 《全国社会保障基金理事会社保基金年度报告(2021年度)》,http://www.ssf.gov.cn/portal/xxgk/fdzdgknr/cwbg/sbjjndbg/webinfo/2022/08/1662381965418407.htm,2022年10月10日访问。

（二）提升社会保障基金管理效率的基本途径

第一，建立健全社会保障基金管理相关的法律法规体系。当前，我国社保基金管理运作的法律依据仍然是2001年颁布的《全国社会保障基金投资管理暂行办法》，该办法在投资管理、资金来源以及支取办法等方面存在的问题日益凸显，所以目前我国急需制定一部较高法律层级的行政法规或法律，对社会保障基金管理各个环节的具体操作、参与主体权责等各方面的内容做出明确、具体的规定，提高社会保障基金的立法层次，为社会保障基金管理营造良好的法律环境。[①]

第二，壮大全国社保基金的规模。2021年，财政性拨入全国社保基金资金361.3亿元，其中：一般公共预算拨款50亿元，彩票公益金310.89亿元，追溯拨入执行原国有股转持政策的境内转持股票0.41亿元。随着经济下行的压力不断加大，财政投入社保基金的规模可能具有不可持续性。因此，一方面，要以零容忍态度严厉打击欺诈骗保、套保或挪用、贪占各类社会保障资金的违法行为，守护好人民群众的每一分"养老钱""保命钱"；另一方面，要不断拓展参保途径，积极探索建立与灵活就业相适应的社会保险体系，进一步推动应保尽保，以壮大社会保障基金的规模。

第三，优化投资方式，提高社保基金投资收益率。在保证社保基金安全的前提下，适当增加长期投资和境外投资的比重，拓宽和优化社保基金投资方式。与此同时，要进一步优化与完善金融市场，提高社保基金投资于股票、期权等权益性金融资产的比例，委托具有实力和资质的证券投资基金管理公司利用社会保障基金进行科学合理的投资。通过专业化的投资，实现社会保障基金安全性与收益型的统一。

第三节　社会保障行政管理

一、社会保障行政管理概述

（一）社会保障行政管理的含义

社会保障行政管理是指政府依法设置相应的社会保障行政管理部门，如人力资源和社会保障部（厅、局）、医疗保障局、民政部（厅、局）等行政部门，履行规划、组织、监督、考评等职能，以确保社会保障制度良性运行的过程。通常来讲，

---

① 项怀诚：《关于全国社会保障基金的几个问题》，《中央财经大学学报》2006年第1期，第4页。

社会保障行政管理的内容包括三个方面:第一,拟定社会保障发展规划和蓝图,制定社会保障法律、法规和政策及其实施办法,规范包括实施范围和资金来源、保障对象和标准、基金管理和投资办法以及违法处罚等。第二,贯穿执行各项社会保障法律、法规及政策,并负责监督检查实施情况。受理社会保障方面的申诉,并调解和仲裁相关利益及矛盾。第三,组织社会保障管理队伍的培养、考核及任免等相关事务。

（二）社会保障行政管理的特点

社会保障行政管理具有鲜明的法治性、服务性和效率性。

首先,法治性。社会保障行政管理是国家行政管理的一个重要组成部分,自然要求管理过程始终贯彻法治原则,严格按照法律规定行事,且违法必究。

其次,服务性。社会保障范围涉及社会经济文化生活的方方面面,行政管理的一个重要目的在于确保社会成员能够享受到公平的社会保障待遇,因此具有很强的服务性。

最后,效率性。社会保障行政管理在执行社会保障法规政策、监督检查实施情况的过程中,要注重运用科学先进的现代化手段,以提高管理的质量和效率。

二、社会保障行政管理的手段

社会保障行政管理手段是指,为确保社会保障制度正常运行和健康发展,而在管理过程中所采用的各种方法和措施,通常包括法律手段、行政手段、经济手段、教育手段和技术手段。

（一）法律手段

法律手段,是指政府根据国家制定的各种法律、法令、条例来调整社会经济的总体活动和处理各企业、单位在社会保障事业中发生的各种关系,以保证和促进社会保障制度健康发展的管理方法。法律对人们的行为起着指导、约束和调整的作用,运用法律手段可以将管理活动纳入规范化、制度化的轨道,保证社会运行和组织内部的必要秩序。相比于其他手段,法律手段具有更强的执行性,尤其是在社会保障资金征缴、清欠等方面的作用更为明显。

（二）行政手段

行政手段,是指社会保障管理机构采取强制性的命令、指示、规定等行政方式来调节经济活动,以达到宏观调控目标的一种手段。行政手段可以统一组织的目标、意志及行动,从而有利于促进管理效率的提高。但是,由于行政管理依赖于权威的施压,很可能出现独断专行等官僚主义作风,不利于管理目标的实现。此外,社会保障涉及社会生活的多个方面,相关的管理机构众多,容易因为机构设置重叠而出现权责不明等问题,导致管理效率下降。

（三）经济手段

经济手段,是根据客观经济规律,运用各种经济工具,调节政府、企业、家庭、个体等各种不同经济主体之间的关系,以获得较高的经济效益与社会效益的管理方法,主要包括价格、税收、奖金、罚款等方式。经济手段具有较强的灵活性,且能够通过利益机制引导管理行为,提高管理者的主观能动性和创造性。但是,也不能过度鼓励片面追求物质财富,而要遵循客观经济规律,准确把握经济发展趋势,并及时调整运用的经济手段,防止政策失效或作用过度。

（四）教育手段

教育手段,是指行政部门、民间非政府组织和相关专业人士,利用自身社会资源,面向大众普及社会保障知识,帮助民众了解社会保障的运作以及相关的社会保障法律法规,以保障公民的平等发展权、受益权,使之更好地参与社会保障建设,履行自己的义务,并对社会保障制度进行监督。主要的教育方式包括:讲授、讨论、说理、批评与自我批评、实习体验、业务演习、拓展训练等。

（五）技术手段

技术手段,是指组织中各个层次的管理者根据管理活动的需要,自觉运用信息、决策、人力资源管理等各类技术,以提高管理的效率和效果的管理方法。技术手段具有鲜明的客观性、规律性、精确性和动态性。但是,技术并不是万能的,不能保证解决一切问题。因此管理者在解决社会保障行政管理问题时,不能仅仅依靠技术方法。

三、我国的社会保障行政管理

新中国成立初期,我国的社会保障行政管理体制是由内务部、劳动部、中华全国总工会、卫生部等部门主导的管理体制。随着计划经济的逐步建立,我国形成了"国家—单位"的社会保障模式。1978年后,原内务部的基本职能由新成立的民政部承担,1982年又把原有的国家劳动总局、国家人事局等部门合并重组为劳动人事部,综合管理全国社会保障工作。随着我国经济由计划经济向市场经济的转变,我国的社会保障制度模式逐渐由原来的"国家—单位"保障模式转变为"国家—社会"保障模式。为更快地适应这种模式转变,劳动部下属的社会保险事业管理局正式成立,主要负责对社会保险经办机构的管理和监督。[①] 2008年,人事部、劳动和社会保障部重组合并为人力资源和社会保障部。人力资源和社会保障部主要负责城乡社会保险事务;民政部则主要负责城乡社会救助、社会福利和社会优抚工作;国家卫生和计划生育委员会主要负责新型农村合作医疗及其基金管理等方面的工作。

2018年3月,十三届全国人大一次会议表决通过了关于国务院机构改革方案的决定,将人力资源和社会保障部的城镇职工和城镇居民基本医疗保险、生育保险管理职责,国家卫生和计划生育委员会的新型农村合作医疗管理职责,国家发展和改革委员会的药品和医疗服务价格管理职责,民政部的医疗救助管理职责整合,组建国家医疗保障局,作为国务院直属机构。同时将国家卫生和计划生育委员会、国务院深化医药卫生体制改革领导小组办公室、全国老龄工作委员会办公室的相关职责,工业和信息化部的牵头《烟草控制框架公约》履约工作职责,国家安全生产监督管理总局的职业安全健康监督管理职责整合,组建国家卫生健康委员会,作为国务院组成部门,并不再保留国家卫生和计划生育委员会。我国社会保障管理体制在不断改进,但仍有很多方面亟须改革完善。

（一）我国社会保障行政管理存在的问题

第一,立法滞后,执法无据。我国关于社会保障的法律、法规尚缺乏明确的宏观规划,法律体系不健全,导致社会保障在执法时常常没有依据,或者依据法律层次较低的行政法规或管理条例。另外,社会保障立法的相对滞后,导致地方政府部门只能自行制定管理办法,致使社会保障执法不规范。

第二,政出多门,多头管理。由于我国的社会保障制度各子项分属职能不同的部门管理,各部门从各自的职能角度出发,分别制定社会保障的发展规划和保障制度,导致出现两方面问题:一方面,分散管理无法发挥社会保障制度的宏观功能,更难以建立保障层次分明、制度边界清晰、保障功能健全的多层次保障体系。另一方面,各个社会保障职能部门由于缺乏沟通和协调,加上城乡二元体制的障碍,参保人员在身份发生改变时,其社会保障关系往往难以衔接,也在一定程度上导致了重复参保,补贴、报销困难等一系列问题。

第三,政府介入过多,社会化程度不高。虽然国家在努力扩大保障对象的范围,着力建立城乡统筹的社会保障管理体系,但是由于缴费水平不同、待遇差距

[①] 岳宗福:《新中国60年社会保障行政管理体制的变迁》,《安徽史学》2009年第5期,第27—35页。

较大等问题,城乡统筹的社会保障体系建设进展相对缓慢。尽管越来越多的农村居民参加了养老、医疗等社会保险,但覆盖农民的社会保险仍存在保障水平低和受益面小等问题。

第四,政事不分,监督乏力。主管社会保障制度的行政部门权力高度集中,既负责政策和规章制度的制定,又负责制度的具体实施、操作及经办管理。此外,监督主要由各个部门内部负责,外部监督往往流于形式、软弱无力,导致社会保障管理体制缺乏有力的外部制衡。

(二) 完善我国社会保障行政管理体系的方向及展望

第一,建立一套完备的社会保障法律体系。我国的社会保障制度起步晚、发展快,导致配套法律体系的建设步伐没能完全跟上。而社会保障管理体制改革势必会触及部门之间、地方之间以及人与人之间的各种利益,因此,要想顺利进行社会保障管理体制改革,实现政府职能转变,将行政主管部门的宏观管理职能与具体经办职能剥离开来,必须要有立法支撑。

第二,进一步加强社会保障项目集中管理。从国际经验上看,政府集中统一管理已经成为社会保障管理模式的发展趋势。并且,在我国,社会成员对政府有着很高的认可度和服从性,所以政府部门若加强社会保障的集中管理,管理效率将能够得到进一步提高。

第三,以"政事分开、管办分离"原则,加强社会保障经办机构建设。一方面,社会保障行政主管部门要将具体的经办事务和社保基金运营管理交由专门机构承担,而自身集中精力进行制度和政策的制定、检查督导等宏观方面的管理。另一方面,要不断加强社会保障经办机构的内部控制,在经费来源、人员聘任、薪酬标准等方面建立弹性机制。另外,要强化绩效评估、信息公开、审计监督等制度,确保社会保障基金的公平透明和安全高效。

第四节 社会保障预算管理

一、社会保障预算管理概述

(一) 社会保障预算的概念

社会保障预算是指政府在法定的程序下,为有效履行社会保障职能,依据公共财政预算中各项社会保障的支出额度而编制的集中性财政收支计划。通过社会保障预算的制定,可以明确资金收入的来源和数量、资金支出的各项用途和数量。社会保障预算既是一种资金管理办法,也是一种规划决策机制。当前,社会保障预算主要有四种模式:基金预算模式、政府公共预算模式、一揽子社会保障预算模式、政府公共预算下的二级预算模式。

社会保障预算具有如下基本特征:第一,全面性。社会保障预算内容囊括整个社会保障的收支项目,完整地体现社会保障各个项目的资金收支范围和方向。第二,合规性。社会保障预算的编制、审批、执行、决算以及评价等所有环节都是在相关法律法规的约束和限制下,秉持公开、公平、公正的原则进行的。第三,复杂性。在制定社会保障预算前,通常需要对未来一定时期内的社会经济形势进行预估,但经济波动往往具有不可预知性,因此在编制收支预算过程中具有很强的复杂性。第四,特定性。社会保障制度的目的特殊,所以通过预算的各个环节可以规范收支范畴,确保专款专用。

(二)社会保障预算管理的概念及功能

社会保障预算管理是确保社会保障制度良性运行以及社会保障政策目标实现的重要机制安排,是指政府及其相关职能部门依据相关法律法规,为确保预算资金安全、有序运行以及保值增值而采取的规划、编制、执行、审计、反馈等一系列活动的总称。通常情况下,社会保障预算管理的主体包括两个层面:立法机构和最高行政机构负责拟定预算相关的法律法规、战略性规划与政策等;而政府的财政部门、税收部门、社会保障经办机构主要负责社会保障预算的日常管理工作以及政策的执行。

对社会保障预算进行管理主要具有调控、配置和监管三个方面的功能。首先,实现对社会保障资源的调控以调节经济发展。在经济繁荣时期,通过增加预算收入并减少预算支出的方式来防止经济过热;而在经济衰退时期,通过增加预算支出并减少预算收入来刺激经济增长。其次,实现对不同社会保障项目的资金配置。通过预算的编制,合理规划各个社会保障项目的资金安排,以实现不同时期的社会保障政策目标。最后,实现对社会保障资金的监督。社会保障预算全面反映社会保障资金的水平、流动及使用效率,因此对社会保障预算进行管理也起到了监管社会保障资金的作用。

(三)社会保障预算管理的环节

为了实现对社会保障预算的科学管理,通常将整个管理过程划分为如下几个重要环节。

第一,规划。在这一环节,预算管理主体需要基于这一时期社会保障政策目标,拟定预算管理计划,权衡各个社会保障项目的资金分配;同时综合判断未来社会经济的发展趋势及对社会保障收支的影响,制定短期、中期及长期发展规划。

第二,编制。在这一环节,需要在法定的程序下,充分考虑公众的实际需求,将预算规划具象化,进一步确定社会保障预算。

第三,执行。执行是社会保障预算管理的核心环节。一方面,制定多样化的社会保障筹资模式筹措各个社会保障项目的资金;另一方面,确定各个社会保障项目的待遇支出标准,将筹集到的社会保障资金合理分配到各个社会保障项目的支出账户。

第四,审计。根据周期内社会保障资金收支的实际执行情况,分析预算执行实际结果与预算结果之间的差异及出现差异的原因,及时发现并纠正预算执行环节的偏差,以维护预算的合法性与严肃性。

第五,反馈。在这一环节,根据周期内预算的执行情况及审计结果,对整个预算管理过程进行分析,比较预算执行成本与效益,并将评价结果反馈到规划与决策环节,为下一期以及中长期社会保障预算管理提供经验和依据。

二、我国社会保障预算管理

(一)我国社会保障预算管理的典型特征[①]

当前,我国已初步搭建起现代社会保障预算管理的体系框架,社会保障预算管理模式的选择逐渐明朗,社会保障预算管理体制机制建设也逐渐向制度化方向发展,并表现出如下特征。

第一,在管理方式方面,预算内与预算外管理并存。目前我国社会保障预算管理分为预算内和预算外两种形式。一方面,社会保险资金以财政专户的形式在预算外实行收支两条线管理。除了居民医保主要由财政筹资外,养老、职工医疗、失业、工伤、生育保险的资金主要由企事业单位、职工个人以及财政共同筹集。如出现资金缺口,将由国家财政弥补。另一方面,社会福利、社会救济和优抚安置方面的资金则在政府一般预算内管理。政府支付的社会保障支出有五大类,即劳动保障事业费支出、抚恤和社会福利救济费类支出、行政事业单位离退休经费类支出、社会保障补助类支出和卫生经费支出等。

第二,在账户管理方面,设有两个财政专户。一是社会保障基金财政专户,用于管理社会保险基金。该账户由社会保险经办机构和财政部门协商确定,在

---

① 陈伟:《完善我国社会保障预算管理的构想》,《时代经贸》2010年第16期,第101页。

国有商业银行开设,由财政部门的社会保障业务部门具体管理。二是社会保障补助资金财政专户,用于核算财政社会保障补助资金。该账户由各级财政总预算会计在国库开设。

第三,在预算主体方面,包括中央、地方多个层次。我国的社会保障资金管理总体相对分散,涉及的部门包括财政部、人力资源和社会保障部、民政部、卫生健康委、医疗保障局、税务局、银行等;涉及的层次既包括中央政府,也包括省、市、县(区)、街道社区等。目前,社会保障资金预算管理主要以中央、省、市三级政府为预算主体,个别地区实行县区统筹。由此可见,我国的社会保障预算主体是多层次的,所结余的社会保障资金分散在不同层次的政府层面和不同的部门机构中。

(二)我国社会保障预算管理存在的问题

尽管现阶段我国社会保障预算管理取得了一定的建设成果,但在人口快速老龄化、民生保障需求不断提高的背景下,社会保障预算管理仍存在如下问题。

第一,社会保障预算管理相关法律体系建设严重滞后。当前,尽管我国已基本建立多层次的社会保障体系,但相关的法律体系建设仍相对缓慢。除《社会保险法》外,其他用于来规范和指导政府、单位和个人社会保障行为的大多是条例、决定、办法、规定等。社会保障立法体系不健全、立法层次不高必然会导致社会保障预算管理政策在实践中大打折扣。

第二,社会保障预算管理主体的职责划分不够清晰。我国社会保障预算的管理主体主要是中央、省、市三级政府。我国现阶段社会保障资金从总体上来说属于一种相对分散的管理。一方面,从纵向上看,中央政府负责宏观层面的社保预算的战略以及政策拟定,而地方政府承担相应的预算编制、执行、决算等具体工作。自1994年我国财政分税制改革以来,地方政府逐渐担任起提供基本公共物品的职责。在我国,除了社会保险以外的其他社会保障项目一般都是由地方财政支持。由此可见,各级政府之间财政责任的划分并不够明确,而这难免会产生上下级政府之间的利益博弈。另一方面,从横向上看,虽然我国社保预算管理体制经过了几次调整和改革,但仍然面临着政出多门的情况。人力资源和社会保障部主要负责各项社会保险的管理工作,民政部、医保局以及全国社会保障基金理事会要负责的社保项目都不同。在这样的管理体制下,我国的社保预算管理呈现出多元化的管理格局。

第三,社会保障资金缺乏长期测算规划。社会保障的角色和发展重点会随着经济建设阶段的不同而有所变化,因此在长期的测算规划时要具有一定的前瞻性。目前我国社保预算的管理原则是以收定支,政府按照年度计划来安排相应收支,在这种情况下政府重资金而轻管理,注意的是限制预算支出,关注的重点并没有集中在社会保障政策的长期稳定发展上。在人口老龄化背景下,社会保障制度面临的财政风险会不断加大。

(三) 完善我国社会保障预算管理的建议

第一,强化社会保障预算管理法制建设。一方面,提高社会保障预算管理立法层次。社会保障立法工作在细分的同时,也要考虑由分散向集中立法,在各项目专业化法制的基础上,整合现有的有关社会保障预算的一系列条例、办法、决定、意见等相关制度规章和规范性文件,为后续预算政策实践提供一个良好的法律制度环境。另一方面,要通过对预算编制、预算执行、预算监督、预算绩效等方面的法制规范,强化社会保障预算的公正、公平与效率。[1]

第二,理清并划分社会保障预算的各主体责任。社会保障管理主体的责任划分是明确并且有效进行预算管理的重要前提。一方面,合理划分政府间社会保障预算的事权。中央政府和地方政府在社保预算管理上所拥有的优势和发挥的作用是不同的,中央政府需要发挥其在信息以及资源的获取和宏观调控方面的能力,而地方政府负责具体的资格审查、经办服务等事项。另一方面,完善纵向和横向上社会保障转移支付制度。在我国,中央对地方的转移支付往往以税收的形式来实现,其规模与地区经济发展水平直接相关,但这样会造成支付规模与实际需求不匹配的问题,这就需要地区间的横向转移支付。比如根据各地的人均财力水平、经济往来程度和地理位置的不同,采取地区间"一对一"或"多对一"等帮扶支持形式。

第三,根据经济发展水平建立社会保障预算。预算管理是社会保障体系建设的重要环节。社会保障预算水平应当与国家经济发展水平相适应,以法律的形式规定社会保障占国民总收入的比例、社会保障预算占财政支出的比例等,具体预算方案报全国人民代表大会审核。实行"量入为出,以支定收",根据预算需要支出多少来确定征收多少社会保险费,既不多收,也不乱收,将基金收入规模控制在满足基金预算支出水平范围内,且不能挪用。

第四,多环节合理实现社会保障基金预算收支平衡。首先,在规划和编制环节,逐步引入项目预算和绩效预算的管理思想,实现基金的长期均衡。其次,在执行环节,严格按照预算方案落实基金收支计划。既要做到应收尽收,又要保证

---

[1] 姜岩:《公民权利视角下的社会保障预算管理》,《财政研究》2014年第12期,第90页。

按时足额发放待遇,不能虚列支出及拖欠待遇支付。最后,在审计和反馈环节,建立信息公开制度。社会保障基金信息应当公开、详尽且易懂。同时要加强人大执法监督、政府审计监督和社会公众监督,运用信息技术手段复核各项待遇申领行为,防止欺诈冒领。

第五节 社会保障信息管理

一、社会保障信息管理概述

(一)社会保障信息管理的内涵

信息管理是对信息资源进行采集、加工、存储、使用、共享等的过程,以有效利用信息资源来最大限度地实现信息效用价值。随着社会保障项目的发展,基金规模在不断扩大,也产生了数量庞大的社会保障信息。从定义上来讲,社会保障信息是基于国民社会保障权益记录和相关管理服务业务产生的信息,包括养老、医疗卫生和健康、就业与服务、福利与救助、慈善等宏观层面的覆盖率、基金收支平衡状况信息,也包括微观层面的缴费及权益记录信息。社会保障信息管理就是对上述社会保障相关信息进行管理的活动的总称。

随着互联网、云计算及计算机的普及和发展,社会保障信息管理表现出显著的电子化、智能化特征。借助计算机、交换机、存储器等基础设备,社会保障信息管理变得更加高效,同时也更便于和税务、金融、公安等相关部门的沟通联系,进而保证了信息资源利用的及时、准确、畅通和共享。

(二)社会保障信息管理的内容

第一,社会保障信息采集。政府及相关职能部门建立起统一、跨部门、跨地区的信息平台,利用现代信息技术对用人单位、职工和居民等主体进行信息采集、录入、存储等。一方面,统一标识,建立档案,对各主体的姓名、性别、出生日期、户籍、工作地、工作类型等人口统计特征进行采集。另一方面,记录各主体的养老、医疗、工伤、失业、生育等社会保险的缴费信息,以及各项社会保障的待遇申请及领取情况,以形成多种有效可利用的信息资源,便于后续运用。

第二,社会保障信息应用。一方面,基于所收集的社会保障信息,形成多年度、大规模、跨地区的信息系统,供行为主体进行信息查询,同时为政府及相关职能部门进行宏观经济和社会发展统计、社会保障制度设计及调整提供决策依据。另一方面,所收集的社会保障信息同时反映了社会保障基金的筹集及给付情况,因此借由相关资料可以更好地监督基金的运行,以确保社会保障基金安全。

第三,社会保障信息保护。社会保障信息或多或少涉及个体的隐私,因此在日常的业务开展中,既不能以保护信息安全为由拒绝使用信息,也不能在信息使用中泄露个人隐私数据。此外,做好信息保护工作,包括强化网络安全建设,做好系统故障、非法侵入等恶性事件应急预案,进行信息备份等。

(三) 社会保障信息管理的原则

社会保障信息管理必须坚持及时性、准确性、动态性、系统性、安全性原则。

第一,及时性。对社会保障信息进行管理的重要目的是发现制度运行过程中存在的问题,以便为相关政策的制定以及国民经济发展提供依据,因此社会保障信息管理首先必须具有及时性。

第二,准确性。社会保障信息的采集、录入、加工、存储等必须准确,以确保信息管理结果的真实可靠;同时,在运用过程中建立规范的工作程序,使用统一的数据和技术标准,真实反映社会保障制度的实际运行情况。

第三,动态性。个体是流动的,因此社会保障信息管理也必须具有动态性,以确保个体社会保障权益具备充分的可携带性。

第四,系统性。高效的社会保障信息能够反映国民经济发展、劳动力供求、卫生事业建设等方面的现实情况,因此应该统筹管理,确保社会保障信息的系统性和完整性,真实反映相关具体实际。

第五,安全性。社会保障信息涉及个人隐私。因此,一方面,相关部门在披露相关信息时,不能发布具体到个体层面的资料;另一方面,个体在查询社会保障信息时,部门人员只能提供个体本人的资料,非经本人允许或授权,个人无权使用他人的社会保障信息。

二、我国的社会保障信息管理

随着我国社会保障体系和信息技术的飞速发展,以互联网为依托的信息管理技术逐渐在社会保障体系中推广应用。2002年,党中央和国务院提出要推动我国电子政务建设,即"金保工程"。具体来讲,就是要在全国范围内建立一个统一、高效、简便、实用的劳动和社会保障信息系统,包括社会保险和劳动力市场两大主要系统,由中央—省—市三层数据分布和网络管理结构组成,发挥业务经办、公共服务、基金监管、决策支持等功能("一个工程、二大系统、三层结构、四大功能")。截至2013年底,全国30个省(自治区、直辖市)及新疆生产建设兵团实现了部、省、市三级网络贯通。2016年12月15日,国家基本医疗保险异地就医结算系统正式上线试运行,截至2022年3月底,全国住院费用跨省直接结算已联网定点医疗机构5.55万家,门诊费用跨省直接结算已联网定点医疗机构5.72万家,定点零售药店10.36万家。①

(一)我国社会保障信息化建设存在的问题②

第一,基础管理环节薄弱,规范化有待加强。随着社会保障体系的迅速发展,计算机网络技术的不断进步,以及互联网应用范围的不断扩大,社会保障信息管理平台的功能也得到进一步的完善与增强。正是社会保障信息管理平台功能的多样化与复杂化,使得决策规划、业务操作等环节存在着违反制度、不按规范执行的情况。同时,政府各职能部门之间及社保部门内部间也存在着信息共享及资源沟通渠道不通畅、数据信息集成管理能力弱、信息时效性不强等情况。

第二,系统建设尚不完善,专业人才缺乏。信息管理系统是以计算机互联网技术为基础建立的,且相关工作的专业性强,实际工作中所涉及的情况也十分复杂,同时还需要面向全社会开展工作,处理的信息与数据量巨大。所以需要由一支专业化人才队伍来进行系统维护,以保障整个社会保障信息管理平台的正常运行。但就目前状况来看,我国在这方面的人才储备存在较大的缺口,且人才流失的现象比较严重,人才队伍的建设很不稳定。同时,现有的系统技术人员多数为计算机专业方面的单一技术型人才。而社会保障工作具有特殊性,要求系统维护人员同时具有信息技术与管理认知两方面的能力。因此,加大信息技术人才培养力度,弥补人才梯队建设存在的缺陷,也是社会保障信息管理平台建设中亟须解决的一个问题。

第三,制度保障缺乏,抬高系统监管风险。目前,我国各地区间的信息系统建设差距较大,一些地区受到财政资金及技术上的限制,社会保障信息管理系统建设发展迟缓且系统相对落后,这势必会影响到国家宏观层面对相关数据的应用效率,也难以达到信息统一共享的预期效果。同时,随着互联网技术的快速发展,信息安全变得越发重要。网络安全直接关乎系统平台数据的安全,但是相关的配套政策还有待完善。

(二)优化社会保障信息管理平台的措施与展望

第一,完善制度建设,为信息管理提供前提及保证。要制定规范的数据信息

---

① 《全国医疗保障跨省异地就医直接结算公共服务信息发布(第四十六期)》,http://www.nhsa.gov.cn/col/col18/index.html,2022年9月17日访问。

② 张燕:《社会保障信息管理平台建设的若干问题》,《劳动保障世界》2016年第24期,第14页。

收集、管理维护、安全保障、共享等规章制度,从源头上杜绝不规范、违规操作等问题。此外,社会保障制度涉及的管理部门众多,导致数据信息往往分散在各个部门。为了确保信息传递及数据共享的准确性和安全性,还应构建相应的信息共享激励及惩戒机制,防范可能存在的不作为或消极执行。

第二,组织并培养一支由专业化人才构建的管理队伍。参与社会保障信息管理的人员既需要掌握先进信息技术,同时也必须具有一定的社会保障经办经验,充分了解社会保障工作的实际情况,以便在应对突发性情况时迅速做出反应。因此,相关部门要建立起有效的职业培训及激励机制,吸引人才参与社会保障的信息管理,扩大社会保障信息管理队伍。

第六节 社会保障法治建设

一、社会保障法治的内涵及基本原则

(一)法制与法治

通常来说,法制是指在法律制度体系内进行的规范性活动。除了包含"法律"这一层静态内涵外,同时还有立法、执法、司法、守法、监督等在内的"实施""行动"的动态定义。社会保障法制是社会保障与法制的结合。同样地,社会保障法制建设具有两层含义:一方面,不断建立健全社会保障法律体系,以更好地保障公民的基本生活需要;另一方面,通过立法、执法、司法、监督等环节,保障公民平等享有社会保障的权利。最早的社会保障法可以追溯到1601年英国颁布的《济贫法》,该法规定通过征收济贫税的形式对无力谋生的贫民发放救济。此后,社会保障法制的范畴不断丰富与发展。从法律属性上讲,社会保障法制可分为实体法、程序法、监督法和纠纷解决法;从保障内容上讲,社会保障法制又可分为社会保险法、社会救助法、社会福利法、社会慈善法等;从保障对象上讲,社会保障法制可分为老年人保障法、妇女儿童保障法、军人保障法等。

法治与法制是紧密联系而又有明显分别的两个概念。法治是国家治理的一种方式和手段,在法治的理念下法律具有至高无上的地位,任何人不被允许拥有超越法律的特权。法治的实现有赖于法制,法律制度的建立与完善,能够为法治提供制度上的保证。

(二)社会保障法治的基本原则

第一,保证全体社会成员享受一致的社会保障权益。社会保障是一项收入

再分配机制,因此收入水平越高的个体需要履行的筹资义务就越大,对制度建设的贡献就越大,但这并不意味着其能够享受更高的社会保障待遇。而且,往往是经济状况较差的个体能够获得更多的社会保障补偿,如贫困人群能够领取社会救助金,但高收入人群不能领取。因此,健全社会保障法治在于保证任何一个社会成员都能够平等地参与社会保障制度,同时享受一致的社会保障待遇。

第二,确保社会保障水平与经济发展水平相适应。社会保障水平过高会加剧政府债务风险、滋生国民惰性等,从而对经济发展的可持续性造成负面影响,最终也将影响社会保障的持续性和安全性。反之,如果社会保障水平过低,就无法充分发挥这一制度的再分配功能,就会影响社会和谐稳定。因此,应当依法制定社会保障事业发展规划,促进社会保障水平与经济发展水平相适应。

第三,依法办事,维护公民社会保障合法权益。社会保障法律保障的对象应具有普遍性,不应因人立法、因事设法,同时做到应保尽保,实现制度和人群的全覆盖。此外,国家应建立申述、诉讼、仲裁和司法程序,且公开程序规则,遵守正当法律程序,保护公民的社会保障诉权。

第四,违法必究,加大社会保障重点领域的执法力度。社会保障资金是老百姓的血汗钱、保命钱,因此必须严厉打击欺诈骗保、套保或挪用贪占各类社会保障资金的违法行为。并且,需要加强日常监管和执法巡查,从源头上预防和化解违法风险。同时,畅通违法行为投诉举报渠道,对举报严重违法违规行为和重大风险隐患的有功人员依法予以奖励和严格保护。

二、我国社会保障法治建设

自1949年颁布《中国人民政治协商会议共同纲领》以来,我国社会保障类法律法规及相关政策不断发展完善,社会保障法治建设取得了明显进展。2021年12月,人力资源和社会保障部印发《人力资源和社会保障法治建设实施方案(2021—2025年)》的通知,进一步明确"到2025年,人力资源和社会保障行政行为全面纳入法治轨道,职责明确、依法行政的政府治理体系日益健全,人力资源和社会保障法律制度体系进一步完善,法律法规规章严格公正实施,行政执法质量和效能大幅提升,工作人员特别是领导干部法治思维和依法行政能力明显提高,公民、法人和其他组织的合法权益得到有效保障"。社会保障法治建设进入全新发展阶段。

(一)社会保障法治建设取得的主要成就

第一,社会保障法律法规框架已初步形成。随着我国多层次社会保障体系不断完善,相应的法治建设也在逐渐完善。首先,在社会保险法治方面,2010年发布的《社会保险法》确立了中国特色的社会保障体系是以权利和义务相结合的缴费型社会保险为主体的制度,成为我国社会保障体系建设走向法治化的重要标志。[①] 其后《工伤保险条例》《失业保险条例》《关于全面推进生育保险和职工基本医疗保险合并实施的意见》《医疗保障基金使用监督管理条例》等的颁布进一步明确了各险种的参保缴费和待遇享受规范,为推动社会保险的发展奠定了扎实的基础。此外,2012年《军人保险法》的出台弥补了军人保险规范不足的缺陷,为构建中国特色的军人保险制度提供了法律依据。其次,在社会救助法治方面,2014年《社会救助暂行办法》推动了社会救助体系的整合与完善,标志着"托底线、救急难、可持续"的中国社会救助制度体系的基本形成。在社会福利领域,《老年人权益保障法》《残疾人保障法》《妇女权益保障法》《家庭寄养管理办法》《养老机构设立许可办法》《养老机构管理办法》等法律政策的陆续发布,使得面向老年人、残疾人、妇女儿童等特殊群体的各项社会福利制度都得到了不同程度的发展与完善。在慈善事业领域,2016年《慈善法》颁布实施,明确了慈善活动的范围与定义,规范了慈善组织的资格与行为,自此慈善事业开始步入法治化轨道。

第二,树立"以人民为中心"的社会保障法治发展理念。党的十八大以来,习近平总书记针对中国社会保障制度的发展发表了一系列重要论述,系统地回答了新时代坚持和发展什么样的中国社会保障制度、怎样坚持和发展中国特色社会保障制度的时代命题,形成了以人民为中心的社会保障法治发展理念。一方面,强调以人民至上作为社会保障法治发展的逻辑起点,把人民需求作为社会保障法治发展的根本目标,将人民主体作为社会保障法治发展的基本遵循。另一方面,明确践行以人民为中心的社会保障法治发展理念。该理论体现出强烈的"以人的发展为中心、以人为中心谋发展"的价值取向,为不断增进人民的获得感、幸福感和安全感,发挥社会保障制度的"社会安全网、稳定器"功能奠定了法治发展理念基础。[②]

第三,社会保障法治建设效果凸显,受益性和公平性显著增强。社会保障法治建设的不断完善为保障个体的合法权益奠定了扎实基础。一方面,基本实现

---

① 杨思斌:《我国社会保障法治建设四十年:回顾、评估与前瞻》,《北京行政学院学报》2018年第3期,第41页。
② 谢冰清:《习近平"以人民为中心"的社会保障法治发展理念》,《云南社会科学》2020年第6期,第72页。

"应保尽保、应救尽救、应兜尽兜"。2021年,全国基本养老、失业、工伤保险参保人数分别为10.07亿人、2.18亿人、2.67亿人。① 而基本医保的参保人数达到13.64亿人,参保覆盖面稳定在95%以上②,城乡社会救助人数达到4212万人③,可以说我国已经建成了世界上覆盖范围最广的社会保障网。2016年,国际社会保障协会(ISSA)在其第32届全球大会期间,将"社会保障杰出成就奖"(2014—2016)授予中华人民共和国政府。④ 可以说,我国近年来在扩大社会保障覆盖面工作中取得的卓越成就,也为世界特别是发展中国家的社会保障发展做出了表率。另一方面,制度公平性不断增强。城乡居民医疗保险制度以及城乡医疗救助制度实现统一、养老金全国统筹提上议程等,社会保障制度的公平性正在不断增强。社会保障制度在促进收入再分配、维护社会公平正义方面的功能也将得到更为充分的发挥。

(二)社会保障法治发展展望

在党的十九大报告中,习近平总书记提出要加强社会保障体系建设。按照兜底线、织密网、建机制的要求,全面建成覆盖全民、城乡统筹、权责清晰、保障适度、可持续的多层次社会保障体系。党的十九届五中全会进一步明确要健全多层次社会保障体系,而社会保障法治建设是实现这一目标的重要基础。在新时代全面推进依法治国和全面建设社会保障体系的背景下,社会保障法治建设在理念、目标、手段等方面还有进一步发展完善的空间。

第一,树立社会保障法治建设的新理念。在新的社会发展时期,我国社会保障法治建设的全面推进应该秉承法治的理念,坚持法治的原则,遵循社会保障发展的基本规律,做好顶层设计。一方面,强化社会保障法治建设的公平价值和目标,既要确立底线公平,同时也要注重创造起点公平,维护过程公平,保证结果公平。另一方面,设定合理的政府与个人、企业与个人、中央与地方政府的责任分担机制,确保社会保障制度的可持续发展。

第二,健全和完善社会保障法律体系。在进一步完善《社会保险法》《慈善

---

① 《全国基本养老保险参保超10亿人》,https://m.gmw.cn/baijia/2021-04/26/1302256757.html,2022年9月17日访问。
② 《2021年医疗保障事业发展统计快报》,http://www.gov.cn/guoqing/2022-03/23/content_5680879.htm,2022年9月17日访问。
③ 《2021年中国统计年鉴》,http://www.stats.gov.cn/tjsj/ndsj/2021/indexch.htm,2022年9月17日访问。
④ 《中国政府获"国际社会保障协会社会保障杰出成就奖"》,http://politics.people.com.cn/n1/2016/1118/c1001-28879802.html,2022年9月17日访问。

法》《退役军人保障法》等已有法律的基础上,立足我国基本国情,总结及吸取发达国家的发展经验,尽快出台"社会救助法""社会福利法"等专门法,补齐社会保障法律体系的"短板"。同时,在修订和完善社会保障相关法律的过程中,还需要注意与其他法律的协调,以保持国家法律体系的和谐,发挥法律的整体功能。

第三,完善立法工作机制。围绕当前我国社会主要矛盾,聚焦实践问题,提高立法精细化与精准化水平。首先,完善立法论证评估制度,加大立法前评估力度,认真论证和评估立法项目的必要性及可行性。其次,建立健全立法风险防范机制,将风险评估贯穿立法全过程,提出立法建议、立法拟规定的主要政策和制度,都应当进行风险评估。最后,广开言路,积极运用互联网新媒体新技术拓宽立法公众参与渠道,完善立法听证、民意调查机制,引导社会各方面广泛参与立法。

第四,推进严格规范公正文明执法。社会保障行政部门应该以国家的法律法规为依据,坚持合法行政、合理行政、程序正当、高效便民、诚实守信、权责统一的原则,全面履行社会保障法律法规赋予的职责。围绕费用征缴和待遇给付这两大环节,明确规范税务部门与其他社会保障部门、财政部门等在社会保险费征收及管理中的法律关系与职能分工。① 加强待遇发放的日常监管和执法巡查,从源头上预防和化解违法风险。此外,畅通违法行为投诉举报渠道,对举报严重违法违规行为和重大风险隐患的有功人员依法予以奖励和严格保护。

关键词

管理模式　基金管理　行政管理　预算管理　信息管理　法治建设

复习思考题

1. 简述社会保障管理的内涵及原则。
2. 简述社会保障行政管理的手段。
3. 论述我国社会保障预算管理的运行现状及发展方向。
4. 论述我国社会保障法治建设存在的问题及解决思路。

---

① 艾希繁、周刚志:《法治视角的社会保险费征收体制改革研究》,《湖南大学学报(社会科学版)》2019 年第 3 期,第 76 页。

分论一 社会保险

第五章　养老保险

本章概要

养老保险是社会保障体系的核心组成部分,对保障公民晚年生活具有重要作用。本章主要介绍了养老保险的定义和特征、国外典型的养老保险制度模式、我国养老保险制度体系、养老保险的投资运营与监督管理等四个方面的内容,在此基础上进一步探讨了优化我国养老保险基金投资运营和监督管理体系的路径。

第一节　养老保险概述

养老保险是政府通过立法举办的一项公共事业,通常以征收养老保险税(费)的方式形成养老保险基金。养老保险主要的缴费模式是"国家、个人和集体"多方缴费。一般而言,养老保险可理解为国家依据一定的法律法规,为保障参保者在达到国家规定的解除劳动义务的年龄后,或因年老丧失劳动能力而退出劳动岗位后的基本生活来源而建立的一种社会化收入保障制度。养老保险制度的基本目标是通过收入再分配手段,保障老年人的基本生活来源。养老保险具有以下特征。

第一,社会性。养老保险是全体社会成员的共同事业,是为老年人口提供社会保护的公共政策,所有符合条件的居民都可以申请参保。达到养老保险领取条件后的参保者才可向社会保险部门申请领取养老金。作为一项社会化民生保障政策,养老保险的覆盖对象为全体社会成员。一般情况下,国家对养老保险的缴费、运营和待遇给付进行专业化的统一规划和管理。在养老保险基金出现收不抵支时,国家会采取财政措施,维护养老保险制度正常运转。

第二,再分配性。养老保险基金的资金筹集,一般由国家、单位和个人三方共同负担,并通过大数法则,实现社会范围内的风险分散和互助互济。另外,国家通过"入口代缴、出口提标"等方式对贫困群体予以政策扶持。养老保险制度通过调节高收入户与低收入户之间的收入分布状态,成为调节收入分配差距的重要手段。无论是用于弥补养老金缺口的财政拨款,还是面向家庭的补贴,都会产生整体层面的养老保险代际收入再分配作用。

第三,适度性。养老保险的范围及保障水平是由经济发展水平决定的,往往与一定时期内的生产力发展水平或社会经济发展水平相适应。经济发展状况好、当地职工平均工资水平较高的国家或地区,其退休人员的平均养老金水平比经济欠发达地区、低工资水平的国家或地区要高一些。随着社会平均工资水平的提高,基础养老金水平会有所提高。并且,基本养老金水平的调适是兼顾养老保险基金累积状况、各级财政收支状况等各方面承受能力后的结果。

政府介入的适度性影响着养老保障水平的适度性。社会保障是依据"保护与激励相统一"的原则建立的,养老保险作为社会保障的重要组成部分之一,其直接目的是保证离退休人口或退出劳动力市场的社会成员的基本生存,同时要避免"养懒人"。养老金的给付水平往往与一定的替代率挂钩,其功能是满足生存需要,解除生活的"后顾之忧"。养老保险制度具有明显的缩小贫富差距、防止老年人口贫困的政策导向,所以使养老金差距保持在适度范围内,有利于防止收入悬殊损害公平性。

第四,代际性。养老保险收入再分配往往发生在相邻两代人乃至多代人之间,其实质是参保缴费群体和待遇领取群体之间的收入再分配。从财务角度看,养老保险代际分配涉及不同代之间的收入或福利的跨代再分配。尤其是在现收现付制下,养老保险基金注重短期平衡,缺乏纵向积累[1],往往使用下一代人当前缴纳的养老保险费(税)来发放当前的养老金,体现了代际再分配。

---

[1] 赵曼主编:《社会保障学》,高等教育出版社 2010 年版,第 232—233 页。

第二节　国外典型养老保险制度模式

养老保险模式是一个多层次的复杂系统,往往由特定的财务模式和运作机制构成。本节根据养老保险基金筹集手段的差异,将养老保险制度分为现收现付制、完全积累制和混合制这三个主要制度模式。

一、现收现付制

现收现付制往往追求基金短期内财务收支平衡,是以近期或当期养老保险缴费发放现在离退休人员的养老金待遇的制度。现收现付制度模式是根据未来特定时间段内的养老保险发放需要及养老金指数调节情况对财务收支计划进行调整。"收支平衡、略有结余"是这种制度模式的主要原则。会计年度内通过预算,按照一定筹资标准向参保缴费者收取,即采取的原则是当年收当年支,资金不作积累。

在现收现付制度模式下,养老保险财务机制主要具备以下几方面的特征:(1)现收现付模式往往与待遇确定制(Defined Benefit, DB)模式或者受益基准制模式挂钩。养老金发放水平往往是事先根据当期的社会平均消费水平及职工的平均工资收入水平来确定的。养老保险的缴费率取决于替代率和赡养率的乘积。(2)现收现付制度模式能够正常运行的重要前提条件是稳定的人口结构。养老保险缴费人数的减少,领取养老金人数比例提高,会使现收现付型养老保险制度面临较多的偿付风险。(3)现收现付制度注重短期收支平衡,不会出现大规模的养老保险基金积累。由于不存在巨额的基金积累,现收现付型财务机制下,养老保险基金遭受的通货膨胀风险和贬值压力较小。

以现收现付为主的养老保险制度具有广覆盖、消除贫困、再分配及较低的管理成本等优点,还可以一定程度上规避资本市场不确定性的影响。[1] 但是,现收现付型养老保险制模式具有一定局限性:在人口严重老龄化的情况下,随着赡养率不断攀升,缴费率缺乏上升空间而替代率难以降低,会造成收不抵支的财务危机。缴费人口承担了老年人口的养老给付负担,而在未来劳动人口不断减少的状况下,会出现不同年代的待遇领取人口、参保缴费人员之间的养老保险财务失衡问题。

---

[1] 封进:《中国养老保险体系改革的福利经济学分析》,《经济研究》2004年第2期,第55—63页。

二、完全积累制

完全积累制又叫基金积累制,往往具有长期纵向平衡的特征,是通过对参保缴费者在整个缴费期或一个相当长时期内的养老基金进行储蓄式积累和运作的一种财务模式。在完全积累模式下,养老保险发放与筹资之间具有明显的精算联系,即养老金发放水平会根据向参保者收取的保险费及其利息的积累额来计算。并且,参保者的养老保险缴费数额和养老金给付水平往往是在缴费关联、多缴多得的原则下联系起来的。在参保期间,个人按照收入的一定比例向个人账户缴费,并逐期积累。

完全积累制财务机制往往具有以下几方面的特征:一是,养老金待遇标准往往根据个人的缴费积累额来确定,故也叫缴费确定制(Defined Contribution, DC)模式。二是,完全积累与缴费确定相结合的养老保险模式常常与个人账户相关联,体现了养老保险缴费的个人责任及其资金的私有属性。并且,在计算参保人的缴费水平时,被保险者在未来的养老金收益会分摊到其在职期间的每个缴费年度。① 三是,当期社会保障基金积累额不等于当期支付额,因为个人账户养老保险基金会累积成一定规模的储蓄资金,政府会对养老保险基金进行有计划的管理和投资运营。四是,完全积累制养老保险模式的基金产权较明晰,不存在财务运作上的资金缺口,而且,完全积累制不会遭受老龄化背景下人口结构剧烈变化的冲击。

养老保险完全积累模式也具有制度性缺陷。由于养老保险基金积累的时间跨度较大,容易遭受养老保险基金贬值的风险。并且,与现收现付制相比,完全积累制对养老保险精算技术的要求较高,容易增加管理成本、投资风险与运营成本。此外,完全积累制与缴费确定相结合的养老保险模式中,参保者的养老金发放数额与其缴费数量、缴费年限直接挂钩,但这种模式可能使养老保险的收入再分配与风险共担的作用被削弱,甚至可能引起新的收入再分配不平衡问题。

三、混合制

统筹账户与个人账户相结合是现收现付制与完全积累制的混合模式,也被称为"部分积累制"。在"统账结合"的部分积累型养老保险模式下,养老保险需要设立统筹账户和个人账户,将所有养老保险费按照比例或者按照不同来源归

---

① 邓大松主编:《社会保险》,中国劳动社会保障出版社 2015 年版,第 114 页。

入不同的账户。统筹账户采用现收现付方式,个人账户采用完全积累的方式。其中,统筹账户是一种共同账户,具有代际再分配属性。个人账户资金具有基金积累的特征,多缴多得,发挥着参保激励作用。统账结合模式既能体现社会养老保险的互济性特点,并避免资金贬值的风险,又能与个人利益挂钩,激励个人参保的积极性,在短期内也可缓解养老金支付压力。

从20世纪90年代中期开始,我国的城镇企业职工养老保险制度便从过去单纯的现收现付模式改为现收现付与积累制相结合的"统账结合"模式,但是在这个过程中形成了"转制成本",面临着转制形成的历史性缺口、收缴不足形成的现实性缺口。[①] 我国城乡居民基本养老保险制度借鉴了"统账结合"财务模式,基础养老金来源于财政补贴,个人缴费则全部进入个人账户,且遵循"多缴多得、长缴长得"原则。部分积累型养老保险制度下的"统账结合"财务模式,能够一定程度上激发公众的参保积极性,形成更加稳健的财务机制,实现社会层面的风险再分配。

第三节 我国养老保险制度体系

我国社会养老保险制度已经形成包含职工基本养老保险、城乡居民基本养老保险和机关事业单位工作人员基本养老保险在内的,多层次、多支柱的制度体系。

一、职工基本养老保险制度

我国职工基本养老保险制度从建立至今,大体经历四个发展阶段:初创阶段、停滞阶段、恢复与发展阶段、改革和完善阶段。

(一)初创阶段

1951年《中华人民共和国劳动保险条例》的颁布标志着职工基本养老保险制度的创立。该文件对养老基金来源、职工领取养老金年龄和退休金待遇作出了明确规定。职工退职后,由劳动保险基金按其工龄长短按月给付养老补助费。社会保险费全部由企业负担,缴费率为企业工资总额的3%,保险基金由社会保险事业的最高管理机构中华全国总工会委托中国人民银行代理保管,养老金发

[①] 许诺、谢志华、杨超:《分配视角下充实社保基金的思路与措施》,《财政研究》2020年第2期,第69—79页。

放水平根据本企业工龄和本人标准工资确定。此后,《国务院关于工人、职员退休处理的暂行规定》和《国务院关于工人、职员退职处理的暂行规定》统一了企业职工和机关事业单位工作人员的退休、退职制度。初创阶段,职工基本养老保险制度的覆盖范围较窄,主要由职工所在单位具体实施。财务模式以现收现付模式为主,企业和国家财政负担沉重。在待遇计发方面,养老金标准由国家统一规定,替代率水平比较高,养老金支付压力较大。

(二) 停滞阶段

在该阶段,社会养老保险主要在国有企业推行,集体企业的职工享受退休保险的待遇是有条件的。1966年开始,负责管理企业职工社会保险业务的各级工会组织被解散,社会保险管理机构被撤销。1969年2月,财政部发布《关于国营企业财务工作中几项制度的改革意见(草案)》,国营企业一律停止提取劳动保险金,企业的退休职工和其他劳保开支在营业外列支。在该时期,职工基本养老保险基金积累和统筹调剂停止,实施企业内部实报实销后,退休费由各企业自行负担。城镇企、事业单位包办社会保险的现象,造成养老保险制度的责任重心由国家转向单位,养老保险变成企业保险。[①]

(三) 恢复与发展阶段

1978年《中华人民共和国宪法》强调保护劳动者的基本权利、保障劳动者基本生活的义务应由国家承担,社会保障制度的建设应从劳动者的养老、医疗、工伤、失业等多个维度考虑。同年,《国务院关于安置老弱病残干部的暂行办法》和《国务院关于工人退休、退职的暂行办法》颁布后,我国对国企职工和机关、事业单位工作人员的退休条件、待遇水平、退职、离休形式做了统一规定。1983年,国家着力提高生活困难的退休、退职人员的养老金待遇水平。在该时期,养老保险覆盖范围有所扩大,但以企业为单位的现收现付制养老保险在性质上仍然被视为"企业保险",未实现基金在社会范围内的统筹。

为促进职工养老由"企业保险"向"社会保险"转变,我国进行县、市一级的养老保险费社会统筹,并探索由企业单方筹资向多方筹资转变。1984年,中央财经领导小组会议决定在城镇集体企业实行法定养老保险制度,并制定《城镇集体所有制企业、事业单位职工养老保险暂行条例》。1985年,国家在"七五"计划中明确提出"社会保障资金应由国家、企业和个人合理负担"。1986年《国有企业

[①] 邓大松、李芸慧:《新中国70年社会保障事业发展基本历程与取向》,《改革》2019年第9期,第5—18页。

实行劳动合同制暂行规定》确立企业、个人、国家三方共同筹资的原则。1991年《国务院关于企业职工养老保险制度改革的决定》规定实行基本养老保险、企业补充养老保险和职工个人储蓄性养老保险相结合的养老保险制度,费用由国家、企业、个人共同负担。1993年劳动部《关于基本养老金计发办法改革试点工作的通知》规定了基本养老金组成(社会性养老金和缴费性养老金)、指数化月平均工资、职工缴费年限、新老办法的过渡等。1994年《中共中央关于建立社会主义市场经济体制若干问题的决定》提出采用社会统筹和个人账户相结合模式。1995年《国务院关于深化企业职工养老保险制度改革的通知》明确要求建立资金来源多渠道、保障方式多层次、社会统筹与个人账户相结合、权利与义务相对应、管理服务社会化的养老保险体系。1997年《国务院关于建立统一的企业职工基本养老保险制度的决定》颁布后,我国逐步建立起全国统一的企业职工基本养老保险制度,并加快了实行企业职工基本养老保险省级统筹和养老保险费规范化征缴的步伐。

（四）改革和完善阶段

2000年发布的《关于完善城镇社会保障体系的试点方案》决定在辽宁省进行城镇职工基本养老、城市居民最低生活保障制度的改革试点。2004年开始,吉林和黑龙江两省被纳入试点范围。2005年《国务院关于完善企业职工基本养老保险制度的决定》使得制度覆盖范围进一步扩展,并对基本养老金计发办法进行改革,部分事业单位职工、部分地区的机关事业单位职工也被纳入社会养老保险政策的范围。2007年,《劳动和社会保障部、财政部关于推进企业职工基本养老保险省级统筹有关问题的通知》,对企业职工基本养老保险省级统筹标准进行改革。2011年《中华人民共和国社会保险法》要求"基本养老保险逐步实行全国统筹"。2017年《人力资源社会保障部、财政部关于进一步完善企业职工基本养老保险省级统筹制度的通知》指出"目前省级统筹工作开展尚不平衡,一些地区还存在政策不统一、管理不规范等问题",要求进一步完善养老保险的省级统筹制度。

表 5-1　历年的职工养老保险制度

颁布年份	文件名称	内容
1951	《中华人民共和国劳动保险条例》	社会保险费缴费率为企业工资总额的3%
1955	《国家机关工作人员退休处理暂行办法》	国家机关工作人员退休金标准为本人工资的50%—80%

(续表)

颁布年份	文件名称	内容
1957	《关于工人、职员退休处理的暂行规定》	统一了企业职工和机关事业单位工作人员的退休制度
1969	《关于国营企业财务工作中几项制度的改革意见(草案)》	国营企业一律停止提取劳动保险金
1986	《国营企业实行劳动合同制暂行规定》	在劳动合同制工人中实行养老保险个人缴费制度
1991	《关于企业职工养老保险制度改革的决定》	形成了"三支柱"养老保险体制
1998	《关于实行企业职工基本养老保险省级统筹和行业统筹移交地方管理有关问题的通知》	加快实行企业职工基本养老保险省级统筹
1999	《关于建立基本养老保险省级统筹制度有关问题的通知》	严格按照国家和省级政府规定的统筹项目和办法计发基本养老金
1999	《社会保险费征缴暂行条例》	进一步规范了养老保险费的征缴工作
2000	《关于完善城镇社会保障体系的试点方案》	在辽宁省进行城镇职工基本养老、城市居民最低生活保障制度的改革试点
2005	《关于完善企业职工基本养老保险制度的决定》	覆盖范围进一步扩展
2007	《关于推进企业职工基本养老保险省级统筹有关问题的通知》	改革企业职工基本养老保险省级统筹标准
2011	《中华人民共和国社会保险法》	基本养老保险逐步实行全国统筹
2017	《关于进一步完善企业职工基本养老保险省级统筹制度的通知》	进一步完善省级统筹制度,推动实现全国统筹
2018	《关于建立企业职工基本养老保险基金中央调剂制度的通知》	建立养老保险中央调剂基金

为更好地发挥我国养老保险"互济共助,调剂余缺"的功能,解决省际基金不平衡问题,国家逐步提高统筹层次并在全国范围内对基金筹资和支付的制度进行改革。2017年10月,习近平总书记在党的十九大报告中强调要"尽快实现养老保险全国统筹",为养老保险改革指明了方向。2018年6月出台的《国务院关

于建立企业职工基本养老保险基金中央调剂制度的通知》规定在现行企业职工基本养老保险省级统筹的基础上,建立养老保险中央调剂基金,明确了"省级政府扩面征缴和确保发放责任制",对各省份养老保险基金进行适度调剂,确保基本养老金按时足额发放,各省份养老保险基金上解比例由3%起步。2018年7月中共中央办公厅、国务院办公厅印发《国税地税征管体制改革方案》,要求从2019年1月1日起社保费交由税务部门统一征收,通过制度的内在机制,实现养老保险基金在养老负担相对较轻省份和养老负担相对较重省份之间的调剂。资料显示,2021年我国参加职工基本养老保险的有4.81亿人,当期结余3540.1亿元(见表5-2),呈现出当期基金收大于支的状态。① 2022年,我国启动企业职工基本养老保险全国统筹中央调剂金制度。

表5-2 2011—2021年职工基本养老保险基金收支情况

年份	基金收入（亿元）	基金支出（亿元）	基金收入增长率(%)	基金支出增长率(%)	当期结余（亿元）	累计结余（亿元）
2011	16 894.7	12 764.9	25.9	20.9	4129.8	19 496.6
2012	20 001.0	15 561.8	18.4	21.9	4439.2	23 941.3
2013	22 680.4	18 470.4	13.4	18.7	4210.0	28 269.2
2014	25 309.7	21 754.7	11.6	17.8	3555.0	31 800.0
2015	29 340.9	25 812.7	15.9	18.7	3528.2	35 344.8
2016	35 057.5	31 853.8	19.5	23.4	3203.7	38 580.0
2017	43 309.6	38 051.5	23.5	19.5	5258.1	43 884.5
2018	51 167.6	44 644.9	18.1	17.3	6522.7	50 901.3
2019	52 918.8	49 228.0	3.4	10.3	3690.8	54 623.3
2020	44 376.0	51 301.0	-16.1	4.2	-6925.0	48 317.0
2021	60 040.4	56 500.3	35.3	10.1	3540.1	51 857.1

注:当期结余=当期基金收入-当期基金支出。职工基本养老保险基金支出包括养老保险待遇支出、转移支出和其他支出。

资料来源:国家统计局和人社部的相关数据资料。

---

① 《2021年度人力资源和社会保障事业发展统计公报》,http://www.gov.cn/xinwen/2022-06/07/5694419/files/92476f85ea1748f3816775658bbd554f.pdf,2022年9月17日访问。

二、机关事业单位基本养老保险和职业年金

(一) 制度发展历程

1955年,国务院颁布的《国家机关工作人员退休处理暂行办法》实际上将城镇养老制度分为企业职工基本养老保险和机关事业单位基本养老保险,二者在养老基金来源、退休待遇等方面都有显著的区别。随着国务院对机关工作人员退休退职相关政策实施细节、工作年限及相应的养老金待遇标准进行了补充性规定,我国机关事业单位养老保险制度正式建立。而后,1958年,国务院公布《关于工人、职员退休处理的暂行规定》,对包括国家机关事业单位职工等人员的养老金制度以及退休工龄和养老金标准进行了统一规定。1978年《国务院关于工人退休、退职的暂行办法》《国务院关于安置老弱病残干部的暂行办法》对机关事业单位中的离退休和退职干部的安置体系、退休收入的资金来源和计发标准等进行了设定。

1992年《关于机关事业单位养老保险制度改革有关问题的通知》拉开了机关事业单位养老金制度改革的序幕。1992年以前,机关事业单位职工仍保持着由财政统一拨付的"现收现付"的非缴费型的退休养老制度,处于1978年制度初建时的财政供养型传统退休制度状态。[①] 机关事业单位和企业职工基本养老保险制度的"双轨"运行,导致企业职工和机关事业单位工作人员在养老待遇上形成巨大差距。2000年,《国务院关于印发完善城镇社会保障体系试点方案的通知》提到在试点和调查研究的基础上,部分由财政负担的事业单位改革办法应当分类制定,全部由财政负担的事业单位和公务员维持现行的政策和制度规定。2009年国务院正式下发《事业单位工作人员养老保险制度改革试点方案》,试点工作是以社会统筹账户和个人账户相结合的部分积累制度为实施基础的。2014年,党的十八届三中全会通过《中共中央关于全面深化改革若干重大问题的决定》,明确要求"推进机关事业单位养老保险制度改革"。2015年,国务院印发《关于机关事业单位工作人员养老保险制度改革的决定》,机关事业单位职工和企业职工基本养老保险制度实现了并轨。同时,该文件还要求建立与机关事业单位相应的补充养老保险制度(职业年金),并明确强调职业年金筹资是由单位和职工个人共同承担,所缴纳的养老金计入实账积累的个人账户。

[①] 郑秉文:《机关事业单位养老金并轨改革:从"碎片化"到"大一统"》,《中国人口科学》2015年第1期,第2—14页。

为了统一机关事业单位和职业年金与职工基本养老保险制度的转移接续业务流程和管理办法,国家先后发出《关于印发机关事业单位职业年金办法的通知》《关于印发职业年金基金管理暂行办法的通知》和《关于机关事业单位基本养老保险关系和职业年金转移接续有关问题的通知》,这对于提高机关事业单位职工工作效率和积极性,稳定单位劳动力队伍具有一定的积极作用。

(二) 制度基本特征

参照职工基本养老保险制度参数设定,我国机关事业单位的养老保险财务模式采用的也是统筹账户与个人账户相结合的模式,资金筹集中单位占20%,个人占8%,参保人员需要缴满15年才能够享受相应的待遇。事业单位养老保险基金的给付标准存在待遇调整机制,且对缴费年限的认定存在视同缴费年限规定(见表5-3)。

表5-3 机关事业单位养老保险改革

制度内容	2015年改革方案
财务模式	统筹账户和个人账户相结合
负担方式	单位与个人共同缴费
资金筹集	本单位工资总额的20%;本人缴费工资的8%
领取条件	达到退休年龄,缴费满15年(有视同缴费年限)
给付办法	基础养老金和个人账户养老金
调整机制	挂钩调整,适当倾斜
补充制度	职业年金
过渡性养老金	是
转移接续	随工作转移

注:《关于机关事业单位工作人员养老保险制度改革的决定》。

职业年金是我国机关事业单位的补充养老保险形式,参保对象是机关事业单位编制内人员,工作变动时可随同转移。筹资比例为单位按照本单位工资总额的8%缴纳,个人按本人缴费工资的4%缴纳。职业年金个人账户记账利率根据实账积累部分的投资收益率确定,建立一个或多个职业年金计划的省(区、市),职业年金的月记账利率为实际投资收益率或根据多个职业年金计划实际投资收益率经加权平均后的收益率。符合条件的机关事业单位退休人员按月领取相应待遇,发完为止。此外,职业年金费用交至归集户后,金融机构实行市场化投资运营。

三、城乡居民基本养老保险的发展与改革历程

(一)"老农保"阶段

国家在"七五"计划中提出初步建立中国农村社会保障制度。20世纪80年代中期开始,民政部要求各地根据本地区的实际情况探索建立农村社会保障制度。1986年,民政部和国务院有关部委召开了"全国农村基层社会保障工作座谈会",确定"在农村经济发达和经济比较发达地区,发展以社区(乡、镇、村)为单位的农村养老保险"。1987年,国务院决定由民政部负责开展农村养老保险工作。考虑到全国农村地区经济发展条件的巨大差异,为确保农村社会养老保险制度在广大农村地区的有效组织和实施,民政部门开始进行农村养老保险的试点工作。按照国务院的部署,1991年民政部挑选有条件的地区开展由政府组织建立的农村(包括乡镇企业)社会养老保险制度的试点。

1992年,在总结农村养老保险试点经验的基础上,民政部在全国范围内制定印发了《县级农村社会养老保险基本方案(试行)》(简称"2号文"),并在全国有条件的地区逐步推广。事实上,"2号文"确定以县为单位开展农村社会养老保险,为后续的养老保险制度建设奠定了有益的基础。1993年国务院批准建立农村社会养老保险管理机构,民政部在部分县市开始建立"老农保"制度。越来越多的地区以政府令的形式下发了农村社会养老保险暂行办法。参保对象主要是20周岁至60周岁、非城镇户口、不由国家供应商品粮的农村人口。同时,筹资方式以个人缴费为主,集体补贴为辅,实行个人账户储备积累制。"老农保"设置2—20元共10个缴费档次,供投保人选择。在基金性质方面,实行个人完全积累的筹资模式,养老保险费用全部纳入个人账户。养老金以保障老年人基本生活为原则,主要以个人账户为依据予以计发,基金以县级机构为基本核算平衡单位,由农村社会养老保险机构进行管理,农村社会养老保险基金管理委员会对基金管理进行监督。为了实现制度衔接,"老农保"制度保留了部分已实施的退休办法。除此之外,各地乡村(含乡镇企业)还可量力而行,自办各种形式的补充性质的养老保障,并鼓励发展个人的养老储蓄。在各级民政部门的努力下,农村社会养老保险制度建设由"全国范围大区域、大规模的试点"阶段转入"在全国范围全面推广农村社会养老保险工作"阶段。

"老农保"的重要特征是资金来源以个人缴费为主,集体补助为辅,并全部记

在个人名下,地方财政不承担任何责任。虽然相比较城镇居民养老保险制度而言,中国农村养老保障制度建立时间较晚且发展滞缓,但是"老农保"制度的试点和执行,是新中国成立以来深化农村经济社会体制改革的重要方面。1998年,国务院机构改革将"老农保"管理职能划归原劳动和社会保障部,不再由民政部管理。1999年,国务院指出我国农村尚不具备普遍实行社会保险的条件,故对已有业务进行清理整顿,并停止接受新业务。

(二)"新农保"阶段

党的十六大提出,有条件的地方"探索建立农村养老、医疗保险和最低生活保障制度"。2002年开始,许多地方按照"因地制宜、分类指导、重点突破、逐步推进"的方针积极探索建立与本地相适应的、与其他保障措施相配套的制度。党的十六届三中全会通过的《中共中央关于完善社会主义市场经济体制若干问题的决定》提出"农村养老保障以家庭为主,同社区保障、国家救济相结合",为深化改革农村社会养老保险制度指明了方向。2003年,劳动和社会保障部印发《关于做好当前农村养老保险工作的通知》和《关于认真做好当前农村养老保险工作的通知》,要求"积极稳妥地推进农村养老保险工作"。2005年12月,中共中央、国务院在《关于推进社会主义新农村建设的若干意见》中,又在明确逐步建立农村社会保障制度的方向下,进一步提出有条件的地方要积极探索。2007年,劳动和社会保障部、民政部下发了《关于做好农村社会养老保险和被征地农民社会保障工作有关问题的通知》。2008年《中共中央关于推进农村改革发展若干重大问题的决定》明确提出,"贯彻广覆盖、保基本、多层次、可持续原则,加快健全农村社会保障体系",并提倡按照个人缴费、集体补助、政府补贴相结合的要求,建立新型农村社会养老保险制度,这为中国农村社会养老保险制度的进一步改革和完善指明了重要方向。2009年,国务院出台《关于开展新型农村社会养老保险试点的指导意见》(简称"32号文"),决定从2009年开始在10%的县(市、区)实行新型农村社会养老保险的试点。

新型农村社会养老保险制度的基本建立,标志着中国养老保险开始迈入深化改革期。与"老农保"制度相比,"新农保"制度在资金来源、实施规模、保障目标、调节机制、内容方面均存在很大的差别。"新农保"实行的是社会统筹与个人账户相结合的制度模式,而"老农保"以个人缴费为主。个人缴费、集体补助和政府补贴是"新农保"账户的三个重要组成部分,一定程度上减轻了农民的缴费负担。按照"32号文"的政策规定,"新农保"制度的筹资方式是个人缴费、集体补助和政府补贴。就个人缴费档次的选择而言,缴费标准有五个档次,并且,地方可以根据实际情况增设缴费档次。"新农保"制度下农村参保者可以自主选择档次缴费,且多缴多得。同时,"新农保"制度还设立个人账户,并对养老金待遇、领取条件和待遇调整进行了明确规定。此外,政府对符合领取条件的参保人全额支付"新农保"基础养老金,其中中央财政对中西部地区按中央确定的基础养老金标准给予全额补助,对东部地区给予50%的补助。

(三)城乡居民养老保险结合阶段(2014年至今)

2011年6月,国务院发布《关于开展城镇居民社会养老保险试点的指导意见》,开始探索与建立城镇居民养老保险制度。2014年,按照城乡统筹的基本原则,国家出台《国务院关于建立统一的城乡居民基本养老保险制度的意见》和《城乡养老保险制度衔接暂行办法》,把城镇居民和农村居民的养老基本保险制度合并实施,建立城乡居民基本养老保险制度,并明确规定了"城乡居保"的参保范围、基金筹集、待遇调整、领取条件、制度衔接、基金管理和基金监督等制度内容。按照广覆盖、保基本、多层次、可持续的原则,开展城乡居民养老保险制度的建设工作。统一的城乡居民基本养老保险制度的顺利执行,标志着我国进入统筹城乡养老保险制度的新阶段。在新的城乡统一的基本养老保险制度下,养老保险费实行按年征收,参保者自主选择缴费档次。

为在全国范围内加快实现"新农保"和"城居保"两项制度的合并实施,财政部、人社部等国家部门还印发了《新型农村社会养老保险基金财务管理暂行办法》《财政部关于印发〈新型农村社会养老保险基金会计核算暂行办法〉的通知》《人力资源社会保障部关于印发城乡居民基本养老保险经办规程的通知》和《城乡养老保险制度衔接经办规程(试行)》。各地按照《国务院关于建立统一的城乡居民基本养老保险制度的意见》以及相应的配套文件,把握经办的各项规定和要求,统一开展保费收缴和养老金计发工作。

此外,2022年《国务院办公厅关于推动个人养老金发展的意见》颁布,对推进我国多层次、多支柱养老保险体系建设,促进养老保险制度可持续发展,满足国民日益增长的多样化养老保险需要具有重要意义。

表5-4 不同发展阶段农村社会养老保险制度的主要内容

制度体系	老农保	新农保	城乡居保
参保对象	20周岁至60周岁,非城镇户口、不由国家供应商品粮的农村人口	年满16周岁、未参加职工基本养老保险的农村居民	年满16周岁,非国家机关和事业单位工作人员及不属于职工基本养老保险制度覆盖范围的城乡居民

（续表）

制度体系	老农保	新农保	城乡居保
筹资方式	个人缴纳为主，集体补助为辅，国家予以政策扶持	个体缴费、集体补助、政府补助	个人缴费、集体补助、政府补贴
个人缴费	2—20元十个档次	100—500元五个档次	100—2000元十二个档次
养老金计发	个人账户养老金	基础养老金+个人账户养老金	基础养老金+个人账户养老金
基础养老金	无	55元最低计发标准+地方加发	最低计发标准+待遇调整+地方加发
个人账户养老金	按月领取	个人账户全部储存额除以139	个人账户全部储存额除以139
待遇领取条件	年满60周岁	年满60周岁，长期缴费，长缴多得	年满60周岁、累计缴费满15年
待遇调整	无	有	有
基金管理	农村社会养老保险机构	社会保障基金财政专户，收支两条线	社会保障基金财政专户，收支两条线，"金保工程"
制度衔接	保留部分已实施的退休办法	未满60周岁的居民按照"新农保"的缴费标准继续缴费	在全国范围内，将"新农保"和"城居保"两项制度合并实施
政策文本	《县级农村社会养老保险基本方案》	《关于开展新型农村社会养老保险试点的指导意见》	《国务院关于建立统一的城乡居民基本养老保险制度的意见》

第四节 养老保险的投资运营与监督管理

随着人口老龄化和通货膨胀不断加剧，我国养老保险基金保值增值问题成为亟待解决的问题。养老保险作为中国最重要的民生保障政策项目之一，其安全性和稳定性尤为重要。但是，在人口老龄化的冲击下，养老保险基金面临着巨大的收支平衡压力。本节以我国养老保险投资运营和监督管理为例，考察现存制度面临的挑战，并提供相应对策。[①]

[①] 杨晶：《我国基本养老保险基金保值增值的问题与对策》，《当代经济管理》2018年第11期，第90—97页。

一、我国养老保险基金投资运营和监督管理面临的挑战

（一）养老保险基金投资渠道单一

一方面，投资渠道单一造成基金收益不足。随着资本市场的发展，我国养老保险基金投资范围有所扩大。但是，政府出于安全性的考虑，往往将养老保险基金存入银行或购买国债。虽然这种做法能够使养老保险基金获得一定的利息收入，但这种收益相对比较低，且其余投资渠道所占养老基金投资运营的份额相对不足。短期而言，投资渠道单一可以保证养老金投资的安全性，但是从长远来看可能造成基金投资收益较少，增值速度过慢。

另一方面，由于养老保险基金投资渠道单一，而通货膨胀日益加剧，这会进一步使得养老保险基金收益率下降。换句话说，通货膨胀使得基金发生隐性贬值，从而加大了养老保险基金投资营运的难度。名义利率与通货膨胀是呈正相关的，名义利率高往往伴随着通货膨胀相对严重，而物价稳定时，名义利率也会相对下降。实际上，通货膨胀率是不稳定的，这不利于养老基金实现增值保值。若养老保险基金存入银行，当CPI增长幅度大于银行存款利率时，存入银行的养老基金储蓄也会发生隐性贬值。同样，将基金仅仅投资于国债也难以真正实现其保值增值的目的。

（二）养老金"缺口"加剧

隐性债务问题导致的养老基金缺口会对养老保险基金财务造成压力。养老金隐性债务问题是与我国养老金制度选择"统账结合"模式相伴相生的，而人口老龄化使得养老金隐性债务问题更加突出。隐性债务规模扩大，再加上个人账户资金长期被挪用于统筹基金发放，加大了养老保险基金保值增值的压力。养老保险基金过度依赖政府财政补贴掩盖了养老保险基金缺口逐年扩大的事实，加大了养老保险投资运营的潜在风险，一定程度上加重了养老保险基金收支的长期财务负担。

（三）基金统筹层次过低

我国养老保险制度采用的是"统账结合"的筹集模式，真正意义上的"全国统筹"还没有实现。由于各地区统筹层次和水平不一致，基金管理主体较为分散，所以养老保险基金的收支结余也分散于各个省份或地区，从而影响了养老保险基金的资本存量规模，这必然会影响基金投资运营的规模效益。同时，地方政府为了谋求自身利益，采取压低工资基数、缴费比例等变通方式来维护本地区利益，导致养老保险政策扭曲，造成了基金结构性缺口不断扩大。这种统筹层次过

低引起的"地区分割"现象会增加养老保险基金投资营运的管理成本,降低基金的规模效益,不利于养老保险基金的有效运转。

(四) 法律法规体系不健全

完善的养老保险法律法规体系不仅能够促进养老保险制度的有效运转,而且能一定程度上规范和提高养老保险基金的投资运营水平。但目前而言,我国的养老保险基金投资运营仍然面临着法律保障"缺失"、立法层次过低等严峻问题。在我国现行养老保险相关的法律法规体系中,除了《劳动保险条例》《社会保险法》外,政府出台的大多数政策性文件仍然停留在"决定""通知"及部门规章的层面,而全国的、有针对性的养老基金投资运营法一直未出台,并且对社会保险基金投资的具体管理办法、投资渠道与方式也未做出明确的解释和补充性说明。随着经济社会的不断发展,国家对养老保险基金投资运营相关法律的需求越来越大。但实际上,我国养老保险基金仍然面临着基金保值增值压力不断加大、监管体系不健全、基金管理成本日益上升与现行基金投资运营风险监管的立法滞后等诸多问题,亟待完善具有时代性和可操作的养老保险投资运营法制保障体系。

二、国外养老保险基金投资运营与监督管理模式

(一) 德国——以第一支柱法定养老保险为主的管理运营模式

德国是现代社会保障制度的发源地,其现行制度中养老保险体系分为四支柱:具备财政转移支付性质的零支柱,主要领取对象为收入低于一定水平的65岁以上人口和残疾人;实施强制储蓄的养老保险计划为第一支柱,该计划覆盖所有德国白领雇员以及包括矿工在内的蓝领雇员、一部分自雇人员以及其他自愿参加的人群;自愿参与性质的职业养老金计划为第二支柱;以及自愿型基金积累制,即个人养老金计划(也称为里斯特养老金计划)为第三支柱。[①]

在养老保险基金具体的管理运营方面,根据具体组织形式的不同,德国的各层次养老基金管理机构存在差异,其基金运营的主要特征是劳资自治型管理。一方面,养老保险存在着独立的管理机构,不受政府部门的制约,能够自主地对具体事务进行管理;另一方面,在决定内部事务时,可由多方利益相关主体共同参与协商,以更好体现被保险人的合理诉求,寻求劳资双方都满意的决策。在基

---

① 徐鼎亚、樊天霞:《国外典型养老保险制度比较及对我国的启示》,《上海经济研究》2004年第10期,第61—68页。

金运行方面,德国养老保险基金投资主要集中于实体性、产业性投资,相关投资管理主体可能是私人性质保险公司,也可能是投资基金等。最后,在基金的监管方面,养老保险经办机构独立于政府部门,受到国家相关职能部门和工会的监督,以确保相关重要信息资料的传达和养老保险纠纷的协调解决。养老基金又受保险法约束,养老基金的投资要遵循"谨慎人规则",没有数量比例限制,但联邦金融服务局对保险公司资产的投资有严格的数量比例限制。

(二)新加坡——中央公积金制度

新加坡的中央公积金制度成立于1955年,实际上是一种由企业和雇员双方缴费的、完全积累性质的强制储蓄计划,是政府主导型社会保障制度的典范。目前,新加坡实行养老金三支柱资产管理体系,第一支柱由中央公积金制度构成,包括中央公积金、保健储蓄计划和终身保健计划;第二支柱为职业养老金,包括民政事务—投资计划和雇员储蓄退休及保费基金两方面内容;第三支柱为个人养老金,由补充养老金计划和中央公积金投资计划构成。新加坡的中央公积金制度实行高度的统一管理,由人力资源部下属的中央公积金局负责管理,并由人力资源部制定相关政策负责监督。政府通过新加坡政府投资管理公司将特殊新加坡政府证券获得的资金与政府其他资金一起投资,并承担相应的投资风险。出于安全性和稳定性的考虑,新加坡政府制定了针对不同类型公积金账户的储蓄和投资计划,如特殊账户主要用于养老和紧急支出,专门账户的投资工具仅限于保险产品和单位信托基金。同时,中央公积金局成立了基金理事会,对公积金进行统一投资运营,投资途径主要包括资本市场投资、基础建设投资、报检计划基金等。中央公积金的投资运营与行政管理完全分开,避免了政府财政问题可能给公积金带来的影响,有利于减轻政府的负担,促进资产积累,同时有利于提升基金管理的效率。

(三)美国——社保信托基金(SSTF)

美国养老体系大致形成了两大类型:一种是政府运作的养老保障计划,另一种是私人养老保障计划。前者是一种普及全民的、强制性的养老保险计划,后者是企业自愿建立的私人养老金计划,享受政府税收政策优惠,并受政府监督。美国州政府和地方政府公职人员在享有来自联邦的基本养老保险制度所规定的退休保障外,还享有州和地方政府养老金计划承诺的养老金。在养老保险基金投资运营方面,强制性养老保险计划受政府直接管理,社会养老保险基金结余仅能用于购买由美国财政部统一发行的特别债券,而私人养老金计划往往是委托专业的信托公司、商业银行进行管理,并由各企业职工代表成立专门的管理委员会,这些投资运营机构会选择适当的投资工具、进行合理的投资决策。基金投资范围包括政府债券、股票、海外投资、房地产业等,其特点是投资风险大,但预期收益率也比较高。[①] 并且,出于获得更多投资收益和分散风险两方面的考虑,政府养老金计划的资产投资组合方式发生了一定的变化,其中股票和现金等固定收益类的资产在投资配置中所占比例相对下降,而私人股票、对冲基金等另类投资的占比不断增加。此外,美国养老保险基金的投资收益享有税收优惠,可以免缴联邦所得税,这一点与德国的养老金税收优惠计划存在相似之处。同时,美国专门设立了董事会负责管理公共养老金计划,尽管各州董事会的职责和权限各不相同,但均需符合联邦的要求、遵守州法律规定和遵从行业标准。在此基础上,监管当局也提出一系列以风险性监管为基础的规则,如资本充足率、信息披露等,并引入灵活、适用的风险导向监管方法模型,以促进养老保险制度合法合规运行。

(四) 国外养老保险基金投资运营对中国的启示

第一,保持基金监管部门与经营机构的独立性。各国的成功经验表明,养老保险基金投资运营需要坚持"管办分离"的原则,明确界定产权,实现基金监管部门与经营机构之间的独立,打破政府机构的垄断,防止政府管理的"缺位"及"越位"现象。德国的养老保险经办机构与政府部门独立运作,负责基金运营和管理;新加坡中央公积金的投资运营与行政管理完全分开,中央公积金的投资运营由新加坡政府投资管理公司负责等;美国通过金融监管机构、劳工部和税务局对养老保险计划进行监管。

第二,养老保险法律法规体系建设必须与经济社会发展同步。良好的法律环境是养老保险基金正常有效运转的重要保障,而养老保险法律法规的构建必须与特定时代背景下国家的经济社会发展同步。适当的法律框架和规则对于养老金体制的管理至关重要,这种法规结构对于处于经济转型和人口老龄化进程加快阶段的中国更具现实意义。德国、美国、新加坡等国家的社会保障立法对我国建设养老保险法律法规体系具有重要的借鉴价值。虽然这些国家拥有更成熟的养老金管理体系,但为了适应社会的变化,其政府仍在不断修订和推出新的相

---

① 刘秀秀:《美国、瑞典、新加坡的养老保险制度比较及对我国的启示》,《商业经济》2013 年第 15 期,第 28—29 页。

关法律。因此,我国应尽快加强与养老保险相关的法律体系建设,并确定监管部门的法律责任和追责制度,减少投资风险,保障国家对于养老保险的全方位管理。

第三,保证养老保险基金投资营运的具体政策与养老保险体系的"顶层设计"之间的有效衔接。尽管各国国情存在差异,但由现收现付的单一支柱转向现收现付制与部分积累制并存的多支柱养老金体系是包括新加坡、德国在内的大多数国家的共同选择。积累性质的养老金计划在缓解养老基金支付压力、解决养老保险代理矛盾、增加养老金储蓄率以及推动资本市场持续发展等方面具有积极的作用,但是,国家在制定养老保险基金投资运营具体政策时需要考虑人均预期寿命、人口老龄化程度、通货膨胀率、人均收入水平等诸多因素,要保持养老保险基金投资运营具体政策与国家养老保险体系之间合理的衔接配套。例如,德国财政状况较为良好,在不影响经济整体发展态势的基础上,对养老金投资收益实行税收优惠政策等措施,目的在于促进积累型第二支柱和第三支柱的加速发展;美国对私人养老金计划免征联邦税,并依据企业缴费水平、投资回报率、退休年龄、风险承受能力及负债状况等不同条件制定养老保险基金的投资策略。

第四,利用资本市场实现养老保险基金的保值增值。资本市场为养老保险基金的保值增值提供了载体,"养老金入市"成为世界各国增加养老保险基金收益、提高基金使用效率的通行办法。随着各国资本市场的逐步完善,基金的投资范围和覆盖面不断拓展,养老基金的投资组合方式也呈日益多元化的趋势。如美国的私人养老金的投资范围扩大至政府债券、房地产业和股票等,基金结余部分可投资于财政部规定的、统一发行的特别债券;新加坡养老保险基金的投资途径主要包括资本市场投资、基础建设投资、报检计划基金。尽管各国在投资组合方式、投资比例等诸多方面有所不同,但是,充分利用发达的资本市场实现基金的保值升值始终是各国提高养老基金投资运营绩效的通行做法。

三、优化我国养老保险基金投资运营和监督管理体系的路径

(一)加强养老保险基金投资运营市场化、多元化

第一,避免投资运营主体的"错位",保持基金监管部门与经营机构之间的独立性。一方面,要明确各级政府部门对于基金的使用和管理权限。根据我国养老保险"统账结合"的制度框架,划分不同层级政府养老保险基金的投资管理权限。需要注意,中央政府是社会统筹结余基金的管理主体,地方政府是养老保险

个人账户基金的管理主体。中央政府有责任设立全国养老保险调剂基金在全国范围内对不同地区的统筹基金进行调剂。另一方面,政府行政部门(基金监管部门)与养老保险经营机构应该相互独立,以国家政策的形式将基金监管与投资运营区分开来。

第二,积极委托专业投资机构进行多元化投资运营。目前而言,我国地方各级社会保障中心干预基金投资的现象屡见不鲜,但由于缺乏专业化培训和学习,大多数政府工作人员对养老保险基金投资组合、市场潜在风险分析能力不足,不能很好地实现基金的保值增值。国际经验也表明,与政府直接控制基金投资的做法相比,委托私营机构的做法更能够降低基金管理成本和获得高投资绩效。

(二)构建养老保险基金投资运营监控与管理体系

首先,应完善基金监管法律体系,构建基金投资运营监控与管理体系。社会保障体系的建设需要以国家为主导进行统筹规划,并以法律为支撑实现法定保障的全面覆盖。因此,建设基金监控与管理体系的首要任务在于法制化建设,推进基金监管专项立法,明确各执行部门的职责,并明确监督部门的权责义务。在此过程中,为了保障监管的有效性和准确性,应建立监管信息披露制度,实现信息公开,确保双方掌握信息的对称性,实现双方的共赢。在信息化时代,社会保险监管部门可以利用互联网技术,定期公开基金投资机构的财务情况,以供第三方机构审查;对于违法行为及典型案例也应及时向社会公布,在起到警示作用的同时接受来自社会的监督。

其次,促进基金监管法律法规的有效执行。第一,强化各地方政府的监管意识。地方政府对于养老保险基金监管的重视程度直接关系着基金监管能否有效落实,关系着地方经济的发展和社会秩序的稳定。因此,地方政府需要重视相关法律的执行并进行监督,对于发现的问题应尽快纠正,并追究相关法律责任。第二,强化信息管理系统建设。我国正处于信息技术高速发展时期,电子政务已成为政府管理社会事务的常用手段。为了保障监管系统的有效运行,我们应建立以信息技术为支撑的信息管理系统,促进各地区数据互通互联,对于重复或冒名领取养老保险金等情况进行追查追缴,减少基金流失,保障监管资源配置效率最大化。第三,加强专业监管队伍建设。养老保险基金的监管是专业化工作,需要一批经过专业培训的高素质人才。因此,应采取如提高薪资待遇、人才引进等方式吸纳具有会计、审计等背景的专业人士,以提高基金监管人员的专业化水平。同时,对于目前监管队伍中的人员,应采取与高校联合培养、委托培养等手段进行专业化培训,以更好地解决目前监管机构所面临的困难。

最后,促进监控管理工作常态化运行。第一,加强日常性监管。这就需要对基金的日常收缴和发放进行监督,通过规范基金的支出范围、支出标准等,对少报、漏报、冒领、认领现象加以防范,以确保养老保险基金投资运营的安全性和完整性。第二,完善行政性监管。行政部门要加大监管力度,防范由于信息不对称和系统性风险而引起的养老保险基金风险,对行政监管资源进行优化和整合。要建立养老保险基金各监管主体之间的高效协调机制,如设立一个监督委员会,对基金监管中出现的问题进行协调。第三,强化内部性监管。一方面,各基金管理运营部门要加强内在约束,完善明确分工、收支分离的养老保险基金投资运营监管制度,如投资营运机构主要负责编制收支计划。另一方面,建立严格的内部管理制度,对养老保险投资运营章程、投资运营管理办法等加以明确,同时,加大对违规行为的惩罚力度。

关键词

职工基本养老保险　城乡居民基本养老保险　养老保险模式

复习思考题

1. 养老保险主要分为哪几种模式?
2. 简述中国社会养老保险制度体系的构成。
3. 如何理解中国多层次、多支柱养老保险?
4. 简述养老保险制度面临的突出问题。

第六章　企业年金

本章概要

本章主要讲解企业年金的定位及作用、企业年金的国际经验和我国企业年金的发展状况,帮助学生了解我国企业年金的发展历程和企业年金的国际经验,掌握企业年金的定义、特征、作用及定位,理解我国企业年金的运行机制和发展现状。

第一节　企业年金概述

一、企业年金定义和特征

企业年金是指企业及其职工在依法参加基本养老保险的基础上,自主建立的一种补充性养老保险制度。企业在国家有关法规和政策指导下,根据自身经济状况和经济实力建立,以自愿为原则,旨在为企业职工提供除了基本养老退休金之外的额外退休收入。

企业年金的基本特征有:(1)基于正规企业劳动关系而建立,通常是在企业和职工订立了劳动合同,并履行一段时间以后,该职工才具备了参加企业年金计划的资格;并在参加企业年金计划一段时间之后,从该计划得到既定受益权(转移账户资产和领取养老金的权益)。(2)最初基于企业自愿原则建立企业年金计划;企业年金逐渐成为集体谈判的内容,经集体谈判建立的企业年金计划具有准强制性；当政府介入以后，在有些国家出现了强制性企业年金计划。(3)由企业单方缴费逐渐转向劳资双方共同缴费。(4)管理模式多样化，可以建立共同账户或为受益人建立个人账户；可以建立缴费确定型(DC)的企业年金计划，或待遇确定型(DB)的企业年金计划。(5)待遇支付原则和方式多样化，如非均等的支付方式或均等的支付方式、定期支付或一次性支付方式等。(6)基金管理多样化，如企业或行业自我管理，委托专业养老金管理公司进行管理。当受益人达到退休年龄时，可以将个人账户资金继续投资或转换成年金产品，如委托保险公司管理投资和待遇发放。(7)基金投资运营商业化、市场化，有些国家已经实现了养老基金管理的私营化。①

二、企业年金的定位

(一) 企业年金与养老保险体系中其他部分的关系

1. 企业年金与基本养老保险

依据世界银行的设计以及我国养老保险制度的目标，企业年金和职业年金构成我国养老保险体系中的第二支柱。与职工基本养老保险相比较，企业年金具有以下基本特征：

(1) 条件强制性与灵活性相结合。职工基本养老保险由国家立法强制实施，制度范围内的企业必须按规定的比例缴纳养老保险费，经济效益不好时也不能少缴，效益好时也不用多缴。企业一般按不超过企业工资总额的 20% 缴付。企业年金的条件强制性反映在国家通过立法规定实施的范围和条件，只有依法参加职工基本养老保险并履行缴费义务、具有相应的经济负担能力并且已建立集体协商机制的企业才能为职工提供企业年金，达不到实施条件的企业不能提供企业年金。与职工基本养老保险不同的是，国家并不直接规定企业年金的待遇标准和缴费水平，不强调企业的统一。不同的企业可以根据自身条件和经济效益自主确定和调整年金的缴费标准和待遇水平。总之，企业量力而行，灵活性较强。②

(2) 不可调剂性。职工基本养老保险由社会统筹和个人账户两部分组成，社会统筹账户基金可以在统筹范围内进行调剂，体现出养老风险分担的功能，而企业年金由本企业为职工提供，采用个人账户方式管理。这种基金来源和管理

---

① 杨燕绥编著：《企业年金理论与实务》，中国劳动社会保障出版社 2003 年版，第 4—5 页。
② 李连友：《企业年金基金运行论》，湖南大学出版社 2006 年版，第 32 页。

方式决定了它不能在各企业之间进行调剂,企业之间各负其责,自食其力,因而大多数情况下,企业年金不会加重企业的负担。

(3) 完全积累性。企业年金采用的是完全积累制,按月计入个人账户累积储存。这种个人账户模式提高了分配的透明度,职工能很清楚地计算出自己退休后能领取多少年金,使年金管理公开化,有利于激发职工参与的积极性,发挥职工的监督作用。

经济体制改革前的企业福利制度涵盖的内容广泛,包括企业为职工提供的退休金、福利房,以及教育、医疗设施等,如子弟学校、职工医院等,形成了一种"企业办社会"的福利体系。这种制度下,企业的福利支出是刚性的,企业一旦提供了某种福利型设施或服务就不能随意削减,所以企业经济效益不好时这种福利包袱往往使企业不堪重负。而企业年金为职工提供的仅仅是退休金,不包括其他物质或现金项目。因为企业年金的提取比例是灵活多变的,它可以根据企业的经济效益适时调整,因而不会成为企业沉重的包袱,相反它只会形成一种鼓励职工发挥其主动性、积极性与创造性的激励机制,能促进养老保险改革顺利进行、平稳过渡,而不会使企业退回到企业福利制度的时代。

2. 企业年金与个人储蓄性养老保险

企业年金与个人储蓄性养老保险分属于"三支柱"养老保险体系的第二、三支柱,都是基本养老保险的重要补充,但两者仍然有较大差别。由于个人储蓄性养老保险主要体现为银行存款、储蓄和个人寿险,而个人寿险即商业养老保险更为广泛和普及,所以在这里我们主要比较企业年金与商业养老保险。企业年金能否实施以及年金保费多少都取决于企业的经济效益,因此它与商业养老保险非常相似。很长一段时间以来,社会上有种误解,将企业年金归为商业保险范围,而实质上企业年金和商业养老保险有着本质的区别:

(1) 保险目的、作用和对象不同。企业年金是国家社会基本养老保险的补充,以激励职工生产积极性和改善职工退休生活为目的,而不是以盈利为目的。商业养老保险是金融企业的经营活动,以盈利为目的并根据投保额决定给付额,遵循"多投多保、少投少保、不投不保"的原则,属于经营性质。企业年金的对象是企业职工,而商业养老保险的对象是被保险人。所以,商业养老保险的覆盖对象比企业年金更广泛,不限于企业职工,而是可以覆盖全体居民中的各类群体。

(2) 权利与义务对等关系不同。企业年金强调职工的企业工龄和岗位责任,强调企业与职工之间的权利与义务对等;商业养老保险金额取决于投保时缴纳保费的多少,以投保额决定给付额。所以,商业养老保险缴费完全依靠个人的缴费，不存在企业按比例的缴费和政府的补贴，与个人劳动收入无直接关系；而企业年金除个人缴费以外，还有按照一定比例的企业缴费。就费率与保险金额而言，商业养老保险与被保险人当时的年龄及身体状况相关，企业年金则与个人劳动收入和企业工龄相关联。

(3) 待遇水平不同。企业年金是保障职工老年的基本生活，而商业养老保险的保障水平完全取决于投保人缴纳保费的多少和投保期限的长短。通常商业养老保险金额不进行指数化调整，企业年金则被要求与工资增长率和通货膨胀率相对应，并在可能的条件下提供指数化或部分指数化的养老金。

(4) 立法范畴不同。企业年金处于多项立法部门的边缘，与社会保障法、劳动法、投资法、信托法、基金管理法、公司法、破产法以及保险法等都有关系；商业养老保险是金融企业的经营活动，属于经济立法范畴。

(5) 管理体制不同。企业年金属于社会保障体系，是企业自主行为。企业年金经办机构可以是金融机构或非金融机构，其主管部门涉及政府的经济管理部门、社会保障管理部门、金融市场监督管理部门和工会监督部门等。企业年金投资管理人应是专业投资机构，其主管部门必然涉及政府金融监管部门。而商业养老保险属于财政金融体制，以由国家有关部门审查批准的专门经营保险业务的法人为主体。一方面企业年金能享受到政策优惠待遇，而举办商业养老保险能充分享受到投资渠道广泛所带来的高收益率的好处，二者相互促进，相互补充；另一方面，在企业经济效益一定的前提下，企业年金与商业性养老保险之间存在着一种此消彼长的关系。

(二) 企业年金与员工福利体系中其他部分的关系

福利设施、福利服务以及福利津贴中带薪休假、补充医疗保险及有关费用的支付等福利类别，在形式上、保障内容上与企业年金都有着很大的差异，相互之间可替代性不强。而企业员工持股计划、商业性养老保险在养老保险保障长期性方面与企业年金有着共同点，相互之间可替代性比较强。前面我们从社会保障体系的视角分析了企业年金与商业保险的区别，所以此处不再赘述。在此，我们重点对比分析企业年金与员工持股计划的区别。

员工持股计划与企业年金都是企业为员工提供退休收入的长期福利计划，都能起到吸引人、留住人、增强企业凝聚力、调动员工积极性和促进劳动生产率提高的功效。同时，两项计划都获得了一定的税收政策的支持。但二者在以下几个方面有所不同：

(1) 资金来源。对外贷款融资、企业股息、分红是员工持股计划资金的主要来源。企业年金计划资金来源于企业与员工的共同缴费以及基金投资收益。

（2）激励绩效。员工持股计划中，持有企业股份的员工具有了企业劳动者和资本所有者的双重身份，个人利益与企业兴衰紧密联系，能够有效地激发和增强员工的责任感、参与感和对企业的归属感。员工股东不仅可以以所有者的身份参与企业的经营决策，还可以对经理人员的管理行为进行日常性、连续性的监督，这有利于降低成本、提高效率。企业年金计划中，企业为员工养老安排筹资出力，企业效益的好坏直接关系到企业能否筹资以及筹资多少，这将企业效益与员工利益较好地联系起来。

（3）权益取得条件。员工持股计划中，员工必须工作满一定年限才能逐步取得100%的独立股权，如美国规定员工要取得独立股权的条件是：要么工作满5年，要么3年后获得应有的份额的20%，以后逐年增加20%，7年之后达到100%。内部员工股股东拥有收益权和投票权，但没有股份的转让权和继承权。只有员工在正常离职或退休时才能将属于自己的那一部分股份按照当时的市场价值转让给本公司的其他员工或由公司收回取得相应现金收益。企业年金计划中的员工要取得100%年金既得权一般也必须满足一定的工作年限或缴费年限（如美国要求工作满5年）要求。员工离开企业可以将原年金计划下的资金转移至新计划中。员工达到法定退休年龄可以定期或一次性领取个人账户下的资金。

（4）资金投向。很显然，员工持股计划中的基金都投向了本企业股票，因此风险比较集中。而企业年金基金投资基本遵循审慎原则，分散投资于各种类型的金融产品。为了更好地控制风险，企业年金基金投资于本企业往往有严格的限制。

（5）税收政策。为了鼓励加强员工福利建设，各国相继出台了相应的政策来支持各项福利计划的实施。员工持股计划中，融资贷款的本息基本免税，职工账户持股收入延迟纳税（直到从账户中取出股票）。大多数国家的企业年金计划中的企业缴费可在税前列支，基金投资收益免税，职工推迟缴纳个人所得税（直至领取养老金）。

三、企业年金的作用

（一）企业年金的宏观作用

1. 减轻政府的负担

从长远来看，基本养老保险现收现付制难以长期维持下去，而企业年金作为国家社会保障制度的第二支柱之一，可克服公共养老保险的单一性，发挥多层次养老保险体制的灵活性与适应性,可以有效地降低国家基本养老金的替代率(退休金与退休前工资之比),由此减轻政府在筹资、管理和支付等方面的负担;并且,企业年金制度的不断发展和完善,可以逐渐降低国家基本养老金的替代率。

2. 促进劳动力市场的完善

就业和社会保障是人们的两个基本需求,一个完善的劳动力市场必须提供这两项服务,而完善的劳动关系应当满足这两项要求。就业制度和保障制度都是完善劳动力市场的必要条件,工资和企业年金构成劳动力的成本,二者均具有劳动力市场上的杠杆作用,二者的结合可以促进"按劳分配"原则的实现。工资和企业年金相互促进,工资是建立企业年金的缴费基础;企业年金的锁定和职工权益的保留,可以大大减少职工不辞而别等故意违反劳动合同的现象。[①]

3. 推动资本市场的发展,促进经济增长

企业年金实行积累制,规模较大且储蓄期较长,它能使非金融性债务转化为能够在资本市场上进行交易的金融性债务,它一旦进入资本市场,必然会衍生多种类型的长期投资和高收益的金融工具与货币套汇交易。由企业年金积累起来的长期性投资基金,一方面可以抑制消费过快增长,便于国家宏观调控;另一方面有利于促进金融市场发展及国民经济发展,特别是以企业年金为代表的养老基金,往往成为资本市场上重要的机构投资者。同时,企业年金作为一项长期的国内融资资源,能够有效地减少对海外投资的依赖,避免投资所有权的国际化。

企业年金基金投资运营具有追求安全性和长期稳定投资回报的特点,这就催生了基金管理机构审慎管理与政府监管制度的产生。同时,企业年金的发展还可以进一步推进金融体系的完善和金融市场的发展。

(二) 企业年金的微观作用

1. 增强企业的凝聚力和竞争力

为了减轻政府的养老保障负担,大多数国家向企业提供较高的税收优惠,以保证企业建立企业年金的经济能力,例如允许缴费额在税前扣除,这部分费用被企业消化就不会影响企业产品的竞争力。企业通过建立企业年金制度,进一步实现职工参与企业效益分配和管理,将企业和职工的利益更加紧密地联系在一起。不同行业的企业年金水平必定会存在差距,企业年金的水平主要取决于企业经济状况和企业管理者的经营理念,较高的企业年金水平可以留住优秀人才

---

① 杨燕绥编著:《企业年金理论与实务》,中国劳动社会保障出版社2003年版,第13页。

和吸引优秀人才①,为企业创造更高的价值,从而扩大本企业在行业内的竞争优势。

2. 提高企业的生产效率

在经济快速发展的时代,处于年龄优势阶段时,职工的生产效率较高,其贡献大于他得到的收入;到了年龄劣势阶段,职工的生产效率较低,其贡献可能会低于他的收入。② 企业通过建立规范化的企业年金计划,可以解决由于老年职工效率低下而带来的生产力损失问题,这样企业就可以以一种人道的非歧视性方式使老年职工逐步退出生产,为年富力强的职工留出工作岗位,有助于提高职工士气和生产力。此外,企业根据职工的工作年限、贡献程度为职工提供差异化企业年金计划,对于资历较深、贡献程度较大的职工给予较高的企业年金受益比例,可以起到长期的激励作用。

第二节 国际典型企业年金计划

本节选取了企业年金覆盖率存在差异的美国、澳大利亚和瑞士作为国际经验的借鉴对象,其中美国401(K)计划属自愿性企业年金,覆盖率较高,是美国最受欢迎的私人养老金计划;澳大利亚超级年金制度和瑞士职业养老金计划均属强制性企业年金,覆盖率很高。另外,美国401(K)计划和澳大利亚超级年金计划,是全球养老金私营化的典型代表,其特点是逐渐弱化政府养老的社会责任,将养老责任转移给雇主和雇员;而瑞士政府通过瑞士职业养老金计划的成功实施,极大地助力瑞士实现全民普惠养老保障的目标。

一、美国

(一) 美国401(K)计划概述

美国现行养老金体系由社会保障计划、职业养老金和个人储蓄养老保险组成,呈现出多层次、复杂的"三支柱"格局。其中,"第二支柱"职业养老金包含公共部门职业养老金计划和私营养老金计划,401(K)计划在私营养老金计划中最受欢迎。401(K)计划是一种缴费确定型计划,实行个人账户积累制,其建立需符

---

① 孙建勇主编:《企业年金运营与监管》,中国财政经济出版社2004年版,第5页。
② 杨燕绥编著:《企业年金理论与实务》,中国劳动社会保障出版社2003年版,第10—11页。

合一定条件。401(K)计划由雇主和雇员共同缴费,缴费和投资收益免税,具有自愿性质,是营利性企业为保障雇员退休生活而建立的企业年金计划。雇员退休后养老金的领取金额取决于缴费的多少和投资收益状况。

在制度内容制定方面,401(K)计划着力于吸引企业与职工参加到企业年金体系中。发展至今,401(K)计划通过允许中小企业联合建立企业年金计划以便让更多企业享受税收优惠政策,吸引了大批中小企业参加。而所有企业都会主动为参加其计划的职工进行对等缴费,通常企业每月会为员工提供相当于员工自身缴费25%—100%的搭配缴费,部分企业甚至会随着职工在公司的服务年限增加逐步上调缴费比率。对等缴费可以鼓励职工特别是低薪职工积极参加401(K)计划,激励职工为未来退休而做储蓄,从而提高了整体职工参与率。

另外,自主选择参加401(K)计划的职工可以自由决定缴费比率与基金投资产品组合,且在缴费上限范围内随时可以调整缴费比率。而为了避免企业消极宣传或职工因不了解而未参加的情况,401(K)计划也增加了自动加入机制和合格默认投资工具。自动加入机制指企业中符合参加条件的职工自动加入计划,只要职工不申请退出;合格默认投资工具则指如果企业没有做出投资决策,将会自动使用默认投资产品组合进行基金投资。上述兼顾职工利益和参与率的机制,都直接或间接地帮助401(K)计划的推广和发展。

在税收优惠政策方面,美国缴费确定型养老金计划的税收优惠主要包括两种模式:EET型(在缴费和投资收益环节给予免税)和TEE型(在基金提取环节给予免税)。雇员可以根据自身情况选择税收优惠模式,且两个账户在一定情况下可以相互转换。目前美国企业年金计划的税收优惠政策虽仍以EET模式为主,但自2006年开始,TEE模式逐渐被引入企业年金计划,成为与EET模式并存的另外一种税收优惠政策选择。两者主要在存入方式上有所不同,EET型在税前存入,待雇员领取时缴税;TEE型在税后存入,领取时不再缴税。

最后,在企业对等缴费部分的权益归属方面,企业可以设定既得收益权进度表,根据规定进度表的设定最长不能超过3年一次性完全归属职工或6年逐渐归属职工。

(二)美国401(K)计划的政策演进历程

401(K)计划的发展历经多个阶段。1978年美国《国内税收法》新增第401条K项条款,明确规定通过税收优惠政策鼓励雇主设立退休金计划,401(K)计划由此诞生;20世纪80年代初到90年代中期的美国法律政策和监管环境对401

(K)计划的发展产生了一定的阻碍作用;20世纪90年代中后期至今,401(K)计划发展迅猛,2001年《经济增长与税收减缓妥协法案》的通过,发挥出税收优惠对401(K)计划的杠杆作用;2006年《养老金保护法案》颁布,该法案在加大税收优惠力度的同时,提出了一些新的规定,包括自动加入机制的引入、默认缴费率自动增加机制的运用以及计划投资管理工具和受托人责任的新变革,这些举措有力地刺激了美国企业年金体制的发展。[1]

(三) 美国401(K)计划的运行现状

从资产规模来看,截至2021年6月底,401(K)计划拥有7.3万亿美元的资产,占美国37.2万亿美元退休金市场的近20%。而在2011年,401(K)计划的资产为3.1万亿美元,占当年美国退休金市场的17%。

从计划参与和储蓄水平来看,401(K)计划引入自动加入机制,极大地提升了计划参与率:一方面雇主愿意实行自动加入,不仅较容易通过国税局制定的非歧视测试,享受税收优惠政策,而且雇员的大量加入可以形成资金规模效应,降低运营成本;另一方面,实行自动加入降低了雇员做出决定的复杂性。自动加入机制使得401(K)计划雇员参与率从2007年的72%上升到2012年的92%,有效地提高了低收入者和年轻劳动者的参与率;在2020年,401(K)计划有6000万活跃参与者以及数百万前雇员和退休人员。另外,合格自动缴费安排设计在实际运行中初见成效,近60%的计划初始默认缴费率设定为3%,越来越多自动加入的雇员的储蓄水平也不断提高。[2]

从基金投资范围和投资收益来看,美国401(K)计划的投资对象主要分为七类:股票基金、生命周期基金、非生命周期平衡基金、债券基金、货币基金、担保投资契约或稳定价值基金,以及公司股票。合格默认投资工具为优化参与者的资产配置提供了新途径,助力参与者实现风险和收益的适当平衡。401(K)资产主要通过共同基金的形式投资于资本市场,截至2021年6月底,约66%的401(K)计划资产以共同基金的形式持有。剩余的401(K)计划资产包括公司股票(雇主的股票)、个人股票和债券、担保投资合同、银行集体信托、人寿保险独立账户和其他集合投资产品。

---

[1] 李瑶、柏正杰:《美国企业年金制度的经验、教训与启示——以401(K)计划为例》,《社会保障研究》2018年第6期,第104页。

[2] 刘桂莲:《〈2006年养老金保护法案〉后美国401(k)计划持续创新与发展前沿》,《开发研究》2017年第5期,第22页。

二、澳大利亚

(一) 澳大利亚超级年金制度概述

澳大利亚的"三大支柱"养老金体系包括基本养老金、超级年金及自愿储蓄养老基金。澳大利亚现有超级年金计划是一种强制性的私人退休储蓄计划,由雇主强制缴费,存入雇员个人账户,连同投资收益一并形成超级年金基金。超级年金计划积累基金由澳大利亚证券与投资委员会(ASIC)认定的信托机构管理,由专业公司负责投资营运和保值增值。

在制度内容制定方面,《超级年金保障法》对雇主的缴费义务和雇员获取缴费的条件均做了明确规定。企业必须为符合条件(17—75岁、月收入超过450澳元、每周工作时间>30小时)的员工缴纳保险费,否则就会面临税务局更高的罚金。此外,雇主和雇员均可以自愿追加缴费,但不得超过最高缴费额。雇员除了能够进行个人的超级年金缴费,还可为其配偶缴费。无论是全职还是兼职劳动者均被纳入超级年金计划。

另外,在缴费方式和标准上,成员在加入超级年金计划前必须先向雇主和选择的基金提供个人税号,用以记录公民纳税、超级年金缴费和识别身份,即使个人重要信息变更,税号也始终固定不变。若未提供个人税号,则缴费主体只能是雇主,且会额外加税。超级年金缴费有两种不同的划分标准,根据缴费主体的差异,可分为雇主缴费、雇员缴费和政府缴费;根据所缴费用在工资中的扣除方式,分为税前缴费和税后缴费。政府为增加超级年金积累,强制雇主为其雇员缴费,除此之外,企业还可为雇员追加超级年金缴费,包括企业自愿的增加缴费和雇员选择的工资牺牲。

在税收优惠政策方面,澳大利亚超级年金的税收模式为TTE,即在缴费环节和投资收益环节征税,基金提取环节免税(前提是需符合提取条件)。投资收益的固定统一税率为15%,而缴费环节因缴费主体不同,有关税率和税收优惠的规定存在差异。只有当超级年金的缴费主体是雇主时,才能享有税收优惠,也称为税前缴费,即在工资税前扣除。

最后,在权益归属及待遇给付方面,成员的归属收益权包括成员向基金的缴费及其净投资收益,以及雇主向基金的强制缴费和追加缴费及其净投资收益。成员若在领取超级年金前或领取期间死亡,将由其法定赡养人或指定的受益人继承。但《超级年金行业监管法》并没有对雇主自愿追加缴费的部分形成的退休待遇设定最低的归属收益权。超级年金制度下雇员的待遇给付模式包括缴费确定型、待遇确定型和混合型,其中以缴费确定型为主要的待遇给付模式。

（二）澳大利亚超级年金的演进历程

20世纪80年代澳大利亚养老金制度改革前,澳大利亚养老金体系主要由政府养老金和自愿养老金两种形式组成。但随着人口老龄化进程的日益加速,及澳大利亚政府财政赤字造成的财务困境,政府于1986年开始着手对养老金进行改革,其重点就是强制规定雇主为其雇员缴纳一定比例的私营养老金,也就是最初的超级年金计划。1991年澳大利亚政府通过了《超级年金担保法案》,确立了以强制缴费、实账积累和市场化投资为主要特征的强制性超级年金制度。超级年金制度在改革中不断完善,但伴随着人口老龄化程度加深,待遇给付的充足性逐渐成为国民关注的焦点,澳大利亚政府于2006年建立三支柱以外的未来基金,作为减缓政府财政压力的储备养老金计划,应对未来可能面临的超级年金支付缺口。

（三）澳大利亚超级年金制度的运行现状

从资产规模来看,截至2020年6月,澳大利亚超级年金资产总额近2.9万亿澳元,相当于当期澳大利亚国民生产总值的142%。按照OECD的统计,澳大利亚目前的养老金的资产规模位居世界第三位。

从覆盖率和储蓄水平来看,随着超级年金制度的日益成熟,澳大利亚超级年金取得了长足发展,其覆盖率迅速提高,到2007年覆盖了全职人员的96%、兼职人员的79%和临时雇员的72%以及自雇者的73%。澳大利亚政府多年来不断上调强制雇主缴费率,2019年强制雇主最低缴费率为雇员工资的9.5%,这一数据于2021年上调至10%,并且以每年0.5%的增幅使之最终在2025年达到目标12%。

从基金投资范围和投资收益来看,澳大利亚政府为实现超级年金保值增值的目的,主要选择6大投资领域,包括:现金投资、固定收益类投资、股权投资、地产投资、基础建设投资及期货与商品投资。但澳大利亚政府不为超级年金投资收益兜底,对基金机构的监管也不设定最低回报率,根据澳大利亚审慎监管局数据,截至2020年6月澳大利亚超级年金年化收益率为-0.9%,截至2020年6月的5年平均年化收益率为5.3%,截至2020年6月的10年平均年化收益率为6.9%。[①]

---

① 数据根据 https://www.apra.gov.au/ 网站整理得出。

三、瑞士

(一) 瑞士职业养老金计划概述

瑞士养老金体系由三大支柱构成:第一支柱是政府财政参与的社会养老保险制度;第二支柱是由雇员、雇主共同缴费建立起来的完全基金式的养老保险制度;第三支柱是个人养老保险计划。这三大支柱被称为瑞士养老金制度的"黄金三支柱"。其中,第二支柱养老金主要指由雇主和雇员以平价方式发起的强制性职业养老金计划,除了作为第一支柱社会保障收入的补充外,职业养老金的目标是使被保险人在年老时能够维持正常的生活水平,与第一支柱一起实现养老金收入占退休前薪水60%的目标替代率水平。职业养老金计划实行的是个人账户积累制,类似于美国的401(K)计划,是完全基金式的养老保险制度,由雇主和雇员共同缴费,缴费阶段和获得投资收益时免税,只在领取时征收个人所得税。但是有所不同的是,首先职业养老金计划与第一、三支柱一起写进了瑞士宪法,是强制性的职业年金计划,雇主和雇员必须按照相关规定参加职业养老金计划,雇主按照规定必须承担至少公司所有员工缴费的一半支出。其次,瑞士法律明确规定,凡是从雇主那里获得的年薪在21 150瑞士法郎及以上的有酬就业人员,其雇主必须为其申报参加职业年金计划,这就为兼职或未签订劳动合同的有酬就业者提供了保障。

在职业养老金提取方面,只要达到法定退休年龄(男女均为65岁)或满足领取条件的,就可以领取全部或以其他形式领取养老金。职业养老金还允许提前支取部分或全部金额用来购买房产以缓解被保险人的住房压力(仅包括第一套自住房屋)。但此方案年龄限制为50岁,且依照领取规定,领取退休金的前三年才可享受此项优惠。此项计划是瑞士政府近期职业养老金改革的重要内容,尤其是对于促进瑞士房地产业的复苏以及保证相关基金投资房地产领域的收益都起到了积极的作用。[①]

(二) 瑞士职业养老金计划的演进历程

早在1968年,瑞士政府就提出了建立强制性企业年金计划作为养老保障的第二支柱,但是遭到了绝大部分公民的否决。1972年政府又提出将现存的自愿性企业年金计划国有化,并且大力扩张第一支柱的公共养老金。这个建议也同

---

① 孙健夫、张泽华:《瑞士养老金体系及其资产管理经验对中国的启示》,《河北大学学报(哲学社会科学版)》2020年第6期,第112—114页。

样遭到了否决。为了应对日益严重的老龄化问题,1972 年 12 月瑞士政府以全民公投的形式批准了建立强制性企业年金的建议。虽然这个建议得到了批准,但是由于 1973 年石油危机的影响,再加上对该计划的性质及如何良好运行还存在激烈争论,该计划被拖延了 12 年,直到 1985 年才得以正式实施。与此同时,瑞士周边国家(奥地利、法国、德国、意大利)都在极力扩张它们的公共养老金计划。因此,很多学者认为 1972 年的公投是对第一支柱公共养老金计划大力扩张的一次防御行为。[1]

(三) 瑞士职业养老金计划的运行现状[2]

从基金规模来看,截至 2019 年底,瑞士职业养老基金运营总收入为 754.56 亿瑞士法郎,比上一年度增长了 6.9%;总支出为 536.18 亿瑞士法郎,比上一年度减少了 8.3%;当年收支盈余为 22 亿瑞士法郎。截至 2019 年底,瑞士职业养老基金拥有 1 万亿瑞士法郎的资产。

从覆盖率和储蓄水平来看,瑞士职业养老金的覆盖率超过 90%,在瑞士的职业养老金缴费制度中,瑞士政府规定职工养老金最低缴费比例为 2.75%,雇主的缴费必须至少等于其所有雇员的供款总和,或雇主可以为雇员自主支付更多,不设缴费比例上限。虽然这样的规定使得企业承担了较大的用人成本压力,但从长期来看,灵活的缴费比例制度有助于瑞士企业吸引和留住人才,促进企业更好发展。

从基金投资范围和投资收益来看,自 2007 年起至今,瑞士养老基金的投资产品选择一直保持了较为稳定的分布状态,股票、基金和其他类型投资各占到总投资数额的大约三分之一,相较于其他主要国家,其职业养老基金投资工具选择最为均衡,凸显出瑞士年金基金管理公司全面均衡的投资工具选择以及相对保守的风险管控的年金运营特点。自从 2000 年以来,瑞士职业养老基金投资收益一直面临着平均投资回报率不断下降的困境,平均水平只有 3%左右。代表了瑞士众多养老基金投资组合收益情况的 PictetB VG 25 综合指数,10 年来的平均收益率仅为 2.77%,远低于瑞士职业养老金所要求的 4.5%—5%的基础回报率。从整体上来看,瑞士第二支柱养老金资产的投资由于是具有专业投资知识的基金托管公司运营的,除了几次金融危机股市动荡受到较大损失外,基本上处于较为稳定的增长态势,与世界上主要国家的养老基金投资回报率相比仍处于较高水

---

[1] 郑秉文、孙守纪:《强制性企业年金制度及其对金融发展的影响——澳大利亚、冰岛和瑞士三国案例分析》,《公共管理学报》2008 年第 2 期,第 2 页。
[2] 数据根据 https://www.bfs.admin.ch/bfs/de/home.html 网站整理得出。

平。但与此同时,瑞士相关部门意识到全球经济不稳定因素增加造成的低利率政策是长期的,因此开始逐步放开对基金托管公司的投资限制,寻求多元化的投资项目来保障企业养老基金的快速保值增值。自2019年8月1日起,新修改的《投资基金条例》生效,扩大了投资机构在较低利率环境下投资的机会,使投资基金会获得了更大的灵活性,例如新修改的条例中允许某些投资机构投资更多的股票,放开了投资限额等,取得良好的市场反应。

四、经验启示

美国401(K)计划、澳大利亚超级年金计划及瑞士职业养老金计划的成功,对我国的企业年金制度发展有借鉴意义。

(一) 优化税收优惠政策

国家在税收方面的支持是企业年金制度得以存续的重要保证,税收优惠在税收制度设计和企业年金的发展中不可或缺。在企业年金与社会保障协调发展阶段,税收优惠的全面与否关系到企业与员工的参保积极性。合理的税收优惠政策应考虑到各个阶层的群体。国家可以对中低收入阶层实行更高额度的税收减免,增强对这部分群体的税收激励;可以从顶层设计角度提出更丰富的投资组合方式满足不同群体的需要;还可以对获得不同年金待遇或者投资收益的群体设立不同的个人所得税,增强制度的科学性。

(二) 采用多元化的投资策略

首先,适时引入自动加入机制,以实现企业年金扩面,缩小企业与机关事业单位之间的制度差距,保持制度外部公平。其次,制定多种可供选择的投资组合,满足不同人的投资偏好。我国企业年金基金投资产品虽然在近几年有所增加,但是因为投资组合跟不上资本市场的快速发展,导致企业年金的投资收益率增长缓慢,所以要利用多元投资组合以获取可观的收益。除此之外,可以引入生命周期基金计划,以促使采用该计划的企业对年金基金投资进行长期规划,保证计划的可持续性。最后,扩大投资范围。实现投资收益最大化就要逐步扩大年金基金的投资范围,不仅要在证券、银行、基础设施等方面进行投资,还可以选择其他股权以及金融衍生品等,充分享受各方面的红利。

(三) 建立全方位的监管机制

企业年金的每个环节都离不开有效监管,政府应该积极主动地扮演好"守夜人"的角色,为基金在市场上的合理投资运营创造一个绿色的环境,确保基金的良性运作以及安全性,及时出台相关的制度规范来明晰市场主体的责任。首先,建立权责明确的监管体系,划分不同的管理机构对制度以及基金进行管理,可以使各管理机构提高运行效率。其次,完善信息披露制度,充分发挥舆论监督作用。建立透明的信息披露制度,利用"互联网+"平台,员工可以随时查询个人账户余额,企业可以查询企业年金的投资运营情况,确保委托人和受益人的权益。一个完善透明的信息披露制度不仅可以增强政府的公信力,而且可以调动居民参与企业年金制度的积极性。最后,建立追踪机制。从相关从业人员的资格审查一直到投资收益进入个人账户,这一系列过程都要建立追踪机制以便有效防控风险。在借鉴各国企业年金制度运行模式的同时,我们还要结合本国的资本市场和现实条件,优化我国企业年金制度的监管模式,实现有效监管。

第三节 我国企业年金发展状况

一、我国企业年金的发展历程

我国企业年金发展较晚,从1991年第一次提倡发展企业补充养老保险到现在才30多年的历史。与西方发达国家成熟的企业年金市场相比,我国企业年金市场起步晚,发展慢,存在的问题多。我国企业年金制度的建立进程大致如表6-1:

表6-1 我国企业年金制度发展历程

颁布年份	文件	内容
1991	《关于企业职工养老保险制度改革的决定》	这是我国第一次提出要建立企业补充养老保险,并倡导企业建立补充养老保险计划
1995	《关于印发〈关于建立企业补充养老保险制度的意见〉的通知》	文件规范了企业补充养老保险的实施条件、决策程序、资金来源、计发办法和经办机构等,明确提出补充养老保险采用"个人账户"方式管理,将我国补充养老保险定位为DC模式
1997	《关于建立统一的企业职工基本养老保险制度的决定》	文件规定:"各地区和有关部门要在国家政策指导下,大力发展企业补充养老保险,同时发挥商业保险的补充作用。"
2000	《关于完善城镇社会保障体系的试点方案的通知》	该文件将企业补充养老保险更名为企业年金,明确了企业缴费在工资总额4%以内的部分可以从成本列支,并确立了基金实行市场化管理和运营的原则

（续表）

颁布年份	文件	内容
2004	《企业年金试行办法》	该办法明确规定企业年金方案应该包括：参加人员范围、资金筹集方式、职工企业年金个人账户管理方式、基金管理方式等九个部分
2004	《企业年金基金管理试行办法》	该办法明确规定企业年金基金采取托管方式管理账户，且企业年金基金各方关系人包括委托人、受托人、账户管理人、托管人、投资管理人和其他中介服务机构
2011	《企业年金基金管理办法》	该办法进一步完善了我国企业年金基金投资管理制度，规范理事会受托模式，完善企业年金的治理结构，细化企业年金基金的信息披露和监管要求，调整和优化企业年金基金投资范围和比例
2017	《企业年金办法》	该办法对企业年金制度规范做了进一步明确，下调筹资规模上限及缴费比例，适当放宽待遇领取条件，完善待遇领取方式，扩大适用范围，增加了企业年金方案变更、终止以及中止和恢复缴费等内容

二、我国企业年金的运行机制

（一）企业年金的实施方式

目前我国企业年金计划的实施遵循自愿原则，企业建立企业年金计划必须满足以下条件：依法参加基本养老保险并履行缴费义务；具有相应的经济负担能力；已建立集体协商机制。

企业年金方案应当由企业与工会或职工代表通过集体协商确定，国有及国有控股企业的企业年金方案草案应当提交职工大会或职工代表大会讨论通过。

（二）企业年金的财务结构和缴费水平

根据《企业年金办法》，企业年金实行完全积累，采用个人账户方式进行管理，企业和职工个人共同缴费。企业缴费每年不超过本企业上年度职工工资总额的8%，企业和职工个人缴费合计一般不超过本企业上年度工资总额的12%。

(三）企业年金的支付条件、方式

职工在达到国家规定的退休年龄或者完全丧失劳动能力时，可以从本人企业年金个人账户中按月、分次或者一次性领取企业年金，也可以将本人企业年金个人账户资金全部或者部分用于购买商业养老保险产品，依据保险合同领取待遇并享受相应的继承权。出国（境）定居人员的企业年金个人账户资金，可以根据本人要求一次性支付给本人。职工或者退休人员死亡后，其企业年金个人账户余额可以继承。

未达到上述企业年金领取条件之一的，不得从企业年金个人账户中提前提取资金。

（四）企业年金的管理模式

根据我国《企业年金办法》与《企业年金基金管理办法》的相关规定，我国企业年金运作主要有两种模式：理事会受托模式和法人受托模式。

《企业年金办法》第五条规定：企业和职工建立企业年金，应当确定企业年金受托人，由企业代表委托人与受托人签订受托管理合同。受托人可以是符合国家规定的法人受托机构，也可以是企业按照国家有关规定成立的企业年金理事会。

《企业年金基金管理办法》第三条规定：建立企业年金计划的企业及其职工作为委托人，与企业年金理事会或者法人受托机构（以下简称受托人）签订受托管理合同。受托人与企业年金基金账户管理机构（以下简称账户管理人）、企业年金基金托管机构（以下简称托管人）和企业年金基金投资管理机构（以下简称投资管理人）分别签订委托管理合同。

《企业年金基金管理办法》第八条规定：企业年金基金缴费必须归集到受托财产托管账户，并在45日内划入投资资产托管账户。企业年金基金财产独立于委托人、受托人、账户管理人、托管人、投资管理人和其他为企业年金基金管理提供服务的自然人、法人或者其他组织的固有财产及其管理的其他财产。企业年金基金财产的管理、运用或者其他情形取得的财产和收益，应当归入基金财产。

在此制度框架下，企业年金运营涉及的当事人包括企业、职工、受托人、投资管理人、账户管理人、托管人，以及各类监管机构，如人社部、证监会、银保监会等，他们之间的关系如图6-1所示：

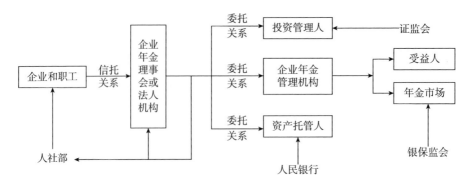

图6-1 企业年金运行与监管图示

受托人,是指受托管理企业年金基金的符合国家规定的养老金管理公司等法人受托机构或者企业年金理事会。主要职责包括:选择、监督、更换账户管理人、托管人、投资管理人;制定企业年金基金战略资产配置策略;根据合同对企业年金基金管理进行监督;根据合同收取企业和职工缴费,向受益人支付企业年金待遇,并在合同中约定具体的履行方式;接受委托人查询,定期向委托人提交企业年金基金管理和财务会计报告。

账户管理人,是指接受受托人委托管理企业年金基金账户的专业机构。主要职责包括:建立企业年金基金企业账户和个人账户;记录企业、职工缴费以及企业年金基金投资收益;定期与托管人核对缴费数据以及企业年金基金账户财产变化状况,及时将核对结果提交受托人;计算企业年金待遇;向企业和受益人提供企业年金基金企业账户和个人账户信息查询服务。

托管人,是指接受受托人委托保管企业年金基金财产的商业银行。主要职责包括:安全保管企业年金基金财产;以企业年金基金名义开设基金财产的资金账户和证券账户等;对所托管的不同企业年金基金财产分别设置账户,确保基金财产的完整和独立;根据受托人指令,向投资管理人分配企业年金基金财产;及时办理清算、交割事宜;负责企业年金基金会计核算和估值,复核、审查和确认投资管理人计算的基金财产净值。

投资管理人,是指接受受托人委托投资管理企业年金基金财产的专业机构。主要职责包括:对企业年金基金财产进行投资;及时与托管人核对企业年金基金会计核算和估值结果;建立企业年金基金投资管理风险准备金;定期向受托人提交企业年金基金投资管理报告;等等。

受益人,是指参加企业年金计划并享有受益权的企业职工。

三、我国企业年金发展的现状及发展对策

（一）我国企业年金发展现状

按照原劳动部的规定,我国企业要举办补充养老保险的,大企业可建立自己的养老基金会,而中小企业则可以将本企业缴费形成的养老基金委托给金融机构管理,或者直接到商业保险公司购买养老保险产品。这种补充养老保险的发展思路与国际上通行的做法是基本一致的。但从实际情况来看,由于种种原因,我国的企业补充养老保险即企业年金目前还不是很发达,这一点从其发展现状就可以看出。

1. 我国企业年金参与率较低

我国企业年金参与率仍然处于比较低的水平。根据图 6-2 可以清晰地看出,我国建立企业年金计划的企业数量和职工数量的变化趋势:2016 年至 2021 年间,2019 年参加企业年金的职工数量的增长速度达到最高点,到了 2020 年之后,企业年金的职工数量增长速度呈现下降的趋势;2021 年参加企业年金的企业数量增长速度达到最高点,总体上参加企业年金的企业数量呈现上涨的趋势,但从建立企业年金计划的企业占全国企业总量的比例来看（表 6-2）,我国建立企业年金计划的企业占比从未达到 1%,且占比逐年走低,企业年金参与率较低。

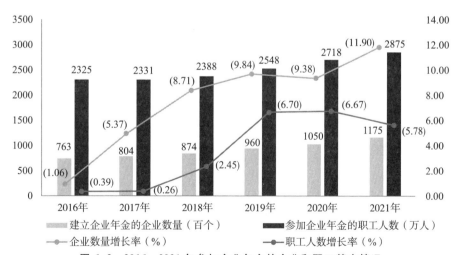

图 6-2　2016—2021 年参加企业年金的企业和职工基本情况

数据来源:根据 2016—2021 年度《人力资源和社会保障事业发展统计公报》整理得到。

表 6-2　2015—2020 年建立企业年金计划的企业全国占比

年份	建立企业年金计划数(个)	全国企业法人数(个)	比率(%)
2015	75 500	15 729 199	0.48
2016	76 300	18 191 382	0.42
2017	80 400	22 009 092	0.37
2018	87 400	21 787 273	0.40
2019	96 000	25 280 211	0.38
2020	105 000	29 389 255	0.36

数据来源:根据 2015—2020 年度《人力资源和社会保障事业发展统计公报》和《中国统计年鉴》整理得到。

2. 我国企业年金整体覆盖率较低

截至 2021 年 12 月 31 日,全国建立企业年金的企业数量从 3 万多个增长至 11.75 万个,覆盖的职工数量也从 929 万人增长至 2875 万人。虽然企业年金已经取得一定的进展,但增速明显偏低。如图 6-3 所示,2015 年至 2018 年,我国企业年金覆盖率一直呈下降趋势,虽然 2019 年至 2021 年覆盖率有所回升,但近 7 年,总体来看企业年金的覆盖率明显不足(约 6%)。这一数据与发达国家相比差距较大,如美国、德国、英国、加拿大等国已达到了 50%的企业年金覆盖率,而法国、瑞士、丹麦等国甚至达到了 100%的全覆盖。[①]

3. 我国企业年金发展不平衡

从地区分布来看,我国各地区企业年金的发展参差不齐,建立企业年金制度的企业主要来自经济较为发达的地区,呈现很强的区域性特点,这与我国经济发展的地区结构特征一致。经济发达地区的企业年金发展速度明显快于经济欠发达的地区,根据《2021 年度全国企业年金基金业务数据摘要》公布的数据,我国参加企业年金计划较多的省份主要集中在上海、北京、浙江、广东、江苏等经济较为发达的地区,这些地区的企业年金基金积累也领先于其他地区,仅上海在 2021 年参加企业年金计划的企业就有 10 757 个,积累的企业年金基金数额已经超过 1122 亿元,约占全国企业年金基金总额的 3.678%;而一些经济欠发达的地区,例

---

① 《企业年金制度在发达国家非常普及》,http://www.cbimc.cn/zt/2013-12/10/content_81770.htm, 2022 年 10 月 1 日访问。

如青海省，2021年参加企业年金计划的企业仅有325个，年金累计基金约为51.1亿元，仅约占全国企业年金基金总额的0.194%。

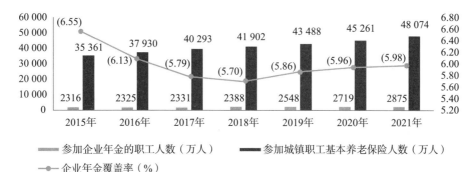

图6-3 2015—2021年我国企业年金覆盖率

数据来源：根据2015—2021年度《人力资源和社会保障事业发展统计公报》整理得到。

说明：企业年金覆盖率＝100%×参加企业年金的职工人数/参加城镇职工基本养老保险的人数

从行业分布来看，我国建立年金计划的企业大多为能源、电力、铁路、交通、烟草等垄断型和资源型企业，还有银行、证券和保险等盈利性很好的金融领域，包括相关行业的龙头企业。[①] 在2017年人社部备案的企业年金计划中，大多是国有企业、中央企业等企业，其累计基金规模超过了50%，国有企业缴费占比约为企业年金总额的75%[②]，而中小企业很少建立企业年金计划。

从发展规模来看，我国企业年金在2021年底累计结存已超过26 406亿元，企业年金基金增长主要为存量增长，但是与世界发达经济体的平均水平相比仍有较大差距。而我国2007年企业年金基金总量仅占GDP的0.59%，2021年约占GDP的2.309%，虽然占比有所提高，但总规模还有非常大的发展空间。[③]

（二）我国企业年金发展迟滞的原因分析

2021年我国企业年金覆盖率仅为5.98%，2021年企业年金基金累计额仅占GDP的2.309%，远远落后于西方发达国家，我国企业年金的建设和发展严重滞

[①] 郑秉文：《扩大参与率：企业年金改革的抉择》，《中国人口科学》2017年第1期，第3页。

[②] 李倩倩、李庆霞、赵正堂：《扩大企业年金参与率：路在何方》，《贵州社会科学》2019年第7期，第120—121页。

[③] 《2021年度全国企业年金基金业务数据摘要》，http://www.mohrss.gov.cn/shbxjjjds/SHBXJD-Szhengcewenjian/202203/W020220311694382790812.pdf，2022年10月1日访问。

后于经济社会发展的需要。

我国企业年金有着巨大的市场需求,政府也大力提倡发展企业年金,并制定了相关的激励措施,但其发展却依然迟缓。我们在此主要从以下几个方面分析影响企业年金发展的原因。

1. 国家政策与法规方面

(1) 缺乏有力的税收优惠政策支持。目前大多数国家包括我国采取的是EET征税模式,即允许企业和职员在他们税前的收入中扣除缴纳的费用,并免除企业年金基金在投资过程中产生的收益所应缴纳的税费,但是在领取阶段要征收个人所得税。

从企业税收角度来看,国家税务总局于2009年6月发布了《关于补充养老保险费、补充医疗保险费有关企业所得税政策问题的通知》,明确规定了企业年金的优惠比例从工资总额的4%提高到5%:在计算应纳税所得额时,在不超过职工工资总额的5%以内准予扣除,超过的部分不予扣除。然而,企业不仅要缴纳所得税,还要额外投入超过职工工资5%的资金在企业年金基金中,这就增加了企业负担,打击了企业经办企业年金的积极性。事实上,我国5%的企业年金税收优惠比例与国外相比仍然差距较大,如澳大利亚的税收优惠为20%,加拿大为18%,美国为15%。

从个人税收角度来看,根据我国财政部、人社部、国家税务总局联合发布的《关于企业年金职业年金个人所得税有关问题的通知》的规定,个人缴费部分在不超过计税基数4%内的部分,可以从当期的应纳税所得额中扣除。而美国的401(K)计划条款,允许"职员可以选择将其一定比例的工资向个人账户缴费,个人缴费从税前工资扣除",2001年美国将401(K)计划中最初15%的当期应税收入减免额度限制调整到了25%,这个减免比例远高于我国4%的减免比例。税收优惠政策是促进美国企业年金发展的重要原因之一。截至2021年6月30日,美国401(K)计划拥有7.3万亿美元的资产,相较于2017年,该计划企业年金规模实现了32.3%的增长。

(2) 政策缺乏完善的法律支撑。完善的法律法规对任何一项政策的产生和发展都起着重要的作用。我国企业年金政策经历了30多年的发展,法律体系日趋健全,但依旧存在一定的问题。

首先,我国企业年金的法律法规的立法级别较低。对于企业年金投资运营、变更终止等系列问题的规定都是通过办法、试行办法、通知等形式发布的。2018

年 2 月 1 日正式实施的《企业年金办法》仍然是以办法的形式出台,该办法缺乏一定的法律地位,在与我国的《信托法》《劳动法》《劳动合同法》等法律产生冲突时,会导致无法可依的问题。很多国家在这方面都有着比较完善的法律,例如美国有专门的《职员退休收入保障法》《社会保障法》,英国有《年金法》《养老金法》。因此,从这个角度来看,我国与企业年金相关的法律法规不健全,这在一定程度上制约了企业年金的发展。

其次,在税收、监管方面的立法比较欠缺。我国企业年金是多主体参与的制度,涉及人社部、财政部、国税局、银保监会等多个部门,多个政府部门和金融机构监管部门的监管使得企业年金制度的监管体系比较混乱,很容易出现分工不明确、职责界定不清晰、各部门协调不一致等问题,导致资金安全难以得到保障,更不必说达到资金保值增值的效果。

上述政策和法律方面的缺位,导致我国企业年金的发展缺乏良好的法制环境和税收支持。

2. 企业方面

从《企业年金办法》可以看出,国家鼓励有能力的企业积极参与企业年金计划,企业和职员是否加入计划实行"自愿原则",即由企业和职工通过自主集体谈判机制决定是否加入年金计划,在企业愿意设立企业年金基金后,企业先提出年金计划方案,通过后职工提出申请即能正式加入计划。

但是,企业和职工建立企业年金的前提是,已建立集体协商机制,依法参加基本养老保险并履行缴费义务,同时企业必须具有相应的经济负担能力。建立企业年金的这 3 个"门槛"在设立之初主要针对国企,目的是防止国企发生道德风险,影响国企上缴利润。在十多年后的今天,国有大中型企业仍然是企业年金建立的主体,这个矛盾已基本不存在,但对于私人企业和外资企业来讲,这样的"门槛"就成为阻碍它们建立企业年金计划的因素。[①]

对于绝大多数企业来说,建立企业年金的目的是吸引并留住高素质人才,它更多地表现为一种激励手段。一般来说,国企愿意加入企业年金计划,主要是因为国企是花国家的钱为职工谋福利;而私营企业特别是科技创新型企业已经建立起以工资奖励和股权激励为主的完善的薪酬体系,企业年金对吸引人才的作用有限,同时还加重了企业的支出负担,因此私营企业缺乏缴存动力,较少选择

---

① 郑秉文:《扩大参与率:企业年金改革的抉择》,《中国人口科学》2017 年第 1 期,第 9 页。

建立企业年金;而外资企业一般也不愿意加入,一是害怕加入其中导致最后亏本,二是外企没有工会的约束,不加入年金计划,还能为其节省劳动力成本。基于成本考虑,更多企业更愿意选择购买商业保险、实行带薪休假、发放现金等短期薪酬或者实施合伙人股份制、员工持股计划等更富有吸引力的激励政策。①

3. 职工方面

(1) 职工短期化行为导致企业年金需求不足。从我国目前的实际情况来看,效益好的企业职工年龄结构趋向年轻化。受多种因素的影响,这些职工的行为有短期化倾向,突出表现在两个方面:一是自从国家推行一系列福利制度改革后取消福利分房,年轻职工就业后的最大压力便是住房问题。在经济压力下,职工愿意领取高工资、高奖金以尽快还清住房、买车贷款,而养老问题可以暂时延搁。二是在企业文化不健全,人才频频流动、跳槽的情况下,职工对企业的忠诚度普遍下降,而企业年金对职工享有完全的年金权益有一定的限制性规定,如规定必须在本企业内工作一定年限才能全额领取,这对一部分职工而言是一种约束,因而他们对此的积极性不高。

(2) 就业压力大,且企业民主谈判机制不健全,职工要求建立企业年金的愿望得不到满足。目前我国面临巨大的就业压力。在就业困难的情况下,能够就业、企业能够为职工缴纳基本养老保险费,对大多数普通职工,下岗再就业职工,工资水平低、自身条件差的职工而言已经感到满足了,不敢有更高的要求,如企业年金。而对于工资水平高、自身条件好的管理层而言,跳槽意味着更高的薪资水平、更好的发展空间,流动性使他们忽略了有着种种条条框框的企业年金。不同层次的职工由于利益取向不同,在谋求职工福利方面存在着分歧,难以形成合力,且法律法规对于工会组织代表职工争取权益等方面的规定不健全,从而导致企业内民主谈判机制不完善,企业职工要求办理企业年金的愿望得不到满足。

(三) 我国企业年金发展的对策建议

发展企业年金具有重要的意义,针对当前我国年金发展迟滞的问题,结合国际企业年金的发展经验,可以从以下几点入手促进我国企业年金的发展。

1. 加大税收优惠政策的力度,提高企业年金参与率

提高税收优惠能调动企业建立企业年金的积极性,从而提高企业年金覆盖

---

① 韩克庆:《养老保险中的市场力量:中国企业年金的发展》,《中国人民大学学报》2016年第1期,第15页。

面和整体规模,从长远来看,补充养老保险的壮大能缓解基本养老保险的压力,从而减缓政府财政支出负担。

第一,出台面向中小企业群体、针对建立或参加企业年金计划的税收扶持政策。以美国401(K)计划为参照,降低中小企业建立与运行企业年金计划的成本,加速中小企业参与企业年金体系的进程。

第二,根据企业规模实行阶梯式税收优惠模式。目前对企业缴费部分的税收优惠上限仅为职工工资总额的4%,与国外平均15%的优惠力度差距较大。可以根据行业、规模等因素对企业进行分类,并针对各类企业实行不同的税收优惠政策,以综合平均15%的比例作为税收优惠的基准值。这样一来既能调动企业建立企业年金的积极性,也能保障政策实施的相对公平。

第三,将企业税收优惠和职员税收优惠直接纳入企业年金政策条款,明确政府对于企业年金的支持态度和立场。税收优惠不能单纯地理解为政府少收税,而是一种税收递延的方式,即在缴费环节不纳税、在领取环节一并纳税。虽然看似当期税收减少了,但是税基扩大了,以后的税收也会增加,因此需要加大税收优惠政策的力度,促进该政策蓬勃发展。

2. 引入自动加入机制,提高企业年金覆盖率

据美国的经验启示,引入自动加入机制可以提高企业年金的覆盖率,规模效应可以降低运营成本,进而进一步促进企业年金的发展。我国机关事业单位的职工几乎都参与了职业年金,等于变相地实行了自动加入机制。如果目前不对企业年金进行相应的改革,会引起机关事业单位职员与企业职员之间待遇方面的不公平现象。因此,我国企业年金的改革应当引入自动加入机制,对于有能力且具备资格、达到标准的企业需明确要求必须为所有雇员制定符合标准的企业年金计划,在尊重雇员意愿的基础上,为加入企业年金计划但是没有选择缴费率的雇员设置默认费率,且不能过低,雇员可以在规定的范围内自动提高缴费率,企业缴费与雇员缴费呈一定比例关系;此外,还应注意雇员退出企业年金计划时相关政策设计的合理性与全面性,以此来提高雇员参与的积极性。

3. 推进收入分配改革,实现企业年金制度地区发展公平

《企业年金办法》明确提出企业年金建立的条件之一是"具有相应的经济负担能力",这表明企业年金的建立需要企业具有较好的经营业绩,故最初涉及这一领域的是少数高收入型优质企业。这实质上是在现行的较大的收入差距之

外,又预示着今后不同群体的养老差异,会让人们对收入分配制度产生更大的不满。我国企业年金总体上发展较慢,主要存在于国有大中型垄断行业,且主要集中在沿海地区或发达地区。从某种程度上说,企业年金制度拉大了不同所有制企业职工的老年收入差距,与旨在促进社会公平的社会保障制度自身有所背离。

因此,需要将企业年金制度与我国的收入分配制度联系起来,继续推进收入分配改革,落实劳动工资标准随国民经济增长而增长的机制,让职工真正分享到经济发展红利。职工手里的闲置资金多了,自然能够激发他们对企业年金的内在追求,这将是真正扩大企业年金制度覆盖率的动力机制。

4. 制定法律法规,加强企业年金的监管

美国、澳大利亚和瑞士通过制定全面的法律制度,覆盖企业年金的方方面面,明确规范企业年金管理的各个细节,同时也能加强监管机构之间的合作,以此促进企业年金的发展。与这三个国家相比,我国企业年金监管体系亟待完善。目前我国并没有专门的、统一的企业年金法律法规,我国企业年金监管的规定依旧停留在部门规章、规范性文件的层面,没有达到法律层面,导致执行效率较低,所以我国有必要尽快出台一套可供各监管机构作为监管依据的法律,一方面提高立法的层次,健全相关的法律,另一方面对企业年金监管体系与监管内容等方面作出明确的规定,保证年金计划的长期有序发展。

考虑到企业年金在养老金体系中第二支柱的重要作用,可以将企业年金的相关要求和规范纳入《社会保险法》,提高企业年金法律层级的地位;并尽快从立法层面制定出台企业年金有关的法律文件,如颁布"企业年金法"等,明确企业年金参与各方的权责,并且适当给予各级地方政府自主权,即地方政府可根据当地的经济发展水平、人均收入、企业盈利能力等,在一定限制范围内,对当地企业年金的缴费率、各类优惠政策等做适当调整,避免发生"一刀切"的情况;此外,还需建立配套的法律及规章制度,明确规范税收优惠减免政策等,进一步完善我国企业年金法律体系的建设。

关键词

企业年金　美国 401(K)计划　澳大利亚超级年金计划　瑞士职业养老金计划

复习思考题

1. 简述企业年金的特征。
2. 简述企业年金的作用。
3. 简述企业年金和商业养老保险的区别与联系。
4. 什么样的企业可以建立企业年金计划?
5. 导致我国企业年金发展迟滞的因素有哪些?
6. 国际企业年金制度的发展对我国企业年金制度建设有何借鉴意义?

第七章　医疗保险与生育保险

📖 本章概要

本章主要讲解了医疗保险与生育保险的相关概念和内容,学生需要了解当前全球范围内主要的医疗保障模式,掌握我国的医疗保险与生育保险制度体系,并积极思考我国相关制度的未来发展方向。

第一节　医疗保险与生育保险概述

一、医疗保险的定义及特点

医疗保险一般指社会医疗保险,是为补偿个体因疾病风险造成的经济损失而建立的一项社会保险制度。它一般是通过构建政府、用人单位以及个人等多方筹资体系,筹措医疗保险基金,然后在参保人员患病就诊产生医疗费用后,由医疗保险机构对其给予一定的经济补偿。医疗保险具有社会保险的强制性、互济性、社会性等基本特征。因此,医疗保险制度通常由国家通过立法形式来强制实施。

医疗保险作为社会保险的一个子项目,具有如下特点:第一,普遍性。因为疾病风险是个体在生命的每个阶段都可能遭遇且往往难以避免,因此医疗保险覆盖的不是某一群体而是全体社会成员。第二,不确定性。虽然单一个体在任何时期都可能遭遇疾病风险,但是具体到特定个人时,是否会生病以及生病可能带来的经济损失通常具有不可预知性和不确定性。第三,间接性。医疗保险制度不能直接起到治疗疾病的作用,因此单纯依靠经济补偿是远远不够的,必须由医疗服务提供方对被保险病人的疾病给予诊治,对症下药,才能真正化解被保险人的疾病风险。第四,参与主体具有多元性。医疗保险体系主要由社会医疗保险机构、医疗服务提供方、参保人三方参与,而不同主体获得的信息是非常不对称的,所以委托代理关系在这一领域尤为显著。

二、医疗保险的功能

建立医疗保险制度,首先有利于提高劳动生产率,促进社会生产的发展。一方面医疗保险解除了劳动者的后顾之忧,使其能够安心工作,从而可以提高劳动生产率,促进社会生产的发展;另一方面也促进了劳动者的身心健康,确保了劳动力正常再生产。

其次,医疗保险能够调节收入差距,体现社会公平性。医疗保险的缴费水平往往与收入水平挂钩,且多得多缴;待遇享受及水平只与个体的健康状况、疾病的严重程度相关。很多情况下,经济水平越差的个体健康状况也越差,因此通过征收医疗保险费和偿付医疗服务费可以起到调节收入差距、促进社会再分配的作用。

再次,医疗保险是维护社会安定的重要保障。医疗保险对患病个体给予经济上的帮助,有助于消除疾病带来的社会不安定因素,是调整社会关系和矛盾的重要机制。

最后,医疗保险是促进社会文明和进步的重要手段。医疗保险通过在参保人之间分摊疾病费用风险,体现出了"一方有难,八方支援"的新型社会关系,有利于促进社会文明和进步。

三、生育保险的定义及特点

生育保险是指在怀孕和分娩的妇女劳动者暂时中断劳动时,由国家和社会为其提供医疗服务、生育津贴和产假的一种社会保险制度,以保障她们在生育时期的基本经济收入和满足她们的医疗需求。各国生育保险的项目、条件和标准主要根据本国经济状况而确定,比如部分国家会为孕妇、婴儿提供生活用品;也有国家为孕妇的配偶提供产假;等等。

相比于医疗保险、养老保险等其他社会保险,生育保险具有如下特点:首先,享受人群相对有限。一般来说,只有在育的女职工才能享受生育保险待遇。随着社会进步和经济发展,男职工也能获得一定时间的带薪休假,以照顾生育的配偶和子女。其次,由于生育属于正常的生理病变,并不是意外的伤害或疾病,所以生育保险提供的医疗服务以保健、咨询和检查以及计划生育措施等为主。最后,具有计划性。生育行为往往具有计划性,因此生育保险属于短期补偿,其支付的频率具有较强的计划性和预见性,支付周期一般小于一年。

四、生育保险的功能

生育保险制度主要有以下功能:首先,有利于国家人口政策的顺利实施。为了鼓励生育,许多国家制定了包括生育保险在内的一系列政策以保证人口政策的顺利实施。同时生育保险也有利于增强妇女的生育责任感,主动提高生育质量,促进优生优育等国家政策的落实。

其次,有利于保证女性职工的公平就业权利。女性职工在生育期间离开工作岗位,不能正常工作。国家通过制定相关政策保障她们在离开工作岗位期间能够享受有关待遇,保证其获得基本生活保障,进而起到促进女性职工更快恢复并投入工作的作用。同时,完善的生育保险制度可以将劳动力市场中对女性的歧视减少到最低,以保障女性公平就业的权利。

最后,有助于提高人口质量。生育保险往往提供妊娠期检查等医疗服务,能更好地监测和保护胎儿的正常生长,进而提高人口质量。

第二节 国外典型医疗保障制度模式

一、英国国家医疗服务体系

1601年英国通过了《伊丽莎白济贫法》,这是世界上最早的社会保障法。在以"济贫"为核心的社会保障体系下,政府通过济贫医院来向那些收入水平低且无力支付较高医疗费用,以及接受院内救济的贫民提供医疗服务。1942年《贝弗里奇报告》的发表为英国社会保障制度的改革提供了纲领性文件,它提出要为全体英国民众建立起一种免费的医疗保健制度。随后在各地实践的基础上,1944年英国政府发表了社会保险白皮书,正式提出要在英国建立覆盖全民的综合性国民保健制度,以促进民众的身心健康,并加强对疾病的防治;除了部分收费项目外,其他健康服务项目应全民免费,而不论患者的经济能力、社会地位,全民享受统一标准的医疗服务,所需费用由财政负担。接着,新的《国民卫生保健服务法》在1948年7月5日颁布,标志着国家医疗服务体系(National Health Service, NHS)在英国建立。经历半个多世纪的发展与完善,NHS体系已经成为英国福利制度中的特色工程,当前该体系已成为全球解决民众医疗保障问题的典范之一。

（一）NHS的典型特征

首先,免费医疗是NHS最基本的特征。除牙科收取少量治疗费外,NHS下属的医院门诊基本上不收费,约85%的处方药免费。并且,该体系遵行救济贫民的原则,即不论收入水平、社会地位等,只要需要医疗支持,都能得到平等的服务。此外,除了本国公民外,拥有永久居留权的外国人,或是持有6个月以上签证的外国留学生,都可享受在英国诊所和医院免费看病的福利。

其次,强制性的分级诊疗。NHS实行分级制:一是以全科医生为核心的初级医疗。全科医生的主要职责是为病人提供所需的常见病、多发病的基本医疗保健服务,帮助病人联系会诊与转诊等,在整个医疗体系中扮演着"守门人"的角色。二是地方医疗机构提供的社区服务。它包括一般性的医疗和医药服务、一般性的牙科服务以及补充眼科服务等。三是以医院为主的诊疗服务,包括提供急诊、重病和手术治疗等服务的综合性全科医院,以及区域性的教学医院,以急救和诊治重大疑难疾病为主要业务。在整个诊疗体系中,全科医生的作用十分突出,除了急诊,如没有经过所签约全科医生的首诊,患者将不能前往上级医院。通过实行这一严格的初级首诊、逐级转诊制度,起到了提高医疗服务效率的作用。

最后,严格的医药分开。在英国,诊所和医院都不卖药。医生在开具处方后,患者要到独立于医院的药房买药。尽管在NHS内,大部分服务都免费,但病人用药并不是全免费的。除了16岁以下、16岁至18岁的全日制学生、60岁以上、家庭生活困难需要补助者和孕妇等部分群体,其他人员买药需要支付药费。并且,在英国,药都是通过国家检验的,否则不得在药店出售。这就避免了发生卖假药和推销药的情况,同时药店店主也必须是药剂专科毕业的药剂师,无毕业证书,政府不得颁发营业执照。此外,实行严格的见方售药政策。药店卖药须凭处方(感冒药、咳嗽药、眼药等常用药除外),不见处方,药店无权售药。而在药品费用控制方面,NHS会定期(通常是一个季度)对制药商、批发商和药店之间的交易价格进行调查,并根据平均售药价格来确定目录药品实际报销价格①,从而避免药价过高的问题。

(二) NHS 存在的问题及改革

NHS 在建立初期,为改善英国国民健康水平发挥了重要的作用。但是随着时代的发展,NHS 存在的弊端日渐凸显,由于过于坚持"国家有责任提供覆盖全面的免费医疗",整个 NHS 在经济上的压力不断累积,医疗机构的运行缺乏活力且效率低下,医疗卫生资源配置不合理等问题日益严重。

第一,经济上的压力不断累积。支持整个 NHS 的资金超过八成由政府财政拨款,其余部分来自国民保险税、社会及慈善机构的捐款以及少量由患者支付的非免费医疗收入等。随着经济发展、医疗水平的提升、人民医疗需求的释放等,医疗成本在不断提高,再加上高福利带来民众对医疗服务的过度使用,使得这个免费的医疗体系开始入不敷出。NHS 正式启动时每年的预算约为 4.37 亿英镑,而到 2017—2018 年度,该体系的预算超过了 1400 亿英镑。自 2019 年 4 月 1 日起,英格兰地区医院的处方费从每个处方 8.8 英镑上涨到了 9 英镑,这已经是处方费连续 3 年上涨,不断上涨的医疗开支也引起了英国民众的抱怨。

第二,医疗服务运行效率低下。NHS 实施高度计划的管理模式,这使得英国医疗机构自身在运行机制、管理模式、经费来源等方面会受到政府的严格管控。医护人员的薪酬也受到严格控制,不合理的薪酬体系设计造成有效激励机制的缺失。此外,整个 NHS 中有超过一百万员工,但其中很多是行政人员,挤占了大量的经费;而由于经费不足,医生的服务压力很大,而收入却得不到保障,因此他们没有服务积极性,甚至出现消极怠工、罢工抗议等情况,导致国民看病越发困难。同时,设备、人手配置不充分抑制了医疗机构应用新技术、购买新设备的积极性,导致医疗机构服务效率低下。

第三,医疗卫生资源配置不合理。NHS 的资源配置不合理主要表现为:人力资源投入比例失调、卫生资源分配与医疗服务提供严重失衡、药品价格失控等。英国全科医生和专科医生的比例不合理,专科医生的数量不足难以应付住院病人的需求,导致患者等待时间长等问题出现。

随着 NHS 存在的问题逐渐显现,英国政府开始对这一体系进行改革,其中心思想是在强调国家责任的同时引入市场竞争机制,强调个人和市场的作用,提高

---

① 辜伟鑫:《英国 NHS 体系对我国医疗改革的启示研究》,《经济研究导刊》2018 年第 21 期,第 52—53 页。

医疗服务的效率,减少资源的浪费。此外,近年来英国政府先后出台了多部关于优化 NHS 信息管理的政策,使候诊时间得到缩短,国民对于医疗卫生服务选择的灵活性也大大改善。目前,覆盖全英的卫生信息系统也已经建成。最后,NHS 将改革的重点放在卫生保健层面,逐渐整合"医疗卫生"和"社会照顾",将"治疗"和"健康教育"结合起来。基本医疗服务对于慢性病、生活方式病的干预和管理起到越来越大的作用。[①]

二、德国的社会医疗保险体系

1883 年,德国制定了《疾病保险法》,成为世界上第一个以国家立法实施社会保障的国家。随后又于 1884 年和 1889 年颁布《工伤事故保险法》和《老年和残疾社会保险法》,此后医疗保险的覆盖面在不断扩大,并基本实现了全民医保。目前德国医疗保险由法定医疗保险和私人医疗保险两大运行系统构成。在德国,医疗保险实施强制参保原则。公民就业后可视其经济收入高低,在法定医疗保险和私人医疗保险之间进行选择,也可以在参加法定医疗保险的基础上,参加私人保险公司所提供的补充医疗保险。截至 2017 年,法定医疗保险覆盖了 89.3%的德国公民,而私人医疗保险的覆盖率也达到了 34.3%。[②]

(一)资金来源

德国政府通过立法形式强制实施社会医疗保险制度,除了拥有稳定工作收入的职工外,其参保对象还包括税前月工资低于法定标准的雇员、无固定收入的雇员及其家庭成员、退休人员、自雇人员、义务兵、大学生和就业前的实习生等。

法定医疗保险由雇主和雇员各缴纳 50%的保险费,缴费占工资收入的 14%—15%。缴费基数设有封顶线和起付线,工资性收入超过封顶线和低于起付线的部分可免除缴费义务。对参加法定医疗保险的雇员,其家庭成员(包括未成年子女)可一起享受医疗保险的各种待遇,而私人医疗保险则是需要按人头缴费。法定医疗保险投保人缴纳的保险费主要取决于经济收入,而享有的医疗保险服务则不会因为缴纳费用的多少而有所不同,即遵循筹资的垂直公平和医疗服务利用的水平公平,以充分体现社会医疗保险的公平性。法定医疗保险提供的服务包括:各种预防保健服务、医疗服务、药品和辅助医疗品、患病(包括

---

① 付明卫、朱恒鹏、夏雨青:《英国国家卫生保健体系改革及其对中国的启示》,《国际经济评论》2016 年第 1 期,第 70—89 页。
② 胡晓梅、邓绍平、胡锦梁:《多层次医疗保障体系发展的国际经验借鉴与展望》,《卫生经济研究》2021 年第 7 期,第 52 页。

不孕)期间的服务或津贴、康复性服务、免费或部分免费就诊所需的交通费用等。

(二) 医疗费用的补偿方式

当病人在医疗保险组织认定的医院及治疗的范围内就诊时,不需要支付费用,并可自由选择医师。医院筹资机制主要采用"双重补偿"的方法,其中医院的投入成本,包括大型医用设备的购置、医务人员的工资等,由州政府财政负责解决。医院运营成本由医疗保险机构负责补偿,当前医院收入中约90%是通过提供法定医疗保险服务获得的。同时,不论医疗的性质(公立或私立),医院均有资格接受财政补助,以及成为定点医疗机构为参保人服务。

(三) 医疗保险管理

德国没有统一的医疗保险承办机构,而是以区域和行业来划分医疗保险基金组织,各医疗保险基金组织由雇员和雇主代表组成的委员会实行自主管理,以合理利用医疗保险基金。德国医疗保险基金组织实施的是多元竞争和自我管理,前者强调运作体系的外部条件,后者重视基金组织的内部环境。在自主经营、自我管理和自负盈亏的基础上,德国鼓励各基金组织开展竞争,这些竞争主要体现在:一是投保人可以根据自己的意愿自由地选择基金组织;二是鼓励小规模的、地方性医疗保险基金组织兼并,以发挥规模优势。三是支持医疗保险基金组织以保费高低来良性竞争,并以此来评估基金经营的优劣。[1]

三、美国的商业医疗保险体系

美国是当今世界上唯一没有建立全民社会医疗保险体系的工业化国家,近70%的人口通过雇主安排的商业医疗保险计划或个人直接购买的健康保险获得保障,政府只是针对市场失灵的领域,为诸如老年、伤残及贫困人口出面组织社会医疗保险。总体来看,美国医疗保障体系是典型的以市场为主体的多支柱型保障体系,以商业健康保险为主体层,公共医疗保障为保底层;市场运作为主,政府保障为辅(见图7-1)。2018年,商业健康保险作为主要保障模式覆盖了美国62%的人口,其余29%的人口由政府提供基本的公共医疗保障。[2]

---

[1] 于广军、乔荟竑、马强:《德国医疗保险制度改革及趋势分析》,《卫生经济研究》2007年第3期,第45—46页。

[2] 胡晓梅、邓绍平、胡锦梁:《多层次医疗保障体系发展的国际经验借鉴与展望》,《卫生经济研究》2021年第7期,第52页。

第七章 医疗保险与生育保险

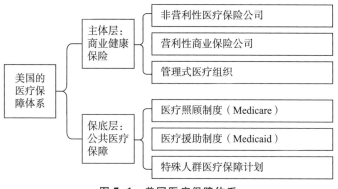

图 7-1 美国医疗保障体系

（一）非营利性医疗保险公司

创立于 20 世纪 30 年代的蓝十字（Blue Cross）和蓝盾（Blue Shield）医保组织是美国目前最大的非营利商业健康保险公司。其中，蓝十字协会由全美医院协会发起，承保范围主要为住院医疗服务。全美蓝盾计划协会由美国医疗协会发起，承保范围主要为医生出诊费用保险和手术费用保险。

蓝十字、蓝盾地区医保公司通过拨款、补助和基金捐助等方式全方位支持社区医疗体系建设，在完善基层医疗体系建设方面发挥了重要作用。此外，自 20 世纪中期开始，蓝十字、蓝盾医保组织开始参与协助美国联邦政府实施医疗救助计划，为医疗救助计划赔付提供了有力支撑。当前，蓝十字蓝盾协会为约 1 亿人提供健康服务，规模远超其他健康保险公司，创造了全美范围最广的就医网络。[①]

（二）营利性商业保险公司

美国拥有数量众多的商业健康保险公司，截至 2021 年 8 月，具有健康保险业务的保险公司共有 907 家。当前，商业健康保险主要包括团体健康保险、个人健康保险和商业健康保险三类。美国商业健康保险的发展与其税前抵扣的优惠政策息息相关。一方面，雇主为雇员缴纳的团体健康保险保费可以税前列支予以抵扣；另一方面，民众购买个人健康保险产品也可以享受税收优惠。

（三）管理式医疗组织

1973 年，美国国会通过了《联邦健康维护组织法》，目的是使美国消费者在已有的补偿性健康保险之外，还可以依靠一种替代性的服务组织，即管理式医疗

---

① 张奇林：《美国医疗保障制度研究》，人民出版社 2005 年版，第 24 页。

组织(Health-maintenance Organisation，HMO)。HMO 是一种"保险+医疗"的联合体模式，在该模式下，HMO 既为患者提供医疗保险，同时又是医疗服务的提供者，从而能够更好地起到费用控制和质量保障的作用。HMO 由两个核心要素构成：一是 HMO 的预付保险，即在患方购买保险后，HMO 将在承保范围内免费提供预防、门诊、住院等服务；二是医疗服务队伍，HMO 按照一定标准挑选包括医生、护士、管理人员在内的强大医疗团队，同时制定规范的服务管理、过程控制标准，能够保证其在节约医疗成本的同时向被保险人提供高质量的医疗服务。正因为 HMO 具有保费低廉、医疗保障水平较高的优点，在面对美国众多健康保险公司激烈竞争的情况下，这一组织的市场份额仍在不断增加，成为美国主流的商业健康保险模式。①

（四）公共医疗保障

除了商业医疗保险外，对于 65 周岁以上的老人和低收入人群，美国政府提供"医疗照顾制度"(Medicare)和"医疗援助制度"(Medicaid)予以保障。其中，Medicare 主要为老年人提供医疗保障，同时覆盖部分残疾人和患有晚期肾病(ESRD)的病人。个体只需在年轻工作时定期缴纳工资税和保费，在退休后就可享受 Medicare 医保服务。Medicare 由住院保险和补充医疗保险两部分组成，前者主要用于支付给付期内的住院费用；后者是一个自愿项目，主要支付规定范围内的服务费用和门诊服务的费用。

Medicaid 所需资金由联邦政府和州政府两级共同筹款，主要用于保障低收入人群的基本医疗需求，具体包括：有抚养孩子负担的家庭计划(Aid to Families with Dependent Children，AFDC)和补充保障收入计划(Supplemental Security Income)的援助对象；低收入家庭的儿童和孕妇；低收入的老年人和残疾人；无力支付医疗费用的人；接受机构护理的人。美国联邦法律规定，前三类人各州必须予以援助，后两类人各州可以有选择地援助。②

（五）特殊人群医疗保障计划

除了 Medicare 和 Medicaid 外，美国针对部分特殊人群、弱势人群也设立了专门的医疗保障计划，包括儿童医疗保险计划、失业雇员健康保险、土著人保健计

---

① 陈颖、章依雯：《美国健康维护组织(HMO)模式对我国医养结合养老服务的启示》，《当代经济》2018 年第 17 期，第 128 页。

② 耿文婧：《美国医保政策体系简述》，《中国药店》2020 年第 12 期，第 72—73 页。

划、军队医疗保险计划等。

(六) 奥巴马医改

尽管市场的广泛参与提高了医疗保障制度的运行效率,但与此同时,商业保险公司的营利动机也往往将体弱多病者和老年人这些健康风险较高的群体排除在外,然而这些群体更加需要医疗保障。因此,在美国,建立某种形式的全民医疗保险体系的呼声一直居高不下,如何提高医疗保险覆盖率、改善医疗保障水平也成为各总统候选人争取选票的重要话题之一。

美国前总统奥巴马在任期推出的《平价医疗法案》是美国全民医保改革的重大一步。这份法案的主要内容包括:扩大联邦医疗补助制度,覆盖范围扩展至收入在联邦贫困线138%以下的人群;由联邦政府出资建立购买医疗保险的交易场所,民众可挑选比较,在线完成申请和投保;禁止保险公司拒绝带病投保或收取更高保费;强制雇主为员工提供保险;强制民众购买保险,否则罚款等。

2015年6月25日,美国最高法院以6∶3的结果支持奥巴马的医改法案,这是奥巴马医改的一项重大胜利。尽管这份法案为低收入人群、中老年人群获取医疗保险提供了一定的方便,但该法案自推出起就备受争议。特别是法案提出"不得在销售保险过程中歧视参保人",这项政策直接限制了保险公司的经营,导致保险公司财务风险加大,同时使得参保者面临保费增加的问题。此外,由于新参保人数低于预期,且医疗救助的范围扩大,这导致政府各项医保支出的增长速度并未减缓,反而远超GDP增速。

一直以来,共和党人严词抨击奥巴马医改"昂贵且无用",并在2012年、2015年和2018年三次把官司打上联邦最高法院,美国12个主要由共和党掌权的州一直抵制奥巴马医改,拒绝加入联邦医疗补助法案。但总体上,奥巴马医改显著扩大了美国医保覆盖面,帮助了数千万低收入者、有病史等健康风险较大的群体。拜登政府称,这部法律迄今已使3100万美国人获得医保,没有医保的美国人比例从2009年的16.7%下降到2019年的9.2%。

四、新加坡的储蓄医疗保障体系

作为英联邦国家,新加坡起初也采用同英国一样的国家医疗保障体制,然而高福利导致医疗费用持续高速增长,超过了新加坡财政的承受能力,这也迫使政府不得不重新思考医疗保障政策。经过长期探索,新加坡政府提出要引入储蓄医疗保障模式,并于1984年开始正式实施。从实质上讲,储蓄医疗保障是从储蓄账户积累型的中央公积金制发展而来的。新加坡于1955年开始实施中央公积金制度,并成立了中央公积金局,负责整个公积金的管理运行。中央公积金制度的资金主要来自雇主和雇员的缴费。当前,新加坡的公积金账户由三部分组成,包括普通账户、特别账户和储蓄医疗账户。普通账户上的资金可以用于购房、缴纳保险、投资和教育。特别账户用于老年和退休投资理财产品。储蓄医疗账户主要用于支付住院费用和部分合规的门诊费用。储蓄医疗保障模式的核心和亮点在于打破传统的完全依靠政府解决国民医疗保障问题的思路,转而强调个人对自身健康的责任意识。这一模式解决了老龄人口医疗保健的筹资问题,在减轻政府筹资压力的同时控制医疗费用的过快增长,但储蓄资金的保值增值就变得至关重要。

(一)储蓄医疗保障体系的构成

始于1984年的储蓄医疗制度是一个全国性的医疗储蓄计划,目标是通过建立储蓄医疗账户完成纵向积累,以覆盖个人及其家庭成员未来可能的住院费用、手术和部分门诊费用。新加坡相继实施了医疗储蓄(MediSave)、医疗保护(MediShield)和医疗基金(MediFund),即"3M计划"。

MediSave是一项强制性储蓄计划,覆盖所有在职人员。雇员和雇主按照规定缴费,不同类型、不同年龄的员工的缴费率有差异。所缴纳的保费存储在储蓄医疗账户中。同时,储蓄医疗账户累计缴纳金额设有上限和下限,超出上限金额的缴费将转到中央公积金的其他账户。储蓄账户中的资金可用于医疗支出和购买医疗保险,且个人的直系亲属可以动用彼此的储蓄医疗账户。

MediShield的设立主要是用来帮助那些需要长期治疗的患者或需要巨额医疗费用的重大疾病患者。MediShield不具有强制性,但除非个人要求退出,否则自动覆盖全体国民。资金主要来自参保人每年缴纳的保费,保费水平随着年龄的增长会逐步提高。

MediFund是新加坡政府在1993年设立的一个捐赠基金,其目的在于帮助那些已经得到MediSave和MediShield补偿仍然无力承担医疗费用的贫困患者,起到"托底"作用。在设立之初,新加坡政府为MediFund投入了2亿新元,以后逐年追加1亿新元扩展基金,且规定只有利息收入才可用于支付贫困人群的卫生保健费用,以保障基金的可持续性。

(二)储蓄医疗保障的偿还方式

储蓄医疗保障采用供方支付与需方支付相结合的费用偿还方式。一方面,政府对公立医院进行财政补贴。另一方面,当患者使用医疗服务时,产生的医疗费用在偿付时会有起付线、共付比例和封顶线。起付线以下、封顶线以上的医疗费用由个人完全负担,只有位于其间的部分由储蓄医疗保障和个人共同支付。此外,为了确保医疗需求更高的中老年时期的储蓄医疗账户仍具有一定的支付能力,政府对储蓄医疗账户设置了一定的支付限制,如规定只有病人在医院停留至少 8 小时,才能支取储蓄账户的资金。

(三)储蓄医疗保障体系的管理

中央公积金局负责储蓄医疗账户的经办、管理及运营。当时,新加坡政府十分提倡个人、医疗机构等多元主体参与医疗卫生服务的政策制定及管理,以更好地满足各方利益,促进医疗保障制度的高效运转。在运营管理方面,储蓄医疗账户的基金主要以持有政府债券的形式进行投资,其中大部分是安全性较高的记账证券;而为提高基金的收益率,政府也允许和鼓励持有者将其账户资金用于购买政府批准的股票,以及投资于住宅、商业与工业房地产、公司信托和黄金等领域。此外,为满足国民多样化的医疗需求,新加坡同样也提供待遇水平更高的保障计划,这些计划通常由私人保险公司经办。政府在其中主要负责引导实现公私合作,并进行监管确保政策目标实现。

第三节 我国医疗保险与生育保险制度

随着我国经济体制改革的全面推进以及国民健康需求的不断提高,传统的医疗保障制度已不再适应新的社会大环境。自 1994 年开始,我国全面推进基本医疗保险制度改革试点工作,先后建立起覆盖城镇职工、农村居民以及城镇居民的城镇职工基本医疗保险、新型农村合作医疗以及城镇居民基本医疗保险制度(以下分别简称"城职保""新农合"和"城居保"),实现了基本医保的"制度全覆盖",国民能够得到基本的医疗保障。此后,随着 2009 年《关于深化医药卫生体制改革的意见》("新医改")的公布,"有效减轻居民就医费用负担,切实缓解'看病难、看病贵'"的近期目标得到进一步明确,卫生筹资的政府责任进一步得到加强。特别是随着全民医保目标的基本实现,以及城乡一体化的居民医疗保险制度(以下简称"城乡居保")的逐步建立,基本医保从"制度全覆盖"走向了更加公平可持续的"人群全覆盖"。此外,为了减轻"大病""重病"的医疗负担,自 2012年起,我国全面推动城乡居民大病医疗保险制度改革,并且各地也相继探索实施职工补充医疗保险,"因病致贫、因病返贫"问题得到更好缓解。总体来说,经过多年的发展,我国现已形成多层次、全方位的医疗保障体系(见图7-2),为满足人民日益增长的健康保障需求奠定了扎实基础。

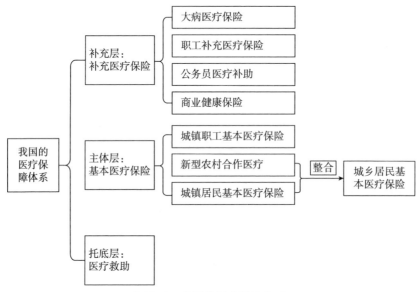

图7-2 我国的医疗保障体系

一、职工医疗保险制度的建立

在计划经济时期,保障职工医疗需求的是公费医疗和劳保医疗制度,其中公费医疗制度于1952年建立,覆盖范围仅限于各级国家机关、事业单位、民主党派、人民团体的职工和退休人员以及高等院校、中等专业学校在校学生和退伍在乡的二等乙级以上革命伤残军人。公费医疗的经费由各级财政预算安排。劳保医疗制度于1951年建立,面向国有企业、集体企业的正式职工及其供养的直系亲属。劳保医疗的经费由企业按照职工工资总额的一定比例在生产成本中列支。

20世纪90年代,随着减员增效的国有企业改革不断深入,大量职工下岗再就业。与此同时,已经实施40多年的公费医疗、劳保医疗制度在公平性和可持续性上的弊端不断凸显,如何建立一个与社会主义市场经济体制相适应的现代医保制度成了不得不思考的问题。

1994年,劳动部出台《关于职工医疗保险制度改革试点的意见》。同年,医疗保障改革史上著名的"两江试点"（江苏镇江、江西九江）启动。"两江试点"的主要内容是职工医疗保险费用由用人单位和职工共同缴纳，个人缴纳的全部和单位缴纳的一半资金进入个人账户，用于支付个人医疗费用，单位缴纳的另外一半进入社会统筹基金，用于全社会医疗统筹。"两江试点"为职工医保制度的实现形式和具体方法蹚出了一条新路。

1998年12月，在总结包括"两江试点"在内的各地医疗保险制度改革试点经验的基础上，国务院颁布《关于建立城镇职工基本医疗保险制度的决定》（以下简称《决定》），提出要适应社会主义市场经济体制，根据财政、企业和个人的承受能力，建立保障职工基本医疗需求的社会医疗保险制度。同时基本医疗保险的水平要与社会主义初级阶段生产力发展水平相适应；城镇所有用人单位及其职工都要参加基本医疗保险，保险费由用人单位和职工双方共同承担；基本医疗保险基金由社会统筹账户和个人账户构成，且实行属地管理。

第一，在覆盖范围上，根据《决定》，城镇职工基本医疗保险覆盖城镇所有用人单位，包括企业（国有企业、集体企业、外商投资企业、私营企业等）、机关、事业单位、社会团体、民办非企业单位及其职工，即所有的正规就业人群，都必须参加基本医疗保险。随着我国经济结构的深化调整，以非全日制、临时性和弹性工作等灵活形式就业的人员数量在逐步增加，为解决灵活就业人员的医疗保障问题，2003年劳动和社会保障部发布了《关于城镇灵活就业人员参加基本医疗保险的指导意见》，鼓励灵活就业人员自愿参加职工基本医疗保险。

第二，在资金筹集上，职工医保的保险费由用人单位和职工共同缴纳。用人单位缴费率应控制在职工工资总额的6%左右，职工缴费率一般为本人工资收入的2%，并可适时做出相应调整。此外，退休人员不缴费但享受医疗保险待遇。

第三，在基金管理上，城镇职工医保基金由统筹基金和个人账户构成。职工个人缴纳的基本医疗保险费全部计入个人账户。用人单位缴纳的基本医疗保险费分为两部分，一部分用于建立统筹基金，另一部分同样划入个人账户。划入个人账户的比例一般为用人单位缴费的30%左右。统筹基金和个人账户根据划定的各自支付范围，分别核算，不得互相挤占，且实行财政专户与"收支两条线"管理。2021年4月，国务院办公厅印发《关于建立健全职工基本医疗保险门诊共济保障机制的指导意见》，提出要改进个人账户计入办法，单位缴纳的基本医疗保险费将全部计入统筹基金，而所筹集的资金将用于多发病、常见病的普通门诊费用支付（门诊统筹）。

第四,在保障范围和待遇给付上,为了保障参保人的基本医疗需求,规范医疗行为,我国基本医疗保险支付实行目录管理,包括药品目录、诊疗项目目录和医疗服务设施目录("三大目录")。其中,药品目录实行"准入法"管理,即所列药品为基本医疗保险准予支付的范围;诊疗目录和医疗服务设施目录则主要采用"排除法"管理。职工医保的待遇给付包括三个方面:普通门诊、门诊大病和住院。职工医保实行"统账结合",即个人账户保小病门诊,统筹基金保住院和门诊大病。并且,医疗费用同样实行部分给付制。同时为防止个体过度使用医疗资源,出现道德风险行为,医保设计起付线和封顶线。只有当参保人使用列于"三大目录"中的医疗服务,同时只有高于起付线且低于封顶线的医疗费用才能获得医保基金的补偿。

二、居民医疗保险制度的建立

(一) 新型农村合作医疗的建立

新中国成立后,为了满足农村地区的基本医疗需求,我国建立了合作医疗制度,以及在此基础上著名的"赤脚医生"制度。在合作医疗下,农民们每年只需缴纳少量费用便可以享受全年的免费医疗。到1978年,合作医疗的覆盖率达到90%,成为我国60—70年代解决8亿农民基本卫生问题的组织与制度基础,并受到了国际社会的称赞。世界银行和世界卫生组织把我国农村的合作医疗称为"发展中国家解决卫生经费的典范"。联合国妇女儿童基金会在1980—1981年年报中指出,中国的"赤脚医生"制度为落后的农村地区提供了初级护理,为不发达国家提高医疗可及性提供了样本。然而,1980年以后,人民公社解体,家庭联产承包责任制推行,没有集体经济作支撑的合作医疗在全国各地陆续解体。1985年,卫生部决定停止使用"赤脚医生"称呼,规定所有村卫生员一律进行考试,考试合格者方可获得乡村医生证书,"赤脚医生"也退出了历史的舞台。

然而,在合作医疗制度日渐衰落的情况下,部分地区开始出现大范围的地方病和传染病,农村居民"因病致贫、因病返贫"的现象日益突出。为更好满足农村居民的医疗需求,2002年10月,中共中央、国务院公布《关于进一步加强农村卫生工作的决定》,提出逐步建立新型农村合作医疗制度。同年,国务院办公厅转发卫生部等部门《关于建立新型农村合作医疗制度的意见》的通知,标志着新型农村合作医疗制度的正式引入。所谓的新型农村合作医疗,是由政府组织、引导

和支持,农民自愿参加,个人、集体和政府多方筹资,以大病统筹为主的农民医疗互助共济的制度,具有如下基本特征:

第一,在参保方式上,以家庭为参保单位自愿参加。从理论上讲,社会医疗保障具有"强制性"原则,但"新农合"并没有强制参保,而是采取了农民以家庭为单位自愿参加的做法,体现了农村互助共济的合作意识,也表现了政府对农民意愿的尊重。

第二,在筹资上,以政府财政为主,同时个体缴纳少部分参保费,政府和个人的分担比例大致为3∶1。

第三,在保障标准上,以大病统筹为主,重点减轻农民因患大病造成的经济负担。

第四,在基金管理上,以县级单位为统筹单位进行属地管理,增强基金的风险化解能力。

(二)城镇居民基本医疗保险

自2007年以来,没有医疗保险制度安排的主要是城镇非从业居民,为了实现医保制度的全民覆盖,2007年7月国务院公布《关于开展城镇居民基本医疗保险试点的指导意见》,居民医保试点工作正式启动,全国选择了88个城市作为试点城市。2010年居民医保在全国全面推行。其主要特征如下:

第一,在覆盖范围上,主要是城镇非从业居民,包括"不属于城镇职工基本医疗保险制度覆盖范围的中小学阶段的学生(包括职业高中、中专、技校学生)、少年儿童和其他非从业城镇居民"。

第二,在筹资上,"城居保"的筹集主要来源于财政补贴和个人缴费,其中财政补贴占主要部分,两者分担比例大致为3∶1。同时对低保对象、残疾人等给予额外补助。

第三,在待遇给付上,"城居保"的保障重点同样为住院和门诊大病。总体上,"城居保"的保障水平要低于"城职保"。

(三)城乡居民基本医疗保险

受社会历史条件的制约,为了尽快实现人群全覆盖,我国基本医疗保险制度是根据人员身份进行设计的:城镇正式职工强制参加"城职保",并采用用人单位和职工个人共同缴费的方式;城镇常住居民可以自愿选择参加"城居保",并采用财政和个人共同筹资的方式;而广大农业户籍居民则可以自愿选择参加"新农合",由财政和个人共同分担保费。总体来说,三项医保的参保形式、筹资方式、缴费基数、待遇水平等均存在一定差异(见表7-1)。尽管这种设计理念加快了制度的普及速度,但是制度分割、人群分割导致了公平和效率的双重损失,并妨碍更加公平和更可持续的医保制度的建立。长期以来,关于打破参保的身份界限、整合医保制度的呼声层出不穷,其中,两项居民医保的筹资来源基本一致,待遇水平相差不大,成为制度整合的突破口。

表7-1 "城职保""城居保"以及"新农合"政策对比

	城职保	城居保	新农合
覆盖人群	城镇正式职工	城镇常住居民	农业户籍居民
参保形式	强制参保	自愿参保	自愿参保
筹资方式	用人单位+个人	财政+个人	财政+个人
缴费基数	与工资水平挂钩	定额筹资	定额筹资
分担比例	3(单位):1(个人)	3.5(财政):1(个人)	3.5(财政):1(个人)
人均缴费水平	4271元	777元	673元
人均支出水平	3378元	700元	645元

注:①分担比例通过整理《国务院关于建立城镇职工基本医疗保险制度的决定》《人力资源社会保障部、财政部关于做好2017年城镇居民基本医疗保险工作的通知》以及《国家卫生计生委、财政部关于做好2017年新型农村合作医疗工作的通知》等相关文件得到;②人均缴费水平和人均支出水平相关数据来自《中国卫生健康统计年鉴(2019)》。

2016年1月12日,国务院发布《关于整合城乡居民基本医疗保险制度的意见》(以下简称《意见》)。《意见》明确指出要打破医疗保障的户籍分割,逐步在全国范围内建立起统一的城乡居民基本医疗保险制度,并按照"筹资标准统一、待遇就高不就低、目录就宽不就窄"的原则实现覆盖范围、筹资政策、保障待遇、医保目录、定点管理以及基金管理的统一。一些地区为更好地保障参保居民的基本医疗需求,早在《意见》出台之前,就率先开展了医保一体化政策的试点。先行地区的医保一体化模式主要可以分为两种。一种是不分档次,所有城乡居民在履行一致的缴费义务后,享受完全相同的待遇水平,真正实现"六统一"。实行这种模式的主要有昆明、三明、广州、上海等市。另一种是根据原"城居保""新农合"的缴费与待遇标准,建立相应的两个档次,在此基础上城乡居民可以自愿选择参保档次。实行这种模式的主要有贵阳、济南、潍坊、宁波等市。①

三、大病保险

随着全民医保体系的初步建立，人民群众看病就医有了基本保障，但由于我国的基本医疗保险制度，特别是"城乡居保"的保障水平还比较低，人民群众对大病医疗费用负担重的反映仍较为强烈。为进一步完善城乡居民医疗保险制度，健全多层次医疗保障体系，有效提高重特大疾病保障水平，2012年8月24日，国家发展改革委、卫生部、财政部、人社部、民政部、保监会六部门联合发布《关于开展城乡居民大病保险工作的指导意见》，提出要全面开展城乡居民大病保险工作。所谓城乡居民大病保险，是在基本医疗保障的基础上，对大病患者产生的高额医疗费用给予进一步保障的一项制度性安排，可进一步放大保障效用，是基本医疗保险制度的拓展和延伸，以解决"因病致贫、因病返贫"的问题。大病保险制度具有如下典型特征：

第一，在资金来源上，大病保险基金将从城乡居民医保基金中划出，不再额外增加群众个人缴费负担。

第二，在保障范围上，与城乡居民医保相衔接。大病保险重点针对参保人患大病发生高额医疗费用的情况，对基本医保补偿后需个人负担的合规医疗费用给予保障。而高额医疗费用的标准可参照当地的居民收入水平进行设计。

第三，在保障水平上，为切实减轻城乡居民发生家庭灾难性医疗支出的风险，原则上大病保险实际支付比例应不低于50%，并按医疗费用高低分段制定支付比例。如江苏太仓设定医疗费用越高，大病保险支付比例越高，且上不封顶，以最大限度地减轻个人医疗费用负担。

四、医疗保险的支付管理

医保支付方式是医保经办机构向医疗服务供方购买服务的付费方式，选择合理的医疗费用支付方式是保证医疗资源有效利用、控制医疗费用不合理增长的关键。通常，根据医疗保险经办机构在医疗机构提供医疗服务之前，是否确定付费服务单元与标准，将支付方式划分为"后付制"和"预付制"两种。

"后付制"是医保经办机构不限定支付的总额，而是根据医疗机构一定时期

---

① 何文、申曙光：《城乡居民医保一体化政策缓解了健康不平等吗？——来自中国地级市准自然实验的经验证据》，《中国农村观察》2021年第3期，第69—70页。

内所提供的服务项目、数量及收费标准,向医疗机构付费的方式。其优点是简单易操作,且能够完全满足就诊者的医疗需求,缺点是容易诱导供方提供不必要的医疗服务,医疗费用控制难度大。目前,"后付制"主要有按服务项目支付和按服务单元付费两种形式。

而"预付制"是按事先核定的每项服务医疗费用总额向医疗机构进行支付的付费方式。其优点是可以有效控制费用,缺点是易引起医疗服务供给不足、推诿重症或者转嫁费用等问题,从而影响服务质量。"预付制"主要有总额预付、按人头付费、按病种付费(单病种、DRGs-PPS)三种形式。

"预付制"和"后付制"各有利弊,对服务医疗的数量、质量和效率会产生不同影响。在不同的支付方式下,医疗机构会立足自身利益,利用其专业技术优势和作为一个团体的博弈能力,通过改变支付单元的数量或者支付费用的方式即转化道德风险的表现形式,寻求利益最大化。表7-2总结了不同支付方式对医疗机构可能产生的约束和激励作用。

表7-2 不同支付方式的约束与激励作用

支付方式	原理	供方主动控费	增加就诊患者数量	推诿病人	分解服务单元
按服务项目支付	按医疗机构提供服务的项目和数量支付费用	否	是	否	否
按服务单元付费	以特定参数作为付费单元(如诊次、用药天数、住院床日等)确定付费标准	否	是	是	是
总额预付制	根据医疗机构的服务情况来计算医疗费用总额,并预先偿付服务费用	是	否	是	否
按人头支付	按照定点医疗机构服务对象的人数和规定的收费定额,预先偿付服务费用	是	是	是	否
单病种支付	以单一病种作为付费单元确定付费标准并预先偿付服务费用	是	否	是	否
DRGs-PPS	根据疾病诊断相关组制定支付标准并预先偿付服务费用	是	否	是	否

单一支付方式在保障参保人合理需求和控制医疗费用不合理增长上往往难以兼顾。因此,由多种单一支付方式组合而成的复合支付方式应能够取得更好的效果。自 2017 年国务院发布《关于进一步深化基本医疗保险支付方式改革的指导意见》以来,我国各地明显降低了按项目支付的付费比例,同时开始探索以按病种付费为主的多元复合医保支付方式。其中,按病种分值付费是将点数法、总额预付以及按病种付费三者巧妙结合的一种新型复合医保支付方式。

　　在按病种分值付费方式下,医疗机构每一次接诊住院患者所得到的医保支付额度将由该患者所患疾病对应的分值与分值单价两者共同决定。其中,每一病种的分值在年初给定并在该年度内保持不变,分值单价则在年末依据预算指标和所有医疗机构获取的总分值计算得到。也就是说,医疗机构每一次提供医疗服务所能够获得的医保支付额度实质上是给定的,尽管这个定额要在年末才具体知晓。因此,在这种支付方式下,医疗费用控制的压力从医保方转移给了医疗机构自身,医疗机构要想实现收益最大化,就必须尽可能降低每一诊次的成本,以在竞争中获得更大的净收益。早在 1999 年,江苏省淮安市便创造性地将 20 世纪五六十年代农村实行的"工分制"模式引入按病种支付。自 2004 年开始,淮安正式开始实施按病种分值付费,并取得了显著的效果。如政策实施后参保人的次均住院费用年均增幅仅 3.13%,远低于全国同期的 7.6%。[①] 淮安的做法吸引全国多个地区的借鉴和效仿,当前,已有广东、江苏、宁夏、江西、湖南等省(区、市)的多个市(地)级统筹区,因地制宜地推出了各自的按病种分值付费制度,且不断有新的城市加入这一行列。

五、生育保险的发展

　　《社会保险法》第五十三条规定:"职工应当参加生育保险,由用人单位按照国家规定缴纳生育保险费,职工不缴纳生育保险费。"第五十四条规定:"用人单位已经缴纳生育保险的,其职工享受生育保险待遇;职工未就业配偶按照国家规定享受生育医疗费用待遇。所需资金从生育保险基金中支付。"上述规定说明我国生育保险的范围覆盖了所有用人单位及其职工,并且扩大到了用人单位职工的未就业配偶。

[①] 《淮安首创病重分值结算破解医保支付难题》,https://www.sohu.com/a/148701342_114731,2022年9月17日访问。

(一) 生育保险的基金筹集

在我国,凡是与用人单位建立了劳动关系的职工,包括男职工,都应当参加生育保险。而用人单位按照国家规定缴纳生育保险费,职工不缴纳生育保险费。具体的缴费水平各地存在一定的差异,如在北京,企业按照职工缴费基数的0.8%缴纳生育保险费;在长沙,企业按照职工缴费基数的0.7%缴纳生育保险费。

(二) 生育保险的待遇

在我国,女性职工参加生育保险可享受生育医疗服务、生育津贴和产假三项保障待遇。

(1) 生育医疗服务。通常包括:①分娩所必需的检查费、接生费、手术费、住院费和药费以及妊娠围产期诊断、检查(技术常规规定的各项医学检查)的费用等;②流产术(含药物流产)、引产术的医疗费用(含技术常规规定的各项医学检查);③因实行计划生育,放置(取出)宫内节育器、皮下埋植术、绝育术、输精(卵)管复通术的医疗费用(含技术常规规定的各项医学检查);④因前两项引起的并发症,在产假期间第一次治疗的医疗费用和因第三项手术第一次治疗并发症的医疗费用以及因妊娠引起的并发症第一次治疗的费用。

(2) 生育津贴。女职工生育津贴标准由上年度用人单位职工生育保险月人均缴费基数和产假天数共同决定。生育津贴低于本人工资标准的,由用人单位补足。

(3) 产假。通常情况下,女职工生育产假为98天。男性职工参加生育保险也可以享受陪产假及津贴、计划生育手术费补贴等待遇。

(三) 生育保险基金管理

为了进一步强化基金共济能力,提升管理综合效能,降低管理运行成本,国务院办公厅印发《关于全面推进生育保险和职工基本医疗保险合并实施的意见》,文件规定2019年底前实现两项保险合并实施。具体包括:统一参保登记;统一基金征缴和管理;统一医疗服务管理;统一经办和信息服务;确保职工生育期间的生育保险待遇不变;确保制度可持续。自此,生育保险与城镇职工基本医疗保险基金将实施统一管理,管理效率将得到大大改善。

关键词

医疗保险　资金筹资　支付管理　生育保险

复习思考题

1. 医疗保险的定义及功能。
2. 比较英国的国家医疗服务体系与美国的商业医疗保险体系的异同。
3. 论述我国城镇职工和城乡居民医疗保险在覆盖群体、筹资来源、待遇水平等方面存在的差异。
4. 比较医疗保险费用"预付制"与"后付制"的特点。

第八章　长期护理保险

📖 **本章概要**

本章立足人口老龄化的现实背景,阐明长期护理保险制度建立的必要性,简要概括了长期护理保险的定义、特征、功能和原则,介绍了国外典型长期护理保险制度模式,并对我国目前长期护理保险制度试点情况进行了分析。

第一节　长期护理保险概述

20世纪70年代以来,随着人口老龄化趋势不断加深,老年长期护理也日益受到各国政府重视,建立长期护理保险制度逐步成为积极应对人口老龄化的国际共识。中国作为世界上最大的发展中国家,与西方发达国家一样面临人口老龄化日趋严峻、失能老人日益增多、家庭养老功能弱化和医疗护理费用上涨的现实困境,为积极有效应对失能人群的长期护理问题,从保障个体基本健康权益和促进社会可持续发展的角度来看,建立长期护理保险制度有着重要意义。

一、人口老龄化与长期护理保险制度

（一）人口老龄化程度加深,失能老年人口数量庞大

第七次全国人口普查结果显示,我国60岁及以上人口约为2.64亿人,占总

人口的 18.70%,其中 65 岁及以上人口约为 1.91 亿人,占总人口的 13.50%。① 近十年的发展过程中,我国人口年龄结构发生重要变化,0—14 岁、15—59 岁、60 岁及以上、65 岁及以上人口比重分别上升 1.35%、下降 6.79%、上升 5.44%、上升 4.63%。② 人口老龄化正在加速。

截至 2015 年,全国城乡失能、半失能老年人口占老年人口总数的 18.3%,达 4063 万人,失能、半失能老年人口数量较大,老年人总体健康状况不容乐观。③ 根据北京大学的一项人口学研究测算,中国 2020 年失能老龄人口达到 5271 万人,预计失能老龄人口在 2030 年将超过 7765.68 万人。④ 如何满足日益庞大的失能老年群体不断增长的照护服务需求成为社会各界关注的焦点。

(二) 家庭户规模继续缩小,家庭养老功能弱化

2020 年我国育龄妇女总和生育率为 1.3,已处于极低生育水平。第七次全国人口普查结果显示,我国平均每个家庭户的人口约为 2.62 人,相比第六次全国人口普查的平均每个家庭户的 3.1 人减少了 0.48 人。⑤

一方面,伴随人口老龄化,老年抚养比连续上升,家庭小型化使得"夹心层"家庭成员既承担了抚养儿女的责任,又承担了赡养老人的义务;另一方面,在科技快速变迁和竞争日益激烈的社会,家庭成员面临更多的生活和工作压力,对养老问题力不从心⑥,老年照料和护理成为更多小型家庭担忧的现实问题。尤其是农村年轻劳动力大量外流,空巢家庭日渐增多,对传统意义上的家庭支持功能造成冲击,因此加快建立长期护理保险制度已经刻不容缓。

(三) 老年人慢性病多发,医疗护理费用上涨

当前我国健康风险人群主要是中老年人,病程长和病情迁延不愈的慢性病是影响老年人身体健康的重要因素。高血压、颈腰椎病、关节炎、糖尿病和类风

---

① 《第七次全国人口普查公报(第五号)》,http://www.stats.gov.cn/tjsj/tjgb/rkpcgb/qgrkpcgb/202106/t20210628_1818824.html,2022 年 9 月 17 日访问。
② 同上。
③ 全国老龄办:《第四次中国城乡老年人生活状况抽样调查成果发布》,《中国老年》2016 年第 21 期,第 62 页。
④ Yanan Luo, Binbin Su and Xiaoying Zheng, "Trends and Challenges for Population and Health During Population Aging-China, 2015-2050," *China CDC Weekly*, Vol. 3, No. 28, 2021, p. 593.
⑤ 《第七次全国人口普查公报(第二号)》,http://www.stats.gov.cn/tjsj/tjgb/rkpcgb/qgrkpcgb/202106/t20210628_1818821.html,2022 年 9 月 17 日访问。
⑥ 韩振燕、梁誉:《关于构建我国老年长期护理保险制度的研究——必要性、经验、效应、设想》,《东南大学学报(哲学社会科学版)》2012 年第 3 期,第 38 页。

湿等慢性病患病风险将随着年龄增加而逐步提高。我国医疗护理费用支出日渐攀升。2020年全国卫生总费用达72 306.4亿元,人均卫生费用5146.4元。① 相较于2010年,虽然个人卫生支出占比由35.3%下降到27.7%,但人均卫生费用从1490.1元增加到5146.4元(见表8-1)。随着我国老龄化大潮的来临,医护费用的逐步攀升也将是未来社会发展的重大挑战。

表8-1 2010年和2020年全国卫生费用相关指标对比

	全国卫生总费用	政府卫生支出占比	社会卫生支出占比	个人卫生支出占比	人均卫生费用	卫生总费用占GDP比重
2010年	19 980.4亿元	28.7%	36.0%	35.3%	1490.1元	4.98%
2020年	72 306.4亿元	30.4%	41.8%	27.7%	5146.4元	7.12%

相关研究表明,我国60岁以上老年人的医药费用支出超过一生医药费用的80%,并且在人生最后6个月的医疗费用将达到一生中的最大值。② 将照护服务从医疗卫生服务中区分出来,并由长期护理保险支付相应费用,被认为是控制卫生总费用快速增长的合理途径。

二、长期护理保险的定义及特征

长期护理保险(Long-Term Care Insurance,LTCI)制度相较其他社会保险而言起步较晚,但在发达国家的发展较为迅速。20世纪70年代,为有效应对失能失智老年人的长期护理难题,德国、法国等发达国家相继建立了独具特色的长期护理保险制度,作为"年轻"险种的长期护理保险由此诞生。

(一)长期护理保险的定义

长期护理保险是在失能风险发生时,为被保险人提供经济补偿或护理服务保障的健康保险。各国有关组织和学者对长期护理保险的概念做了不同界定,但是长期护理保险定义的核心内容基本相同。

美国健康保险协会(Health Insurance Association of America)将长期护理保险定义为"对消费者在享受长期护理时发生的潜在巨额护理费用支出提供保障

---

① 《2020年我国卫生健康事业发展统计公报》,http://www.gov.cn/guoqing/2021-07/22/content_5626526.htm,2022年9月17日访问。
② 荆涛:《对我国发展老年长期护理保险的探讨》,《中国老年学杂志》2007年第3期,第296页。

的保险"①。美国寿险管理学会(Life Office Management Association)认为,"长期护理保险即保障因年老、严重疾病或意外伤害而需要在家或护理机构得到稳定长期护理照顾的被保险人,为其支付的医疗和其他服务费用进行补偿的保险"②。

我国学者对于长期护理保险的定义也与国外学者基本相同。

李琼等指出,"长期护理保险是,被保险人因功能丧失,生活无法自理,对需要入住康复中心或居家接受护理所发生的费用给予补偿的健康保险"③。刘子操、陶阳认为,"长期护理保险是针对身体衰弱不能自理生活,需要他人辅助日常生活的被保险人,提供经济保障或护理服务的保险"④。徐灿指出,"长期护理保险是保障被保险人住进护理机构或居家护理而发生的护理费用的津贴型险种"⑤。戴卫东认为,"长期护理保险,是通过发挥保险的风险共担、资金互助的功能,对被保险人因接受长期护理服务而产生的费用进行分担补偿的一种制度"⑥。荆涛认为,"长期护理保险是指对被保险人因年老、严重或慢性疾病、意外伤残等而身体功能全部或部分丧失,对入住长期护理机构接受长期康复和支持护理或在家中接受护理时支付的各种费用给予补偿的一种健康保险"⑦。

综合以上观点,本书认为长期护理保险是一种以产生稳定持续性护理服务需要为给付条件,针对因年老衰弱、严重疾病或意外伤害而日常生活活动能力受限的被保险人提供护理服务保障或经济补偿的保险制度安排。

(二) 长期护理保险的特征

1. 国家主体性

长期护理保险通常由政府作为责任主体,国家财政扮演担保人或直接责任人的角色,通过颁布法令保障保险制度的正常实施。国家通过测算确定保险缴

---

① Tom Legge, "Long-Term Care: Knowing The Risk, Paying The Price," *Employee Benefit Plan Review*, Vol. 51, No. 4, 1997, p. 50.
② Harriett E. Jones and Dani L. Long, "Principles of Insurance: Life, Health, and Annuities," *Journal of Risk and Insurance*, Vol. 12, 1997.
③ 李琼、吴琳、赵明浩:《让商业健康保险为老年人提供经济保障》,《上海保险》2003年第2期,第18页。
④ 刘子操、陶阳编著:《健康保险》,中国金融出版社2001年版,第98页。
⑤ 徐灿:《长期护理保险介绍及开发建议》,《中国保险管理干部学院学报》2000年第5期,第29页。
⑥ 戴卫东:《OECD国家长期护理保险制度研究》,中国社会科学出版社2015年版,第5页。
⑦ 荆涛:《建立适合中国国情的长期护理保险制度模式》,《保险研究》2010年第4期,第77页。

费比例和待遇支付比例的基本标准、制定失能等级评估标准等,以供各保险制度统筹地区作为参考标准。长期护理保险制度实施的根本目的在于保障和改善民生,维护社会稳定。

2. 筹资多元性

长期护理保险基金普遍按照以支定收、收支平衡、略有结余的原则运作,具有筹资来源多元化和筹资渠道多样化的特点。筹资渠道包括政府、企业、个人、社会捐助和基金运营收益等。具体筹资方式包括税收或征缴社会保险费等。

3. 服务保障性

长期护理保险服务保障功能的有效发挥是制度运转的重要环节。通常来说,失能群体尤其是老年人在需要护理照料时,享有护理服务比拥有护理保险金更为重要。[①] 德国、日本等国家采取"跟随医疗保险"的参保原则,通过长期护理保险提供护理服务,以便被保险人能够获得与基本医疗保险一样的服务保障。

4. 待遇特殊性

长期护理保险参保人通过缴费被纳入保险覆盖范围,但在获得保险服务上则不同于社会医疗保险服务对象的普遍性[②],而是具有特殊性。一般而言,被保险人需要连续参保和足额缴费,经过医疗机构或康复机构规范诊疗,失能状态持续数周或数月甚至更久,经申请通过失能评估认定,方能按规定享受相关保险待遇。

三、长期护理保险的功能

(一) 维护社会稳定,促进社会公平

长期护理保险将符合条件的参保群体纳入覆盖范围,努力构建覆盖普遍人群的长期护理保险体系,通过医养结合实现医疗护理和社会服务的有机整合[③],保障因年老衰弱或疾病伤残而失能的老年人充分享受护理服务或费用补偿。该保险积极回应老年群体的合理关切,保障老年群体得到生活照护,维持生命健康的基本权益,推动实现老有所养、病有所护,增进人民福祉,进而维系和谐安定,促进公平正义。

---

① 戴卫东:《长期护理保险的基本属性》,《社会保障研究(北京)》2015 第 1 期,第 180 页。
② 林闽钢主编:《现代社会保障通论》,中国社会科学出版社 2014 年版,第 181 页。
③ 孙洁:《论社会长期护理保险的目标与功能》,《中国医疗保险》2017 年第 3 期,第 9 页。

（二）调节收入分配，增进互助共济

社会保障在本质上是国家通过立法强制实施的为社会成员基本生活或遭遇风险时提供收入支持的一种收入再分配制度。长期护理保险制度通过在参保人身体健康时征收保险费，确保参保人在年老患病或伤残时能够得到资金偿付和服务保障，兼顾了持续性筹资和公平性待遇支付，存在激励效应与再分配效应。

（三）明确责任分担，化解养老风险

当前失能人口不断增加，医疗成本不断攀升，失能老年人及其家庭通常难以支付长期护理服务费用，个人或家庭养老保障的负担日益沉重。[①] 社会长期护理保险通过探索建立互助共济、责任共担的多渠道筹资机制，以减轻家庭护理费用负担，实现护理风险的社会共济。

（四）推动养老产业，促进经济发展

当前我国正处于人口老龄化的加速发展阶段，也正在积极构建居家社区机构相协调、医养康养相结合的健康养老服务体系，未来医、养、护资源将得到有机整合，与长期护理保险相关的大健康产业、养老产业将得到长足发展。人口老龄化为社会带来挑战的同时，也为经济发展带来了新的机会。

四、长期护理保险建立的原则

（一）独立筹资原则

坚持独立险种、独立运行是长期护理保险的本质要求。在资金筹集方面，应坚持独立筹资，正确处理与基本医疗保险基金、基本养老保险基金的关系；在基金管理方面，应单独建账，单独核算，遵循年度平衡、略有结余的现收现付制。不与已有的卫生保险项目混作一谈[②]，长期护理保险方能在建立之初就平稳运行。

（二）公平性原则

长期护理保险在重点保障失能失智人员享受长期护理服务的同时，应充分发挥社会保险风险分担的功能，坚持以人为本，做好与经济困难的高龄、失能老年人补贴以及重度残疾人护理补贴等政策的衔接工作。对城乡低保、失独、贫困家庭的参保人进行经济收入核查后，实行免费或低额缴费参保的政策，以惠及特

---

① 孙洁：《论社会长期护理保险的目标与功能》，《中国医疗保险》2017年第3期，第9页。
② 裴晓梅、房莉杰主编：《老年长期照护导论》，社会科学文献出版社2010年版，第47页。

殊家庭成员,体现公平性原则。

(三) 责任共担原则

合理划分筹资责任和保障责任是长期护理保险制度的基本要求,在多元主体参与保险制度的运行中,要明确政府、单位、个人和社会应承担的筹资责任,合理确定保障范围和待遇标准,建立起互助共济、责任共担的多渠道筹资机制,实现长期护理保险的良性发展。

(四) 可持续发展原则

长期护理保险在制度的发展过程中,应坚持可持续发展的原则,建立与经济社会发展水平相适应的筹资机制、待遇发放机制、动态调整机制以及评估机制,提升长期护理保险的保障效能和管理水平。

第二节 长期护理保险制度模式

在相关理论的指导下,并经过长期的实践探索,西方国家已经形成较为完善的长期护理保险制度体系。了解长期护理保险的理论基础,以及国外典型长期护理保险制度模式,对我国长期护理保险制度的建立和完善具有重要意义。

一、长期护理保险制度模式的选择

(一) 福利国家体制与长期护理保险制度模式[1]

哥斯塔·埃斯平-安德森将资本主义国家的福利体制划分为自由主义福利国家体制、社会民主主义福利国家体制和保守主义福利国家体制[2],一定程度上影响了长期护理保险制度模式的选择。

一是自由主义福利国家体制。该体制以资力审查式救助、有限的普遍性转移或社会保险计划为主导,采用市场运作的方式分配福利资源,将去商品化的程度降至最低,主要保障低收入和依赖国家救助的社会群体。典型代表是美国和加拿大等盎格鲁-撒克逊国家,对应的是社会救助型长期护理保险制度模式。

二是社会民主主义福利国家体制。该体制追求最高水平实现平等,强调平

---

[1] 张盈华:《老年长期照护:制度选择与国际比较》,经济管理出版社 2015 年版,第 97 页。
[2] 〔丹麦〕哥斯塔·埃斯平-安德森:《福利资本主义的三个世界》,苗正民、滕玉英译,商务印书馆 2010 年版,第 74 页。

等自由、团结互助,注重社会福利覆盖面,将所有社会阶层普遍纳入社会保险体系,具有高度去商品化和排挤市场的特征。典型代表是丹麦和瑞典等斯堪的纳维亚国家,与之对应的是国家保障型长期护理保险制度模式。

三是保守主义福利国家体制。该体制"法团主义"色彩浓厚,强调维持社会地位差异,公民权利附属于阶层和地位,社会再分配功能微弱。国家随时准备取代市场成为福利提供者,私人保险和职业附加福利居于边缘地位。典型代表是法国、德国和意大利等欧洲大陆国家,与此对应的是社会保险型长期护理保险制度模式。

(二)照护风险与长期护理保险制度模式①

张盈华等学者认为各国对于不同风险的认识差异,影响了该国对长期照护制度模式的选择。

第一,"自由主义福利"国家将老年长期照护视为"个人风险",照护风险的承受者为独立的个体,强调个人在应对长期照护风险中的作用,政府仅为有照护需求但又无力偿付护理费用的社会最底层人员提供基本照护服务。典型社会救助型制度模式的代表为美国和加拿大等盎格鲁-撒克逊国家。

第二,"家庭主义福利"国家将老年照护视为"家庭风险",强调老年照护由家庭成员承担。但是随着人口更替水平下降,政府开始改变把老年照护当作"家庭风险"的认识,逐步探索转为向家庭非正式照护提供津贴的社会互济型制度模式。典型家庭保障型制度模式的代表为西班牙和葡萄牙等地中海国家。

第三,"社会民主主义福利"和"保守主义福利"国家强调老年照护的社会互助共济,把老年照护视为"社会风险"。"社会民主主义福利"国家主要通过税收征缴的筹资方式为全体社会成员提供普惠型的老年长期照护保障,典型的普惠型国家保障制度模式的代表包括丹麦、瑞典、挪威和芬兰等国家。而"保守主义福利"国家"法团主义"色彩浓厚,深受阶层差距和地位差异的影响,形成依托社会保险运作的老年长期照护制度。一是通过强制缴纳社会保险费的筹资方式实行独立的普惠型老年长期照护制度,典型代表国家为荷兰、德国和日本等;二是将老年照护制度与社会医疗保险制度融合,在原有社会保险体系中增设照护服务支出项目,实行混合型老年长期照护制度,典型代表国家为法国、奥地利和比利时。

---

① 张盈华:《老年长期照护:制度选择与国际比较》,经济管理出版社2015年版,第25—33页。

(三) 筹资责任主体与长期护理保险制度模式[①]

根据筹资方式和责任主体,长期护理保险制度模式主要包括以下四种:

一是政府作为责任主体,以税收为支撑、以低收入群体为保障对象的社会救助型长期护理保险制度模式。参保人需要接受家计调查和失能等级评定,保障水平较低,典型代表为英国、加拿大和澳大利亚。

二是政府作为责任主体,以公共财政为依托,建立国家保障型的长期护理保险制度模式。受益对象为全体国民,具有较高的公平性和保障性,典型代表为丹麦、挪威、瑞典和芬兰。

三是依托法律来保证制度实施,筹资来源主要为政府财政、单位和个人缴费,实行社会保险型的长期护理保险制度模式。强调权利与义务对等、公平性和互济性的原则,保障参保人合法权益,受益对象主要为劳动者,典型代表为德国、日本和韩国。

四是由个人或个人所在单位通过缴费购买商业保险,实行长期护理保险制度的商业保险模式。保险公司作为责任主体,政府承担监管市场的责任,具有参保自愿性和非福利性,典型代表为美国和法国。

二、国外典型长期护理保险制度模式

不同国家的长期护理保险制度在产生背景、制度安排、内容设计等方面既有相似之处,也有各自的特色。对典型国家的长期护理保险制度模式进行分析,有利于探究各国制度设计的理论基础与演变规律,为我国长期护理保险制度的建立健全提供有益借鉴。

(一) 美国的长期护理保险制度

1. 人口背景

随着二战后"婴儿潮"一代逐步进入老年阶段,美国老年人口的比重不断增加。2020年美国65岁及以上老年人口占总人口数的比例为16.5%,约为5400万人。预计到2030年,65岁以上老年人口数量将增长至7400万人,而其中最需要照护的85岁以上老年人数量将增长更快。为满足失能老年人巨大的护理需求,美国建立了混合型的长期护理保险,其中公共医疗保障在社会护理体系中发挥了重要作用,主要包括医疗照顾计划(Medicare)和医疗援助计划(Medicaid)。

---

① 裴晓梅、房莉杰主编:《老年长期照护导论》,社会科学文献出版社2010年版,第47页。

商业长期护理保险也发挥着越来越重要的作用。

2. 发展演进

1965 年,美国开始实施医疗照顾计划,包括强制性的住院保险和自愿性的补充保险两部分,主要面向 65 岁及以上的老年人、特定残疾人、晚期肾病患者、某些公务员、非美国公民和特殊罪犯以及少数未满 65 周岁的人群提供服务,费用主要由联邦税收负担。同年,联邦政府依据《社会保障修正案》实施了医疗援助计划,提供包括机构照护在内的医疗护理服务,主要面向低收入的贫困 65 岁以上老年人、残疾人和幼儿家庭,费用由联邦政府和州政府共同承担。[①] 受各州经济水平限制,受助资格和服务设计往往存在地域差异。

虽然医疗援助为低收入者获得基础性长期护理服务提供了可能,但是削弱了家庭护理的作用,而且未能将广大中产阶级纳入保障范围。对此,美国政府 2010 年颁布《平价医疗法案》,即"奥巴马医疗法案",旨在通过法案的"社区生活援助服务和支持计划",建立自愿参加、按月缴费的公共老年长期护理保险,弥补医疗援助计划未能充分保障中产阶级长期护理需求的缺陷。[②]

3. 筹资来源

医疗照顾的强制性住院保险(A 部分)由雇主和雇员共同缴纳社会保险税,按工资税率的 2.9%,雇主和雇员分别承担 1.45%。自愿性补充医疗保险(B 部分)由参保人每月所缴纳的保险费和联邦政府提供的配套资金(联邦个人所得税)组成,其中参保人缴费占 26%,联邦政府财政支出占 74%。

联邦政府根据各州的人均国民收入水平确定匹配供款比例,供款率每年进行小幅调整。联邦政府财政支出比例通常为 50%—77.5%。

4. 待遇支付与服务提供

医疗照顾保障项目中的 A 部分必须满足住院 3 天以上、住院期间发生诊断或住院所需护理费、由于其他疾病需要的专业机构护理以及每种疾病的专业机构护理费不超过 100 天,方可进行护理费用报销。B 部分则需满足治疗性质的间断健康护理、治疗所需的护理费、出院后 14 天内接受护理、只能接受居家护理以及在医疗照顾保险定点家庭健康护理机构接受护理,方能进行护理费用报销。A、B 部分均属于医疗性护理的费用报销范畴,区别仅在于 A 部分的护理保障期限较短,B 部分则无护理期限。

---

① 戴卫东:《OECD 国家长期护理保险制度研究》,中国社会科学出版社 2015 年版,第 151 页。
② 李天俊:《美国长期护理保险体系的发展与启示》,《劳动保障世界》2020 年第 6 期,第 38 页。

医疗援助保障项目对于财产和收入符合参加标准的申请者,对其接受护理院护理和家庭健康护理的费用进行补偿,包括慢性疾病或意外损伤导致的长期护理和照护服务费用。但是联邦政府对各州医疗援助资助并非直接补贴给参保人,而是向长期护理服务的运营商提供护理费用补贴。①

(二) 瑞典的长期护理保险制度

1. 人口背景

1968 年,瑞典 65 岁以上人口仅占总人口数的 13.4%,而 2020 年 65 岁以上人口占比已达到 20%。② 受优越地理位置和自然环境、发达社会福利体系和完备医疗配套条件的影响,瑞典人口平均预期寿命居于世界前列,预计未来 65 岁以上老年人数量将快速增长。作为一个高税收、高福利的国家,人口老龄化导致劳动力减少,一定程度上导致纳税人口减少,对整个社会福利体系的良性运转带来挑战。

2. 发展演进

1957 年,瑞典出台《社会服务法案》,开始由市政府为需要接受居家照护的老年人或残疾人提供护理服务。20 世纪 90 年代,瑞典正式启动老年长期照护分权化管理,包括 1992 年"老年人的改革"和 1993 年《支持和服务法案》,由地方政府全面负责管理身体功能存在缺陷的老年人的照护工作。③ 进入 21 世纪后,受"在地养老"观念影响,瑞典政府开始鼓励社会成员由机构照护转向居家照护,机构照护服务使用者逐步减少,居家正式照护使用者逐步增加。④

3. 筹资来源

瑞典老年长期护理服务的资金主要通过市政府的税收征缴筹集,约占长期护理费用支出的 85%,剩余部分由个人缴费(3%—4%)和国家政府补贴(11%—12%)提供。虽然是采取国家保障型的制度模式,但是瑞典同样规定个人需缴纳部分费用,一定程度上避免个人对高档照护服务的过度利用,以维护公共利益。同时,各市政府有权根据每年护理服务提供的实际情况进行征缴比例动态调整。

---

① 何玉东、孙湜溪:《美国长期护理保障制度改革及其对我国的启示》,《保险研究》2011 年第 10 期,第 123 页。
② 《瑞典人口老龄化严重》,https://finance.sina.cn/2020-03-07/detail-iimxxstf6940993.d.html?ivk_sa=1023197a,2022 年 9 月 17 日访问。
③ 张盈华:《老年长期照护:制度选择与国际比较》,经济管理出版社 2015 年版,第 43 页。
④ 同上书,第 46 页。

4. 待遇支付与服务提供

对于拥有瑞典永久居民权且丧失生活自理能力者,中央政府根据护理服务使用者的财务和收入状况,制定相应的每月护理补贴支付上限,以充分保障有护理需求者均能得到护理服务的支持。另外,对于收入未超过预定最低生活水平的社会成员,可以享受全额免费的家庭护理服务。

瑞典老年长期护理服务主要包括家庭长期护理服务和机构长期护理服务。家庭长期护理服务主要提供助浴、穿衣、上下床、购物、洗衣、做饭等一般性日常居住管理,家庭医疗护理服务,个人安全预警和宜居住房改造等,同时为老年人提供必要的辅助设备。瑞典对于接受机构长期护理服务的老年人还会提供食宿费用补偿,近年来瑞典政府还实行了"安全居家"的机构护理新版本①,为居家老年人提供护理机构上门的专业服务。此外,瑞典政府还为刚出院者提供身体康复护理的短期介护服务,以作为对家庭护理服务的补充。

(三)德国的长期护理保险制度

1. 人口背景

1930年,德国65岁及以上人口占总人口比例达7%,标志着德国已进入老龄化社会。进入20世纪90年代,德国人口出生率持续下降,60岁及以上老年人口占比超过20%,带来了严重的老龄化危机,随之也带来了巨大的老年人长期护理需求。

2. 发展演进

1961年德国颁布《联邦社会救助法案》,为特别需要长期护理服务而又不能支付其服务成本者提供保障,通过以征税为基础的社会福利救助体系进行支付,服务受益范围相当有限。20世纪70年代,长期护理需求与日俱增,专业护理院成本成倍上涨,州政府在社会救助支持上面临巨大财政压力。同时,非正式家庭护理未能得到法律认可,部分老年人不得不前往护理院接受护理服务,由此产生的沉重护理费用无法得到偿付。对此,1994年德国联邦议院颁布《长期护理保险法案》,首先在居家护理服务中开始实施,随后覆盖至机构护理服务,长期护理保险逐步成为德国社会保障体系的"第五大支柱"。自2008年,德国开始对长期护理保险制度进行多次改革,力度最大的一次是2015年至2017年逐步实施的三部《护理保险加强法》,改革促进了保险给付受益人群的大幅度扩大,提升了居家护

---

① 于保荣等编著:《长期照护制度:国际经验与国内政策与实践》,中国金融出版社2018年版,第54页。

理比例,进一步改进了护理质量,但也增加了保险给付支出。①

3. 筹资来源

德国长期护理保险资金主要来源于社会保险费缴纳以及其他收入。有缴纳保险费义务的参保人将收入的1.95%用于缴纳护理保险费,若家庭成员收入未超过保险规定的月收入标准的1/7,则在保险期间免予缴纳保险费。在职者由雇员和雇主按50%的比例分担缴纳保险费。退休者由个人及其养老保险金按50%的比例分担缴纳保险费。失业保险金、失业救济金、迁入救济、生活费津贴和老年临时津贴领取者,由联邦劳动厅全额缴纳保险费。正在参加康复的人员由康复运营机构支付所有保险费。社会救济领取者由有管辖权的福利局支付保险费。医疗保险机构承担病假工资领取者的保险费。②

4. 待遇支付与服务提供

德国长期护理保险的待遇支付方式主要分为现金给付和实物给付两种类别,即护理津贴和护理服务,参保人可根据自身实际需求进行选择。老年长期护理的待遇支付取决于申请者护理需求的等级,由专业医生和医疗保险基金运营机构每两年评定一次。③ 根据患者需要的护理等级,护理程度从低到高,共划分为一级护理、二级护理和三级护理(见表8-2)。同时,长期护理保险机构还为需要护理者的家属或其他对义务护理工作感兴趣的国民提供免费护理技能的学习和培训机会。

表8-2 德国长期护理保险待遇支付标准④

护理等级	每天平均需护时间	每天平均基本护理时间	家庭护理提供护理费用最高金额(马克/每月)	自雇护理人提供护理津贴的总金额(马克/每月)	部分住院护理的费用(马克/每月)	完全住院护理的费用(马克/每月)
一级	≥90分钟	>45分钟	750	400	750	2000
二级	≥3小时	≥2小时	1800	800	1500	2500
三级	≥5小时	≥4小时	2800(特困者3750)	1300	2100	2800

---

① 苏健:《德国长期护理保险改革的成效及启示——以三部〈护理加强法〉为主线》,《社会政策研究》2020年第4期,第39页。
② 戴卫东:《OECD国家长期护理保险制度研究》,中国社会科学出版社2015年版,第50页。
③ 张盈华:《老年长期照护:制度选择与国际比较》,经济管理出版社2015年版,第86页。
④ 〔德〕霍尔斯特·杰格尔:《社会保险入门:论及社会保障法的其他领域》,刘翠霄译,中国法制出版社2000年版,第56—65页。

德国长期护理保险提供的服务主要包括门诊（居家）护理和住院（护理院）护理，分别由门诊护理服务机构和护理院负责。① 德国鼓励被保险人选择居家护理，让被保险人在熟悉的家庭环境中接受服务，减少重新适应护理环境的时间耗费。居家护理主要包括非正式护理服务和专业机构上门提供护理服务，而住院护理可根据被保险人需要护理的时间长短，划分为完全住院护理、部分住院护理和短期住院护理（见表8-3）。

表8-3 德国长期护理保险护理等级及其护理服务内容②

护理等级	护理服务内容
一级护理	明显需要护理者。在身体护理、膳食或者活动中对于一个或者多个领域中的最少两项日常事务每天至少需要一次援助和在家庭经济管理中每周必须附加几次援助的受保险人
二级护理	严重需要护理者。在身体、膳食或者活动中每天至少三次需要在不同时间给予援助和在家庭经济管理中每周必须附加多次援助的受保险人
三级护理	最严重需要护理者。只适合于在身体护理、膳食或者活动中1昼夜24小时都需要援助的人和在家庭经济管理中每周需要附加多次援助的受保险人

（四）日本的长期护理保险制度

1. 人口背景

日本厚生劳动省数据显示，2020年日本65岁以上老年人超过3610万人，占全国总人口的28.7%，老龄化程度高居全球第一位。伴随工业化和城市化进程加速，日本家庭成员平均数量从1980年的3.22人下降至2005年的2.56人，预计至2030年将下降到2.27人，家庭核心化持续演进，独居老人家庭逐渐增多。同时，日本战后民主化改革推动妇女解放，女性就业率提高，一定程度上动摇了家庭在老年人照料中的地位。因此，老年长期护理成为日本社会和政府日益关注的问题。

2. 发展演进

1989年日本卫生和福利省颁布《促进老年人健康和福利的十年规划战略》，

---

① 〔德〕蓝淑慧、〔德〕鲁道夫·特劳普-梅茨、丁纯主编：《老年人护理与护理保险：中国、德国和日本的模式及案例》，上海社会科学院出版社2010年版，第41页。

② 〔德〕霍尔斯特·杰格尔：《社会保险入门：论及社会保障法的其他领域》，刘翠霄译，中国法制出版社2000年版，第56页。

即"十年黄金计划",优厚的老年人健康和福利服务虽然增加了照护机构和护理人员数量,但只够满足老年人口照护需求的 50%。[1] 1994 年,日本国会通过"新黄金计划",试图扩大对居家失能老年人的各种服务支持,改善失能失智老年人的照护质量。然而,长期照护需求并未真正得到政策关注,新计划也未能充分发挥照护体系应有的作用[2],同时也给日本的财政支出带来巨大的压力。为此,日本政府尝试对长期护理体制进行改革,最终在 1997 年通过《关于创设护理保险制度的议案》,并于 1998 年颁布《介护保险法》,2000 年 4 月 1 日起正式实施长期护理保险制度。

3. 筹资来源

资金主要来源于参保人所缴纳的保险费以及中央政府和地方政府的财政支出。"第一号被保险人"若为年金收入者,保险费则从所得年金中直接扣除,其余"第一号被保险人"则自主进行缴纳,并由市町村征收。"第二号被保险人"的保险费通过医疗保险或国民健康保险追加征收,工资收入者的保险费由工作单位缴纳 50%和个人工资负担 50%;个体经营者的保险费由个人自主缴纳 50%和国库负担 50%。在中央政府和地方政府的财政支出部分,国库(中央政府)占 25%(20%为固定比例,5%用于高龄或低收入老年人较多的市町村的调整交付金),都道府县占 12.5%,市町村占 12.5%。

4. 待遇支付与服务提供

市町村区域内的 40 岁以上全体国民均属于长期护理保险的待遇保障范围。其中,只要被保险人年满 65 岁且有护理需求,即可提出申请获得保险权益;而 40—64 岁参保人的护理保障仅限制在患有肌萎缩性侧索硬化症、早老性痴呆症和晚期癌症等 16 种由身体机能老化衰退导致的疾病时才生效。

日本长期护理保险一般为实物给付,即直接向被保险人提供护理服务。主要包括三类:一是居家护理服务,即由家庭和社会共同向在家居住的被保险人提供的护理服务;二是社区护理服务,即通过社区服务设施向社区内的被保险人提供的小规模护理服务;三是机构护理服务,即被保险人入住专业护理机构,接受护理机构提供的专业医疗及护理服务。日本根据被保险人提出的申请进行护理等级认定,按照不同护理服务类型与不同护理服务级别,给予不等金额补偿(见表 8-4)。

---

[1] S. Sakamoto, "Development Process of Health, Medical and Welfare Policies for Elderly Care," in S. Sakamoto and T. Yamawaki, eds., *Development of Process of Health, Medical and Welfare Policies for Elderly Care*, Tokyo: Keiso Shobo, 1996.

[2] 裴晓梅、房莉杰主编:《老年长期照护导论》,社会科学文献出版社 2010 年版,第 33 页。

表 8-4　日本居家护理支付待遇标准

类别	利用设施日间护理		短期住院护理
	每日利用限度(日元)	每周利用限度(日元)	每半年利用时间限度(周)
要支援	61 500	14 200	1
要护理 1	165 800	38 300	2
要护理 2	194 800	45 000	2
要护理 3	267 500	61 700	3
要护理 4	306 000	70 600	3
要护理 5	358 300	83 700	6

日本长期护理保险提供包括保健医疗福利在内的综合服务，包含居家护理服务、特定设施服务和福利用具租赁或购买。居家护理服务包括日常生活起居看护照料、康复训练和健康管理等；设施服务包括特别护理安养院、老人保健设施和老人医院等机构的护理；福利用具租赁或购买包括轮椅、特殊床及其附属品等的租赁或购买服务。

三、国外典型长期护理保险制度模式经验借鉴

(一) 构建多层次的长期护理保险体系

在制度设计上，德国选择社会保险与强制性商业保险相结合，即个人收入水平低于强制医疗门槛的，必须加入强制性长期护理社会保险体系，高收入者则可以选择加入社会保险体系或购买强制性商业保险。美国既有社会性质的公共保障计划，也有商业性质的长期护理保险。考虑到我国社会经济分层状况以及经济发展状况，应探索建立多层次的长期护理保险体系，以满足人们多层次、多保障、全方位的长期护理保险体系。同时，应注重社会保险和商业保险模式的融合。[1]

(二) 完善与长期护理保险相关的法律法规

20 世纪 60 年代以来，日本政府便开始颁布《国民年金法》《老年人福利法》《老年人保健法》《介护保险法》，使老年人的养老、护理、保健等服务逐步完善并

---

[1] 荆涛、杨舒:《美国长期护理保险制度的经验及借鉴》，《中国卫生政策研究》2018 年第 8 期，第 20 页。

体系化。然而,目前中国只有《老年人权益保障法》一部专门的涉老法律,其他多为国务院及相关部委颁布的行政法规、部门规章等。虽然 2011 年颁布的《社会保险法》在促进老年医疗保健事业发展方面发挥了一定作用,但是并未真正解决老年人在护理服务方面的问题。为此,应尽快完善老年护理方面的法律法规,为老年人长期护理提供法律和制度保障。

(三) 增强对居家社区照护及非正式照护的支持

德国在不断完善长期护理保险制度的过程中,始终保持并强化着制度初建时的责任共担、居家护理优先等特色,而且国家有义务向亲属等非正式护理人员提供免费培训,使其提供的护理服务更加专业。我国绝大部分失能老人采取居家护理的方式,且多由家庭成员承担照料工作,这使得多数家庭不堪重负。因此,我国在制度安排上,也应增强居家社区照护及非正式照护服务的经济支持和服务支持。

(四) 加强质量监管,实现护理服务规范提供

瑞典护理质量保证系统主要依赖于自我规范、检查和上诉,尤其是在大部分需求者选择居家护理的前提下,机构护理需求的复杂性不断增加,分散式管理也存在着护理质量上的高变异风险。① 为此,需要从申请资格、需求评估、服务人员、服务质量、服务资质等方面设定统一执行标准,引入标准化的需求评估程序,逐步实现护理服务规范化;同时,建立服务人员最低准入规范,以固定形式的认证与再认证体系来规范养老院、护理机构等服务提供方进入市场和运作经营,使用护理指导方针和协议规范护理机构的服务行为。

第三节 我国长期护理保险制度试点情况

为有效应对人口老龄化导致的护理服务需求激增的趋势,确保在更大程度上建立健全面向失能失智群体的长期照护保障体系,2016 年 6 月 27 日,人力资源和社会保障部办公厅印发《关于开展长期护理保险制度试点的指导意见》(以下简称"80 号文"),选择 15 个城市作为首批试点②,正式开启长期护理保险的试点工作。2020 年 9 月 16 日,国家医保局、财政部联合印发《关于扩大长期护理保

---

① 于保荣等编著:《长期照护制度:国际经验与国内政策与实践》,中国金融出版社 2018 年版,第 59 页。
② 首批 15 个试点城市为:河北省承德市、吉林省长春市、黑龙江省齐齐哈尔市、上海市、江苏省南通市和苏州市、浙江省宁波市、安徽省安庆市、江西省上饶市、山东省青岛市、湖北省荆门市、广东省广州市、重庆市、四川省成都市、新疆生产建设兵团石河子市。

险制度试点的指导意见》(以下简称"37号文"),新增14个城市和地区以深入推进试点工作①,从参保对象、保障范围、资金筹集、待遇支付方面明确了扩大长期护理保险制度试点的政策安排。本书以第二批试点城市为例,对试点情况进行分析。

一、试点现状

(一)参保对象和保障范围

1. 参保对象

根据"80号文"和"37号文"的指导意见,试点阶段的主要参保对象为职工基本医疗保险参保人群。目前,第二批试点城市中,北京石景山和内蒙古呼和浩特将参保对象扩大至城乡居民和职工基本医疗保险的参保人群,天津、山西晋城等12个试点城市的参保对象仅覆盖职工基本医疗保险参保人群,后续将考虑地区经济发展水平、资金筹集能力和保障需要等实际因素进行调整。

2. 保障范围

长期护理保险制度试点期间重点满足重度失能人员基本护理保障需求,优先保障符合条件的失能老年人、重度残疾人。"37号文"明确指出"参保人需经医疗或康复机构规范诊疗、失能状态持续6个月以上,并经申请通过失能评估认定后"方可按规定享受待遇保障。盘锦、开封等试点城市明确指出"参保人应至少连续足额缴费满2年"方能申请获得长期护理保险待遇保障。

(二)资金筹集

1. 筹资渠道与筹资机制

在落实单位缴费上,南宁采取跟随城镇职工基本医保同步征缴,甘南采取定额缴费,其余试点城市的单位缴费部分均从缴纳职工基本医疗保险费中划转。在落实个人缴费上,北京石景山和内蒙古呼和浩特的城乡居民、河南开封和新疆乌鲁木齐的无个人账户参保人由个人自主缴费,其余试点城市的城镇职工均从基本医保个人账户支出。在筹资机制方面,天津和福建福州实行个人与单位共同缴费,其余试点城市多实行由个人、单位、财政补助或医保统筹的三方或多方分担的筹资机制。此外,天津、盘锦、湘潭、南宁和昆明均从职工基本医疗保险统

---

① 第二批新增14个试点地区为:北京市石景山区、天津市、山西省晋城市、内蒙古自治区呼和浩特市、辽宁省盘锦市、福建省福州市、河南省开封市、湖南省湘潭市、广西壮族自治区南宁市、贵州省黔西南布依族苗族自治州、云南省昆明市、陕西省汉中市、甘肃省甘南藏族自治州、新疆维吾尔自治区乌鲁木齐市。

筹基金结余中一次性定额或按比例划转基金作为长期护理保险的启动资金。

2. 筹资类型与筹资标准

北京石景山、天津等 7 个试点地区采取 100—360 元不等的定额型筹资；晋城、盘锦等 6 个试点城市采取按职工基本医保 0.25%—0.4% 的缴费标准，由单位和个人同比例分担的比例型筹资；呼和浩特采取城镇职工由单位和个人同比例分担以及城乡居民个人定额缴费和医保定额统筹，辅之以财政补助的混合型筹资。具体情况见表 8-5。

表 8-5 中国长期护理保险第二批 14 个试点地区筹资标准和筹资类型

试点地区	筹资标准	筹资类型
北京石景山区	城镇职工：单位缴费（医保统筹）90 元+个人缴费（个人账户）90 元 城乡居民：个人缴费 90 元+财政补助 90 元	定额型
天津	城镇职工：单位缴费（职工工资总额 0.16%）+个人缴费（市平工资 0.16%） 试点期间：单位缴费（医保统筹）120 元+个人缴费（大额医疗救助）120 元 启动资金：职工基本医保统筹基金、职工大额医疗救助资金各划出 5000 万元	定额型
山西晋城	城镇职工：单位缴费，按职工医保缴费基数 0.15% 按月从医保统筹划拨； 个人缴费（个人账户）：在职职工按职工医保缴费基数 0.15% 按月划拨；灵活就业人员按职工医保缴费基数 0.3% 按月划拨；退休人员按退休工资基数 0.15% 一次性划拨 财政补助：退休人员按退休工资基数 0.15% 从各级财政或彩票公益金补助划拨	比例型
内蒙古呼和浩特	城镇职工：单位缴费（医保统筹）0.2%+个人缴费（个人账户）0.2%+财政补助 10 元；退休人员按养老金的 0.2% 从个人账户资金中代扣代缴，无个人账户的由个人按养老金的 0.2% 按年度缴纳 城乡居民：个人缴费 10 元+医保统筹 50 元+财政补助 10 元	混合型
辽宁盘锦	在职职工：单位缴费（医保统筹）0.2%+个人缴费（个人账户）0.2%+财政补助 灵活就业：医保统筹 0.2%+个人缴费（个人账户）0.2% 退休人员：医保统筹 0.2%+个人缴费（个人账户）0.2%+财政补助 启动资金：职工基本医疗保险统筹基金累计结余 5000 万元	比例型

（续表）

试点地区	筹资标准	筹资类型
福建福州	在职职工：单位缴费（医保统筹）按职工医保缴费基数0.125%划拨 个人缴费（个人账户）按职工医保缴费基数0.125%代扣代缴 退休人员：按上年度拨付职工医保个人账户计算基数0.125%从个人账户划拨	比例型
河南开封	在职职工：单位缴费（医保统筹）60元+个人缴费（个人账户）60元 退休人员：个人缴费（个人账户）60元+医保统筹60元 经认定的特殊困难退休人员：个人缴费部分由财政补助60元/人/年 无个人账户人员：个人缴费60元+医保统筹60元	定额型
湖南湘潭	在职职工：单位缴费（医保统筹）0.12%+个人缴费（个人账户）0.12% 灵活就业：按上年度全省城镇单位就业人员平均工资基数0.24%缴纳 退休人员：按个人上年度养老退休金收入总额基数0.24%缴纳 启动资金：职工基本医疗保险统筹基金500万元	比例型
广西南宁	在职职工：单位缴费（医保同步征缴）0.15%+个人缴费（个人账户）0.15% 灵活就业：以个人当期职工医保缴费基数0.3%按月从医保个人账户扣缴 退休人员：以个人基本养老或退休金收入基数0.15%按月缴纳长护险保费启动资金：职工基本医疗保险统筹基金征缴保费7%划转备用金	比例型
贵州黔西南州	城镇职工：单位缴费（医保统筹）45元+个人缴费（个人账户）45元+财政补助10元	定额型
云南昆明	在职职工：单位缴费（医保统筹）0.2%+个人缴费0.2%（个人账户） 灵活就业：按基本医保缴费基数0.4%自行缴纳（医保统筹+个人账户） 退休人员：个人缴费（个人账户）0.2%+财政补助0.2%	比例型
陕西汉中	城镇职工：单位缴费（医保统筹）30元+个人缴费（个人账户）50元+财政补助20元 特殊困难退休职工：个人缴费部分（个人账户25元+财政补助25元）	定额型
甘肃甘南州	城镇职工：单位缴费120元+个人缴费（个人账户）120元+财政补助120元	定额型

(续表)

试点地区	筹资标准	筹资类型
新疆乌鲁木齐	城镇职工:单位缴费(医保统筹)0.1%+个人缴费0.1%(个人账户) 灵活就业:按上年度社会平均工资0.1%缴纳,个人缴费与医保同步征缴 退休职工:基本医疗保险缴费满最低缴费年限的,单位缴费部分不再缴纳 城乡居民:个人缴费40元(医保同步征缴)+财政补助20元	定额型

资料来源:根据中国长期护理保险第二批14个试点地区实施办法和细则总结整理。

(三) 待遇支付

1. 现金支付

山西晋城探索给予居家自主护理的参保人每日定额15元或30元的现金支付作为护理补助;贵州黔西南州探索为居家自主照护的参保人提供产品租赁服务,按最高不超过每人300元/月标准予以基金支付;陕西汉中探索对于居家接受指定团队人员、亲朋、专人等照护的参保人,按不超过450元/月标准予以补助。试点地区在探索现金给付方面的实践多为面向选择家庭照护的参保人,而在探索辅助器具租赁的现金补贴方面的实践较少(见表8-6)。

2. 服务给付

"37号文"对"鼓励使用居家和社区护理服务"做了政策补充说明,各试点地区可根据参保个体的实际护理等级需求,提供差别化护理服务的待遇保障方式。在具体实践探索中,内蒙古呼和浩特明确了按照职工和城乡居民不同参保群体的失能等级所对应的护理标准和服务项目,采取不同参保群体分级限额支付护理服务费用,超出部分由参保人自行承担的原则。

表8-6 中国长期护理保险第二批14个试点地区待遇支付类型与内容

试点地区	支付类型	内容
北京石景山区	服务	机构护理:90元/人/日,由基金支付70% 机构上门护理:90元/人/小时,每月上限为30小时,由基金支付80% 居家护理(家政护理员或亲属提供):60元/人/小时,每月上限为30小时,由基金支付70% 居家护理(护理服务机构提供):90元/人/小时,每月上门服务12小时,由基金支付80%

(续表)

试点地区	支付类型	内容
天津	服务	机构护理：70元/人/日，其中基金支付70% 居家护理：2100元/人/月，其中基金支付75%
山西晋城	服务、现金	居家自主护理：30元/人/日，由基金全额支付 机构上门护理：1500元/人/月，由基金支付70% 居家和机构上门叠加护理：居家护理为15元/人/日，由基金全额支付；机构上门护理为1000元/人/月，由基金支付70% 机构护理：100元/人/日，由基金支付70%
内蒙古呼和浩特	服务	城镇职工：按失能等级确定标准，机构护理为900—1800元/月；居家护理为750—1650元/月 城乡居民：按失能等级确定标准，600—1350元/月
辽宁盘锦	服务	机构护理：由基金支付70% 机构上门护理：由基金支付80%
福建福州	服务	对于符合规定的护理服务费用，基金支付水平不低于70%
河南开封	服务	护理机构：1900元/人/月，由基金支付65% 机构上门护理：1500元/人/月，由基金支付75% 居家自主护理：900元/人/月（基金支付参保人、护理机构各450元）
湖南湘潭	服务	医疗机构护理：二级及以上医疗机构为100元/人/天，一级及以下医疗机构为80元/人/天，由基金支付70% 养老机构护理：支付限额为50元/人/日，由基金支付70% 机构上门护理：支付限额为40元/人/日，由基金支付80%
广西南宁	服务	机构上门护理：由基金支付75% 定点机构护理：由基金支付70% 市外异地护理：由基金支付60%
贵州黔西南州	服务、现金	机构护理：1000元/人/月 机构上门护理：900元/人/月 居家自主护理：200元/人/月 居家和上门叠加护理：1100元/人/月 居家自主护理产品（辅具）租赁费：300元/人/月
云南昆明	服务	提供医养结合机构护理、养老机构护理、居家护理服务。以2019年度城镇非私营单位就业人员平均工资和城镇私营单位就业人员平均工资加权计算的城镇单位就业人员月平均工资的70%，作为待遇计发基数，月支付限额原则上不超过待遇计发基数的70%

（续表）

试点地区	支付类型	内容
陕西汉中	服务、现金	协议医疗机构：1200元/人/月，由基金全额支付 协议护理服务机构：1100元/人/月，由基金全额支付 机构上门护理：800元/人/月，由基金全额支付 居家指定团队护理：450元/人/月，由基金全额支付
甘肃甘南州	服务	以上年度全省私营单位在岗职工月平均工资的60%为月定额标准基数，机构护理由基金支付70%；居家护理由基金支付75%
新疆乌鲁木齐	服务	以自治区2019年全口径城镇单位就业人员平均工资50%作为待遇支付基础，确定待遇支付基准为2869元/月 城镇职工：全日居家护理（重度Ⅰ级由基金支付65%；重度Ⅱ级由基金支付70%；重度Ⅲ级由基金支付75%）；全日定点机构护理（重度Ⅰ级由基金支付60%；重度Ⅱ级由基金支付65%；重度Ⅲ级由基金支付70%）；定点机构上门护理（重度Ⅰ级由基金支付65%；重度Ⅱ级由基金支付70%；重度Ⅲ级由基金支付75%） 城乡居民：全日居家护理（重度Ⅰ级由基金支付50%；重度Ⅱ级由基金支付55%；重度Ⅲ级由基金支付60%）；全日定点机构护理（重度Ⅰ级由基金支付45%；重度Ⅱ级由基金支付50%；重度Ⅲ级由基金支付55%）；定点机构上门护理（重度Ⅰ级由基金支付50%；重度Ⅱ级由基金支付55%；重度Ⅲ级由基金支付60%）

资料来源：根据中国长期护理保险第二批14个试点地区实施办法和细则总结整理。

（四）服务提供

目前各试点地区基本形成以医疗护理服务机构护理、养老护理服务机构护理和社区居家护理为主的服务提供方式。在贯彻国务院办公厅《关于推进养老服务发展的意见》的基础上，晋城、开封、黔西南州等试点地区围绕居家和上门叠加护理相结合的服务提供方式展开新探索；南宁也就重度失能人员在南宁市外享受异地居住护理的配套方案进行探索。

各试点地区对于符合享受待遇条件的参保人，在协议定点护理机构或社区居家护理所发生符合规定的护理服务费用不设起付标准，并安排长期护理保险基金（按支付限额予以70%—80%标准支付）和个人（按支付限额20%—30%标准承担）按日或按月进行费用比例分担。盘锦根据失能评估等级，按不同比例设定基金支付标准。

（五）失能评估标准体系

2021年7月16日，国家医保局会同民政部联合下发《关于印发〈长期护理失能等级评估标准（试行）〉的通知》，主要对评估指标、评估实施和评估结果判定做了规定，专业评估量表由日常生活活动能力、认知能力、感知觉与沟通能力等3个一级指标和17个二级指标组成，形成了综合性评估指标体系。该通知要求试点地区各级医保和民政部门建立协作机制，协同探索建立评估效果的评价机制，研究新情况新问题，总结好经验好做法。① 统一失能评估标准的建立和实施，为长期护理保险的待遇享受和基金支付提供了明确依据。

二、基本成效

（一）覆盖范围逐渐扩大，享受待遇人数逐步增加，老年护理费用负担减轻

试点城市主要以城镇职工医保参保人员为参保对象，而青岛、南通、呼和浩特已覆盖职工医保和城乡居民医保参保人员。截至2020年底，首批15个试点城市和2个重点联系省份，参保人数达1.08亿人，累计享受待遇人数136万人。② 同时，国家医疗保障局数据显示，2020年长期护理保险基金支出131.4亿元，年人均基金支付约15737元。③ 目前，长期护理保险的国家试点城市增至49个、参保超过1.4亿人，累计160万失能群众获益，年人均减负超过1.5万元。④

（二）筹资主体责任分担更为明确，多方共担筹资机制初见雏形

按照保障基本、低水平起步的原则，各试点地区科学测算资金需求，合理确定本统筹地区年度筹资总额。明确职工参保人群筹资以单位和个人缴费为主，原则上按同比例分担，强调个人缴费责任。为不新增单位和个人负担，明确单位缴费可从职工基本医疗保险费中划出，个人缴费可使用自己的职工基本医疗保

---

① 《国家医保局办公室、民政部办公厅关于印发〈长期护理失能等级评估标准（试行）〉的通知》，http://www.gov.cn/zhengce/zhengceku/2021-08/06/content_5629937.htm，2022年9月17日访问。
② 《对十三届全国人大四次会议第8258号建议的答复》，http://www.nhc.gov.cn/wjw/jiany/202111/45b526590abe4845bac390e96fc7fc45.shtml，2022年9月17日访问。
③ 《2020年全国医疗保障事业发展统计公报》，http://www.nhsa.gov.cn/art/2021/6/8/art_7_5232.html，2022年9月17日访问。
④ 《多地试点扩面：社保"第六险"或加速铺开》，https://m.gmw.cn/baijia/2022-04-13/1302896524.html，2022年9月17日访问。

险个人账户。在划拨基本医疗保险基金的基础上,以单位和个人同比例分担缴费为主,辅之以财政补助、福彩体彩公益金和社会捐赠等的多方共担的筹资机制基本形成。

(三) 普适与个性护理服务逐步健全,服务项目和标准更为科学

各试点地区根据护理服务等级、服务提供方式等实行差别化待遇保障政策,积极探索使用居家和社区护理服务。同时,围绕协议护理机构提供机构护理服务和居家护理服务,制定对应护理服务项目套餐以供选择,并建立保险项目和标准动态调整机制。① 成都市医疗保险管理局制定《成都市长期照护保险失能照护服务项目和标准(失智)》,规定生活照护、安全照护、非治疗性照护、功能维护等4类一级指标服务项目和24项二级指标服务项目标准,为失能人员提供具有普适性的基础服务项目和必选固定项目。

(四) 社会力量积极融合参与,照护服务机构快速发展

各试点地区积极引入社会力量参与经办长期护理保险,逐步明确经办费用支出渠道。积极探索绩效评价、考核激励、风险防范机制,努力提高经办管理服务能力和效率。试点地区采用社会化经办方式,委托商业保险公司参与经办,积极发挥了社会力量作用,引导了相关行业规范发展。截至2020年,全国长期护理保险定点护理服务机构为4845个,护理服务人员数达19.1万人。②

三、未来展望

目前我国各试点地区在参保对象、给付条件、保障水平、筹资标准等方面存在较大差异。中国社会科学院世界社保研究中心关于长期护理保险试点探索和制度选择的研究指出,试点地区存在依赖医保基金进行筹资、保障水平有限且以重度失能人员为主、第三方经办机构的经办服务能力发挥不足、服务项目与护理需求脱节等现实问题。③ 与其他社会保险相比,尽管长期护理保险的地方性特征更为明显,但是在基本规范、使用参数、制度设计和制度模式等方面需要尽早做

---

① 孙洁:《我国长期护理保险试点的经验、问题与政策建议》,《价格理论与实践》2021年第8期,第23页。
② 《2020年全国医疗保障事业发展统计公报》,http://www.nhsa.gov.cn/art/2021/6/8/art_7_5232.html,2022年9月17日访问。
③ 张盈华主编:《中国长期护理保险:试点推进与实践探索》,社会科学文献出版社2019年版,第14页。

出统一的原则规定,否则随着试点地区扩大、持续时间延长,制度的路径依赖将越明显,制度公平性和可持续性将难以得到保障。①

(一) 完善长期护理保险制度体系

虽然各试点地区制度设计存在差异,但总体而言,试点地区多采用社会保险的制度模式,采取政府主导、社会化经办的方式,委托商业保险公司参与经办,积极发挥社会力量作用,引导相关行业规范发展。此外,商业护理保险作为长期照护保险体系的重要组成部分,应充分借鉴国外经验,有序推进我国商业长期护理保险的发展,满足群众多样化、多层次的护理需求。也应做好长期护理保险与现有的老年人福利政策、重残人员护理补贴、工伤人员生活护理费等政策的衔接。

(二) 完善长期护理保险制度的政策框架

在扩大试点的基础上,不断总结经验,逐步完善符合国情、体现中国特色的政策框架。重点完善筹资、待遇支付政策体系,继续探索多元化筹资模式及筹资方式。目前试点城市采取了定额筹资、比例筹资、混合筹资三种方式,从效率上看,比例筹资和混合筹资更具有长远优势;在支付标准上,应适度向居家和社区倾斜,引导保障对象优先利用居家和社区护理服务。建立统一的护理需求认定和等级评定等标准体系;完善服务质量评价、定点机构协议管理和费用结算等办法;深化管理服务规范和运行机制。②

(三) 将长期护理保险纳入老年健康服务体系建设

《国家积极应对人口老龄化中长期规划》提出建立和完善包括健康教育、预防保健、疾病诊治、康复护理、长期照护、安宁疗护的综合、连续的老年健康服务体系。健全以居家为基础、社区为依托、机构充分发展、医养有机结合的多层次养老服务体系,多渠道、多领域扩大适老产品和服务供给,提升产品和服务质量。因此,应将长期护理保险纳入老年健康服务体系建设,增强制度改革的系统性、整体性、协同性,适应我国经济社会发展水平和老龄化发展趋势。

---

① 郑秉文:《从"长期照护服务体系"视角分析长期护理保险试点三周年成效》,《中国人力资源社会保障》2019 年第 9 期,第 40 页。
② 《张瑾:社保"第六险"长期护理保险解决失能护理难题(三)》,http://nmg.zhonghongwang.com/show-167-5846-1.html,2022 年 10 月 20 日访问。

关键词

人口老龄化　长期护理保险　长期护理保险制度模式　筹资来源　长期护理保险制度试点

复习思考题

1. 简述我国建立长期护理保险制度的必要性。
2. 简述长期护理保险的基本概念、特征、功能和原则。
3. 试述我国长期护理保险制度试点的基本成效及今后的发展方向。

第九章 工伤保险

本章概要

本章主要讲解工伤保险的定义和功能、工伤认定、待遇给付、工伤预防、工伤康复等内容,并对国外典型的工伤保险制度模式进行了介绍,以期让学生对工伤保险有一个较为全面的认识。

第一节 工伤保险概述

一、工伤保险的定义

工伤保险,也称职业伤害保险,是指劳动者因工作发生伤害需要得到保障而设立的保险制度,其方法是由用人单位或者劳动者缴纳工伤保险费,集合形成工伤保险基金,当劳动者因工作受到意外伤害或者患职业病,由基金支付伤者的医疗康复费用,帮助伤者和由伤者供养的亲属维持基本生活。[①]

我国工伤保险制度是社会保险制度的重要组成部分,由国家通过立法强制实施,是国家对职工履行的社会责任,也是职工应该享受的基本权利之一。

[①] 孙树菡、朱丽敏:《新中国工伤保险制度六十年的发展变迁》,《河北学刊》2009 年第 6 期,第 1—6 页。

二、工伤保险的功能

工伤保险保障的对象是用人单位和用人单位的从业人员。用人单位的从业人员在劳动的过程中,难以避免可能受到不同情形的事故伤害,由于从事有毒有害作业,如果没有严格的保护,也可能身患职业病。工伤保险作为专门的制度,维护的是劳动者的职业安全与健康,同时帮助用人单位减轻因职工的事故伤害或者职业病带来的经费支出压力,减少不可确定的生产经营成本。随着工伤保险制度的不断发展,工伤保险的功能逐步完善,主要包括工伤预防功能、工伤补偿功能和工伤康复功能。

（一）工伤预防功能

随着工伤保险制度的实施,人们发现,尽管工伤保险制度设立的最初目的是支持已经遭受事故伤害的劳动者接受治疗与康复,但如果能够帮助劳动者提高预防意识和预防能力,使其避免受到事故伤害,或者在从事有毒有害作业之前做好充分的防护措施,减少职业病的发生,将工伤保险基金部分用于工伤预防,就能够提高工伤保险基金的使用效益,更好地保护劳动者和用人单位的利益。如安全帽的发明,其目的就是工伤预防,减少工伤事故的发生,减轻事故发生时劳动者遭受事故伤害的程度。[①]

（二）工伤补偿功能

由于劳动者发生工伤事故或患职业病会产生大量的医疗费用,工伤保险基金的设立主要用于这一开支。工伤保险的工伤补偿项目主要包括:工伤职工的医疗费用、住院伙食补助、生活护理费、伤残津贴、医疗补助金、伤残补助金、丧葬补助费以及供养亲属抚恤金等。内容比较丰富,既有一次性补偿,也有长期补偿,都是在制度设计时考虑到工伤职工的各种情况所做的安排。

（三）工伤康复功能

当工伤职工遭受事故伤害,为了尽量减少受伤者本人和社会的损失,工伤保险制度支持伤者尽最大可能进行康复治疗,以恢复身体机能,重返社会,重新走上就业岗位。根据工伤职工的康复需求,工伤康复又细分为工伤医疗康复、职业康复、心理康复,其核心是医疗康复和职业康复。通过康复治疗,工伤职工可以恢复独立生活、学习和工作的能力,重返家庭和社会,提高其生活质量。

---

① 乔庆梅:《职业伤亡预防:工伤保险制度的首要目标》,《河南师范大学学报(哲学社会科学版)》2010年第1期,第8—11页。

第二节　我国工伤保险制度内容

我国目前运行的工伤保险制度以《工伤保险条例》(下简称《条例》)为根本遵循。《条例》由国务院于 2003 年发布,2004 年 1 月 1 日起施行;2010 年,国务院对条例进行了修订,2011 年 1 月 1 日起修订版实施。根据《条例》,工伤保险制度主要包括以下内容。

一、覆盖范围

工伤保险覆盖全体有劳动关系的劳动者。《条例》明确规定,在中国境内的用人单位应该为其劳动者参加工伤保险。近年来,随着新的就业形态尤其是平台经济的兴起,平台与通过平台接单的劳动者之间的劳动关系问题没有进一步明晰,这部分劳动者暂时没有参加工伤保险,或者暂时未被工伤保险纳入其中,但已有部分地区开始探索解决新业态从业人员的职业伤害保障问题。[①]

二、工伤认定范围

根据《条例》第十四条的规定,职工有下列情形之一的,应当认定为工伤:

(一) 在工作时间和工作场所内,因工作原因受到事故伤害的;

(二) 工作时间前后在工作场所内,从事与工作有关的预备性或者收尾性工作受到事故伤害的;

(三) 在工作时间和工作场所内,因履行工作职责受到暴力等意外伤害的;

(四) 患职业病的;

(五) 因工外出期间,由于工作原因受到伤害或者发生事故下落不明的;

(六) 在上下班途中,受到非本人主要责任的交通事故或者城市轨道交通、客运轮渡、火车事故伤害的;

(七) 法律、行政法规规定应当认定为工伤的其他情形。

2019 年以来,在抗击新型冠状病毒肺炎疫情工作中,医护工作人员因工作受到感染,认定为工伤。

同时,根据《条例》第十五条的规定,职工有下列情形之一的,视同工伤:

(一) 在工作时间和工作岗位,突发疾病死亡或者在 48 小时之内经抢救无

---

① 王增文、陈耀锋:《新业态职业伤害保障制度的理论基础与制度构建》,《西安财经大学学报》2022 年第 2 期,第 74—83 页。

效死亡的;

（二）在抢险救灾等维护国家利益、公共利益活动中受到伤害的;

（三）职工原在军队服役,因战、因公负伤致残,已取得革命伤残军人证,到用人单位后旧伤复发的。

根据《条例》第十六条规定,职工符合《条例》第十四条、第十五条的规定,但是有下列情形之一的,不得认定为工伤或者视同工伤:

（一）故意犯罪的;

（二）醉酒或者吸毒的;

（三）自残或者自杀的。

根据《条例》的相关规定,工伤认定申请由所在单位自事故伤害发生之日或者被诊断、鉴定为职业病之日起30日内,向统筹地区社会保险行政部门提出,遇有特殊情况,经报社会保险行政部门同意,申请时限可以适当延长。若用人单位未按规定提出工伤认定申请的,工伤职工或者其近亲属、工会组织在事故伤害发生之日或者被诊断、鉴定为职业病之日起1年内,可以直接向用人单位所在地统筹地区社会保险行政部门提出工伤认定申请。[①]

三、劳动能力鉴定

劳动能力鉴定,是指劳动者因工负伤或非因工负伤以及患病等,导致本人劳动与生活能力受不同程度的影响,由劳动能力鉴定机构根据用人单位、职工本人或者亲属的申请,组织劳动能力鉴定医学专家,根据国家制定的标准和劳动保障的有关政策,运用医学科学技术的方法和手段,确定劳动者劳动功能障碍程度和生活自理障碍程度的一种综合评价工作方式。[②]

《条例》第二十一条规定,职工发生工伤,经治疗伤情相对稳定后存在残疾、影响劳动能力的,应当进行劳动能力鉴定。第二十三条规定,劳动能力鉴定由用人单位、工伤职工或者其近亲属向设区的市级劳动能力鉴定委员会提出申请,并提供工伤认定决定和职工工伤医疗的有关资料。

劳动能力鉴定标准是劳动能力鉴定时所依据的尺度,是确定工伤职工伤残等级的标准,由国务院社会保险行政部门会同国务院卫生行政部门等部门制定。目前,我国劳动能力鉴定标准共分十级,其中,符合标准一级至四级的为全部丧

---

① 胡京:《工伤认定的法律逻辑:法教义学的观察》,《西南民族大学学报(人文社会科学版)》2021年第8期,第55—61页。

② 郑晓珊:《工伤认定一般条款的建构路径》,《法学研究》2019年第4期,第119—135页。

失劳动能力,五级至六级的为大部分丧失劳动能力,七级至十级的为部分丧失劳动能力。工伤职工根据丧失劳动能力的不同程度,享受相对应的工伤保险待遇。①

四、工伤保险待遇

根据《条例》第五章"工伤保险待遇"的规定,工伤保险待遇有以下类型:

(一)医疗康复待遇:医疗康复待遇包括工伤治疗及相关补助待遇,康复性治疗待遇,人工器官、矫形器等辅助器具的安装、配置待遇等。

(二)停工留薪待遇:在停工留薪期内,工伤职工原工资福利待遇不变,由所在单位按月支付。

(三)伤残待遇:工伤职工根据不同的伤残等级,享受一次性伤残补助金、伤残津贴、一次性工伤医疗补助金、一次性伤残就业补助金以及生活护理费等待遇。其中既有一次性待遇,也有长期待遇。一次性伤残就业补助金由用人单位支付。

(四)工亡待遇:职工因工死亡,其直系亲属可以领取丧葬补助金、供养亲属抚恤金和一次性工亡补助金。

从工伤保险待遇的构成和责任分担来看,工伤保险待遇的相关规定体现了对工伤职工的救治、补偿和康复三个功能的结合,既分散了用人单位的工伤支付风险,同时强化了用人单位的安全生产责任。②

五、工伤保险缴费

我国现行工伤保险制度规定工伤保险费由用人单位承担,职工个人无须缴费。工伤保险的缴费按照行业风险程度实行差别化费率。③ 根据工伤事故发生的风险程度,可将行业划分为三类,不同行业工伤保险缴费费率及类别划分详情如下:

一类为风险较小行业(费率为用人单位职工工资总额的0.5%),如证券业、银行业、保险业等。

---

① 毛清芳、张桂芝:《工伤的法律救济制度研究——中国工伤保险制度的发展与完善》,《兰州大学学报(社会科学版)》2007年第4期,第107—112页。
② 郑晓珊:《工伤待遇外"剩余损失"之合理分配——以权衡工伤保险与民事赔偿体系为视角》,《政治与法律》2021年第6期,第147—161页。
③ 胡务、汤梅梅:《政府管制费率约束下工伤保险待遇的安全效应研究》,《经济管理》2019年第9期,第20—37页。

二类为中等风险行业（费率为用人单位职工工资总额的1.0%），如房地产业、环境管理业、娱乐业、农副食品加工业等。

三类为风险较大行业（费率为用人单位职工工资总额的2.0%），如炼焦及核心燃料加工业、石油加工、化学原料及化学制品制造业等。

不同工伤风险类别的行业执行不同的工伤保险行业基准费率，工伤保险行业基准费率细分为八档，各统筹地区略有差别，大致控制在该行业用人单位职工工资总额的0.6%、0.9%、1.2%、1.4%、1.7%、2.1%、2.4%、2.6%。统筹地区社会保险经办机构根据用人单位工伤保险费使用、工伤发生率、职业病危害程度等因素，确定其工伤保险费率，并可依据上述因素的变化情况，每1—3年确定其在所属行业不同费率档次间是否浮动。

第三节 我国工伤保险制度的发展

现代社会保险制度起源于工业化、社会化大生产，生产过程中最直接的工人权益就是工作伤害的保障问题，所以工伤保险是产生最早的社会保险险种。

一、新中国成立时期的工伤保险制度

1951年2月26日，中央人民政府发布《中华人民共和国劳动保险条例》，这是新中国第一部全国统一的社会保险法规，奠定了我国职工社会保险制度的基础。该条例在劳动保险待遇章节中规定了职工因工负伤、残废的待遇，形成了新中国最早的工伤职工待遇保障制度。1953年1月26日，劳动部发布《中华人民共和国劳动保险条例实施细则修正草案》，对劳动保险费的筹集，职工因工负伤、残废、死亡待遇和供养亲属待遇等进行了更加明确的规定。

二、工伤保险制度的逐步完善过程

跟随改革开放的步伐，我国工伤保险制度也逐步完善。1994年7月5日第八届全国人大常委会通过《中华人民共和国劳动法》，其中第七十三条规定，劳动者因工伤残或者患职业病依法享受社会保险待遇，以国家法律的形式保障了工伤职工及其亲属享受工伤保险权益。1996年，劳动部发布《企业职工工伤保险试行办法》，于当年10月1日实行。这一文件第一次将工伤保险作为单独的保险制度组织实施，对沿用了40多年的企业自我保障的工伤福利制度进行了改革，实现了工伤保险从企业保障到社会保险的转换。

2003年4月27日,国务院发布了《工伤保险条例》,标志着我国工伤保险制度进入新的发展阶段。《工伤保险条例》共八章六十四条,包括总则、工伤保险基金、工伤认定、劳动能力鉴定、工伤保险待遇、监督管理、法律责任和附则,自2004年1月1日起施行。此后,工伤保险各项政策措施不断完善,劳动保障行政主管部门相继出台了《工伤认定办法》《因工死亡职工供养亲属范围规定》《非法用工单位伤亡人员一次性赔偿办法》等一系列政策措施,进一步推进了工伤保险各项工作。

2010年12月12日,国务院颁发586号令,对《工伤保险条例》若干条目进行修改,并自2011年1月1日起施行,现行工伤保险制度按照此修订后的条例执行。根据《工伤保险条例》的规定,工伤保险的适用范围包括中华人民共和国境内的企业、事业单位、社会团体、民办非企业单位、基金会、律师事务所、会计师事务所等组织和有雇工的个体工商户。公务员和参照公务员法管理的事业单位、社会团体的工作人员因工作遭受事故伤害或者患职业病的,由所在单位支付费用,具体办法由国务院社会保险行政部门会同国务院财政部门规定。

此外,为解决特殊群体的工伤保险问题,工伤保险制度也进行了相应的扩充与调整。如根据农村劳动者的流动特点,为切实推进农民工参加工伤保险,2004年6月,劳动和社会保障部发出了《关于农民工参加工伤保险有关问题的通知》,提出了一些特殊的政策措施,包括用人单位可以为农民工先行办理工伤保险;用人单位注册地与生产经营地不在同一统筹地区的,可在生产经营地为农民工参保;农民工受到事故伤害或患职业病后,在参保地进行工伤认定、劳动能力鉴定,并按照参保地的规定依法享受工伤保险待遇;用人单位在注册地和生产经营地均未参加工伤保险的,农民工受到事故伤害或者患职业病后,在生产经营地进行工伤认定、劳动能力鉴定,并按照生产经营地的规定依法由用人单位支付工伤保险待遇;对跨地区流动就业的农民工,工伤后的长期待遇可试行一次性支付和长期支付两种方式,供农民工选择,实现农民工工伤保险待遇领取便捷化,方便农民工领取和享受工伤待遇。[①]

三、工伤保险制度的改革发展

2006年11月底,全国参加工伤保险人数达到10 030万人,成为继养老保险、

---

① 孙树菡、朱丽敏:《中国工伤保险制度30年:制度变迁与绩效分析》,《甘肃社会科学》2009年第3期,第59—65页。

医疗保险、失业保险后又一个参保人数过亿的社会保险险种。从《工伤保险条例》正式实施以来,中国的工伤保险新增参保人数连续三年超过 1500 万人,从 2003 年底的 4575 万人,三年增加了 5455 万人,翻了一番多。2006 年工伤保险基金收入规模也突破 100 亿元,享受待遇人数超过了 70 万人。

2014 年,《关于进一步做好建筑业工伤保险工作的意见》公布,提出不能按用人单位参保、建筑项目使用的建筑业职工特别是农民工,按项目参加工伤保险。项目参保的缴费方式为以工程项目造价中的人工成本为基数,按一定的缴费比例一次性缴费,保障时间从项目开工到项目验收完成,保障范围包括参与项目施工的所有人员。建筑业按项目参保完善了符合建筑业特点的工伤保险参保政策,大力扩展了建筑企业工伤保险参保覆盖面。

《2020 年度人力资源和社会保障事业发展统计公报》显示,到 2020 年末,全国参加工伤保险人数为 26 763 万人,年末工伤保险基金累计结存 1449 亿元。2020 年工伤保险基金收入 486 亿元,基金支出 820 亿元,全年有 188 万人次享受工伤保险待遇。全国新开工工程建设项目工伤保险参保率达 98%。

当前,数字技术革命对劳动生产关系产生了新的变革影响,原有以稳定劳动关系为前提的工伤保险制度不能适应劳动关系多元化发展的需要,工伤保险制度正在面临新的挑战。同时,生产技术和生产能力的不断提升,人们生活水平的不断提高,劳动安全意识和社会对劳动者生命安全与健康的更高追求,使得工伤保险工伤预防、工伤补偿、工伤康复三大功能的权重正在向工伤预防偏移,工伤保险制度正朝着更高的目标迈进。①

随着智能大潮的到来,新业态经济已成为稳定经济增长的重要动力,解决这部分行业的从业人员的工伤保险问题是未来社会保险发展的重要一环,需要从完善制度的高度积极探索加以解决。② 一是探索将新业态从业人员纳入工伤保险体系,有些地方拓宽了新业态从业人员的工伤保险参保通道,允许新业态从业人员以个人身份按月缴纳工伤保险,或由平台企业根据新业态从业人员的工作量代扣代缴。在发生重大自然灾害或疫情时,对坚守工作岗位的新业态从业人员给予同等关爱;对确实因工作受伤或感染的,给予特殊时期的工伤保险待遇。二是探索建立新业态从业人员的职业伤害保险制度。由于新业态的用工特点导

---

① 艾琳:《平台用工职业伤害保障探究——以网约配送员为例》,《社会科学战线》2021 年第 11 期,第 207—216 页。
② 李坤刚:《"互联网+"背景下灵活就业者的工伤保险问题研究》,《法学评论》2019 年第 3 期,第 140—151 页。

致对从业人员的工作时间、工作场所、工作原因难以确定,容易引起工伤认定的纠纷。① 因此,针对新业态从业人员、职业农民、传统灵活就业人员等非正规部门的从业人员,国家鼓励各地开展特定人群的职业伤害保险试点,根据这部分从业人员的现实需求制定职业伤害保险制度的参保条件、待遇标准,加快研究制定新业态从业人员职业伤害保险的缴费方式、认定规则、赔偿标准和运行方式,有些地方规定由企业按总业务量统一购买职业伤害保险,劳动者享有个人完成工作量部分的保障,为新业态从业人员提供了职业安全基本保障。②

第四节 工伤预防

工伤预防指事先防范职业伤害事故以及职业病的发生,减少事故及职业病隐患,创造和改善有利于健康的、安全的生产环境和工作条件,保护劳动者在生产、工作环境中的安全和健康。工伤保险制度初建时期是以工伤补偿为主,优先解决工伤职工发生事故伤害以后的待遇补偿问题;后来逐步发展到开展工伤预防和工伤康复的试点工作;截至目前,我国工伤保险已经建立了预防、补偿和康复相结合的保障体系。③

一、工伤预防的方式

工伤预防的方式主要分为两种:一是利用费率浮动政策激励用人单位履行安全生产主体责任,建立工伤预防工作机制;二是从工伤保险基金中提取一定比例的资金开展宣传与培训工作,提高用人单位和职工的工伤预防意识和工伤预防能力。

2003年公布的《关于工伤保险费率问题的通知》明确提出要合理确定工伤保险费率,促进工伤预防工作。根据该通知的要求,全国工伤保险各统筹地区大多数制定了工伤保险费率的浮动办法,采用行业差别费率和浮动费率机制,根据企业的风险和工伤事故发生的情况,对企业的缴费费率进行调整,从而激励和督促企业改善生产条件,提高安全生产意识,减少工伤事故和职业危害的发生,有

---

① 王一:《新业态背景下"企业—社会共享型"社会保险模式探索》,《社会科学战线》2021年第4期,第240—250页。
② 乔庆梅:《突发性公共事件应对中我国工伤保险的立法实践与决策选择》,《社会保障研究》2021年第6期,第35—42页。
③ 陶恺、胡炳志:《论我国工伤预防制度体系的建构策略》,《江汉论坛》2016年第6期,第139—144页。

效发挥工伤保险制度对工伤事故发生的预防作用。①

1996年颁布的《企业职工工伤保险试行办法》规定了工伤保险基金中事故预防费、安全奖励金、宣传和科研费等有关工伤预防的项目支出。2004年《工伤保险条例》实施后,广东、湖南、浙江、山西、河南等12个省市出台了有关工伤预防经费使用管理的政策文件,探索有针对性地开展预防工伤事故和防范职业病危害等工作。2009年,人力资源和社会保障部印发了《关于开展工伤预防试点工作有关问题的通知》,在广东、海南和河南3省的12个地市开展了工伤预防试点工作,2013年试点范围扩大到全国50个城市。2017年,《工伤预防费使用管理暂行办法》出台,该办法明确工伤预防费从工伤保险基金中开支,工伤预防费的使用主要包括宣传和培训两个方面,各省市一般将工伤预防经费设置为工伤保险基金收入的3%—5%。

二、工伤预防五年行动计划

2021年1月21日,人社部、工信部、财政部等八部委出台《工伤预防五年行动计划(2021—2025年)》,部署"十四五"期间全国工伤预防工作。该计划要求以习近平新时代中国特色社会主义思想为指导,全面贯彻党的十九大和十九届二中、三中、四中、五中全会精神,坚持以人民为中心的发展思想,完善"预防、康复、补偿"三位一体制度体系,把工伤预防作为工伤保险优先事项,通过推进工伤预防工作,提高工伤预防意识,改善工作场所的劳动条件,防范重特大事故的发生,切实降低工伤发生率,促进经济社会持续健康发展。

该计划明确了九项工作任务,体现了三大特点:一是提出了预防优先的理念,更加注重事前预防。从伤后保障到伤前防范的转向,体现了对人的关爱、对生命安全和身体健康的重视。二是建立了大预防的工作格局,更加注重齐抓共管。相关部门在其职责范围内积极发挥作用,覆盖预防工作全链条、各方面,为做好预防工作提供了机制保障。三是突出了重点行业重点企业重点人员,更加注重关键少数。②

《工伤预防五年行动计划(2021—2025年)》中确定当前围绕工伤事故和职业病高发的危险化学品、矿山、建筑施工、交通运输、机械制造等重点行业企业开展,同时将重点行业重点企业分管负责人、安全管理部门主要负责人和一线班组

---

① 乔庆梅:《基于工伤预防的工伤保险制度构建》,《中国劳动》2010年第6期,第18—20页。
② 朱丽敏:《工伤保险制度的可持续发展:从"控制成本"到"以人为本"》,《云南社会科学》2010年第4期,第70—75页。

长等重点岗位人员作为重点对象,实现培训全覆盖,通过抓住关键少数,带动工伤预防工作整体开展。经过五年的努力,实现工伤事故发生率明显下降,重点行业工伤事故发生率5年降低20%左右;工作场所劳动条件不断改善,切实降低尘肺病等职业病的发生率;工伤预防意识和能力明显提升,实现从"要我预防"到"我要预防""我会预防"转变的工作目标。

第五节 工伤康复

工伤康复是"三位一体"工伤保险制度体系的重要组成部分,指的是利用现代康复的技术和手段,为工伤职工提供医疗康复、职业康复等服务,最大限度地恢复和提高其身体功能以及生活处理能力、劳动能力,让其重返工作岗位的系统性服务。推进工伤康复是坚持以人民为中心,落实"以人为本"科学发展观、构建社会主义和谐社会的必然要求。

一、工伤康复的发展

工伤康复包括医疗康复、职业康复和社会康复。医疗康复是保证工伤职工全面康复的前提和基础;职业康复是医疗康复的发展和完善,是帮助工伤职工保持和恢复适当职业能力的必要途径,是开展工伤康复的核心;社会康复则是帮助工伤职工回归社会的重要措施。随着我国工伤保险参保人数的不断增加,工伤职工数量也越来越多,开展更加规范化的工伤康复既是工伤职工的现实需求,也是工伤保险立法宗旨的应有之义。①

工伤康复在我国具有十多年的发展历程。2007年劳动和社会保障部发布了《关于加强工伤康复试点工作的指导意见》,2008年劳动和社会保障部制定了《工伤康复诊疗规范(试行)》和《工伤康复服务项目(试行)》两个康复技术标准,2013年人力资源和社会保障部颁布《工伤康复服务项目(试行)》和《工伤康复服务规范(试行)》(修订版),2014年公布了《工伤保险职业康复操作规范(试行)》。这些文件为工伤康复提供政策依据,通过多年的发展,全国初步形成三种典型的康复服务模式(见表9-1):一是直接创办模式,由人力资源和社会保障部门自办专门工伤康复机构,一般采取公益类事业单位管理的方式,如广东省的工伤康复中心;二是协议管理模式,即工伤保险经办机构与各类康复医疗机构签订

---

① 杨思斌:《我国工伤保险制度的重大发展与理念创新》,《中国劳动关系学院学报》2011年第4期,第77—81页。

协议,为工伤职工购买康复服务,一般为各地的公办医院或康复医院,目前各地多数采取此种方式;三是联合创办模式,由人力资源和社会保障部门联合医院创办康复机构,一般由医院提供场地及技术人才,人力资源和社会保障部门投入设备及资金,双方共同管理,如济南市的职工工伤医疗康复中心。

表 9-1 工伤康复筹办模式比较

代表地区	模式	性质	优势	特点
广东省	直接创办	隶属人社厅 监管归属卫生厅	有效避免多头管理	系统专业,但耗资巨大
大部分地区	协议管理	签订协议,医疗监管	医院管理, 基金直接结算	无须投入,但监管力度不大
山东省 济南市	联合创办	医院提供技术人才及场地,人社局投入设备及资金	可理解为医院分部,联合共管	既有政策、资金保障,又有软硬件条件
总结	各有所长,但协议管理模式实施简便,投入不多,是最受各地欢迎的模式			

二、工伤康复面临的要点难点问题

一是理顺工伤康复各方主体责任。工伤康复涉及社会保险机构、康复机构、工伤职工及用人单位四方主体,要促进工伤康复有序发展,首先要理顺四方的职能职责,明确权利和义务,特别是社会保险机构与康复机构的协议管理关系,在现有工伤保险管理架构的基础上,完善管理体系,形成工作合力。

二是完善工伤康复政策和标准体系。工伤康复既是一项复杂的技术工作,更是一项系统的社会工程。完善的政策和标准体系是保证工伤康复持续发展的前提。在政策体系方面,包括工伤康复的资金保障政策、待遇保障政策、医疗康复一体化政策、再就业支持政策等。在标准体系方面,要根据工伤保险基金承受能力和收支平衡的原则,根据医疗规律,合理确定工伤康复待遇水平和技术标准。[①]

三是探索工伤康复早期介入机制。工伤康复可以帮助工伤职工最大限度地恢复生活和工作能力,并重返社会,同时也可以促使工伤伤残鉴定和补偿更加客观和公正。工伤康复介入得越早,对工伤职工生理功能的恢复越有利。

---

① 汤梅梅、胡务:《政府工伤预防管制困境及路径优化》,《湖南社会科学》2020 年第 2 期,第 86—94 页。

因此提倡积极的工伤康复理念,重视康复的早期介入,是我国工伤保险制度发展的趋势。可以通过广泛的宣传,提升工伤职工参与工伤康复的意识和自觉;通过政策刚性,形成"先康复后评残"的制度约束,引导工伤职工参与工伤康复;通过推进医疗康复一体化,让康复与医疗快捷对接,通过医疗手段实现早期介入。

四是加强工伤康复专门人才的培养。我国工伤康复起步较晚、起点低,康复基础设施薄弱、康复技术落后,康复专业人才也严重匮乏,这是影响工伤康复工作开展的重要原因。要尽快建立工伤康复人才培养机制,通过专业院校或研究机构开设工伤康复相关专业,依托国内外康复机构开展各类培训,全面培养工伤康复专业技术人才和管理人才,为工伤康复工作的推进提供人才保障。

五是完善再就业政策支持。对于工伤职工的就业,《工伤保险条例》明确了企业的责任,例如,一级至四级伤残的,保留劳动关系,退出工作岗位;五级、六级伤残,保留劳动关系,安排适当工作;难以安排工作的,按月发给伤残津贴;解除劳动关系的,用人单位支付一次性伤残就业补助金等。在目前就业存在较大压力的情况下,工伤职工通过康复虽然恢复了一定的职业劳动能力,但在体能上仍然难以与正常职工相比,重返工作岗位难度较大。因此,对康复后的工伤职工重返工作岗位或再就业尚需进一步明确扶持政策。

第六节 国外典型工伤保险制度模式

一、美国的工伤保险制度

美国工伤保险制度最早建立于1908年,当时适用于部分联邦雇员。之后工伤保险立法在各州迅速发展,到1911年已经有9个州通过了工伤保险立法;到1920年,大多数州均通过各州范围内的工伤保险立法。

(一)当前美国工伤保险制度构成

美国没有全国统一的工伤保险制度,全美为劳动者提供工伤保险待遇的保障方式有三种:一是私人保险(如商业保险公司的雇主责任保险),二是州政府实施的工伤社会保险,三是雇主的自我保险。各州既有强制性参保又有选择性参保。强制性的联邦工伤保险制度只针对联邦雇员、海岸和港口雇员、患尘肺病的煤矿工人、暴露于辐射下的雇员、能源业雇员、退伍军人、铁路雇员和商船队雇员等。允许选择性参保的只有新泽西州和得克萨斯州,在两州中,法律规定雇主有权选择是否需要参加工伤保险,但由于美国严格的雇主赔偿法律,即使法律允许选择参保的州,如新泽西州,雇主也几乎全部选择了为其雇员参加工伤保险;在得克萨斯州,选择为雇员参加工伤社会保险的雇主则在60%以上。[①]

(二) 美国联邦工伤保险主要立法及覆盖人群

美国联邦负责的工伤保险由劳工部工伤补偿办公室管理,主要负责四个法律规定的工伤补偿项目,为工伤、职业病患者及其家属提供工伤补偿津贴、医疗费用、职业康复和其他费用。不同劳动者的工伤保障由不同的法律规定和解决。

第一,《联邦雇员补偿法》。根据该法律的规定,邮政服务、海关与边境保护署、平等就业机会委员会、联邦调查局、社会安全局、药品管理局、国家税务局、交通安全管理局、司法局、内政局和国防部的300多万非军队雇员和邮政员工受该法规定的工伤保障制度保护。保障待遇包括收入损失补偿、工伤医疗、职业康复援助等待遇。具体由联邦雇员补偿处负责实施。

第二,《能源雇员职业病补偿法》。该法案由能源雇员职业病补偿处负责实施,为符合条件的能源部的雇员、前雇员、承包商与分包商及其家属提供相关待遇。

第三,《码头和港湾工人补偿法》。该法案覆盖的人群包括港口与海湾工人、其他航海工人以及一些私营企业的工人(包括在外大陆架从事自然资源采掘工作的工人、美国国防基地的雇员、与美国政府的国防或公共工程项目签约的公司的工人等)。

第四,《尘肺病福利法》。该法案为在煤矿工作患上尘肺病导致残疾的雇员提供补偿,由煤矿工伤补偿处负责实施。

(三) 美国工伤保险费率

美国的工伤保险费率实行差别费率和浮动费率相结合的方式,即手册费率和经验费率。其中手册费率类似于我国的行业费率,依据雇员所在行业的风险程度来确定。经验费率类似于我国的浮动费率,依据企业过去的工伤事故发生情况,制定经验费率,通常是每3年根据该周期内的工伤发生率调整一次,以激励雇主积极改善工作条件。除此之外,还有一些州在行业费率和经验费率确定后,会在已经测算确定的费率基础上通过打折的方式鼓励企业降低工伤事故。美国各州的费率标准各不相同,如根据2016年的工伤保险费率,各州中平均费率最高的是加利福尼亚州,为工资总额的3.24%;平均费率最低的是北达科他州,

---

[①] 周慧文、陈真:《美国工伤保险政府管制的初步分析》,《财经论丛(浙江财经学院学报)》2004年第1期,第66—70页。

为工资总额的 0.89%。各州之间的工伤保险费率差别较大,不同行业之间的工伤保险费率也是如此。

(四) 美国工伤保险待遇

就工伤保险的待遇内容看,世界各国大同小异。美国工伤保险待遇包括工资损失补偿、工伤医疗和遗属待遇、死亡赔偿等几个方面:

(1) 工资损失补偿。主要补偿劳动者因工伤而丧失的收入。包括:

① 暂时性伤残补贴。在大多数州,自发生工伤之日的 3—7 天后可得到工资收入补偿,最高可达工作时工资收入的三分之二,最长可享受 6 周。此外,约有 20% 的州会在此期间为依靠工伤人员供养的人(如子女等)提供补贴。

② 永久性伤残补贴。即伤残年金,包括完全伤残年金和部分伤残年金。大多数州会对完全伤残者提供相当于工资收入的三分之二的永久性伤残年金;而对于部分伤残,伤残年金水平则根据伤残等级确定。部分州会对需要日常护理的工伤人员发放终身或残疾持续期间的护理补贴。

③ 尘肺病年金。按照规定,尘肺病患者最后的雇主应为其发放数额不等的尘肺病年金,伤残年金的数额会随着尘肺病患者需要供养的人数而增加。

(2) 工伤医疗待遇。美国所有州均为工伤者提供工伤医疗费用,并且没有时间限制。

(3) 工亡者遗属待遇,即遗属年金。配偶可得到相当于工亡者工资收入的 35%—70% 不等的津贴;需要抚养的子女可得到相当于工亡者工资收入 60%—80% 的生活津贴。有的州还可以为工亡者的父母、兄弟和姐妹发放遗属年金。

(4) 一次性死亡抚恤金,各州数额不等。

此外,美国还非常重视工伤康复工作,在联邦工人补偿系统、州工伤补偿系统和社会保障残疾人保险项目中均有工伤康复相关项目,目的是促进工伤劳动者重新走上劳动岗位,通过提供包括医疗和诊疗服务、就业咨询、教育培训和工作安置协助等帮助肢体和智力损伤的残疾人回归工作。在 1988 年的《劳动力投资法》颁布后,各州成立了州劳动力投资董事会,通过职业介绍中心、职业康复办公室,为求职者提供参加技能培训和职业培训的机会,缩短劳动者因工伤而离开工作岗位的周期。

二、德国的工伤保险制度

德国工伤保险制度始于 1884 年的《工伤事故保险法》,经过一百多年的发展和演变,德国工伤保险制度一直都处于较为稳定的运行状态。

(一) 德国工伤保险的基本原则

一是劳动者社会保护原则。通过工伤保险,实现对劳动者的保护。当劳动者遭遇工伤,本人或其家人即可要求工伤保险经办机构支付工伤保险待遇,而不论其本人或他人在工伤事故中是否存在过错。

二是雇主赔偿责任免除原则。工伤保险待遇替代了雇主赔偿责任,雇主无须再承担工作事故和职业病的赔偿责任,劳动者也不再具有对雇主的损害赔偿请求权,将雇主从赔偿负担中解脱了出来。

(二) 德国工伤保险的覆盖范围

一是雇佣劳动者,即拥有劳动关系的劳动者。德国法律规定,劳动者从开始工作时起即受到工伤保险制度的保护,即使劳动合同无效,社会保险关系也不会因此而消除;社会保险关系的建立也不以雇主申报为前提,雇主是否为劳动者缴纳工伤保险费,也不影响劳动者工伤保险待遇的获得。

二是非雇佣劳动者,包括在工厂、培训基地、学校和其他类似机构中接受职业教育和培训的学徒,处于法律规定的考核或考试状态的求职者,在残疾人企业或在家中为盲人企业工作的残疾人,农场主、家庭作坊主、船主及其共同工作的伴侣等。

三是其他人员,当前德国工伤保险已经发展为包括托儿机构中的儿童、中小学生和大学生、公益事业工作者等。这些被保险人无须缴费,保险资金来自国家财政。

四是随着工伤保险覆盖面的扩展,原来不在法定被保险人范围内的人群,如企业主及其配偶、在企业经营场所停留的如律师和税务顾问等、在企业工作场地发生工伤的,可以享受工伤保险待遇;一部分不受法律约束参保的劳动者,如企业主,也可以自愿参加工伤保险。此外,满足某些从属性要件而被"视同为雇佣劳动者"的人群,如在监禁状态下从事劳动的囚犯,以及派往海外从事某些公务活动的人员等也可以享受工伤保险待遇。[①]

(三) 德国工伤保险的待遇内容

德国工伤保险的任务是通过所有适当的手段为被保险人在遭遇工作事故、职业病和其他与工作相关的健康风险时提供预防、康复和遗属保障,故德国的工伤保险待遇包括医疗、护理、现金待遇等,具体有伤残年金、遗属年金、工亡补助金、农场主经营补贴、家计补贴和停工留薪待遇。

---

① 乔庆梅:《德国工伤保险的成功经验》,《中国医疗保险》2015年第1期,第68—71页。

此外,工伤保险还为劳动者提供工伤、职业病预防服务,为工伤者提供医疗、恢复工作能力和重新参与劳动生活以及减轻损害后果而需要的各项康复服务。

(四)德国工伤保险的管理

德国工伤保险采取自治管理的方式,由各行业工伤保险同业公会经办管理,具体包括工商业工伤保险同业公会、农业工伤保险同业公会和公立机构的工伤保险同业公会。各同业公会中,按照行业统筹的方式,再设立不同行业的工伤保险同业公会。经过多年调整,德国各行业工伤保险同业公会的数量也在不断变化,总体而言处于合并的趋势。虽然工伤保险遵循自治管理的原则,但这些同业公会必须接受国家行政部门的监管,目前的社会保险监管部门是联邦社会保险局和联邦劳动与社会保障部。到2010年初,德国共有24家公立机构工伤保险同业公会、9家工商业工伤保险同业公会和8家农业工伤保险同业公会。[①]

(五)德国工伤保险制度的特色

除自治管理外,德国工伤保险制度的制度特色如下:

第一,预防优先理念。从法律到科研、从基金到技术、从制度建设到环节落实,工伤预防工作可谓不遗余力。德国在工伤预防方面实行国家工伤监察和工伤保险经办机构劳动安全技术监察并存的双轨制度,有力地保证了工伤预防效果。德国工伤保险制度致力于通过工伤预防效果的改善从根本上减少工伤保险基金用于工伤康复和赔偿的经费支出,减少年复一年的长期伤残待遇支出,进而降低制度运行成本。德国同业公会内部设有专门负责工伤预防的部门,而且每年都投入大笔资金进行工伤预防和该领域的研究。

第二,完善的工伤康复服务。工伤康复是德国工伤保险制度中继工伤预防之后的第二个重点内容,它的目标在于帮助工伤劳动者重返工作岗位,减少赔偿成本。在德国,工伤康复包括职业康复、社会康复和心理康复,这三种康复基本上同时进行。德国工伤保险同业公会则将自身定义为"安全专家、医生以及康复专家与劳动者"之间的桥梁,目的使劳动者能够获得更好的职业安全与健康服务、工伤医疗以及工伤康复服务。

三、日本的工伤保险制度

在日本,工伤保险又称劳动者灾害补偿保险,简称"劳灾保险",最早建立于1947年4月,保障对象为一般工薪劳动者。1947年9月,日本又建立了船员灾害

---

① 乔庆梅:《德国工伤保险的成功经验》,《中国医疗保险》2015年第1期,第68页。

补偿保险,其保障对象是各类船员。到 2001 年,上述两项制度合并为劳动者灾害补偿保险,由厚生劳动省负责管理。除此之外,日本先后于 1951 年 6 月和 1967 年 8 月,分别建立了国家公务员灾害补偿保险和地方公务员灾害补偿保险。

日本的工伤保险立法包括 1947 年颁布的《劳动基准法》《劳动者灾害补偿法》,1951 年颁布的《国家公务员灾害补偿法》和 1967 年颁布的《地方公务员灾害补偿法》。

(一) 日本劳灾保险的覆盖人群

日本的工伤保险几乎实现了全行业覆盖,包括雇主本人和在国外工作的日本职工,除了雇员不足五人的农业、林业、渔业企业的雇员可以自愿参保外,其他各行业雇佣劳动者均强制参保。

随着非正规就业群体激增,日本政府于 2016 年 9 月开始着手解决非正规就业者劳动灾害保险问题。2017 年 1 月,日本政府要求各地方政府及相关部门根据各地实际情况,进行调查并提出地方性的计划,制定各自的非正规就业者待遇改善计划。

(二) 日本劳灾保险待遇

一是工伤医疗待遇。日本工伤医疗待遇,称为疗养补偿给付,是劳动者因工作或通勤而负伤或患病,在接受治疗期间可获得的补偿,该补偿支付到伤病治愈或症状稳定为止。工伤医疗待遇支付工伤者接受治疗期间的全部必要医疗费用。

二是工伤补偿待遇。日本建立了独立的雇佣劳动者灾害补偿保险和国家及地方公务员灾害补偿制度,但却非常注重公务员与劳动者工伤保险制度间的公平。相对公平的待遇水平是日本劳灾保险制度持续发展的重要保证。[1] 具体工伤保险待遇内容见表 9-2。

表 9-2　日本劳动者灾害补偿保险与公务员灾害补偿保险待遇概况

分类	劳动者灾害补偿保险	公务员灾害补偿保险	
法律依据	劳动者灾害补偿法	国家公务员灾害补偿法	地方公务员灾害补偿法
保障范围	业务灾害、通勤灾害	业务灾害、通勤灾害	业务灾害、通勤灾害

---

[1] 乔庆梅:《从个性到共性:基于对工伤保险的国际比较》,《社会保障研究》2007 年第 2 期,第 202—210 页。

(续表)

分类	劳动者灾害补偿保险	公务员灾害补偿保险
补偿种类	疗养补偿、休业补偿、伤病补偿年金、障害补偿年金、障害补偿临时金、护理补偿、遗族补偿年金、遗族补偿临时金、丧葬补偿、障害补偿年金差额临时金、障害补偿年金预付临时金、遗族补偿预付临时金、二次健康诊断给付	疗养补偿、休业补偿、伤病补偿年金、障害补偿年金、障害补偿临时金、护理补偿、遗族补偿年金、遗族补偿临时金、丧葬补偿、障害补偿年金差额临时金、障害补偿年金预付临时金、遗族补偿预付临时金、失踪补偿（针对船员）等
其他服务	外科术后处理、辅助器具、康复、休业援助金、病后护理服务、奖学援助金、就业保育援助金、伤病特别支给金、障害特别支给金、遗族特别支给金、障害特别援助金、遗族特别援助金、伤病特别给付金、障害特别给付金、障害差额特别给付金、长期家庭护理援助金	

（三）日本劳灾保险费率

日本工伤保险实行差别费率和浮动费率相结合的费率制度，以支定收，全国统筹。

日本全部产业被划分为林业、渔业、矿业、建筑业、制造业、运输业，电、煤气、自来水及供热业和其他产业八大类，共细化为55个行业，按照工资总额的一定比例征收劳灾保险费；对于建筑工程，则按照建筑工程造价的一定比例（一般为20%左右）确定工资基数，再按照工资基数的一定比例提取工伤保险费。

浮动费率一般每3年调整一次，根据企业的性质，采用不同的浮动率。如针对生产经营企业，若前3年的业务灾害收支率（已得保险金/已缴保险费）超过85%，则工伤保险费提高；若前3年的业务灾害收支率低于75%时，则工伤保险费率下调，最高调整幅度为40%。

（四）日本劳灾保险的管理

劳灾保险实行垂直统一的管理体系。在国家层面，劳灾保险的管理由厚生劳动省的劳动基准局主导，具体由劳动基准局的劳灾补偿部负责劳灾保险工作；在地方层面，各都、道、府、县的劳动基准局均设置与中央业务对口的相应部门负责管理劳灾保险。日本通过厚生劳动省劳动基准局的工伤补偿部、各地劳动局劳动基准部的工伤补偿科、各地劳动局下属的劳动基准监督署这样一个上下贯通的管理机制，来保证全国一元化的工伤保险制度正常运营。[①]

---

① 石孝军：《日本工伤保险制度概览》，《中国社会保障》2007年第2期，第28—29页。

关键词

工伤保险　工伤预防　工伤康复

 复习思考题

1. 工伤保险的定义及功能是什么？
2. 我国工伤保险制度的具体内容包括哪些？
3. 工伤预防的主要方式是什么？
4. 我国工伤康复面临的要点难点问题有哪些？
5. 国外典型工伤保险制度模式有哪些？

第十章　失业保险

本章概要

本章主要讲解了失业和失业保险,并对国外典型的失业保险制度模式和我国的失业保险制度进行了介绍,以期学生对失业保险有一个较为全面的认识。本章首先对失业的概念、分类,失业率的测算,以及失业保险的概念和功能进行了介绍;其次,在对失业保险的基本框架进行阐述的基础上,介绍了国外典型的失业保险制度;最后,回顾了我国失业保险制度从新中国成立之初发展至今的三个阶段,并对我国失业保险的现状和问题进行了分析。

第一节　失业保险概述

一、失业的概念及界定

失业的概念有广义与狭义的区别。广义的失业是指劳动者和生产资料相分离,劳动者的主观能动性和潜能未能有效发挥的状态;而狭义的失业,则指处在法定劳动年龄阶段,有就业意愿和劳动能力的劳动者,失去有偿工作岗位的现象。[①] 经济合作与发展组织(OECD)对失业的界定即后者,失业是指超过特定年龄(通常为15岁),可以工作的人却没有从事有偿就业或自营职业的状态。对失

---

① 郑功成主编:《社会保障概论》,复旦大学出版社2005年版,第188—189页。

业者的界定通常以狭义的失业概念为基础。而我国认定的"失业者"指在法定劳动年龄(16岁至依法享受基本养老保险待遇)内,有工作能力,无业且要求就业而未能就业的人员;从事一定社会劳动,但劳动报酬低于当地居民最低生活保障标准的,也被视为失业。

对失业主体的认定有三个重要的要素:(1)目前不在有报酬的职业或自营职业中,即无工作;(2)本人当前可工作,具有劳动能力;(3)有工作意愿,采取各种方式积极寻找工作。① 判断一个不工作的人是不是真正的失业者并不容易。国际劳工组织(ILO)为测度失业提供了一套标准供世界各国参考。参照国际劳工组织提供的标准,对于以上要素,各个国家根据实际情况都有相应的指标和界定。对于第一个条件,许多国家采用"在过去的一周中是否从事1小时以上有收入的工作"作为标准指标。对于第二个条件,世界上大多数国家把15岁或16岁为始至退休年龄的人口界定为劳动年龄人口。许多国家和地区还采用"能否到岗"作为测量标准。对于"能否到岗",美国和加拿大界定为在指定的参考周(1周)内能够到岗;而欧盟则界定为调查周的未来2周内能够到岗(排除"生病""家庭个人事务""度假"情形)。对第三个条件,各个国家对"积极寻找工作"的界定也各有差异。由于三个条件操作标准的差异,在"学生""现役军人""暂时下岗人员""正在等待开始新工作的人""不计报酬的家务劳动者"是否被认定为失业者方面各国存在一定差异。

二、失业的分类

按照不同的划分标准,可以把失业分为不同的类型。如根据人们的就业意愿,可将其分为自愿性失业和非自愿性失业。根据失业原因的不同,可将其分为摩擦性失业、周期性失业、结构性失业和季节性失业等。根据失业的表现形式,可以分为公开失业和隐形失业。

(一) 自愿性失业和非自愿性失业

按照就业意愿的不同,失业可分为自愿性失业(Voluntary Unemployment)和非自愿性失业(Involuntary Unemployment)。自愿性失业是指劳动者自动放弃就业机会,而没有找到新的工作岗位的情况。自愿性失业归因于个人的决定,是一个人拒绝工作。非自愿性失业是指劳动者愿意接受现有的工资水平却仍无法找到工作的情况。非自愿性失业主要是由于个人所处的社会经济环境(包括市场

---

① 吕学静:《各国失业保险与再就业》,经济管理出版社2000年版,第3页。

结构、政府干预和总需求水平)。导致非自愿性失业的原因包括经济危机、产业衰退、公司破产或组织重组而被解雇。①

(二)摩擦性失业

摩擦性失业(Frictional Unemployment)指,人们寻找工作和找到工作之间存在时间差,工作与求职者之间供需特征之间不匹配导致的失业。新入或再次进入劳动力市场的求职者可能遭受摩擦性失业的困扰。信息不对称、劳动力流动的困难导致的摩擦性失业,表明了劳动力市场的动态性。无论何种时期都存在摩擦性失业。

(三)技术性失业和结构性失业

在形成失业的原因方面,技术性失业(Technological Unemployment)和结构性失业(Structural Unemployment)存在着一定的重叠。技术性失业通常是指技术进步、管理改善、生产方法改进等原因造成的失业。引进新的技术会导致工人被解雇,进而增加失业。结构性失业是指经济结构如产业结构、产品结构、地区结构的变动,引起了劳动力需求结构的变动,从而导致失业的现象。结构性失业是一种非自愿性失业,原有劳动力市场和经济的低效率,全球化以及产业技术革新是引发结构性失业的重要因素。②

(四)周期性失业和季节性失业

周期性失业(Cynical Unemployment)是指经济的周期性变动导致的失业。在经济发展过程中,经济的周期性波动不可避免。经济繁荣时,就业机会增多,失业率下降;经济衰退和萧条时,产品的生产和需求下降,导致对劳动力需求减少,失业率上升。③ 季节性失业(Seasonal Unemployment)是指由于生产条件或产品受气候条件、消费习惯的影响,生产者对劳动力的需求呈现季节性的波动而形成的失业。季节性失业有规律性、行业性,通常失业时间可预知。某些行业,如捕鱼业、流动性农业,易与季节性失业有关;季节性失业可能被视为一种结构性失业。

(五)公开失业和隐形失业

按照失业的表现形式,失业可分为显性失业或公开失业(Official Unemploy-

---

① John Taylor, "Involuntary Unemployment," in Steven Durlauf and Lawrence Blume, eds., *The New Palgrave: A Dictionary of Economics*, Palgrave Macmillan, 2008, pp. 566-573.
② 李珍主编:《社会保障理论》(第3版),中国劳动社会保障出版社2013年版,第259页。
③ 同上。

ment)和隐性失业或潜在失业或在职失业(Hidden/Covered Unemployment)。公开失业一般表现为劳动者没有工作,以失业人员到职业介绍机构进行求职登记为准,用失业率来反映。从形式上看,隐性失业者一般都有自己的劳动岗位,但他们的劳动能力和技术并没有得到充分发挥,劳动愿望没有得到最大满足。[①] 这样的状态也被称为"就业不足"(underemployment),这种现象/状态在官方的失业测量中通常未被关注,但它却意味着劳动力资源未被充分利用,所以受到经济学、管理学、心理学和社会学研究者的关注。

三、失业率的测算

失业率是反映一个国家或地区失业状况的主要指标。失业率是失业人数占劳动力(就业人数加上失业人数)的百分比即:失业率=失业人数/(就业人数+失业人数)×100%。为促进国际比较,一些组织,如经合组织、欧盟统计局和国际劳工比较计划,通常调整失业数据以保证各国之间的可比性。单个国家的失业率通常由国家统计局按月、季度和年度计算和报告。国际劳工组织描述了四种不同的统计失业率的方法[②]:

(1)劳动力抽样调查(Labour Force Sample Surveys):这是最常见的获取失业率的方法,可以提供较为全面的失业信息,并可以进行群组比较。通过这种方法获得的失业率最常被用来进行国际比较。

(2)社会保险统计数据(Social Insurance Statistics):通过参保人数和领取保险金的人数计算失业率。

(3)促进就业机构统计数据(Employment Office Statistics):对每月进入就业促进机构的失业人员进行统计。比如在德国,失业率是根据失业登记人数确定的。

(4)官方估算(Official Estimates):由其他三种方法中的一种或多种的信息组合确定。

我国对失业的统计有两种方式,其一是城镇失业登记制度,由城镇劳动部门根据《就业登记规定》统计失业人员,计算城镇登记失业人数;其二是调查的方

[①] Daniel Feldman, "The Nature, Antecedents and Consequences of Underemployment," *Journal of Management*, Vol. 22, No. 3, 1996, pp. 385-407.

[②] "Resolution Concerning Statistics of Work, Employment and Labour Nnderutilization," https://www.ilo.org/wcmsp5/groups/public/——dgreports/---stat/documents/normativeinstrument/wcms_230304.pdf,2022 年 9 月 23 日访问。

法,由我国人力资源和社会保障行政部门与国家统计行政部门联合展开,调查失业率=符合失业条件人数/全部常住经济活动人口的比例×100%。①

四、失业保险的基本制度类型

据国际社会保障协会(International Social Security Association)和美国社会保障署(Social Security Administration of the United States)的最新调查统计,在被调查的177个国家中建立了专门的失业保障制度的国家有81个,尚未建立失业保障制度或者未接受调查统计的国家有96个。失业保障制度的建立和发展与工业化发展进程及经济发展水平密切相关。欧洲绝大部分国家建立了失业保障制度,而非洲建立了独立的失业保障制度的国家极少。

现代社会的失业保险系统包含两大类制度化办法:一是保险模式;二是救济模式。保险模式与救济模式的本质区别在于:保险模式中失业者领取失业保险金是以缴纳失业保险费为前提,而且享受失业保险金的水平和期限往往也与缴费时间和缴费金额挂钩。这两种模式在享受资格条件、资金筹集和给付水平方面均有所区别。②

(一)失业保险模式

保险模式与救济模式的区别主要体现在对参保者缴费年限的要求上。失业保险模式可进一步分为两种。其一是国家立法强制实施的失业保险制度,这是目前使用最广泛的失业保障模式。强制失业保险由政府直接管理或委托一个机构负责管理,凡属于失业保险法覆盖范围的用工单位及劳动者都必须依法参加,雇主没有选择权。其二是非强制性的失业保险制度,这种模式允许劳动者自愿选择是否参加失业保险。失业保险由工会组织建立,政府提供资金支持,失业保险的管理一般由失业基金会负责。这主要是因为保险模式具有权利与义务相对等的优点,相比失业救济模式一般提供较高的待遇给付。

(二)失业补助/救济模式

这种制度模式有多种形式:一是由政府或雇主支付一次性失业救济金或一次性解雇费;二是对不具备享受失业保险条件的失业者提供低标准的失业救济;三是不具备领取失业保险金(失业津贴)条件的失业者可以申请失业救济,但要接受家庭经济状况调查,符合救济条件者才可以领取。与保险模式相比,其给付

---

① 孙光德、董克用主编:《社会保障概论》(第5版),中国人民大学出版社2016年版,第134页。
② 郑功成主编:《社会保障概论》,复旦大学出版社2005年版,第196页。

条件不是基于缴费年限,常常要建立在收入调查的基础上,以调查结果为依据,为失业者提供资助;其待遇水平通常也比保险模式下的给付水平低。这类制度严格来说并不属于社会保险。失业救济的目的在于使那些无权享受或不能继续享受失业保险金者得到保护,保障其最低生活水平。因此,失业救济对失业保险起着一种补充的作用。

五、失业保险的特征

失业保险制度是国家以立法的形式集中建立保险基金,为收入中断的失业者在一定时期内提供基本生活保障并促进其再就业的一种社会保险制度。[①] 失业保险具有强制性、互济性、救助性、社会性的特点。[②] (1)强制性是指国家通过颁布有关法律,对适用范围、资金来源、待遇标准、资格条件、管理机构及其职责,以及法律责任等内容做出规定,以国家法律和行政的强制力保证失业保险制度的实施。(2)互济性指失业风险分散在一个较大的范围内,实质在于通过在就业人口和失业人口之间的再分配来分散风险,体现了劳动者之间的互助互济。(3)救助性是指向暂时失去劳动收入的失业者提供物质帮助,保障基本生活。(4)社会性是指失业保险由国家和社会举办,保障整个社会的劳动者在遭遇失业的情况下维持基本生活并促进就业,促使劳动力资源配置优化和统一劳动力市场的形成,进而维护整个社会经济的顺利运行。

除此之外,作为一种具有专门目的和特定保障对象的社会保险项目,它的特殊性体现在[③]:(1)失业保障的前提是受保者丧失劳动机会,即其实施前提是劳动者失去工作机会,而不是失去劳动能力。丧失劳动能力的人通常享受其他社会保障而非失业保险。(2)失业保险针对的是非自愿性失业,比如结构性失业和技术性失业。失业保险为有就业能力和就业意愿的人提供保障,对于自愿失业者、拒绝劳动部门介绍工作的情况、拒绝就业培训的失业者,失业保险不予保障。(3)失业保险的待遇领取期限较短。失业对于有就业意愿的劳动者应是一种暂时现象。为促进劳动者积极就业,各个国家一般都规定了享受失业保险给付的期限。

---

① 孙光德、董克用主编:《社会保障概论》(第5版),中国人民大学出版社2016年版,第134页。
② 李珍主编:《社会保障理论》(第3版),中国劳动社会保障出版社2013年版,第263页。
③ 《社会保障概论》编写组编:《社会保障理论》,高等教育出版社2019年版,第309页。

六、失业保险的功能

失业保险制度的功能可体现在宏观和失业者个人两个层面。对失业者个人而言,其功能集中体现在保障失业者基本生活及促进再就业;宏观上则体现在稳定就业,促进社会经济稳定和合理优化劳动力配置。

(1) 保障失业者基本生活。失业保险机构通过向符合条件的失业者支付失业保险金或失业救济金,保障失业者在失业期间的基本生活。这一功能是失业保险其他功能的基础。

(2) 促进就业。失业保险还有促进就业的功能。通过对失业人员的培训,提升其自身素质,提高其在社会中的竞争能力,并积极为失业人员开展职业介绍等相关服务,促使其尽快重新就业。为了防止"失业陷阱",大部分国家对失业保险制度改革的趋势都是变消极的失业金补偿为积极的就业引导政策。失业保险制度的促进就业功能越来越被强调。在我国,自党的十八大以来,失业保险除了保障失业者基本生活以外,促进就业的作用亦明显增强,强调保障失业人员的基本生活、帮其实现再就业进而确保"稳就业"是满足人民美好生活需要的应有之义。[①]

(3) 稳定就业和预防失业。这一功能主要针对用人单位,指稳定劳动就业关系,通过对用人单位的支持,避免其因暂时的经济困难而解雇劳动者,从而达到劳动者就业稳定。许多国家都制定了有关稳定就业的制度,比如美国采用"差别税率"的方法,以企业解雇雇员的情况确定缴纳失业保险税率,从而约束企业的解雇行为,减少劳动者的失业风险。

(4) 维护社会稳定。失业保险缓解了失业给整个社会带来的冲击和震动,从而有利于维护社会的稳定和正常的社会秩序。在失业保险制度建立早期,劳资关系紧张,失业保险是缓和劳资矛盾的工具。以德国为例,作为现代社会保障制度的发源地,在1927年颁布了《失业保险法》。由国家出面实施的失业保险制度在设计之初的根本目的是缓和德国内部日益尖锐的劳资矛盾。[②]我国于20世纪90年代建立了失业保险制度,其最初目的是防止国有企业改革导致的大量下岗工人可能引起的社会不稳定问题,为经济体制转型起到"减震

[①] 张盈华、张占力、郑秉文:《新中国失业保险70年:历史变迁、问题分析与完善建议》,《社会保障研究》2019年第6期,第3—15页。

[②] 李珍、王怡欢、张楚:《中国失业保险制度改革方向:纳入社会救助——基于历史背景与功能定位的分析》,《社会保障研究》2020年第2期,第68—75页。

器"的作用。①

（5）保持经济稳定。失业保险具有平滑经济波动、调节有效需求的功能。失业保险能够在经济衰退时期维持经济的稳定。在经济衰退时期，领取失业保险金的人数会增加，失业保险金的发放维持了一定的消费需求，进而维持经济的稳定和发展。在经济危机期间增加失业金支出可以对降低失业率产生积极的效果。失业保险制度在数次经济危机时期，在应对高失业困境、抑制失业率的攀升、重振经济上发挥了不可替代的作用。②

（6）合理配置劳动力。失业保险可以让失业者在寻找新的就业岗位期间获得经济保障，使其有条件寻找与自己的兴趣、能力尽可能相符合的工作岗位，从而有利于劳动力的合理配置；它同时可以促使企业等用人单位制定合理的人力资源决策，也有利于劳动力的合理配置。③

第二节　国外典型的失业保险制度模式

一、失业保险基本框架

尽管不同国家的失业保险制度的类型不尽相同，但其基本内容却大致是相同的，主要包括覆盖群体范围、受益条件、给付水平、给付期、筹资模式和管理模式等。

（一）覆盖群体范围

失业保险的覆盖范围是指向哪部分群体提供失业保障。从失业保险的发展历史来看，各国的失业保险覆盖群体逐步扩大，正从"正规部门"劳动者向"全部劳动年龄人口"扩展。④ 在失业保险制度建立之初，工会组织的自愿保险项目的覆盖群体主要集中在正规劳动部门，限于参加正式的经济劳动工作的、具有稳定职业的劳动者，而临时工、灵活性就业人口常常被排斥在失业保险之外。

随着社会经济的发展、产业结构的变化以及世界各国对失业理解的变化，失业保险的覆盖范围逐步扩大。许多自雇人员、季节性就业者被纳入自愿或强制

---

① 蒋万庚：《论失业保险功能的反思与定位》，《广西大学学报（哲学社会科学版）》2020年第6期，第95—98页。
② 李珍、王怡欢、张楚：《中国失业保险制度改革方向：纳入社会救助——基于历史背景与功能定位的分析》，《社会保障研究》2020年第2期，第68—75页。
③ 郑功成主编：《社会保障概论》，复旦大学出版社2005年版，第196页。
④ 同上书，第197页。

失业保险体系。比如,澳大利亚、德国、西班牙的自雇人员可自愿参加本国失业保障体系;法国将建筑工人、码头工人、海员等纳入专门的失业保险体系。① 失业保障范围的宽窄,不仅反映了一国经济发展水平的高低,也体现了一国社会保险政策的目标选择。②

(二) 受益条件

失业津贴可用于满足失业者失业期间基本的生活支出需要。一般来说,失业保险的领取者都要求:(1)处于法定劳动年龄范围(一般是16岁至退休年龄),超过劳动年龄的劳动者一般领取养老保险金而非失业保险金。(2)处于失业状态(或低于一定的工作时数),失业者属于非自愿失业。(3)有劳动能力且有劳动意愿。各国一般都要求失业者到失业保险机构登记,并要求接受职业培训和就业介绍;对于拒绝再就业培训或合适就业机会的失业者一般会被取消其领取失业保险金的资格。(4)对于领取失业保险或缴费型失业/就业津贴,通常要求失业者在失业前已经有最低期限的缴费记录。各国对缴费期限规定各有不同。比如,德国的强制性失业保险项目的给付条件为,在失业前30个月至少有12个月的失业保险缴费。瑞典的自愿性失业保险领取者也要求缴纳失业保险一年。英国求职者津贴也要求失业者缴纳两年的国民保险供款。法国规定的缴款期限较短,失业者须在失业前18个月内,缴纳4个月保险费。(5)以收入为依据的失业救济金项目(非严格意义上的失业保险)主要对家庭收入、资产进行规定,一般要进行家庭收入和资产的审查。

(三) 给付水平

失业保险的给付水平是按照法律规定对失业人员失业期间给予的物质帮助的水平或数额。③ 具体来说,失业保险金给付标准的计算方法基本上有三种:(1)薪资比例法。失业保险金与失业者在失业之前的工资收入挂钩,以失业之前工资收入的一定比率给付保险金,这个比率称为失业保险金替代率。比如,瑞典的失业相关保险项目就是按照失业者原收入的70%—80%的比例给付失业保险金。(2)固定数额法。以社会的平均工资或最低工资标准的一定比例,对失业者发放固定数额的失业保险金。澳大利亚的青年津贴和求职者津贴都是提供固定数额的失业津贴。(3)混合法。结合薪资比例法与固定数额法给付失业保

---

① 郝君富、李心愉:《失业保险制度机制设计的国际比较与启示》,《兰州学刊》2018年第8期,第173—185页。
② 丛春霞、刘晓梅主编:《社会保障概论》,东北财经大学出版社2008年版,第264页。
③ 《社会保障概论》编写组编:《社会保障概论》,高等教育出版社2019年,第312页。

险津贴。比如法国的 1979 年失业保险制度规定,失业者可领取 42%的原工资,再加上每天 22 法郎的失业津贴。

失业保险的给付水平是体现失业保险慷慨程度的重要方面。失业保险的受益水平过高,则不利于促进失业者积极求职再就业,易造成失业陷阱;受益水平过低,则不利于满足失业者的生活需要,易带来贫困问题。失业保险的给付水平高低与失业者的就业期、失业前工资水平、家庭资产和国家经济发展水平都密切相关。

失业保险的受益水平体现了一个国家或地区的经济发展水平。按照 1988 年国际劳工组织大会的倡导①,以参保人所缴费用或原收入为依据的失业保险金项目,失业保险金应为 50%以上;若失业保险项目不以原收入或缴纳费用为依据,则应当不低于法定最低工资。在许多发达国家,失业保险替代率都高于 50%,比如瑞士、丹麦和瑞典的失业津贴替代率达到了 80%,西班牙的受益率达到 70%。

(四)给付期

各国对失业保险金一般都规定了领取保险金的期限。超过了一定享受期限的失业者不再具有领取失业保险金的资格。不同于养老保险、工伤保险,失业保险一般规定了相对较短的领取期限。国际劳工组织建议失业保险金给付期上限为 156 个工作日(约 24 周/6 个月),下限为 78 个工作日(约 11 周/3 个月)。② 各国失业保险金的给付期差别较大。比如,日本的失业保险项目最长给付期为 330 天;葡萄牙的失业保险金给付期最长可至 540 天。英国的失业保险规定失业者每年最多可领取 182 日的失业津贴。当然还有少数国家,比如丹麦、比利时提供了没有给付期限、永久性的失业保险金。

在实践中,许多国家和地区规定的失业保险金的给付期根据领取者的年龄、缴费期甚至是经济景气期有所调整。如德国的强制性失业保险项目规定,50 岁以下的申领人可获得 12 个月的失业保险金,50 岁以上的申领人可延长至 24 个月,前提是申领人已供款至少 48 个月。③ 在美国,许多州领取失业金的最长期限为 26 周,在经济衰退期常常会延长福利给付期。在大衰退期间,失业保险给付

---

① 国际劳工组织:《关于促进就业和失业保护的公约(第 168 号公约)》,https://www.wsic.ac.cn/index.php?m=content&c=index&a=show&catid=44&id=185,2022 年 9 月 23 日访问。
② 丛春霞、刘晓梅主编:《社会保障概论》,东北财经大学出版社 2008 年版,第 268 页。
③ 同上。

期曾延长至73周。"失业陷阱"是社会保障实施中受到关注的重要问题,指在失业保险制度下,当失业者失业期间享受的失业保险金收入和其他补助与找到工作时的收入相比有较高的替代率,导致失业者宁愿失业也不愿再找工作。① 对失业保险的恰当替代率和给付期限的设置,以及对失业者受益资格中接受培训和职业介绍的规定,是预防失业陷阱、激励失业者再就业的重要措施。

(五)筹资模式

失业保险基金来源包括企业雇主供款或纳税、雇员供款、政府补贴及失业保险基金的运营收益。各国的失业保险费负担方式基本是以上基金来源的组合,主要体现为以下模式:(1)企业、雇员和政府共同负担模式。在这种模式中,各主体负担的比例有所差异。有些国家规定政府按照一定比例承担失业保险费用,如日本政府负担失业保险待遇支出的25%,就业安置费用的10%。② 有些国家则只在失业保险基金不足等条件下提供相应的补贴,如瑞典的自愿性失业保险项目。政府在基金赤字时或经济衰退时对失业基金进行补贴是比较常见的方式。(2)主要由雇主负担。政府不提供补贴,政府向雇主征收失业保险税来支付失业保险金。比如,美国2011年的《联邦失业税法》规定将应税工资基数设定为每年支付给每位员工的前7000美元工资,税率为应税工资的6%,在实践中,具体税率在各州存在较大差异。(3)雇主和雇员负担。失业保险主要来源于雇主和雇员的缴费,政府不提供补贴。(4)由雇员和政府分担。如卢森堡的失业保险项目主要基金来自雇员的缴费以及政府的补贴。可以看出,对于大多数国家,企业都需要按雇员工资的一定比例缴纳失业保险费/税,对失业现象的产生负有重要责任。在各国的失业保险模式中,企业和雇员的缴费率通常在收入的1%—3%。③ (5)完全由政府承担。主要采取失业救济模式(基于收入而非缴费贡献)的国家一般是这种模式。比如澳大利亚没有建立强制型国家失业保险制度,其青年津贴和求职者津贴都是由税收制度提供的,从年度联邦预算中划拨资金。④

---

① 李珍主编:《社会保障理论》(第3版),中国劳动社会保障出版社2013年版,第259页。
② 郑功成主编:《社会保障概论》,复旦大学出版社2005年版,第198页。
③ Johannes Schmieder and Till von Wachter, "The Effects of Unemployment Insurance Benefits: New Evidence and Interpretation," *Annual Review of Economics*, Vol. 8, No. 1, 2016, pp. 547–581.
④ "Energy Supplement-Payment Rates on a Pension or an Allowance," https://www.servicesaustralia.gov.au/individuals/services/centrelink/energy-supplement/how-much-you-can-get/payment-rates-pension-or-allowance,2022年3月3日访问。

（六）管理模式

失业保险的管理工作包括征收和发放失业保险金、对失业人员进行登记和资格审核、提供就业培训和咨询，以及为失业者介绍就业机会等。一般来说，世界各国的失业保险管理体制主要有三种①：（1）国家设立专门的社会保险机构直接管理。这是最普遍的一种模式，被大部分国家采用。政府直接参与管理，设专门机构进行统筹，有利于失业保险制度的维持。（2）在政府的监督下，依靠工会等部门进行管理。北欧国家，比如瑞典，普遍实施由工会组织的、政府补贴的自愿式失业保险体制，所以这种管理体制在北欧国家较为普遍。由工会管理能反映就业者意愿并减轻政府负担。（3）由政府、雇主和雇员三方共同组成自治机构进行合作性质的管理。德国、意大利、法国都采用这种管理模式②，这种协作管理模式具有效率高的优势。

二、失业保险制度模式体系及典型国家实践

在实践中，除少数国家采取自愿型的失业保险体系和单纯的失业救济体系外，大部分国家将失业保障纳入强制性的社会保障体系。③ 同时，许多国家都采取双重或多重失业保障模式，在实行方式上大多以失业保险为主、失业救济为辅。

（一）采用单一失业救济体系的典型国家：澳大利亚

在实际上，采用单一救济模式的国家较少，约占建立失业保障体系的国家/地区的18%。④ 澳大利亚、新西兰等地未建立社会失业保险体系，而是采用了单一的失业救济模式。澳大利亚没有建立强制性的国家失业保险基金，其社会福利，包括失业福利，是通过税收制度提供的，从年度联邦预算中划拨资金，并由政府机构（Centrelink）在全国范围内进行管理和分配。福利水平与消费者物价指数挂钩，每年调整两次。澳大利亚最早在1944年建立基于收入调查的失业救济制度。

澳大利亚的失业者可以领取两种补助。第一种称为青年津贴（Youth Allowance），主要支付给16—20岁的年轻人。青年津贴也支付给16—24岁的全日

---

① 郭士征：《失业保险及其国际比较》，《社会学研究》1995年第6期，第82—89页。
② 郑功成主编：《社会保障概论》，复旦大学出版社2005年版，第201页。
③ 郝君富、李心愉：《失业保险制度机制设计的国际比较与启示》，《兰州学刊》2018年第8期，第173—185页。
④ 吕学静：《各国失业保险与再就业》，经济管理出版社2000年版，第274页。

制学生,以及16—24岁的全职澳大利亚学徒工。未完成高中教育的18岁以下人士通常需要接受全日制教育、学徒训练或培训才有资格获得青年津贴。①

第二种失业津贴称为求职者津贴(Job Seeker Payment),支付给21岁以上但未达到领取养老金资格年龄的失业人员。要获得求职者津贴,受助人必须处于失业状态,准备签订就业途径计划(Employment Pathway Plan),承诺积极开展活动以寻求就业机会。个人收入低于每周397.42澳元的人可领取求职者津贴。

（二）强制性失业保险为主的典型国家:美国

美国的失业保险是指在失业期间代替个人部分工资的社会保险计划。美国第一个失业保险计划于1932年在威斯康星州创建。1935年《社会保障法》为美国全国范围实施失业保险提供了依据。美国的失业保险属于强制性失业保险。

失业保险由联邦和州工资税共同资助。在大多数州,由雇主支付州和联邦失业税。自2011年6月起,《联邦失业税法》将应税工资基数设定为每年支付给每位员工的前7000美元工资,税率为应税工资的6%。按时缴纳州失业税的雇主可获得高达5.4%的抵消抵免,对于7000美元的应纳税额,FUTA净税率通常为0.6%。各州失业税率的范围差异较大。亚利桑那州失业保险的州雇主税率为0.05%—6.42%,马萨诸塞州为0.94%—14.37%,加利福尼亚州为1.5%—6.2%。

联邦政府针对保险范围和资格制定了指导方针,但各州确定福利和资格的方式各不相同,但普遍要求如下条件:(1)工人必须在上一年至少工作一个季度。临时工通常没有资格。工人必须满足州对在既定时间段(称为"基准期")内赚取的工资或工作时间的要求才有资格获得福利。(2)工人必须被雇主解雇。如果工人无故辞职、因不当行为被解雇或因劳资纠纷而失业,则通常不符合资格。(3)工人必须有意愿和能力工作并且必须接受合适的工作机会。失业给付金的额度由参保者的工资收入和工作年限决定,且各州的标准有所差异,2020年美国平均每周付款为378美元。

（三）强制性失业保险与失业救济相结合的典型国家:德国

德国实行强制性失业保险和失业救济相结合的失业保障体系。德国1927年颁布了《失业保险法》,标志着失业保险制度的建立;之后又颁布《劳动促进法》和《职业培训法》等一系列法律来促进就业。德国所有受雇者,包括家庭雇

---

① "Payment rates on Youth Allowance," https://www.servicesaustralia.gov.au/individuals/services/centrelink/energy-supplement/how-much-you-can-get/payment-rates-youth-allowance,2022年3月3日访问。

员、实习人员、接受培训人员等都被强制要求参加失业保险制度。临时工、自由职业者以及不能被解雇的公务员等不在强制参保之列。自2006年,某些以前被排除在外的工人已经能够自愿选择加入该系统。德国的失业保险由联邦就业局管理。雇员和雇主都必须参与并分摊保险费用。保险金给付条件为在失业前30个月至少有12个月进行了失业保险缴费。失业保险金从失业者正式向劳动局申报失业之日开始支付,领取时间的长短根据失业者失业前的工作和失业者的年龄确定。

除了强制性失业保险项目,德国还提供了失业救济项目作为补充。申领该项目的资格条件为:必须永久居住在德国,持有工作许可证,并且有工作能力(标准为每天可以工作3个小时)。该失业救济项目是补充性的:首先,申请者没有资格参与或领取养老保险金或强制性保险项目,也无资产或收入来源;其次,申请者必须接受经济状况调查,确认其总收入无法维持最低生活标准。所以,尽管项目名称为失业救济项目,但失业并非必要条件。领取失业救助金的人有义务积极寻找工作,并接受所提供的工作,否则可能会被取消失业救济金领取资格。不接受就业培训也将受到取消资格或削减救济金的处罚。

(四) 自愿性失业保险与失业救济相结合的典型国家:瑞典

瑞典的失业保险是1893年首先由印刷行业工会建立起来的,目的是为失业者寻找工作的过渡期提供经济支持。[①] 1935年瑞典出台了《失业保险法》,1948年成立了国家劳动力市场委员会,负责监督自愿性失业保险基金。现行的《失业保险法》和《失业保险基金会法》等是1997年制定的。自2004年开始,自愿性失业保险基金由失业救济委员会负责监管。瑞典现行的失业保险体系主要由两部分构成:(1)自愿性收入相关失业保险项目(Voluntary income-related insurance)。该类保险项目由国家资助,行业工会主办,个人自愿参加,由行业工会或自我雇佣者组织成立失业保险基金,并向其会员提供失业救济金。只有参加了失业保险基金的会员,才能享受失业救济金。自愿性收入相关失业保险金的领取者必须缴纳失业保险一年以上,并工作至少六个月,同时还需要在公共就业服务机构登记为求职者。符合条件者可以获得与收入相关的每日津贴。津贴水平随时间推移下降,在前200个领取日,最高可达原收入的80%,此后则下降可至原收入

---

① 人力资源和社会保障部失业保险考察团:《瑞典失业保险考察报告(节选)》,《中国就业》2010年第5期,第57—59页。

水平的70%。(2)基础失业津贴。若不是自愿性收入相关失业保险参与者,失业者可以申请阿尔法-卡桑基金(Alfa-kassan fund)提供的失业津贴。基础失业津贴由政府部门从1974年开始主办和实施,凡符合相关基本条件和工作条件,以及年龄超过20岁的人员,都可以获得基本保险范围内的失业津贴。符合条件的失业人员可以获得每天365瑞典克朗(约34欧元)的失业福利。[①] 失业津贴与申请者以往收入、缴费无关,给付水平较低,相当于社会平均工资的27%。领取失业津贴需要符合如下要求:第一,在瑞典公共就业服务中心登记注册;第二,积极寻找工作;第三,有劳动能力,可以至少每天工作3小时,每周工作17小时;第四,失业前至少工作过6个月,每月至少工作80小时,或者过去连续6个月内工作过480小时,每月工作至少50小时。

(五)强制性失业保险与求职者津贴相结合的典型国家:英国

1911年,英国颁布了《国民保险法》,开创了强制性失业保险制度的先河。《国民保险法》中规定,求职者每周可获7先令的津贴。随后有关失业津贴的法案还包括1948年《国家救助法》、1966年的《补充福利法案》、1988年《收入支持法案》和1992年的《社会保障缴款和福利法》。1995年,英国下议院通过了《求职者法案》,主要是鼓励失业者积极就业,努力寻找工作。1996年又颁布了《求职者津贴条例》。求职者津贴是英国政府向失业并积极寻找工作的人支付的失业津贴。求职者津贴在英格兰、威尔士和苏格兰由工作及养老金部管理,在北爱尔兰由社区部管理。[②] 求职者津贴分为两种。一种是基于供款的求职者津贴,申请津贴的要求包括:(1)缴款2年第1类国民保险供款;(2)18岁以上,但未到领取养老金年龄;(3)居住在英格兰、苏格兰或威尔士;(4)可以工作;(5)积极寻找工作;(6)现在没有工作或每周工作时长少于16小时。[③] 基于供款的求职者津贴每年最多可领取182天。另一种是基于收入的求职者津贴。自2013年来,英国推行普遍福利金来逐步替代以往的以收入为基础的求职者津贴(还包括替代补贴、收入支持等福利项目),为失业者和低收入者提供支持。[④]

---

① "Swedish Regulations on Unemployment Insurance and Unemployment Benefit," https://www.norden.org/en/info-norden/unemployment-benefit-sweden,2021年9月15日访问。
② "Jobseeker's Allowance (JSA)," https://www.gov.uk/jobseekers-allowance,2022年9月1日访问。
③ 同上。
④ "Universal Credit," https://www.gov.uk/universal-credit/eligibility,2022年9月1日访问。

第三节 我国失业保险制度发展及现状

改革开放以前,我国实施计划经济,劳动力市场只进不出,不存在失业的问题。1951年我国发布第一部社会保险法规《劳动保险条例》,包含了养老、工伤等项目,但不包括失业保险项目。1986年《国营企业职工待业保险暂行规定》的颁布实施拉开了我国失业保险制度建设的序幕。随后,1993年4月国务院发布了《国有企业职工待业保险规定》,1999年出台实施《失业保险条例》,逐渐形成较为完善的失业保险制度体系。

一、我国失业保险制度的建立

(一)《国营企业职工待业保险暂行规定》

1986年国务院发布《国营企业职工待业保险暂行规定》(以下简称《规定》),标志着我国失业保险制度的建立。[①]《规定》一共五章十六条,对国营企业职工"待业"保险基金的筹集、管理和使用等都做了规定。待业保险金的主要目的是保障国营企业职工待业期间的基本生活需要。其主要覆盖四类人群:(1)宣告破产的企业的职工;(2)濒临破产的企业法定整顿期间被精减的职工;(3)企业终止、解除劳动合同的工人;(4)企业辞退的职工。《规定》确定待业保险基金有三个主要来源:(1)企业按全部职工标准工资总额1%缴纳的待业保险基金;(2)待业基金存入银行后所得利息;(3)地方财政补贴。地方财政在基金不敷使用时进行补贴。按照《规定》,职工待业保险基金的开支项目包括七类:(1)待业救济金;(2)医疗费;(3)死亡丧葬补助费、供养直系亲属抚恤费、救济费;(4)转业训练费;(5)扶持待业职工的生产自救费;(6)待业保险基金的管理费;(7)破产企业已离退人员的离退休金。

待业救济金的替代率和给付期以工人的工龄为依据做出区分。工龄不足5年,则待业救济金替代率为本人工资的60%—75%,最长给付期为12个月;工龄满5年及五年以上的,给付期可延长至24个月,领取的前12个月替代率也为本人标准工资的60%—75%,从第13个月开始,替代率降低,只可领取原标准工资的50%的待业救济金。文件对领取退出机制也有规定。对重新就业者,无正当

[①] 张盈华、张占力、郑秉文:《新中国失业保险70年:历史变迁、问题分析与完善建议》,《社会保障研究》2019年第6期,第3—15页。

理由而两次不接受有关部门介绍就业者,以及待业期间受劳动教养或被判刑的人员都将停发待业救济金。待业职工和职工待业保险基金的管理,由当地劳动行政主管部门所属的劳动服务公司负责,包括待业职工的登记、建档、建卡、组织管理,待业保险基金的管理和发放,就业指导、就业介绍工作等。《国营企业职工待业保险暂行规定》是经济体制转型期配合国有企业改革、适应劳动合同制和企业破产制度改革的产物。它从本质上是一种失业救济制度,但为我国的失业保险搭建了基本的制度框架,为后续我国的失业保险制度的发展和完善奠定了基础[1],它的颁布实施标志着我国失业保险制度正式建立。

(二)《国有企业职工待业保险规定》

《国有企业职工待业保险规定》于1993年4月12日颁布,共六章二十六条。相比1986年的《国营企业职工待业保险暂行规定》,《国有企业职工待业保险规定》扩展了覆盖的人群范围,除此前的四类人群,还将"按照国家有关规定被撤销、解散企业的职工",以及"按照国家有关规定停产整顿企业被精减的职工"纳入保险范围。待业保险基金仍来源于三个方面:企业缴纳的待业保险费、待业保险费的利息收入,以及财政补贴。但企业缴纳待业保险费率下降至全部职工工资总额的0.6%,地方政府可调整该比例但不允许超过职工工资总额的1%。职工待业保险基金的开支项目分六类,包括:(1)待业救济金;(2)医疗费;(3)死亡丧葬补助费、供养直系亲属抚恤费、救济费;(4)转业训练费;(5)扶持待业职工的生产自救费;(6)待业保险基金的管理费。破产企业已离退人员的离退休金不再属于待业保险基金开支范围。

依据《国有企业职工待业保险规定》,待业救济金期限不再以"工龄"而是"连续工作时间"为依据。连续工作1年为门槛,连续工作1年以上但不足5年者,可领取待业救济金最长12个月;待业前在企业连续工作5年以上者,可领取待业救济金最长24个月。另外,待遇标准也不再以职工离开企业前两年内本人月平均标准工资额为基数依据,而调整为按当地民政部门规定的社会救济金的120%—150%进行发放。待遇保险基金由"省级统筹"改为"市级统筹"。国务院劳动行政主管部门负责全国企业职工待业保险的管理工作。县级以上地方各级人民政府设立的待业保险基金委员会,对待业保险基金的管理进行指导和监督。

《国有企业职工待业保险规定》颁布后,参保人数增加,基金规模迅速扩大。

---

[1] 李珍主编:《社会保障理论》(第3版),中国劳动社会保障出版社2013年版,第279页。

将"国营企业"改为"国有企业"的提法,顺应了政企分离、现代企业制度建立的趋势。① 但《国有企业职工待业保险规定》仍沿用了"待业"的概念,在实践中,待业救济金的覆盖范围仍然较窄、缴费率较低、基金承受力较弱。② 1993 年发布的《中共中央关于建立社会主义市场经济体制若干问题的决定》首次提出了"失业保险制度"。此后,"失业保险"逐渐成为我国法律法规和政府文件中的常用词语。③

(三)《失业保险条例》

《失业保险条例》于 1999 年 1 月 22 日发布施行,《国有企业职工待业保险规定》同时废止。《失业保险条例》中,待业保险改为失业保险,覆盖群体范围进一步扩大,不再局限于国有企业员工。按照《失业保险条例》规定,城镇企业(包括国有企业、城镇集体企业、外商投资企业、城镇私营企业以及其他城镇企业)、事业单位的失业人员,享受失业保险待遇。失业保险基金来源于三个方面:(1)城镇企事业单位、城镇企事业单位职工缴纳的失业保险费;(2)失业保险基金的利息;(3)财政补贴和依法纳入失业保险基金的其他资金。城镇企事业单位按照本单位工资总额的 2% 缴纳失业保险费。城镇企事业单位职工按照本人工资的 1% 缴纳失业保险费。城镇企事业单位招用的农民合同制工人本人不缴纳失业保险费。失业保险基金的开支项目主要包括四类:(1)失业保险金;(2)领取失业保险金期间的医疗补助金,替代原有的待业期间医疗费;(3)领取失业保险金期间死亡的失业人员的丧葬补助金和其供养的配偶、直系亲属的抚恤金;(4)领取失业保险金期间接受职业培训、职业介绍的补贴,替代原来待业期间的转业培训费、生产自救费。

领取失业保险金的失业人员需要满足三个条件:(1)参加失业保险,所在单位和本人已按照规定履行缴费义务满 1 年;(2)非自愿性失业;(3)办理失业登记,且有求职意愿。重新就业、移居境外、应征服兵役、享受基本养老保险及被判刑劳教和无理由拒绝当地政府介绍的工作的失业者将终止享受失业保险金及有关待遇。《失业保险条例》规定,失业保险金待遇标准由当地政府确定,需要低于

---

① 张盈华、张占力、郑秉文:《新中国失业保险 70 年:历史变迁、问题分析与完善建议》,《社会保障研究》2019 年第 6 期,第 3—15 页。
② 李珍主编:《社会保障理论》(第 3 版),中国劳动社会保障出版社 2013 年版,第 279 页。
③ 张盈华、张占力、郑秉文:《新中国失业保险 70 年:历史变迁、问题分析与完善建议》,《社会保障研究》2019 年第 6 期,第 3—15 页。

当地最低工资标准、高于城市居民最低生活保障标准。

失业保险金给付期是以失业人员失业前单位及本人的"累积缴费时间"为依据的。给付期以"累积缴费时间"为依据可分为三类:(1)累计缴费时间满1年不足5年的,领取失业保险金的期限最长为12个月;(2)累计缴费时间满5年不足10年的,领取失业保险金的期限最长为18个月;(3)累计缴费时间10年以上的,领取失业保险金的期限最长为24个月。而对缴纳失业保险费达1年以上的农民合同制工人,则是根据工作时间,支付一次性生活补助金。《失业保险条例》将"失业保险"确定为该制度的正式名称,保险待遇也被正式称为"失业保险金",标志着我国基本建成现代失业保险制度。[①]《失业保险条例》采取了较低的失业保险金标准,差异化的给付期,吸取了欧洲"失业陷阱"的教训,使失业保险制度成为我国社会保险制度中设计较成熟的制度。[②]

2011年我国第一部《社会保险法》正式实施。《社会保险法》第五章对领取失业保险金的条件、期限、待遇及程序做了规定,有关失业保险标准与《失业保险条例》一致,即"不得低于城市居民最低生活保障标准"。作为五大社保项目之一的失业保险制度,不断拓展自身功能,进入深化发展期。2017年《失业保险条例(修订草案征求意见稿)》取消了对农民合同制工人所做的专门的条款规定,将农民合同制工人纳入失业保险制度中,实现了建立劳动关系的职工全覆盖。

二、我国失业保险制度的现状及问题

(一) 失业保险覆盖面不断扩大,但仍有提升空间

我国的失业保险制度建立以来,其覆盖面不断扩大。从表10-1可以看出,我国失业保险参保人数不断参加,但我国的失业保险参保比例仍然比较低。至2020年全国就业人数75 064万[③],失业保险参与率为28.89%。农民工的参保率自2011年持续上升,但仍然较低,在2019年也仅有17%的参保率,仍有约2亿的农民工群体未参与到失业保险项目中。

[①] 张盈华、张占力、郑秉文:《新中国失业保险70年:历史变迁、问题分析与完善建议》,《社会保障研究》2019年第6期,第3—15页。

[②] 李珍、王怡欢、张楚:《中国失业保险制度改革方向:纳入社会救助——基于历史背景与功能定位的分析》,《社会保障研究》2020年第2期,第68—75页。

[③] 国家统计局数据年度数据检索,https://data.stats.gov.cn/easyquery.htm?cn=C01,2022年9月22日访问。

表 10-1　失业保险参保人数、受益率及受益水平（2008—2020）

年份	参保人数（万）	城镇登记失业人数（万）	领失业金人数（万）	失业保险受益率（%）	失业保险参保受益率(%)	农民工参保人数（万）	农民工参保率（%）
2008	12 400.0	886	261.0	24.37	2.10	1549	6.9
2009	12 715.5	921	235.3	25.55	1.85	1643	7.2
2010	13 375.6	908	209.1	23.03	1.56	1990	8.2
2011	14 317.1	922	197.0	21.37	1.38	2391	9.5
2012	15 224.7	917	204.0	22.25	1.34	2702	10.3
2013	16 416.8	926	197.0	21.27	1.20	3740	13.9
2014	17 042.6	952	207.2	21.76	1.22	4071	14.9
2015	17 326.0	966	226.8	23.48	1.31	4219	15.2
2016	18 089.0	982	230.0	23.46	1.27	4659	16.5
2017	18 784.0	972	220.0	22.65	1.17	4897	17.1
2018	19 643.0	974	223.0	22.91	1.14	—	—
2019	20 543.0	975	228.0	24.13	1.11	—	—
2020	21 689.0	1160	270.0	23.28	1.24	—	—

失业保险受益率较低。失业保险受益率，即失业保险金领取人数占全部失业人口的比重。2020年末，我国登记失业人数1160万，全国领取失业保险人数270万，失业受益率为23.28%。从表10-1可以看出，2008—2020年间，我国失业人口的失业保险受益率在21%—26%之间，也就是说74%—79%的失业人口在失业期间并没有受到失业保险的保障。我国失业保险参保受益率也非常低，从表10-1可以看出，我国2020年领取失业保险金的人数为270万，占参与失业保险总人数的1.24%。这一比例曾在2002年达到峰值，原因是当年下岗职工离开再就业中心进入失业保险，使得领取失业金人数达到439.8万，占总参保人数的4.32%，此后该比例逐年下降。

虽然我国失业保险参保人数在逐年增加，但我国失业保险参保受益率和失业保险受益率这两个指标体现出了我国失业保险制度瞄准率低的问题。而这主要是由于失业保险参与者多来自大中型国有企业和事业单位等正规部门，这些部门本身失业风险低;而高风险失业人员,如灵活就业者、农民工群体的参保率低[①],被排斥在失业保险制度之外。

农民工平均就业时间在 10 个月左右,其就业流动性强、不稳定,失业风险是农民工面临的主要社会风险。[②]《失业保险条例》规定为失业农民工提供一次性补贴,但其条件较为严苛,给付期短,保障水平也低,导致长久以来农民工的参保率低,到 2016 年也才到 16.5%。[③] 除了农民工群体以外,我国还存在数量日益增长的灵活就业人员。这些新业态就业人员很难通过目前的模式参与失业保险,无法通过失业保险保障失业期间的基本生活水平。在未来失业保险的改革中,必须考虑将这类群体纳入失业保险制度。

(二) 失业保险替代率较低,缺乏差异化激励

根据《失业保险条例》的规定,我国失业保险金的标准应低于当地最低工资标准、高于城市居民最低生活保障标准,由省、自治区、直辖市人民政府确定。从表 10-2 可看出,我国失业保险金平均水平逐年提高,从 2009 年的 466 元/月,到 2020 年达到了 1506 元/月,增长达 223%。近十年来,我国失业保险金的平均给付水平一直约为城镇最低生活保障水平的 2 倍。2009 年全国失业保险金每月平均 446 元/月,约为当年全国城市低保水平(227.8 元/月)2 倍;到 2020 年,全国失业保险金每月平均 1506 元/月,约为当年全国城市低保水平 2.22 倍。2009 年我国失业保险金的平均水平约为同年城镇居民月平均消费水平的 43.6%。虽然 2017 年发布的《关于调整失业保险金标准的指导意见》号召逐步将失业保险金标准提高至最低工资标准的 90%,我国失业保险金的替代率也有所提高,但 2020 年我国失业保险金的平均水平仍仅为同年城镇居民月平均消费水平的 66.9%。以上数据说明,我国失业保险制度待遇标准、实际的替代率水平也较低。我们虽然可以吸取西方保障经验教训,预防"失业陷阱"问题的发生,但这样也无法有效地为失业人员及其家庭提供基础的生活保障,无法体现失业保险最基本的功能。

---

① 张盈华、张占力、郑秉文:《新中国失业保险 70 年:历史变迁、问题分析与完善建议》,《社会保障研究》2019 年第 6 期,第 3—15 页。
② 同上。
③ 郝君富、李心愉:《失业保险制度机制设计的国际比较与启示》,《兰州学刊》2018 年第 8 期,第 173—185 页。

表 10-2　失业保险基金收支、结余及给付平均水平（2009—2020）

年份	基金收入（亿元）	基金支出（亿元）	基金结余（亿元）	失业保险金平均给付水平(元)	全国城市低保平均水平(元)	城镇居民月平均消费水平(元)
2009	580.4	366.8	1523.6	446	227.8	1022
2010	649.8	423.3	1749.8	495	251.2	1123
2011	923.1	432.8	2240.2	614	287.6	1263
2012	1138.9	450.6	2929.0	686	330.1	1390
2013	1288.9	531.6	3685.9	767	373.0	1540
2014	1379.8	614.7	4451.5	852	411.0	1664
2015	1367.8	736.4	5083.0	960	451.0	1783
2016	1228.9	976.1	5333.3	1051	494.6	1923
2017	1112.6	893.8	5552.4	1112	540.6	2037
2018	1171.1	915.3	5817.0	1266	580.0	2176
2019	1284.2	1333.3	4625.4	1393	624.0	2339
2020	—	—	—	1506	677.6	2251

资料来源：根据中华人民共和国民政部《全国民政数据统计季报（2009—2020）》及国家统计局年度数据制作。

我国失业保险金受益水平按照地区经济水平实行固定给付，与个人工资水平无相关性，缴费义务与待遇给付权利的不对等，不利于激励就业者的参保积极性，也不利于满足失业者及其家庭的差异化基本需求。通常可综合考虑失业者的以往收入水平、家庭收支状况、年龄、失业期限等多方面因素调整受益水平，进行灵活性设计。给付条件也可以调整，可依据领取时间"梯次递减的发放方式"，预防失业陷阱，激励失业保险金领取者积极再就业。为了保障失业者的基本生活，还需要根据物价水平建立相应的调整机制。

（三）收支失衡，预防失业、稳定经济功能有待强化

从表10-2可看出，从2009年至2020年，我国失业保险基金每年基金收入都大于基金支出，失业保险基金一直处于结余状态。2009年，我国失业保险基金结余1523.6亿元，此后失业保险基金结余逐年增长，至2018年至顶峰达5817亿元。这种失业保险基金累计结余规模不断扩大的原因与我国失业保险制度瞄准

度不高有关:参保者多为低失业风险群体;而大量高风险人群,或因资格限制无法参与失业保险制度,或因缴费时间不足、失业保险关系无法转移接续、缴费不能随身携带而不能受益。①

因此,需要对这一制度进一步完善,提升制度瞄准率,畅通跨省转移失业保险的渠道,增强省级管理及其灵活性,改革失业保险制度的管理层级,使有高失业风险人群参与失业保险制度;有效反映失业水平,配合国家宏观调控、经济结构调整,继而达到稳定经济和社会的目的。针对失业保险基金的大量结余,可以提高失业保险的给付待遇,解决保险替代率不足的问题,更好地资助失业者,提高其在失业期间的基本生活水平。另外,将失业保险金用于就业促进的政策,这已经成为国际上失业保险发展的主流。党的十九大报告中明确提出"保障就业"是政府"最要紧的责任","就业是民生之本";因此可将预防失业、促进就业的项目纳入失业保险的支持范围,加大对企业的补贴力度,资助特定企业,减少企业裁员解雇行为。近年来,已有越来越多的地方政府扩大了失业保险基金的支出范围,将一些预防失业、促进就业的措施纳入失业保险基金支出范围。新冠肺炎疫情期间,人社部出台多项失业保险政策,免征、减征企业失业保险单位缴费,对疫情期间不裁员或少裁员企业都加大失业保险稳岗返还。这些措施对预防失业,稳定社会经济都起到了重要作用。

关键词

失业　失业保险　失业保险基金

复习思考题

1. 简述失业保险的定义及功能。
2. 比较现代失业保险制度的两大模式。
3. 简述我国失业保险制度的建立发展过程。

---

① 孙洁、高博:《我国失业保险制度存在的问题和改革的思路》,《西北师范大学学报》2011 年第 1 期,第 122—127 页。

第十一章 社会保险精算

本章概要

本章主要介绍社会保险精算的基本概念、社会保险的精算方法以及精算在养老保险及医疗保险中的应用,帮助学生了解社会保险精算的主要内容、建立精算模型的意义及精算模型的作用、养老保险的影响因素、医疗保险基本指标的含义,掌握精算的基本概念、养老保险隐性债务的测算方法、医疗保险收支精算模型的基本思路,理解社会保险精算的含义、常用的精算模型、养老金替代率。

第一节 社会保险精算概述

一、社会保险精算的基本概念

社会保险精算是有关社会保险事业发展的一门工具科学,由于其内容的复杂性和多学科交叉性,也可以说是一门复合科学。因此,社会保险精算的基本概念很多。在此,本书将选择一些主要的基本概念进行介绍,其他基本概念将在相关章节予以说明。

(一)保险与精算

保险是针对某种风险产生的损失制定的经济补偿方案或措施。保险是社会经济发展到一定阶段的产物,是为了应对和缓解各种社会、市场风险的打击而采取的补救办法。所以,保险业务必然会涉及风险确定、损失度量、保费计算和赔偿数额的核定等内容。由此可见,保险业务的完成是建立在一系列精确计算的基础上的。精算学就是进行保险方案设计和保险项目收支计算的专业工具。它主要运用数学、统计学、人口学和金融学等学科的理论和方法,进行人口死亡率测定、生命表编制、保险条款设计和费率厘定以及保险基金运营管理等。精算学包括寿险精算学和非寿险精算学两大类。前者主要研究以人的生命风险为保险对象的保险业务的精算方法与技术,包含死亡保险精算、年金保险精算等;后者主要研究除了寿险之外的各类保险业务的精算方法和技术,包括医疗保险(或疾病保险)、财产保险、意外事故保险以及责任保险等。可见,保险是适应社会经济发展需要而出现的一类产业,而精算则是保证保险业务顺利开展的必要条件和基础工具。

(二)社会保险精算与商业保险精算

社会保险精算是指为适应社会保险事业发展需要而产生的,保证社会保险基金收支平衡和社会保险计划顺利运转的特殊工具和方法。社会保险精算主要涉及社会保险基金收入的预测、支出的度量及社会保险基金的运营和管理等业务,为社会保险制度设计和基金预算平衡提供信息依据和数据支持。而商业保险精算是指为适应商业保险的发展而产生的,为商业保险发展保驾护航的各类技术手段。社会保险精算与商业保险精算在本质上同出一源,但也存在诸多不同之处,如精算目的、精算主体和精算内容不同等。从发展历程上看,是先有商业保险精算后有社会保险精算,因为商业保险的发展要早于社会保险的发展。社会保险精算在基本原理上与商业保险精算是一样的,并且在很多方面也是直接借鉴商业保险精算的方法和技术。

二、社会保险精算的基本意义

社会保险精算为社会保险实务提供理论指导和实践操作方法,还为社会保险政策制定和社会保险基金管理提供了理论基础和管理技术,具有一定的工具意义。具体来说,社会保险精算学科的意义表现在以下几个方面:

(1)社会保险精算吸收了经济学、金融学、人口学、统计学及数学等学科的相关理论知识,为社会保险实务提供了必要的理论准备和前提。例如,社会基本养老保险基金收入和支出的确定,就要运用到人口学中的生命表规律、金融学中的利率和年金理论以及经济学中的工资、物价水平预测等知识。在基本医疗保险精算中,则会运用到很多较为复杂的统计分布函数来模拟疾病发生风险和住院医疗费用分布规律等。可见,各类社会保险精算实务,必须综合运用以上所述的多种学科的知识及技巧。

(2) 社会保险精算为社会保险计划制订和社会保险政策规划提供了理论和实践依据,并为进一步完善社会保险计划和政策提供了必要条件。通过社会保险精算评估,可以确定社会保险覆盖范围即参保率、社会保险基金缴费率以及各项社会保险的待遇水平等。随着社会经济的发展,社会保险计划也要进行相应的调整,为此需要参考社会保险精算的实际结果。

(3) 社会保险精算为社会保险基金的运营管理提供了必要的技术工具,为化解社会保险计划的财务风险和预测社会保险基金的短期偿付能力提供了理论技术基础。如果社会保险计划的累积基金资产少于累积负债,就会出现财务风险;如果社会养老保险的年收入低于年支出,就会消耗盈余,长此以往,就会产生偿付危机。通过社会保险精算,就可以避免短期偿付危机。

(4) 社会保险精算为社会保险基金的长期动态平衡预测和监管提供了信息基础和主要依据。社会保险基金不仅存在短期平衡问题,还存在长期滚动平衡问题。如何有效监测社会保险基金的长期滚动平衡,关系到社会保险制度的长期稳定运转和社会保险基金的长期均衡。为保证社会保险基金的长期滚动平衡,需要建立一些监测指标定期进行平衡检测。

社会保险精算除了具有上述在社会保险制度设计和社会保险基金管理上的实践应用价值外,还在社会保险理论研究中扮演着重要角色。通过使用社会保险精算的量化分析技术,可以促进社会保险理论的深入研究和发展。另外,社会保险精算还可以为政府部门的公共项目设计和预算提供分析技术和方法,从而提高政府项目投资的效益和效率。可见,社会保险精算技术也可以在社会公共管理中发挥重要作用。

三、社会保险精算的应用

社会保险精算的应用有两个方面的含义,即社会保险精算理论的应用和社会保险精算实务。前者是指社会保险精算理论和方法对社会保险精算工作的指导作用;后者是指在社会保险实际工作中的社会保险精算实务。

(一) 社会保险精算理论的应用

社会保险精算理论为社会保险精算实务提供了理论依据,包括社会保险精算的概念、基础原理和精算方法等。社会保险精算实务是指社会保险精算的实际工作,包括养老保险精算实务、医疗保险精算实务、失业保险精算实务、工伤保险精算实务和生育保险精算实务五个方面。每个方面的精算实务均有计划收支计算、成本(未来收入)与债务(未来支出)计算和收支平衡计算及预测,通过对这些指标的测算,进一步确定政策参数(如缴费基数、缴费率和待遇水平等指标)的变化。所以,在社会保险精算理论的指导下,各项社会保险精算实务表现出以下三个环节之间的流转关系,如图11-1所示。

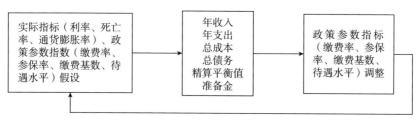

图 11-1 各项社会保险精算实务之间的流转关系

(二) 社会保险精算实务

社会保险精算实务在社会保险事业中的应用程度如何,不仅决定了社会保险事业发展的高度,而且对社会保险精算实务的发展和完善也有着重要的意义。目前,我国社会保险精算实务还很不成熟。一方面是由于我国社会保险精算理论和实务的研究和教育还不成熟,普及度不够;另一方面是由于我国社会保险事业发展制度化和系统化不足,缺乏系统软件建设和完善的数据库建设。为不断完善我国社会保险事业,加快社会保险精算实务发展是当务之急。为此,要加快社会保险从业人员社会保险精算知识、基本技术的培训和普及教育(如精算软件的普及应用),提高社会保险从业人员的专业素质;加快各类社会保险项目精算实务的软件化,开发适合我国国情特点的社会保险精算软件系统,以及操作和应用的自动化;加快各类社会保险系统数据库的建设和网络化管理,提高数据库的应用效率。

第二节 社会保险精算方法

一、利息与年金理论

利息与年金理论是关于资金的时间价值的度量和计算的理论。在社会保险精算中,基金的投资与运营管理、隐性债务的测算等都涉及资金的时间价值以及资金使用的机会成本和收益问题。① 因此,利息与年金理论是构建社会保险精算的基础工具。本节主要介绍利息的含义、度量与年金的基本知识。

(一) 利息的含义与度量

利息(Interest),是在一定时期内,资金拥有人将使用资金的自由权转让给借款人后所得到的报酬。计算利息有三个基本要素:本金、利率和计息期间。

本金(Principal)是每项业务开始时投资的初始金额,记为 $A(0)$。该投资额经过时间 $t(t>0)$ 后的积累额,记为 $A(t)$。我们把累积额与本金的差值,称为利息总额,记为 I。则有:$I=A(t)-A(0)$。将该本金在第 n 个基本计息单位内产生的利息记为 I_n,有 $I_n=A(n)-A(n-1)$。

利率(Rate of Interest)是单位本金在单位时间内所获得的利息与本金的比值,记为 i。如果考虑一个单位的本金投资,我们定义该项投资在时刻 $t(t\geq 0)$ 的积累值为单位积累函数,用 $a(t)$ 表示,则有:$i=\dfrac{a(1)-a(0)}{a(0)}$。将第 n 个基本计息时间单位内产生的利率记为 i_n,有:$i_n=\dfrac{A(n)-A(n-1)}{A(n-1)}=\dfrac{a(n)-a(n-1)}{a(n-1)}$。

计息期间是指本金运用的特定时间,记为 t。一般而言,对于一定的本金,在利率一定时,计息期间越长,所得利息越多。在计息期间一定时,利率越高,利息越多。

1. 单利与复利

实务中利息的度量方式有单利和复利两种。单利(Simple Interest)只对本金计息,而复利(Compound Interest)对本金和已有利息共同计息。

在单利下,设第一年年初的本金为 $A(0)$,第 t 年的利率为 i_t,则仅对本金计息的第 n 年年末的累积额为:$A(n)=A(0)(1+i_1+i_2+\cdots+i_n)$。若各年利率相等,则第 t 年年末的累积额为:$A(t)=A(0)(1+it),(t\geq 0)$。

在复利下,每年在年初本金和利息基础上计息,此时,第 n 年年末的累积额为:$A(n)=A(0)(1+i_1)(1+i_2)\cdots(1+i_n)$。若各年利率相等,则第 t 年年末的累积额为 $A(t)=A(0)(1+i)^t,(t\geq 0)$。

2. 现值与终值

一定金额的资金在不同时刻的时间价值不同,我们把为了在 t 期末得到某个累积值,而在开始时投资的本金金额称为该累积值的现值(Present Value)。对于

---

① 张思锋等编著:《社会保障精算理论与应用》,人民出版社 2006 年版,第 76 页。

未来 t 年的 K 元,在利率 i 下的现值为:在单利的情况下,$PV=K/(1+it)$;复利的情况下,$PV=K/(1+i)^t$。

终值(Future Value)是指本金在一定时期 t 后所得的本利和。在本金为 $A(0)$ 时、利率为 i 时,在单利的情况下,$FV=A(0)(1+it)$;在复利的情况下,$FV=A(0)(1+i)^t$。

如果将应在将来支付的金额在现在支付,则支付额中应扣除一部分金额,这个扣除额称为贴现额。资金贴现水平指标用贴现率(Rate of Discount)表示,它是单位时间内的贴现额,记为 d,则:

$$d = \frac{a(1)-a(0)}{a(1)} = \frac{1+i-1}{1+i} = \frac{i}{1+i} \qquad (式11-1)$$

以 d_n 表示第 n 年的贴现率,则有:

$$d_n = \frac{A(n)-A(n-1)}{A(n)} = \frac{a(n)-a(n-1)}{a(n)} \quad (n\geq 1) \qquad (式11-2)$$

所谓实际贴现率,即一年贴现一次的年贴现率,或者是全年贴现额与到期日应付额的比率。

3. 实际利率与名义利率

每个计息期期末支付一次利息的利率称为实际利率(Effective Rate of Interest)。若计息期与结算期不一致,即出现每一计息期内支付多次利息,或多个计息期才支付一次利息的情况,此时相应的利率就称为名义利率(Nominal Rate of Interest)。

我们用 $i^{(m)}$ 表示每一计息期支付 m 次利息的名义利率。所谓名义利率 $i^{(m)}$,是指每 $\frac{1}{m}$ 个度量期上的实际利率为 $\frac{i^{(m)}}{m}$,因此有:

$$1+i = \left[1+\frac{i^{(m)}}{m}\right]^m \qquad (式11-3)$$

与名义利率的意义相似,名义贴现率(Nominal Rate of Discount)是对一个计息期内支付 m 次贴现量的度量。我们将一个计息期内支付 m 次贴现量的贴现率记为 $d^{(m)}$,同样,所谓名义贴现率 $d^{(m)}$ 指每 $\frac{1}{m}$ 个度量期上的实际贴现率,记为 $\frac{d^{(m)}}{m}$,因此有:

$$1-d = \left[1-\frac{d^{(m)}}{m}\right]^m \qquad (式11-4)$$

4. 利息强度

我们定义某一时刻的利率为利息强度(Force of Interest),记为 δ_t,则有:

$$\delta_t = \frac{A'(t)}{A(t)} = \frac{a'(t)}{a(t)} \qquad (\text{式 11-5})$$

经过简单的积分运算,可以得到:

$$a(t) = e^{\int_0^t \delta_r dr} \qquad (\text{式 11-6})$$

(二) 年金的含义与类型

年金(Annuity)是指按相等的时间区间支付的一系列款项。年金一般分为两类:一是确定年金,即在相同间隔的时间上,按确定的数额进行一系列的支付;二是不确定年金,又叫或有年金,具有代表性的不确定性年金是以生存为支付条件的生存年金。① 本节所讨论的年金属于确定年金范畴。确定年金按照支付期和计息期是否相等且一致、每期支付额是否相等及整个年金期间利率是否一致划分为基本年金和一般年金。

1. 基本年金

基本年金按收付款的时间不同可分为期末付年金、期初付年金和延期年金。

期末付年金(Annuity-immediate)是指在每个支付周期期末进行支付的年金。如果年金于每年底支付 1 元,共支付 n 年(n 为正整数),这样的年金称为 n 年期期末付年金。若每期利率为 i,折现率为 v,则:

n 年期期末付年金在期初时刻的现值 $a_{\overline{n}|}$ 可以表示为:

$$a_{\overline{n}|} = v + v^2 + \cdots + v^n = \frac{1-v^n}{i} \qquad (\text{式 11-7})$$

n 年期期末付年金在期末 n 时刻的终值 $S_{\overline{n}|}$ 可以表示为:

$$S_{\overline{n}|} = 1 + (1+i) + \cdots + (1+i)^{n-2} + (1+i)^{n-1} = \frac{(1+i)^n - 1}{i}$$

$$(\text{式 11-8})$$

$a_{\overline{n}|}$ 与 $S_{\overline{n}|}$ 的基本关系:

$$S_{\overline{n}|} = a_{\overline{n}|}(1+i)^n \qquad (\text{式 11-9})$$

$$\frac{1}{a_{\overline{n}|}} = \frac{1}{S_{\overline{n}|}} + i \qquad (\text{式 11-10})$$

---

① 刘明亮主编:《利息理论与应用》(第二版),中国金融出版社 2014 年版,第 43 页。

期初付年金(Annuity-due)是指在每个支付周期期初进行支付的年金。如果年金于每年初支付1元,共支付 n 年(n 为正整数),这样的年金称为 n 年期期初付年金。若每期利率为 i,折现率为 v,则 n 年期期初付年金在期初时刻的现值 $\ddot{a}_{\overline{n}|}$ 可以表示为:

$$\ddot{a}_{\overline{n}|} = 1 + v + v^2 + \cdots + v^{n-1} = \frac{1-v^n}{d} \qquad (式11-11)$$

n 年期期初付年金在期末 n 时刻的终值 $\ddot{S}_{\overline{n}|}$ 可以表示为:

$$\ddot{S}_{\overline{n}|} = (1+i) + (1+i)^2 + \cdots + (1+i)^{n-1} + (1+i)^n = \frac{(1+i)^n - 1}{d}$$
$$(式11-12)$$

$\ddot{a}_{\overline{n}|}$ 与 $\ddot{S}_{\overline{n}|}$ 的基本关系:

$$\ddot{S}_{\overline{n}|} = \ddot{a}_{\overline{n}|}(1+i)^n \qquad (式11-13)$$

$$\frac{1}{\ddot{a}_{\overline{n}|}} = \frac{1}{\ddot{S}_{\overline{n}|}} + d \qquad (式11-14)$$

显然,期末付年金与期初付年金有以下关系:

$$\ddot{a}_{\overline{n}|} = a_{\overline{n}|}(1+i) \qquad (式11-15)$$

$$\ddot{S}_{\overline{n}|} = S_{\overline{n}|}(1+i) \qquad (式11-16)$$

延期年金(Deferred Annuity)是指第一次支付发生在第 m($m \geq 2$)个计息期的年金。

延付 m 年的给付额为1的 n 年期末付年金现值记作 $_{m|}a_{\overline{n}|}$,则:

$$_{m|}a_{\overline{n}|} = v^m a_{\overline{n}|} = a_{\overline{m+n}|} - a_{\overline{m}|} \qquad (式11-17)$$

延付 m 年的给付额为1的 n 年期初付年金现值记作 $_{m|}\ddot{a}_{\overline{n}|}$,则:

$$_{m|}\ddot{a}_{\overline{n}|} = v^m \ddot{a}_{\overline{n}|} = \ddot{a}_{\overline{m+n}|} - \ddot{a}_{\overline{m}|} \qquad (式11-18)$$

延期年金终值的计算方法与期末和期初付年金终值的计算方法一致,这里不再重复。

2. 一般年金

一般年金的付款周期与计息周期是不一致的,并且每次付款时的支付金额不一定相等。本节将讨论付款周期不同于计息周期的年金以及变额年金。

首先考虑付款周期长于计息周期的年金。设 k 为一个付款周期内的计息周期数,n 是整个付款期的计息次数,i 为每个计息期的利率。我们假设每个付款期包括整数个计息期,k 和 n 都是正整数。付款次数为 $\frac{n}{k}$,也是正整数。

每次期末付款额为 1 时,其年金现值为:

$$PV = v^k + v^{2k} + \cdots + v^{\frac{n}{k}k} = \frac{v^k(1-v^{\frac{n}{k}k})}{1-v^k} = \frac{v^k - v^{k+n}}{1-v^k} = \frac{1-v^n}{(1+i)^k - 1}$$

$$= \frac{1-v^n}{i} \cdot \frac{i}{(1+i)^k - 1} = \frac{a_{\overline{n}|}}{S_{\overline{k}|}} \quad \text{(式 11-19)}$$

相应的年金终值为:

$$AV = \frac{a_{\overline{n}|}}{S_{\overline{k}|}}(1+i)^n = \frac{S_{\overline{n}|}}{S_{\overline{k}|}} \quad \text{(式 11-20)}$$

每次期初付款额为 1 时,其年金现值为:

$$PV = 1 + v^k + v^{2k} + \cdots + v^{\frac{n-k}{k}k} = \frac{1-v^n}{1-v^k} = \frac{a_{\overline{n}|}}{a_{\overline{k}|}} \quad \text{(式 11-21)}$$

相应的年金终值为:

$$AV = \frac{a_{\overline{n}|}}{a_{\overline{k}|}}(1+i)^n = \frac{S_{\overline{n}|}}{a_{\overline{k}|}} \quad \text{(式 11-22)}$$

第二种是付款周期短于计息周期的年金。设 m 为一个计息周期内的付款次数,n 是年金期限内的计息次数,i 为每个计息期的利率。我们假设每个计息期包括整数个付款期,m 和 n 都是正整数。付款次数为 mn,也是正整数。

每个付款期末付款额为 $\frac{1}{m}$,每个计息期付款额为 $m \cdot \frac{1}{m} = 1$ 时,其年金现值用 $a_{\overline{n}|}^{(m)}$ 表示,年金终值用 $S_{\overline{n}|}^{(m)}$ 表示,则有:

$$a_{\overline{n}|}^{(m)} = \frac{1}{m}\left[v^{\frac{1}{m}} + v^{\frac{2}{m}} + \cdots + v^{\frac{mn-1}{m}} + v^n\right] = \frac{1}{m} \cdot \frac{v^{\frac{1}{m}} - v^{n+\frac{1}{m}}}{1-v^{\frac{1}{m}}}$$

$$a_{\overline{n}|}^{(m)} = \frac{1-v^n}{m\left[(1+i)^{\frac{1}{m}} - 1\right]} = \frac{1-v^n}{i^{(m)}} \quad \text{(式 11-23)}$$

$$S_{\overline{n}|}^{(m)} = a_{\overline{n}|}^{(m)}(1+i)^n = \frac{(1+i)^n - 1}{i^{(m)}} \quad \text{(式 11-24)}$$

每个付款期初付款额为 $\frac{1}{m}$,每个计息期付款额为 1 时,其年金现值用 $\ddot{a}_{\overline{n}|}^{(m)}$ 表示,年金终值用 $\ddot{S}_{\overline{n}|}^{(m)}$ 表示,则有:

$$\ddot{a}_{\overline{n}|}^{(m)} = \frac{1-v^n}{d^{(m)}} \quad \text{(式 11-25)}$$

$$\ddot{S}_{\overline{n}|}^{(m)} = \frac{(1+i)^n - 1}{d^{(m)}} \qquad (式11\text{-}26)$$

变额年金是每期付款额不相等的年金。本节将讨论每期付款金额成等差数列的变额年金以及每期付款金额成等比数列的变额年金。

首先考虑等差数列年金。若某期末付年金首期付款额为 1，从第二期开始，每期付款额比前一期增加 1，每个付款期利率为 i。这一年金称为递增年金（Increasing Annuity），其年金现值记为 $(Ia)_{\overline{n}|}$，年金终值记为 $(IS)_{\overline{n}|}$，则：

$$(Ia)_{\overline{n}|} = \frac{\ddot{a}_{\overline{n}|} - nv^n}{i} \qquad (式11\text{-}27)$$

$$(IS)_{\overline{n}|} = (Ia)_{\overline{n}|}(1+i)^n = \frac{\ddot{S}_{\overline{n}|} - n}{i} \qquad (式11\text{-}28)$$

若某期末付年金首期付款额为 n，从第二期开始，每期付款额比前一期减少 1，且付款期为 n 年，每个付款期利率为 i。这一年金称为递减年金（Decreasing Annuity），其年金现值记为 $(Da)_{\overline{n}|}$，年金终值记为 $(DS)_{\overline{n}|}$，则：

$$(Da)_{\overline{n}|} = \frac{n - a_{\overline{n}|}}{i} \qquad (式11\text{-}29)$$

$$(DS)_{\overline{n}|} = (Da)_{\overline{n}|}(1+i)^n = \frac{n(1+i)^n - S_{\overline{n}|}}{i} \qquad (式11\text{-}30)$$

上面提到的所有公式都是针对期末付年金而言的。同理，我们可以推导出期初付年金的表达式：

$$(I\ddot{a})_{\overline{n}|} = \frac{\ddot{a}_{\overline{n}|} - nv^n}{d} \qquad (式11\text{-}31)$$

$$(I\ddot{S})_{\overline{n}|} = (I\ddot{a})_{\overline{n}|}(1+i)^n = \frac{\ddot{S}_{\overline{n}|} - n}{d} \qquad (式11\text{-}32)$$

$$(D\ddot{a})_{\overline{n}|} = \frac{n - a_{\overline{n}|}}{d} \qquad (式11\text{-}33)$$

$$(D\ddot{S})_{\overline{n}|} = (D\ddot{a})_{\overline{n}|}(1+i)^n = \frac{n(1+i)^n - S_{\overline{n}|}}{d} \qquad (式11\text{-}34)$$

付款额成等比数列的年金很好处理，只要直接将年金值表示为一个级数。考虑一般的 n 年期的期末付年金，首期付款 1 元，连续付款成等比数列增加，其公比为 $1+k$，则该年金的现值为：

$$PV = v + v^2(1+k) + \cdots + v^n(1+k)^{n-1}$$

$$= v\left[1 + \frac{1+k}{1+i} + \left(\frac{1+k}{1+i}\right)^2 + \cdots + \left(\frac{1+k}{1+i}\right)^{n-1}\right] = \frac{1-\left(\frac{1+k}{1+i}\right)^n}{i-k}, i \neq k$$

（式11-35）

若 $i=k$，则有：

$$PV = v\left[1 + \frac{1+k}{1+i} + \left(\frac{1+k}{1+i}\right)^2 + \cdots + \left(\frac{1+k}{1+i}\right)^{n-1}\right]$$

$$= v(1 + 1^1 + 1^2 + \cdots + 1^{n-1}) = nv = \frac{n}{1+i} \quad \text{（式11-36）}$$

该年金的终值为：

$$AV = \frac{1-\left(\frac{1+k}{1+i}\right)^n}{i-k}(1+i)^n = \frac{(1+i)^n - (1+k)^n}{i-k} \quad \text{（式11-37）}$$

二、人口与生命表理论

在社会保险精算中，需要了解被保险人的生命规律，如生存概率、死亡概率等，以此作为精算的数据基础。其中，生命表的编制是工作核心，而生存分布理论又是生命表编制的理论基础。[①] 本节首先介绍生存分布模型，然后介绍生命表结构与基本函数以及编制方法等，最后分析多减因生存模型及多减因表的编制原理。

（一）生命表理论

1. 生存分布模型

生存分布模型主要研究被保险人的生存和死亡分布规律。一般以 (x) 表示年龄为 x 岁的人，X 表示死亡年龄或新生儿的寿命，$T(x)$ 表示 x 岁的人的剩余寿命，即 $T(x)=X-x$，通常简写为 T。死亡年龄 X 是一个连续型随机变量，它的分布函数用 $F(x)$ 表示，则：

$$F(x) = P(X \leq x), (x \geq 0) \quad \text{（式11-38）}$$

这表示新生儿在 x 岁之前死亡的概率，又称为死亡年龄的分布函数。相应地，生存函数（Survival Function）则表达的是新生儿能活到 x 岁的概率，用 $S(x)$ 表示：

[①] 王桂胜主编：《社会保险精算》，中国劳动社会保障出版社2007年版，第81页。

$$S(x) = 1 - F(x) = 1 - P(X \leq x) = P(X > x) \quad （\text{式} 11\text{-}39）$$

对于死亡年龄的分布函数，存在相应的概率密度函数 $f(x)$，其定义如下：

$$f(x) = \lim_{\Delta x \to 0} \frac{P\{x < X < x + \Delta x\}}{\Delta x} = \lim_{\Delta x \to 0} \frac{F(x + \Delta x) - F(x)}{\Delta x} = \frac{dF(x)}{dx}$$

（式 11-40）

当考虑在某一年龄瞬间的死亡概率大小时，需要引入死力（Force of Death）的概念，记作 μ_x。死力的定义如下：

$$\mu_x = \lim_{\Delta x \to 0} \frac{P\{x < X < x + \Delta x \mid X > x\}}{\Delta x} = \frac{f(x)}{S(x)} \quad （\text{式} 11\text{-}41）$$

分布函数与生存函数可以用死力表示如下：

$$F(x) = 1 - e^{-\int_0^x \mu_s ds} \quad （\text{式} 11\text{-}42）$$

$$S(x) = e^{-\int_0^x \mu_s ds} \quad （\text{式} 11\text{-}43）$$

下面，引入一些精算学中常用的基本函数，即存活概率、死亡概率等。

$_t p_x$ 表示 x 岁的人活到 $x+t$ 岁的概率，$_t p_x = P(T > t)$。

$_t q_x$ 表示 x 岁的人在未来 t 年内死亡的概率，$_t q_x = P(T \leq t)$，显然，$_t p_x + _t q_x = 1$。

$_{t|u} q_x$ 表示 x 岁的人活过 t 年后，在其后的 u 年内死亡的概率，即 x 岁的人在 $x+t$ 岁至 $x+t+u$ 岁之间死亡的概率，$_{t|u} q_x = P(t < T \leq t+u)$。

这些概率可以用生存函数来表达：

$$_t p_x = \frac{S(x+t)}{S(x)} \quad （\text{式} 11\text{-}44）$$

$$_t q_x = 1 - _t p_x = \frac{S(x) - S(x+t)}{S(x)} \quad （\text{式} 11\text{-}45）$$

$$_{t|u} q_x = _t p_x - _{t+u} p_x = _{t+u} q_x - _t q_x = _t p_x \cdot _u q_{x+t} = \frac{S(x+t) - S(x+t+u)}{S(x)}$$

（式 11-46）

2. 生命表结构与类型

生命表（Life Table）是反映一批封闭人口由出生到死亡全过程的统计表，是反映人口在封闭条件下生死存亡规律的重要工具，是寿险保险费以及责任准备金等计算的基础。生命表的基本函数指标包括 $l_x, d_x, p_x, q_x, L_x, T_x, \overset{\circ}{e}_x$ 等。

l_x：x 岁的人口数量。其中，l_0 表示所研究的封闭人口全体数量，为生命表的基数。l_w 表示极限年龄的人口数量，$l_w = 0$。

d_x：x 岁的人在当年死亡的人口总数，即在 x 岁与 $x+1$ 岁间死亡的人数。

$$d_x = l_x - l_{x+1} \qquad (式11-47)$$

p_x：x 岁的人在未来一年内生存的概率，即从 x 岁活到 $x+1$ 岁的概率。

$$p_x = \frac{l_{x+1}}{l_x} \qquad (式11-48)$$

q_x：x 岁的人在未来一年内死亡的概率，即在 x 岁到 $x+1$ 岁之间死亡的概率。

$$q_x = 1 - p_x = \frac{l_x - l_{x+1}}{l_x} = \frac{d_x}{l_x} \qquad (式11-49)$$

L_x：x 岁的人平均生存的人年数。人年是表示人群存活时间的复合单位，一人年表示一个人存活了一年。L_x 是指存活到确切年龄 x 岁的人群 l_x 在到达 $x+1$ 岁前平均存活的人年数。

T_x：x 岁的人群未来累计生存人年数，即存活到确切年龄 x 岁的人群 l_x 未来将存活的总人年数。当死亡人数在每个年龄区间上均匀分布时：

$$T_x = L_x + L_{x+1} + L_{x+2} + \cdots + L_{w-1} = \sum_{t=0}^{w-x-1} L_{x+t} \qquad (式11-50)$$

$\overset{\circ}{e}_x$：x 岁的人的完全平均余寿，是针对人群中或某年龄的集团中每个成员余命的平均值。可以表示为：

$$\overset{\circ}{e}_x = \frac{T_x}{l_x} \qquad (式11-51)$$

以研究方法为划分依据，可将生命表划分为选择生命表、终极生命表和综合生命表。① 因为作为保险对象的人口不是随机人口群，而是经过筛选的符合保险条件的人口，以避免参保人的逆向选择行为或道德危险。因此，刚参加保险的人的死亡率较已参加保险数年的人口的死亡率更低。② 将刚参加保险时的年龄称为进入年龄，记为 $[x]$；参保人的当前年龄称为达到年龄。也就是说，达到年龄相同的参保人，若进入年龄不同，其死亡率也不一样。若 x 表示进入年龄，则有下式存在：

$$q_{[x]} < q_{[x-1]+1} < q_{[x-2]+2} < \cdots \qquad (式11-52)$$

但是，随着进入年龄递减，相同达到年龄的人的死亡概率的差也在缩小。在实务中，通常会设定一个年限 r，当选择之后的时间超过 r 年之后，便可忽略由选择时间引起的死亡率差异。

$$q_{[x-r]+r} = q_{[x-r-1]+r+1} = q_{[x-r-2]+r+2} = \cdots = q_x \qquad (式11-53)$$

---

① 张思锋等编著：《社会保障精算理论与应用》，人民出版社2006年版，第105页。
② 王桂胜主编：《社会保险精算》，中国劳动社会保障出版社2007年版，第86页。

由选择效果消失之后的死亡率构成的生命表称为终极生命表,简称终极表。习惯上将终极表并列在选择表的右边,这样的生命表就是选择—终极表。如果生命表仅以一维的形式编制,其死亡率仅通过当前年龄来确定,这样的生命表就叫综合生命表,简称生命表。

(二) 多减因理论

在保险精算分析中,常常要研究一批人受多个因素影响陆续减少过程的规律,比如,研究在职劳动力人数受死亡、伤残、离职、退休等多个因素的影响而减少的规律,以此作为养老保险、医疗保险或工伤保险的精算基础。[①] 多减因理论正是研究这些规律的方法。

1. 多减因表

多减因表(Multi-decrement Table)是反映同一年龄、参与同一事件的一批人受两个或两个以上因素影响而陆续减少的统计规律表。[②] 多减因表类似于生命表,也有多减因生存函数的表达。在多减因表中,一般包括以下指标:

$l_x^{(\tau)}$:表示 x 岁受(1),(2),…,(m)等 m 个减因影响的人数,或者说 x 岁暴露于 m 个减因下的人数。

${}_n d_x^{(k)}$:表示 x 岁的人在 $x \sim x+n$ 岁之间由 (k)($k=1,2,3,…,m$) 减因而减少的人数。当 $n=1$ 时,记为 $d_x^{(k)}$。

${}_n d_x^{(\tau)}$:表示 x 岁的人在 $x \sim x+n$ 岁之间由所有减因(m 个)而减少的人数。当 $n=1$ 时,记为 $d_x^{(\tau)}$,有:

$$_n d_x^{(\tau)} = \sum_{k=1}^{m} {}_n d_x^{(k)} \qquad (式11-54)$$

$$l_x^{(\tau)} - {}_n d_x^{(\tau)} = l_{x+n}^{(\tau)} \qquad (式11-55)$$

$$l_x^{(\tau)} = \sum_{y=x}^{w-1} d_y^{(\tau)} \qquad (式11-56)$$

${}_n q_x^{(k)}$:表示 x 岁的人在 $x \sim x+n$ 岁之间由 (k)($k=1,2,3,…,m$) 减因产生的减少概率。当 $n=1$ 时,记为 $q_x^{(k)}$。

$$_n q_x^{(k)} = \frac{{}_n d_x^{(k)}}{l_x^{(\tau)}} \qquad (式11-57)$$

${}_n q_x^{(\tau)}$:表示 x 岁的人在 $x \sim x+n$ 岁之间由所有减因产生的减少概率。当 $n=1$

[①] 王晓军主编:《社会保障精算原理》,中国人民大学出版社 2000 年版,第 29 页。
[②] 王桂胜主编:《社会保险精算》,中国劳动社会保障出版社 2007 年版,第 88 页。

时,记为 $q_x^{(\tau)}$。

$$_nq_x^{(\tau)} = \frac{_nd_x^{(\tau)}}{l_x^{(\tau)}} = \sum_{k=1}^{m} {_nq_x^{(k)}} \qquad (\text{式 11-58})$$

$_np_x^{(\tau)}$:表示 x 岁的人在 $x \sim x+n$ 岁之间仍保留在原群体中的概率。

$$_np_x^{(\tau)} = 1 - {_nq_x^{(\tau)}} = \frac{l_{x+n}^{(\tau)}}{l_x^{(\tau)}} \qquad (\text{式 11-59})$$

以上六个多减因表的指标,大致可以分为两类:一类是以减因的概率给出,包括 $_nq_x^{(k)}$, $_nq_x^{(\tau)}$, $_np_x^{(\tau)}$ 等项;另一类是以减因的人数形式给出,包括 $l_x^{(\tau)}$, $_nd_x^{(k)}$, $_nd_x^{(\tau)}$ 等项。

2. 减因力

减因力(Force of Decrement)是描述确切时点上减因水平的指标,分为总减因力和某一减因引起的减因力。① 减因力相当于普通生命函数中的死力。

$x+t$ 岁时的总减因力可以表示为:

$$\mu_{x+t}^{(\tau)} = \lim_{h \to 0} \frac{_hq_{x+t}^{(\tau)}}{h} = -\frac{d[\ln {_tp_x^{(\tau)}}]}{dt} \qquad (\text{式 11-60})$$

因此,

$$_tp_x^{(\tau)} = e^{-\int_0^t \mu_{x+s}^{(\tau)} ds} \qquad (\text{式 11-61})$$

(k) 减因力定义为:

$$\mu_{x+t}^{(k)} = \frac{d_tq_x^{(k)}}{dt} \cdot \frac{1}{_tp_x^{(\tau)}} \qquad (\text{式 11-62})$$

由此,有

$$\mu_x^{(\tau)} = \sum_{k=1}^{m} \mu_x^{(k)} \qquad (\text{式 11-63})$$

3. 联合单减因表

构成多减因表的各个减因都可以依各自独立的减因力构成单减因表,把这些单减因表合并起来称为联合单减因表(Associated Single Decrement Table)。② 它是单独考虑各个减因时生成的生命表,由单减因表所反映的函数称为联合单减因函数,用公式可以表示为:

$$_tp_x'^{(k)} = e^{-\int_0^t \mu_{x+s}^{(k)} ds} \qquad (\text{式 11-64})$$

---

① 杨静平编著:《寿险精算基础》,北京大学出版社 2002 年版,第 68 页。
② 张思锋等编著:《社会保障精算理论与应用》,人民出版社 2006 年版,第 114 页。

$$_tq'^{(k)}_x = 1 - e^{-\int_0^t \mu^{(k)}_{x+s}\mathrm{d}s} = \int_0^t {}_tp'^{(k)}_x \mu^{(k)}_{x+s}\mathrm{d}s \quad ①\qquad (式11-65)$$

$_tq'^{(k)}_x$ 称为 (k) 减因绝对减因率,它不同于 (k) 减因减率 $_tq^{(k)}_x$。前者仅与 (k) 减因力有关,而与其他减因力无关;后者是考虑在全部减因都参与作用的条件下 (k) 减因所导致的减少概率。

联合单减因函数与多减因函数的基本关系为:

$$_tp^{(\tau)}_x = \exp\left(-\int_0^t \mu^{(\tau)}_{x+s}\mathrm{d}s\right)$$
$$= \exp\left(-\int_0^t [\mu^{(1)}_{x+s} + \mu^{(2)}_{x+s} + \cdots + \mu^{(m)}_{x+s}]\mathrm{d}s\right) = {}_tp'^{(1)}_x {}_tp'^{(2)}_x \cdots {}_tp'^{(m)}_x$$
$$(式11-66)$$

显然 $_tp^{(\tau)}_x \leq {}_tp'^{(k)}_x$, $_tq'^{(k)}_x \geq {}_tq^{(k)}_x$。

第三节 养老保险的精算分析

养老保险精算的主要内容是未来收支预测和偿付能力评估。在不同的融资模式下,养老保险基金的收支平衡关系不同,所以不同融资模式下对养老保险年度赤字和偿付能力的评估方法存在差异。在相同的融资模式下,不同评估目的下的评估内容和评估方法会有差异,即使是在相同的融资模式和相同的评估目的下,不同国家采用的评估方法也有差异。例如,瑞典对现收现付的养老保险制度采取精算平衡表方法,用评估时点资产负债比衡量偿付能力,其中,资产包括评估时点累积财务资产和缴费资产,负债包括对待遇领取者的负债和对缴费者的负债。资产负债比大于1,表明养老保险具有偿付能力,否则,表明制度面临偿付问题。在美国和日本等国家,现收现付制养老保险的偿付能力用长期精算平衡来衡量。长期精算平衡是在长期(美国为75年,日本为95年)内未来收入现值与支出现值的平衡,当未来收入现值等于未来支出现值时,认为制度在评估期内是有偿付能力的。

一、现收现付制下的债务评估

如果假设养老保险制度保持现收现付融资模式不变,那么,随着制度内人口老龄化,制度必然积累越来越多的债务。制度债务是制度承诺的未来一系列养

---

① 设 $_tp'^{(k)}_x$ 称为 (k) 减因绝对减因率,在联合单减因表的函数右上角加上一撇以区别于 $_tp^{(k)}_x$。

老金给付现金流的现值,对测算时点制度覆盖的已退休和尚未退休的人员,需分别计算"老人"债务和"中人"债务。

(一) 隐性债务和转轨成本的基本概念

关于隐性债务的评估,国内外研究机构和学者已经做过大量研究和测算,但各方对隐性债务的理解并不一致。对概念的不同理解使测算模型和方法存在差异,加之在样本抽取和精算假设设置上的不同,所以测算结果存在差异。

本书将隐性债务定义为养老保险制度向已退休和尚未退休人员做出的未来养老金承诺所对应的债务。在现收现付制下,参保者在参加养老保险期间的缴费被用于已退休人员的养老金待遇发放,他们因缴费也积累了退休后获得养老金的权利。这一权利将由未来一代的缴费兑现。制度对已退休人员和已积累了养老金权益尚未退休人员的养老金承诺的现值就是制度的隐性债务。所谓"隐性"的债务,一方面是由于这种债务在数额上是隐蔽的,与参保职工的寿命长短有关,只有当所有债务偿还完毕才能确定实际的支出数额,这就需要在假设下,用精算技术测算得到其估计值;另一方面是由于这种债务是一种无形的承诺,没有有形的实体与之对应。如果债务以国家债券或其他借款等显性方式存在,这种债务就成了显性债务。

与隐性债务相关的一个概念是转轨成本。制度的转轨成本是指在旧制度的基础上建立新制度比新建同样的制度需要增加的成本。转轨成本的产生是由于仍需在一定时期内偿还旧体系的债务。它源于隐性债务,但并不等于隐性债务。隐性债务是旧制度欠下的债务,而转轨成本是制度转轨过程中实际偿还的债务。根据国际经验,各国在由现收现付制转向基金制的过程中,都不可避免地要面对巨额隐性债务,如果完全兑现这些隐性债务,制度转轨成本通常是巨大的,因此多数国家会采取一些可行措施,以缩减转轨成本。这些措施包括提高退休年龄、部分扣减"中人"已积累的养老金权益、用基金制的高回报来补偿等。

如果说隐性债务是一个存量概念,那么转轨成本就是一个流量概念。在不同的新旧制度过渡模式和过渡速度选择下,转轨成本的数额和支付时间的分布有很大差异。如果从现收现付的养老保险制度直接过渡到完全积累的基金制度,需要一次性兑现过去制度积累的债务,这时,转轨成本要一次付清。如果转轨时保留部分现收现付制,使旧制度下已经退休的"老人"的养老金仍然由下一代的缴费融资,转轨时已有一定养老金权益积累但尚未退休的"中人"和新加入制度的"新人"转向基金制,并且"中人"债务一次性补偿,在这种情况下,当"老人"全部死亡后,制度将完成转轨,转轨需要30—40年。如果只有"新人"加入基金制,"中人"和"老人"保留在现收现付制下,在所有"中人"死亡后,制度将完成向基金制的转轨,转轨需要 70—80 年。如果新制度不继续兑现过去制度对"老人"和"中人"承诺的养老金,也就是采取剥夺或没收他们已积累的养老金权利的方式,此时不需要任何转轨成本,但这种方式在政治上是不可行的。

从上面的分析可以看出,如果制度的转轨不剥夺也不增加任何旧制度已承诺的养老金权益,则各年转轨成本的精算现值等于制度的隐性债务。

在我国,根据《国务院关于完善企业职工基本养老保险制度的决定》,新建立的"统账结合"制度将"老人""中人"和"新人"区分对待,制度实施的原则是"老人老办法、新人新办法、中人过渡性办法"。"老人老办法"要求新制度继续兑现旧制度对"老人"承诺的养老金;"中人过渡性办法"指用"中人"过渡性养老金补偿"中人"在旧制度下积累的养老金权益。因此,新制度支付的"老人"养老金和"中人"过渡性养老金就是制度的转轨成本。转轨成本在所有"中人"死亡后全部还清,需要历经 70—80 年的时间。

(二)"老人"债务

"老人"债务是测算时点制度对已退休人员承诺的未来养老金的精算现值。"老人"债务计算公式为:

$$AL_t^r = \sum_{x=r}^{w-1} L_{t,x}^r \cdot B_{t,x} \cdot \ddot{a}_{t,x} \tag{式 11-67}$$

其中,AL_t^r 为 t 年的"老人"总债务,w 为人口年龄上限,$L_{t,x}^r$ 为 t 年 x 岁"老人"人数,$B_{t,x}$ 为 t 年 x 岁"老人"平均养老金水平,$\ddot{a}_{t,x}$ 为 t 年从 x 岁起每年初 1 元的生存年金现值。

t 年 x 岁人口的 1 元生存年金系数的理论计算公式为:

$$\ddot{a}_{t,x} = 1 + v_t \cdot p_{t,x} + v_t \cdot v_{t+1} \cdot p_{t,x} \cdot p_{t+1,x+1} + \cdots \tag{式 11-68}$$

实际中,一般忽略不同年份死亡概率和利率调整的问题,即假设 $p_{t,x+1} = p_{t+1,x+1}$,$v_t = v_{t+1}$。这种假设实际上高估了死亡概率,低估了存活概率,从而低估了年金系数,但这种低估较小,一般可以忽略。这时,

$$\ddot{a}_{t,x} = 1 + v_t \cdot p_{t,x} + v_t^2 \cdot p_{t,x} \cdot p_{t,x+1} + \cdots \tag{式 11-69}$$

设 t_0 年为测算起点,通常调查资料可以给出 t_0 年分性别、年龄的退休给付 $B_{t_0,x}$。设第 i 年养老金以社会平均工资增长率 j_i 的 k_i 比例、消费价格增长指数 c_i 的 h_i 比例调整,此时,不同年份不同年龄退休的退休给付为:

$$B_{t,x} = B_{t_0, x-(t-t_0)} \cdot \prod_{i=t_0+1}^{t} (1 + j_i \cdot k_i + c_i \cdot h_i) \tag{式 11-70}$$

如果 t_0 年后新退休职工的退休给付规定为退休前一年社会平均工资一定水平的收入替代率乘以前一年社会平均工资,设 t 年替代率为 g_t,$t-1$ 年社会平均工资为 $\bar{S}_{t-1}$,则 t 年新退休者的退休给付为:

$$B_{t,r} = g_t \cdot \bar{S}_{t-1} \qquad \text{(式 11-71)}$$

通常我们可以得到测算初年 t_0 年的社会平均工资 $\bar{S}_{t_0}$ 和平均缴费工资 $\bar{S}^a_{t_0}$,在未来一定的社会平均工资增长率和缴费工资增长率假定下,可以估计出不同年份的社会平均工资和不同年份的参保者平均工资,假设第 i 年的社会平均工资增长率为 j_i,并且缴费工资增长率等于社会平均工资增长率。此时,

$$\bar{S}_t = \bar{S}_{t_0} \cdot \prod_{i=t_0+1}^{t}(1+j_i) \qquad \text{(式 11-72)}$$

$$\bar{S}^a_t = \bar{S}^a_{t_0} \cdot \prod_{i=t_0+1}^{t}(1+j_i) \qquad \text{(式 11-73)}$$

(三)"中人"债务

"中人"债务指制度对已经积累了一定养老金权益但尚未退休人员积累的债务。"中人"债务计算公式如下:

$$AL^a_t = \sum_{x=e}^{r-1} L^a_{t,x} \cdot B^a_{t,x} \cdot {}_{r-x}P_{t,x} \cdot v^{r-x} \cdot \ddot{a}_{t,r} \qquad \text{(式 11-74)}$$

其中,AL^a_t 为 t 年"中人"总债务,e 为加入计划时年龄,r 为退休年龄,$L^a_{t,x}$ 为 t 年 x 岁"中人"人数,$B^a_{t,x}$ 为 t 年 x 岁"中人"已积累的养老金权利,${}_{r-x}P_{t,x}$ 为 t 年 x 岁人存活到退休年龄 r 的概率,v 为贴现因子,$\ddot{a}_{t,r}$ 为 t 年从 r 岁起每年初支付1元的生存年金现值。

养老保险给付标准通常对每工作一年得到的养老金权利做出明确的规定,退休待遇与工作年数和工资有关。如果养老保险承诺在一定工龄下退休可以得到相应的养老金替代率,但没有规定每工作一年得到的养老金权益增加多少,这时,需要对"中人"过去工作期间积累的养老金水平做出估计。比较简单的一种估计方法是用"中人"已经工作年数和预计到正常退休时的工作年数为比例分摊退休给付。假设在养老金制度下每年获得的养老金权利相等,那么,对于一个 e 岁加入养老保险,r 岁退休的参保者,他在 t 年 x 岁时已积累的养老金权利 $B^a_{t,x}$ 为:

$$B^a_{t,x} = \frac{x-e}{r-e} \cdot B_{(t+r-x),r}, e \leq x < r \qquad \text{(式 11-75)}$$

其中 $B_{(t+r-x),r}$ 为年 x 岁职工退休时的退休给付。

"中人"退休后的养老金同样要随社会平均工资增长率和消费价格指数而调整。因此,在计算生存年金系数时应考虑养老金调整因素。此时,

$$\ddot{a}_{t,r} = 1 + v_t \cdot (1 + j_t k_t + c_t h_t) \cdot p_{t,r} + v_t^2 \cdot (1 + j_t k_t + c_t h_t)^2 \cdot p_{t,r} \cdot p_{t,r+1} + \cdots$$

(式11-76)

二、现收现付制下的未来收支预测

年度收支的估计是对养老保险年度收入、支出、结余的估计。养老保险在年度内的收入额由参保人数、平均缴费工资、缴费率、遵缴率等决定。其中,缴费工资是制度规定的单位工资总额或个人工资中计入缴费的部分。例如,我国养老保险制度规定,缴费工资基础在当地上年平均工资的60%—300%的范围内,工资水平低于当地上年平均工资60%的单位和个人,按60%的平均工资缴费,工资水平超过当地上年平均工资300%的单位和个人,按300%平均工资缴费,即超出当地上年平均工资300%以上的工资部分不缴费。

养老保险的年支出额包括计划的给付支出和费用支出,由计划规定的给付种类和给付水平、受益人数和费用水平决定。在对未来养老保险参加人数、工资和利率预测的基础上,根据养老保险的给付和缴费水平,可以估计每年的收入水平和支出水平。

(一) 年度缴费收入

设 t 年缴费收入为 AI_t,t 年参保人数为 L_t,t 年平均缴费工资为 $\bar{S}_t^a$,t 年缴费率为 c_t,t 年遵缴率为 d_t,有:

$$AI_t = L_t \cdot \bar{S}_t^a \cdot c_t \cdot d_t \quad (式11-77)$$

在不同的制度下,养老保险的支出范围、种类和水平存在差异。我国现行的养老保险采取社会统筹与个人账户相结合的模式,其中社会统筹基金采取现收现付制,个人账户采取名义账户制,并逐步过渡到基金积累的个人账户制。按照《中华人民共和国社会保险法》和《国务院关于完善企业职工基本养老保险制度的决定》的规定,统筹基金的支出包括"老人"养老金、"中人"过渡性养老金、"中人"和"新人"的基础养老金、死亡抚恤金和丧葬补助金、病残津贴等。

(二) 年度待遇支出

按照现行制度规定,对改革年已退休的"老人"、改革年已在制度中尚未退休的"中人"和未来即将加入的"新人",养老金的待遇计发办法存在差异。"老人"按老办法计发,养老金待遇按一定的替代率计发;"新人"的养老金分为基础养老

金和个人账户养老金两部分;"中人"除基础养老金和个人账户养老金外,还有"过渡性养老金"。"新人"和"中人"的基础养老金采取与缴费年数和缴费水平挂钩的计发办法,"中人"的过渡性养老金采取指数化调整计发办法。个人账户养老金按照个人账户累计额除以年金系数计算。

1."老人"养老金支出

"老人"是指在改革时点已退休的人口,改革时点一般以开始实施全国统一的养老保险制度开始,以《国务院关于建立统一的企业职工基本养老保险制度的决定》的执行时点为准。在改革时点已退休的"老人"处于封闭人口状态,没有不断新加入的人口,只有因死亡而不断减少的人口。"老人"养老金支出是分年龄"老人"人数与分年龄"老人"养老金之积的和:

$$AOC_t = \sum_{x=r+t-t_0}^{w} L_{t,x}^r \cdot B_{t,x} \qquad (式 11-78)$$

其中,t_0 为改革年,t 为测算年,AOC_t 为 t 年"老人"养老金总给付额,$L_{t,x}^r$ 为 t 年 x 岁"老人"人数,$B_{t,x}$ 为 t 年 x 岁"老人"人均退休给付。

2."中人"过渡性养老金支出

"中人"过渡性养老金总支出是分年龄"中人"过渡性养老金支出之和:

$$AMC_t^l = \sum_{x=r}^{r+t-t_0-1} L_{t,x}^m \cdot B_{t,x}^m \qquad (式 11-79)$$

其中,AMC_t^l 为 t 年"中人"过渡性养老金总给付额,$L_{t,x}^m$ 为 t 年 x 岁"中人"人数,$B_{t,x}^m$ 为 t 年 x 岁"中人"过渡性养老金。

在测算中,"中人"过渡性养老金采取指数化计发方法,即以缴费平均工资指数调整以工作年数和社会平均工资衡量的给付水平。具体来说,过渡性养老金是"中人"退休时上年当地社会平均工资、缴费工资平均指数、计发系数和"中人"临界点之前本人缴费年数的乘积。其中,缴费工资平均指数通常为从改革年至退休前各年缴费工资与社会平均工资的比值之和除以自改革年起缴费和视同缴费年数。"中人"临界点前的缴费年限指自参加工作开始的缴费和视同缴费年限的总和。计发系数一般在 1.0%—1.4% 之间。

假设改革年为 t_0,该年"中人"的年龄为 x 岁,退休年龄为 r,加入旧制度的年龄为 e,"中人"在 (t_0+r-x) 年达到退休年龄,在 $[t_0-(x-e)]$ 年加入旧制度,过渡性养老金公式中的计发系数为 μ,t 年 x 岁的工资为 $S_{t,x}$,t 年社会平均工资为 $\overline{S_t}$,t 年 z 岁的缴费工资指数为 $\dfrac{S_{t,z}}{\overline{S_t}}$,缴费工资平均指数 k_x 为:

$$k_x = \frac{\left(\dfrac{S_{t_0,x}}{\overline{S}_{t_0}} + \dfrac{S_{t_0+1,x+1}}{\overline{S}_{t_0+1}} + \cdots + \dfrac{S_{t_0+r-1-x,r-1}}{\overline{S}_{t_0+r-1-x}}\right)}{(r-x)} \quad \text{（式11-80）}$$

改革年 x 岁职工的过渡性养老金为：

$$B_{t_0+r-x,r}^m = \overline{S}_{t_0+r-x-1} \cdot k_x \cdot \mu \cdot (x-e) \quad \text{（式11-81）}$$

3. "中人"和"新人"基础养老金支出

按照《国务院关于完善企业职工基本养老保险制度的决定》的规定，参加养老保险缴费和视同缴费累计满15年的人员，退休后基础养老金的月标准是以当地上年度在岗职工月平均工资和本人指数化月平均缴费工资的平均值为基数，缴费每满1年发给1%，上不封顶；缴费不满15年的，个人账户养老金一次性发给个人，没有基础养老金。设 t 年社会平均工资为 $\overline{S}_t$，t 年 x 岁参保个人的工资为 $S_{t,x}$，缴费年数为 n，则基础养老金为：

$$\begin{cases} 1\% \cdot n \cdot \overline{S}_{t+n-1} \cdot \dfrac{\left(1+\sum\limits_{\alpha=0}^{n-1}\dfrac{S_{t+\alpha,x+\alpha}}{\overline{S}_{t+\alpha}}\right)}{n}, n < 15 \\ 0, n \geq 15 \end{cases} \quad \text{（式11-82）}$$

4. 个人账户养老金支出

个人账户养老金 = 退休时点个人账户累计额/退休年龄的计发系数。其中，计发系数是考虑退休后寿命和利率水平的单位年金现值。当前各地区采用的是人力资源和社会保障部规定的系数，如60岁退休的月领取系数为139，55岁退休的月领取系数为170。实际上，年金系数应该考虑队列人群的死亡率改善以及利率的变动，应该根据死亡率改善的情况及时调整，否则不能保证个人账户在设计上的收支平衡。同时，还应该考虑个人账户养老金在实际中的指数化调整，这时，年金系数应该根据退休时的队列生命表计算并考虑指数化调整。当然，我国在个人账户设计上规定账户余额可继承，已经破坏了个人账户的精算平衡。

5. 死亡抚恤金

对于死亡抚恤金和其他补助金的标准，不同地区有不同的规定，一般为一次性支付死者本人2—6个月的工资。我们假设缴费者死亡抚恤金相当于过去3个月的工资，退休者死亡抚恤金相当于过去3个月的养老金。分年龄、性别死亡抚恤金支出等于按死亡概率估计的分年龄、性别死亡人数与相应死亡抚恤金的乘积。

6. 个人账户继承支出

个人账户继承支出等于死亡时个人账户余额。

三、养老保险影响因素分析

(一)制度内生变量

1. 缴费率

缴费率是缴费主体(企业和职工)缴纳的养老保险费与缴费工资的比率。

影响缴费率高低的主要因素有:养老金替代率和抚养比。在社会保险基金收支平衡的前提下,养老金替代率提高,则缴费率也相应提高。抚养比提高,则缴费率也相应提高。缴费率还应考虑缴费企业和职工的承受能力,如果缴费率超出企业和职工所能承受的范围,应调整养老保险金给付水平和退休年龄,使缴费率维持在企业和职工可承受的范围之内。

2. 替代率

替代率是指养老金与工资的比例,替代率可分为平均替代率和个体替代率。

替代率是影响养老金支出的基本因素。替代率越高,养老金支出相对越多,维持社会养老保险基金收支平衡的难度就越大;替代率较低,养老金支出额相对较小,社会养老保险基金收支平衡就容易实现。替代率受到恩格尔系数、养老金收入水平等因素的影响。

3. 老年抚养比

老年抚养比又称赡养率,是指退休职工人数与在职职工人数之比,用以表示每一个退休职工由几名在职职工赡养。老年抚养比的大小影响社会养老保险基金收入和支出。影响老年抚养比大小的因素有以下几个:

(1) 开始工作年龄。开始工作年龄关系到在职职工人数的多少,影响社会养老保险基金收入的规模。开始工作年龄越低,在职职工即养老金缴费人数越多,养老保险基金积累就越多;反之亦然。一般来说,职工开始工作的年龄比较稳定,难以降低。随着高等教育规模的逐步扩大,开始工作年龄有缓慢提高的趋势。

(2) 退休年龄。退休年龄影响养老保险基金的收支两方面。退休年龄提高,则在职职工(缴费者)人数增多,退休职工(领取养老金者)人数减少,抚养比降低,社会养老负担减轻;退休年龄降低,则在职职工人数减少,退休职工人数增多,抚养比提高,社会养老负担就会加重。因此,退休年龄对养老保险基金收支会产生重大影响。目前,许多国家都有提高职工退休年龄的趋势,以减轻人口老龄化时的养老负担。

(3)退休职工平均余命。退休职工平均余命是指职工退休后的平均存活年限。平均余命关系到退休职工人数的多少,影响养老保险基金支出的规模。平均余命越长,退休职工被赡养的年限越长,养老金支出规模就越大。平均余命的延长是很缓慢的过程,可将其视为对老年抚养比影响相对稳定的因素之一。

(4)职工年龄构成。职工年龄构成是指各年龄组职工(包括在职和退休职工)的人数占职工总人数的比重。在开始工作年龄、退休年龄和退休后平均余命一定的条件下,职工年龄构成关系到抚养比的变动。当人口年龄构成趋于老龄化时,全部职工中退休职工人数增加,在职职工人数减少,社会养老负担增加。

4. 养老保险基金投资收益率

养老保险基金投资收益率是表示养老保险基金的投资增值部分与养老保险基金投资额的比率。养老保险基金投资收益率越高,养老保险基金增值收益越大,就越有利于养老保险基金的收支平衡。

(二)制度外生变量

1. 工资增长率

工资增长率是表示职工工资随工龄或年份而增长的比率。工资增长率越高,缴费工资基数的增长越快,养老保险基金缴费收入的增长也越快;相应地,职工在职时工资增长率越高,其退休后的养老金标准则相应提高,因而养老保险基金支出的增长也越快。

2. 目标期间

目标期间是指维持养老金收支平衡所取的时间跨度。现收现付模式下目标期间一般为一年。

3. 通货膨胀

通货膨胀是指纸币的发行量超过商品流通中所需要的货币量而引起的货币贬值、物价上涨的状况。当通货膨胀率很低时,实际工资增长率和实际养老保险基金增值率与名义工资增长率和名义养老保险基金增值率差别较小,对养老保险基金收支不会产生较大影响。当通货膨胀率较高时,实际工资增长率近似等于名义工资增长率减去通货膨胀率,实际养老保险基金增值率等于名义养老保险基金增值率减去通货膨胀率。

4. 经济周期性变动

经济周期性变动是指经济景气与不景气的交替过程。在经济景气时期,就业增加,职工人数增多,职工工资增长较快,养老保险基金收入增多;在经济不景气时,失业增加,职工人数减少,职工工资会出现零增长或负增长,养老保险基金收入减少。

5. 人口迁移

人口迁移是指人口在地理位置上的流动。人口迁移会从两个方面对养老保险基金的收支产生影响:一方面,随着城市化进程的加快,年轻劳动力不断流向城市,城市人口老龄化将趋于缓和,从而缓解城镇养老保险的收支矛盾;另一方,大量年轻人口从不发达地区向发达地区迁移,发达地区人口老龄化将趋于缓和,从而缓解发达地区养老保险的收支矛盾。

6. 财政支付

基本养老保险实行国家、企业、个人三方负担的原则,所以国家财政负担部分养老保险费用是政府的职责所在,也是社会养老保险制度正常运转的必要条件。国家负担的方式主要有补助、转移支付、贴息等。一般情况下,财政的作用体现在减税和承担一部分管理费;特殊情况下,为保证养老保险收支平衡,政府会进行必要的转移支付。因此,财政支付在养老保险收支中所起的作用可作为一个特殊变量来考虑。

7. 其他变量

其他有关变量也会对社会养老保险产生影响,如劳动生产率、货币的供求变化、物价指数、个人偏好以及弹性指数等。

第四节 医疗保险的精算分析

一、医疗费用模型

为了分析社会医疗保险费用的支出,需要分析一定时期内某种疾病的发生次数和每次的费用,或者分析参保人中受益的人数和每人的费用。不论是疾病的发生次数、参保人的受益人数还是每次(或者每人)的费用都是随机变化的,即为随机变量。我们可以应用风险理论的知识求得医疗费用的情况。这里以在一定时期内某种疾病的费用支出为例阐述疾病发生次数和每次费用的常用概率分布。这些分布也可以用于分析参保人的受益人数和每人的费用。

(一)疾病发生次数的分布

一定时期内某疾病的发生次数可能是 $0,1,2,\cdots$,显然是离散型随机变量,下面介绍二项分布、几何分布、泊松分布、负二项分布在社会医疗保险精算中的应用。

1. 二项分布

二项分布适合于个体发生概率相等的情形。在社会医疗保险精算中,当考虑某个地区的 n 个参保人患某种疾病的费用支出时,假设每个人发生疾病的概率相同均为 p,那么在给定时期内,患此种疾病的人数为 $k(0 \leq k \leq n)$ 的概率分布就服从 $B(n,p)$。进一步可以求出给定时期内患此种疾病的人数不超过 k $(0 \leq k \leq n)$ 的累积概率为:

$$F(N=k) = \sum_{i=1}^{k} C_n^i p^i (1-p)^{n-i}, k=0,1,2,\cdots; 0<p<1$$

(式 11-83)

期望 $E(N)=np$,方差 $Var(N)=np(1-p)$。

2. 几何分布

几何分布表示在统计过程中进行 n 次试验,首次成功恰好发生在第 $k+1$ 次试验上的概率,也就是前 k 次试验中事件均为失败的分布为几何分布,其分布列为:

$$P(N=k) = p(1-p)^k, k=0,1,2,\cdots; 0<p<1 \quad (式 11-84)$$

期望 $E(N)=\dfrac{1-p}{p}$,方差 $Var(N)=\dfrac{1-p}{p^2}$。

3. 泊松分布

在概率统计中,泊松分布的分布列为:

$$P(N=k) = e^{-\lambda} \cdot \dfrac{\lambda^k}{k!}, k=0,1,2,\cdots \quad (式 11-85)$$

期望 $E(N)=\lambda$,方差 $Var(N)=\lambda$。

4. 负二项分布

同二项分布一样,概率统计中的负二项分布也产生于 N 重贝努利试验,假定独立进行的每次试验的概率为 p,则恰好有 r 次试验成功时一共进行的试验成功次数 x 的分布为负二项分布。假设第 r 次试验发生时一共进行了 k 次试验,则在 $k-1$ 次试验中,必然有 $r-1$ 次成功的试验,因此,负二项分布的分布列为:

$$P(N=k) = p\,C_{k-1}^{r-1}\,p^{r-1}(1-p)^{k-r}, k = r, r+1, \cdots \quad (式11-86)$$

数学上出于它的某些性质推导,通过 $Y=N-r$ 变换为如下形式:

$$P(N=k) = p\,C_{k+r-1}^{r-1}\,p^{r}(1-p)^{k}, k = 0, 1, 2, \cdots \quad (式11-87)$$

期望 $E(N) = \dfrac{r(1-p)}{p}$,方差 $Var(N) = \dfrac{r(1-p)}{p^2}$。

(二) 每次医疗费用的分布

上面介绍了疾病发生次数常见的几种分布形式,其分布类型均为离散型分布,而每次治疗疾病的医疗费用却是连续型随机变量,其分布特点是右偏、厚尾分布。下面介绍每次医疗费用的常用分布,约定用 X 代表每次费用额。

1. 正态分布

其密度函数为:

$$f(x) = \dfrac{1}{\sigma\sqrt{2\pi}}\,e^{-\frac{1}{2}\left(\frac{x-u}{\sigma}\right)^2}, -\infty < x < +\infty \quad (式11-88)$$

期望 $E(X) = \mu$,方差 $Var(X) = \sigma^2$。

2. 对数正态分布

其密度函数为:

$$f(x) = \dfrac{1}{\sigma\sqrt{2\pi}}\,e^{-\frac{1}{2}\left(\frac{\ln x-u}{\sigma}\right)^2}, x > 0 \quad (式11-89)$$

期望 $E(X) = e^{\mu+\frac{1}{2}\sigma^2}$,方差 $Var(X) = e^{2\mu+\sigma^2}(e^{\sigma^2}-1)$。

3. 伽马分布

其密度函数为:

$$f(x) = \dfrac{\lambda^{\alpha}}{\Gamma(\alpha)}\,x^{\alpha-1}\,e^{-\lambda x}, x > 0, \lambda > 0, \alpha > 0,$$

其中,

$$\Gamma(\alpha) = \int_0^{\infty} x^{\alpha-1}\,e^{-x}\,dx, \alpha > 0 \quad (式11-90)$$

期望 $E(X) = \dfrac{\alpha}{\lambda}$,方差 $Var(X) = \dfrac{\alpha}{\lambda^2}$。

4. 帕累托分布

其密度函数为:

$$f(x) = \dfrac{\alpha\lambda^{\alpha}}{(\lambda+x)^{\alpha+1}}, x > 0 \quad (式11-91)$$

其分布函数为：

$$F(x) = 1 - \left(\frac{\lambda}{\lambda + x}\right)^{\alpha} \quad \text{（式11-92）}$$

期望 $E(X) = \dfrac{\lambda}{\alpha - 1}, \alpha > 1$；方差 $Var(X) = \dfrac{\alpha \lambda^2}{(\alpha-1)^2(\alpha-2)}, \alpha > 2$

5. 广义帕累托分布

其密度函数为：

$$f(x) = \frac{\Gamma(\alpha + k) \lambda^{\alpha} x^{k-1}}{\Gamma(\alpha)\Gamma(k) \lambda^{\alpha}(\lambda + x)^{\alpha+k}}, x > 0 \quad \text{（式11-93）}$$

期望 $E(X) = \dfrac{\lambda k}{\alpha - 1}, \alpha > 1$；方差 $Var(X) = \dfrac{\lambda^2 k(k+\alpha-1)}{(\alpha-1)^2(\alpha-2)}, \alpha > 2$

6. 韦伯分布

其密度函数为：

$$f(x) = c\gamma x^{\gamma-1} e^{-cx^{\gamma}}, x > 0 \quad \text{（式11-94）}$$

其分布函数为：

$$F(x) = 1 - e^{-cx^{\gamma}} \quad \text{（式11-95）}$$

期望 $E(X) = \dfrac{\Gamma(1+1/\gamma)}{c^{1/\gamma}}$，方差 $Var(X) = \dfrac{\Gamma(1+2/\gamma)}{c^{2/\gamma}} - \left(\dfrac{\Gamma(1+1/\gamma)}{c^{1/\gamma}}\right)^2$

7. 布尔分布

其密度函数为：

$$f(x) = \frac{\alpha\gamma\lambda^{\alpha} x^{\gamma-1}}{(\lambda + x^{\gamma})^{\alpha+1}}, x > 0 \quad \text{（式11-96）}$$

其分布函数为：

$$F(x) = 1 - \left(\frac{\lambda}{\lambda + x^{\gamma}}\right)^{\alpha} \quad \text{（式11-97）}$$

期望 $E(X) = \lambda^{\frac{1}{\alpha}} \Gamma(\alpha - 1/\gamma)\Gamma(1+1/\gamma)\Gamma(\alpha), (\alpha > 1/\gamma)$；方差 $Var(X) = \lambda^{\frac{2}{\alpha}} \Gamma(\alpha - 2/\gamma)\Gamma(1+2/\gamma)/\Gamma(\alpha) - [E(x)]^2, (\alpha > 2/\gamma)$。

二、医疗保险基本指标的测算方法

社会医疗保险基本指标的测算方法包含医药补偿比基本测算方法、保险因子的测算方法、增加系数的测算方法。

（一）医药补偿比基本测算方法

1. 医药补偿比基本测算

医药补偿比又称医药赔付率，是社会医疗保险机构对被保险人发生的保险范围内的医疗费用的补偿比例，即医药补偿费与医疗费用之比。社会医疗保险必须确定合理的补偿比，如果补偿比太低，无法起到社会医疗保险的保障作用；如果补偿比太高，则会导致社会医疗保险费用的过度支出。因此，如何科学测算出合理的医药补偿比，对保持社会医疗保险系统正常运转尤为重要。依据医药补偿比的定义可知：

$$R = \frac{R_f}{f_m} \times 100\% \qquad \text{（式11-98）}$$

其中，R 表示医药补偿比，R_f 表示医药补偿费，f_m 表示医疗费用。

在医疗保险收支平衡的前提下，补偿比可以如下测算：

$$\frac{f_m \cdot R \cdot F(R)}{P\, Q_m \cdot L_m} = 1 + t_1 + t_2 - t_3 \qquad \text{（式11-99）}$$

其中，P 表示增加系数，$F(R)$ 表示保险因子，$P Q_m$ 表示人均年保费，L_m 表示参保人数，t_1 表示风险储备金率，t_2 表示管理费率，t_3 表示平衡系数。

当平衡系数 $t_3<0.01$ 时，医疗保险收支平衡；$0.01 \leq t_3 < 0.05$ 时，医疗保险收支基本平衡；$0.05 \leq t_3 < 0.1$ 时，医疗保险收支稍有结余；$t_3 > 0.1$ 时，医疗保险收支结余较多。

具体测算步骤为：

（1）确定医疗费用、增长系数、保险因子、风险储备金率、管理费率；

（2）根据筹资的可能性确定年人均保费（可折算成工资总额的一定比例）、参保人数的可能性范围，同时也要考虑欠缴的比例；

（3）根据可筹集到的资金范围，综合平衡系数、增加系数，确定补偿比。可筹集资金较少时，要降低补偿比；可筹集资金较多时，则可以适当提高补偿比。另外，不同的保险支付方式，其医药补偿比的算法也有不同，如设立起付线、封顶线、分级支付（不同级别的医院设立不同的补偿比）等，这时需要对起付线上下人群费用分布、封顶线上下费用分布、不同级别医院费用分布的情况做出测算，然后对补偿比进行调整。

2. 不同赔付方式下的平均补偿比测算

（1）门诊费用和住院费用采取不同补偿标准的补偿比测算。

如果医疗保险机构对门诊费用和住院费用以不同的补偿比进行赔付，那么

平均补偿比 $\overline{R}$ 为：

$$\overline{R} = \frac{(R_1 \cdot f_{m1} + R_2 \cdot f_{m2}) \cdot L_m}{f_m} \times 100\% \quad \text{（式 11-100）}$$

其中，R_1 表示门诊补偿比，R_2 表示住院补偿比，f_{m1} 表示人均门诊医疗费用，f_{m2} 表示人均医疗住院费用。

【例 1】 某城市 2004 年医疗参保人数为 100 万，医疗费用支出总额为 18 亿元。其中，人均门诊医疗费用为 400 元，人均住院医疗费用为 1400 元；门诊费用补偿比为 40%，住院费用补偿比为 70%，计算 2004 年医疗保险的平均补偿比。

解：

$$\overline{R} = \frac{(R_1 \cdot f_{m1} + R_2 \cdot f_{m2}) \cdot L_m}{f_m} \times 100\%$$

$$= \frac{(0.4 \times 400 + 0.7 \times 1400) \times 1\,000\,000}{1\,800\,000\,000} \quad \text{（式 11-101）}$$

$$= 63.3\%$$

因此，该城市 2004 年医疗保险的平均补偿比为 63.3%。

（2）不同年龄组按比例共付保险的平均补偿比测算。

如果医疗保险机构采取不同年龄组按比例共付保险的方式，假设全部参保者按年龄分为 n 组，那么平均补偿比 $\overline{R}$ 为：

$$\overline{R} = \frac{\sum_{i=1}^{n} pR_{f,i} \cdot L_i}{f_m} \times 100\% \quad \text{（式 11-102）}$$

其中，$pR_{f,i}$ 表示第 i 年龄组的人均医疗补偿费，L_i 表示第 i 年龄组人口数。

3. 综合赔付方法的补偿比测算

综合赔付方法是指区分门诊费用和住院费用，按不同年龄组分别适用不同的医疗补偿费，此种情况下平均补偿比为 $\overline{R}$ 为：

$$\overline{R} = \frac{\sum_{i=1}^{n} (pR_{f_1,i} + pR_{f_2,i}) \cdot L_i}{f_m} \times 100\% \quad \text{（式 11-103）}$$

其中，$R_{f_1,i}$ 表示第 i 年龄组人均门诊补偿费；$R_{f_2,i}$ 表示第 i 年龄组人均住院补偿费。

(二) 保险因子的测算方法

1. 保险因子的含义

保险因子是用来衡量医疗保险制度的实施对医疗费用支出的影响,反映医疗费用支出随医药补偿比变化的指标。保险因子 $F(R)$ 的计算公式可以表示为:

$$F(R) = 1 + \xi \cdot R \quad \text{(式 11-104)}$$

其中,ξ 表示待定系数,R 表示医药补偿比。

由于医疗保险制度的实施,参保者在就医时与其未参加医疗保险时相比,所直接支付的医疗费用减少,这就相当于他的收入相对提高,这种收入效应的存在会增强他的医疗支付能力,导致医疗费用和医疗保险补偿费的增加。测算由于医疗保险制度存在而导致参保者增加的医疗需求量首先需要测算保险因子。

2. 保险因子的测算

保险因子的传统定义是将 0 补偿比作为对比点,但实践中,一般认为医药补偿比低于一定水平时,医疗保险对医疗费用支出基本没有刺激作用。因此,保险因子的定义可以修正为:保险因子表示补偿比为 R 时发生的医药费用是某一对比的补偿点(R_0)时的 $F(R)$ 倍。根据这一定义,将保险因子的计算公式修正为:

$$F(R) = 1 + \xi \cdot (R - R_0) \quad \text{(式 11-105)}$$

确保保险因子就是确定上式的待定系数 ξ 的过程。下面举例说明 ξ 的计算方法。首先,获得表 11-1 中各种情况下的补偿比、年人均医药费;其次,将表 11-1 中第 3 行数据分别除以 y_2,得到第 4 行数据;最后,利用表 11-1 的第 2、4 行数据,利用最小二乘法的测算思路,可获得过定点 (R_0,1) 的直线回归方程 $F(R) = 1 + \xi \cdot (R - R_0)$,其中 ξ 可表示为:

$$\xi = \frac{\sum_{i=2}^{8}(R_i - R_0)(f_i - 1)}{\sum_{i=2}^{8}(R_i - R_0)^2} \quad \text{(式 11-106)}$$

表 11-1 年人均医疗支出与补偿比及保险因子的关系[1]

编号 i	2	3	4	5	6	7	8
补偿比 R_i(%)	20	30	40	50	60	70	80
年人均医药费(元)	y_2	y_3	y_4	y_5	y_6	y_7	y_8
保险因子 $F(R)$	f_2	f_3	f_4	f_5	f_6	f_7	f_8

---

[1] 张思锋等编著:《社会保障精算理论与应用》,人民出版社 2006 年版,第 196 页。

实践中,一般通过简单估算法获取年人均医药费。简单估算法是完全随机的设计方法,关键是扣除补偿比以外的其他因素对医疗消费支出的影响。这时,要获取保险因子,首先要确定一定变化范围的补偿比,实际中一般以 20%—80% 为计算区间。例如,在一个新开展医疗保险的地区,选择具有一定代表性且其人口特征等各种条件都基本相同的 7 个社区,随机地按照补偿比分别为 20%、30%、40%、50%、60%、70%、80%的 7 种情况实施医疗保险。经过一年后,计算出各个社区的人均医药费,就得到表 11-1 的第 3 行数据。然后,利用式 11-106 计算待定系数 ξ,最后求得保险因子 $F(R)$。这时,表中的人均医药费与补偿比的关系可以近似地看成已扣除了其他因素的影响,即它是下列假定条件下的近似结果:

(1) 各个社区的人口特征、医疗机构的情况及管理方法基本相同;

(2) 因时间较短,可以认为人们对卫生服务的需求未变,医药价格相差较小。

一般来讲,应该按照住院和门诊分别计算保险因子,如果不同等级的医院实行不同的补偿比,还应该按医院等级分别计算保险因子。

实践中,有研究机构对保险因子进行了实验性研究,将不同的医药补偿比方案提供给不同的人群,观察其引起的医药费变化,表 11-2 为四川简阳得出的数据。

表 11-2 四川简阳不同补偿比方案[1]

医药补偿比	20%	30%	40%	50%	60%	70%	80%
门诊保险因子	1.33	1.52	1.72	1.92	2.12	2.33	2.54
住院保险因子	1.11	1.13	1.23	1.30	1.37	1.45	1.53

根据这项研究提出的保险因子和补偿比之间的函数关系为:

$$F(R_1) = 1 + 0.9 R_1 \quad \text{(式 11-107)}$$

$$F(R_2) = 1 + 1.2 R_2 \quad \text{(式 11-108)}$$

其中,$F(R_1)$ 为门诊保险因子,R_1 为门诊补偿比,$F(R_2)$ 为住院保险因子,R_2 为住院补偿比。

(三) 增加系数的测算方式

增加系数是"反映因医疗服务价格上涨、收入增加而导致对医疗服务需求增

---

[1] 吴明主编:《医疗保障原理与政策》,北京大学医学出版社 2003 年版,第 103 页。

加和医学技术发展等因素造成的医疗费用水平提高的指标"。

一般情况下,测算医疗保险费增加系数,可参考如下办法:

1. 处方重复划价法

例如,在某医疗机构随机抽取2004年6月处方100张,计算每张处方票据费用,再分别按照2005年6月的价格重新划价,计算每张处方的平均费用。若2004年为32元,2005年为37元,则2005年比2004年的增加系数为37/32 = 1.15625。

这种办法的优点是简便易行,缺点是只反映医药价格的上涨,难以选择一个全年有代表性的抽样时间范围,也很难兼顾用药品种和数量改变引起的医疗费用变化。因此,采用此种方法应尽可能多取几个时间断面进行抽样。

2. 连续两年的人均费用的比值

例如,实施医疗保险之前某市所有医疗机构连续两年的门诊年人均费用依次为45.3元和60.2元,则增加系数为60.2/45.3 = 1.3289。这种计算方法的优点是,不仅反映了医药价格的增长,而且反映了人们对卫生服务需求的增长,比较全面合理,缺点是数据不容易获得。

3. 利用常规登记数据的移动平均法

移动平均法是统计学里常用的消除或减少偶然波动的统计方法。

设 $X_1, X_2, \cdots, X_{12}$ 是测算年1—12月的医疗费用平均数,用 Y_t 表示三项移动平均数,则:

$$Y_t = \frac{X_t + X_{t+1} + X_{t+2}}{3} (t = 1, 2, \cdots, 10) \quad \text{(式11-109)}$$

进而,可求得三项二次移动平均数:

$$Y_t' = \frac{Y_t + Y_{t+1} + Y_{t+2}}{3} (t = 1, 2, \cdots, 8) \quad \text{(式11-110)}$$

然后,根据 $Y_1', Y_2', \cdots, Y_8'$,求得环比增长率,继而求得其算术平均值,即为医疗费用月增长率 g_f,最后由 $[(1+g_f)^{12} - 1] \times 100\%$ 计算医疗费用年增长率,该增长率加1即为增加系数。

此外,增加系数还可通过连续两年的次均医药费用的比值求得,这种方法的优点是资料收集比较容易,但缺点是没有兼顾到由就医人数增加而导致的医疗服务需求的增长。

三、社会医疗保险基金收支的精算方法

(一) 社会医疗保险基金收支的现状

作为政府提供的一项公共服务,基本医疗保险的建制目标在于通过政府主导的互助共济的方式来分散疾病风险,以此降低参保人的看病负担,确保人人都能公平地享有基本医疗服务,进而提高全民健康水平。公平的基本医疗保险制度可以起到收入再分配的作用,包括健康群体与患病群体、高收入群体与低收入群体之间的再分配。

我国社会医疗保险体系包括两大部分,即城镇职工基本医疗保险与城乡居民基本医疗保险。城镇职工基本医疗保险是以有工作单位或从事个体经济的在职职工和退休人员为对象,并设立最低缴费年限,退休后不再缴费即可享受基本医疗保险待遇;城乡居民医疗保险是将城镇居民基本医疗保险和新型农村合作医疗两项制度进行整合后所建立的统一的新的医保制度,其不设立最低缴费年限,必须每年缴费,不缴费不享受待遇。本节的研究对象限定为城镇职工基本医疗保险。

1998 年 12 月,国务院颁布了《关于建立城镇职工基本医疗保险制度的决定》,规定医疗保险制度改革的主要任务是建立城镇职工基本医疗保险制度,改革的基本原则是基本医疗保险提供的保障水平与社会生产发展的水平相适应。城镇所有用人单位及其职工都要参加基本医疗保险,保险费由用人单位和职工共同负担,采用社会统筹与个人账户相结合的方式。

医疗保险基金收支平衡是医疗保险制度得以顺利实施的根本保证,对医疗保险基金收支进行精算分析以判定其均衡状况,对医疗保险制度运行有重要意义。当前社会医疗保险基金收支精算主要有两种典型方法,即社会医疗保险收支的粗估法和现值法。[①]

(二) 社会医疗保险收支的粗估法

社会医疗保险收支的粗估法是以医疗保险收入、支出项目为基础,考虑影响医疗保险收支增长的因素,构建社会医疗基金收支精算模型的方法。

1. 社会医疗保险收入的测算

从社会医疗保险基金筹集的角度来看,我国的社会医疗保险基金收入来自国家、集体、个人三方。因此,社会医疗保险基金收入可表示为:

---

① 张思锋等编著:《社会保障精算理论与应用》,人民出版社 2006 年版,第 200 页。

$$MI = C_{m_1} + C_{m_2} + G + I_r \qquad \text{(式 11-111)}$$

其中，MI 表示社会医疗保险收入，C_{m_1} 表示企事业单位缴费，C_{m_2} 表示个人缴费，G 表示财政补贴，I_r 表示利息收入。

企事业单位缴费由职工工资总额乘以统筹费率得出。国务院《关于建立城镇职工基本医疗保险制度的决定》确立了全国医疗保险水平的宏观控制标准：用人单位缴费率控制在工资总额的 6% 左右。个人缴费由个人工资乘以个人缴费率得出。个人缴费率以职工工资的 2% 为起点，根据实际需要可适当进行调整。财政补贴是指中央和地方政府为了保证社会医疗保险改革正常运转，通过政府财政收入对社会医疗保险基金给予的补贴。利息收入是指社会医疗保险基金投资收入，目前我国社会医疗保险基金的增值能力有限，所以在社会医疗保险精算中一般以银行活期利率计算利息收入。

2. 社会医疗保险支出的测算

从社会医疗保险基金支出的角度来看，我国的社会医疗保险基金主要包括医药补偿费、管理费、风险储备金三方面。因此，社会医疗保险基金支出可表示为：

$$ME = R_f + M + S \qquad \text{(式 11-112)}$$

其中，ME 表示社会医疗保险基金支出，R_f 表示医药补偿费；M 表示管理费用，S 表示风险储备金。

(1) 医药补偿费。

医药补偿费是社会医疗保险机构对社会医疗保险覆盖范围之内的正常社会医疗风险进行偿付的费用，一般占整个社会医疗保险基金支出的 80%—90%。医药补偿费的大小由特定时期内的参保人数和人均医药补偿费两部分组成。由于特定时期内的参保人数是一个较易取得的数值，因此测定医药补偿费的关键是测定人均医药补偿费。人均医药补偿费的大小受到人均医药费、医药补偿比、保险因子和增加系数四个因素的影响。

$$pR_f = pf_m \cdot F(R) \cdot R \cdot P \qquad \text{(式 11-113)}$$

其中，pR_f 表示人均医药补偿费，pf_m 表示人均医药费，$F(R)$ 表示保险因子，R 表示医药补偿比，P 表示增加系数。

人均医药费是上一年或上几年所发生的在社会医疗保险覆盖范围之内的人均医疗服务费用。人均医药费按其用途可分为门诊费用和住院费用两大部分。

(2) 管理费用。

管理费用是指社会医疗保险机构提供医疗保险服务及在相关管理活动中发

生的一系列费用。目前,我国的社会医疗保险管理机构的业务费用按规定均由同级财政支出,不能从收缴的医疗保险基金中提取。

对于已经开展医疗保险的地区,其管理机构可以根据往年的管理费用预测未来一年的管理费用[①]:

$$pro(M) = M_1 \cdot g \qquad (式11-114)$$

其中,$pro(M)$ 表示测算年的保险管理费,M_1 表示上年实际发生的管理费用,g 表示增长指数。

对于新开展医疗保险的地区,其管理机构可以根据自身规模、地区经济发展水平适度估计管理费用。

(3) 风险储备金。

风险储备金是为了应对突发的医疗保险风险而预留的资金,体现了社会医疗保险基金的"稳健"原则。其预测方法大体上有两种:

第一种方法,均方差测定法。从统计学角度来看,利用前文所述方法计算出的人均医药补偿费为预测值,必然与实际值之间存在一定的差异,而差异的大小反映了医疗保险基金支付风险的大小,因此,通常用均方差来表示人均医药补偿费实际值与测算值的偏离程度。

第二种方法,根据各年度保险基金赤字情况决定储备金。对于已开展了医疗保险的地区,可以根据历年出现医疗风险的情况进行预测:

$$pro(PS) = \frac{\sum_{i=1}^{n} f_{i-}}{L_n} \cdot g \qquad (式11-115)$$

其中,$pro(PS)$ 表示人均风险储备金,f_{i-} 表示第 i 年的费用赤字,L_n 表示第 n 年的参保总人数,g 表示增长指数。

(三) 社会医疗保险收支的现值法

现值法是将参保者缴纳的医疗保险金总额及其获取的医药补偿总额分别折现至开始缴费年限,用以分析社会医疗保险基金收支状况的方法。

1. 社会医疗保险收入的测算

$$PVI = \sum_{s=0}^{b-1-x} C_r \left[\prod_{j=0}^{s} (1 - q_{x+j}) \overline{W_0} (1 + g_y)^s \frac{1}{(1+i)^s} \right] \qquad (式11-116)$$

[①] 吴明主编:《医疗保障原理与政策》,北京大学医学出版社2003年版,第106页。

其中,PVI 表示社会医疗保险统筹基金收入现值,C_r 表示缴费率,q_{x+j} 表示 $x+j$ 岁人在未来 1 年内的死亡率,$\overline{W_0}$ 表示基年职工平均工资,g_y 表示预测期内的职工年工资增长率,i 表示预测期内的年利率,b 表示职工退休年龄。

2. 社会医疗保险支出的测算

$$PVE = \sum_{s=0}^{\omega-x} \left[\xi \prod_{j=0}^{s} (1-q_{x+j}) \left[f_{m,x+s}(1+g_f)^s HO_{x+s}(1+g_{HO})^s \right. \right.$$

$$\left. \left. - LR \cdot \overline{W_0}(1+g_y)^s \right] \frac{1}{(1+i)^s} \right] \qquad (\text{式 11-117})$$

其中,PVE 表示社会医疗保险统筹基金支出现值,$f_{m,x+s}$ 表示 $x+s$ 岁职工的次均住院费用,g_f 表示预测期内次均住院率的年增长率,ω 表示生存极限年龄,HO_{x+s} 表示 $x+s$ 岁职工的年住院率,g_{HO} 表示预测期年住院率的年增长率,ξ 表示统筹基金支付比例,LR 表示起付线占当年职工平均工资的比率。

(四) 粗估法和现值法的比较

分析粗估法和现值法这两种方法可以看出,社会医疗保险收支的粗估法、现值法都是从基金收入、基金支出这两个方面分别进行精算,并考虑了经济增长因素对医疗保险收支的影响。

粗估法是从医疗保险基金收支的项目构成角度进行计算。粗估法的优点包括[①]:(1)测算涉及项目明确,计算方法简单,易于理解;(2)考虑了由于参保而引起的道德风险问题,并通过保险因子对因道德风险导致的医疗保险基金支出变化量进行了测定;(3)精算内容包括对风险储备金的测算。但是,粗估法也存在以下缺点:(1)其预测前提是人口规模不变,即不考虑人口变动因素的存在;(2)没有考虑到资金的时间价值。在不考虑资金时间价值的前提下研究医疗保险基金收支平衡,必然会在一定程度上与现实结果存在差异。

现值法是从医疗保险基金收支影响因素的角度来进行计算。现值法的优点是[②]:(1)引入了人口学的方法,考虑了死亡率;(2)引入资金的时间价值,利用折现系数将医疗保险基金收入、支出都折现至基金积累基期,进而进行基金平衡分析。但是,现值法也存在以下缺点:(1)现值法没有考虑参保后引发的道德风险

---

① 张思锋等编著:《社会保障精算理论与应用》,人民出版社 2006 年版,第 204 页。
② 同上书,第 205 页。

的存在,忽略了对医疗保险中存在的特有的由道德风险导致的保险支出的增加。(2)现值法在测算医疗保险基金支出时,仅仅测算了医疗补偿费支出,忽略了对管理费用、风险储备金的测算。在实际应用中,应该根据具体情况选择合适的方法。

关键词

社会保险精算　精算方法　利息　年金　养老金替代率　隐性债务　粗估法　现值法

复习思考题

1. 阐述生命表的主要类别,分析说明生命表的编制方法。

2. 分析在社会保险精算中应当测度的多减因因素,并思考适用于社会保险精算的多减因表编制方法。

3. 某被保险人40岁时投保了延期20年的年金保险,这一保险将保证从他60岁开始,每年得到2万元的给付,直至他死亡为止。假定年金额:

(1) 在每年年初给付;

(2) 在每年年末给付;

试计算这一年金保险在购买时的精算现值的替换函数表达式。

4. 某年龄为30岁的人购买一张保险金额为1000元的5年定期寿险保单,保险金于被保险人死亡的保单年度末给付,年利率 $i=0.06$,试计算:

(1) 一次性支付所有保单的费用;

(2) 该保单自30岁至35岁各年龄的自然保费之和;

(3) (1)和(2)的结果是否相同,为什么?

5. 由于不同年龄组人群的医疗需求不同,因此其保险因子也存在差异,请参考简单估算法测算保险因子的思路,测算不同年龄人群的保险因子。

6. 试讨论在考虑人口年龄分布结构、资金的时间价值等因素的条件下,如何对社会保险基金收支粗估法模型进行改进。

分论二　社会救助

第十二章 基本生活救助

本章概要

本章主要讲解了社会救助的含义、发展历程与主要内容,帮助学生了解社会救助的内涵与外延,了解我国社会救助体系的发展历程与基本现状,了解我国基本生活救助制度的主要内容,熟悉最低生活保障制度、特困人员救助供养制度。

第一节 社会救助概述

基本生活救助是社会救助制度的重要组成部分之一,也是现代社会救助制度中最重要、最核心的内容。在介绍基本生活救助的相关内容之前,我们有必要先了解一下社会救助的含义、发展历程与基本内容。

一、社会救助的含义

社会救助是政府和社会为保障社会成员的基本生活,向长期处于或临时陷入生活困难状态的社会成员提供物质帮助和服务支持的一项社会保障制度。

社会救助的责任主体既可以是政府,也可以是非政府组织和个人等社会主体。在现代社会,政府通常是社会救助的第一责任主体。在社会成员依靠自身努力难以维持基本生活的情况下,政府和社会有责任向社会成员提供社会救助。社会救助的目标是保障社会成员的基本生活,防止社会成员因长期或临时性的生活困难而陷入生存困境。社会救助的对象是长期或临时性陷入生活困难的社会成员。社会救助的待遇给付形式既可以是提供现金救助，也可以是提供物质帮助（发放实物）或提供服务层面的支持。社会救助待遇的获得，通常需要经过严格的家庭经济状况调查（主要包括家庭收入和财产调查）；社会成员只有符合一定的收入和财产标准，才有资格申领社会救助待遇。此外，社会救助项目通常都是非缴费型的项目，社会救助待遇的领取不以缴费义务为前提。在本质上，社会救助是一项基础性、兜底性的社会保障制度，与社会保险、社会福利、社会优抚共同构成社会保障制度的基本内容。

二、社会救助的产生与发展

在社会保障制度的发展史上，社会救助是最早产生的社会保障制度形态，是从慈善事业发展演变而来的制度安排。[①] 社会救助的雏形最早可以追溯到古代传统社会的慈善活动。最初的慈善活动主要包括宗教慈善事业、官办慈善事业以及民间慈善事业。早期的社会救助（社会救济）制度正是由这些公益慈善活动发展演变而来。

社会救助制度的起源是 17 世纪英国的济贫制度。济贫制度的产生与英国主流社会对贫困问题的认识息息相关。在 17 世纪以前的很长一段时间内，英国上层社会普遍认为贫困的主要责任在于个体的懒惰。大概到 1600 年，英国上层社会才开始逐渐意识到，贫困并不完全是个体的责任，社会结构性的因素也是贫困问题产生的重要原因之一，因此有必要在社会层面对贫困问题进行干预。1601 年，《伊丽莎白济贫法》（历史上又称为旧《济贫法》）第一次以国家立法形式确立救济穷人的法律责任，并在全国范围内正式建立了济贫制度。按照《伊丽莎白济贫法》的规定，教会有责任为贫困人口（包括老年人、儿童和病人等）提供救济，保障贫困人口的最低生存需求。作为教会的地方分支机构，教区负责辖区内穷人救济工作的具体开展与管理。同时，教区有权力向辖区的地产所有者征税，筹集资金用于穷人的救济工作。此外，各地纷纷设立济贫院，作为专门为无家可归的穷人提供生计和工作机会的收容场所。但是，由于缺乏统一的规范和有效的监管，济贫院里的工作环境和生活条件都非常恶劣，济贫院里的救济对象连最基本的人格与尊严都无法得到有效保障。而且，由于当时的法律并没有规定统一的征税标准，也没有对济贫工作的管理进行统一的规范，教区在济贫工作的开

---

① 郑功成主编：《社会保障学》，中国劳动社会保障出版社 2005 年版，第 261 页。

展方面拥有绝对的自由裁量权,所以对贫困人口的救济水平因教区的不同而存在巨大的差异。需要指出的是,虽然旧《济贫法》在一定程度上保障了部分贫困人口的最低生存需求,但是这一时期法律并没有明确政府的社会救助责任,贫困人群也没有获得法定的社会救助权利。穷人获得社会救济待遇很大程度上取决于教会的施舍与恩赐,是以损害救助对象的人格尊严为代价的,并且带有一定的"惩罚性"。

1601年《伊丽莎白济贫法》颁布之后,英国陆续又通过了一系列济贫相关的法案,但是这些法律措施基本上维持了《伊丽莎白济贫法》规定的济贫制度的基本框架,旧济贫制度的基本框架一直延续到19世纪30年代。直到1834年,为进一步减少济贫制度的运行成本并对地方的济贫实践与管理进行统一规范,英国通过了著名的《济贫法修正案》(历史上又称新《济贫法》),对旧济贫制度的内容进行了重大改革与调整。1834年新《济贫法》的实施,确立了"劣等处置"(Less eligibility)的救济原则。"劣等处置"的原则是指济贫院的生存条件必须比外面的生活条件更差,从而对那些希望领取救济的穷人形成一种"威慑效应"。"劣等处置"原则的确立,旨在激励穷人减少救济的申领,降低对社会救济的依赖,从而降低救济穷人所需的税收成本。

真正具有现代意义的社会救助制度产生于20世纪初期的英国。进入20世纪,济贫制度的影响力逐渐减弱。1929年,英国议会通过的《地方政府法案》废除了由教会负责的济贫工作管理机构,并将济贫的法定职责移交给地方政府。济贫院也改称"公共救助"(Public Assistance)机构。1930年,英国地方政府开始向贫困人口提供比较宽泛意义上的社会救助(当时被称为"公共救助")。尽管地方政府开始承担起救助贫困人口的责任,但是济贫制度的传统做法与基本原则并没有实质改变,济贫制度的传统一直延续到1948年。1948年,英国议会通过了《国家救助法》,首次将获得社会救助作为国民的一项基本权利,并正式宣布废除济贫法和济贫制度。至此,现代意义上的社会救助制度才正式建立起来。

美国较早建立了具有现代意义的社会救助制度。为了应对1929—1933年世界经济危机带来的影响,在美国总统罗斯福的推动下,美国国会通过了具有标志性意义的《社会保障法案》。该法案不仅建立了由工薪税资助的养老金计划和失业保险项目,同时也为单身母亲家庭建立了儿童援助计划(Aid to Dependent Children,ADC)。儿童援助计划的建立,标志着美国现代社会救助制度正式确立。1960年,儿童援助计划的名称调整为有抚养孩子负担的家庭援助计划

(AFDC)。1965年美国国会通过《社会保障修正案》,建立医疗照顾和医疗援助两大医疗保障项目。其中,作为美国社会救助体系的重要组成部分,医疗援助是由联邦政府和州政府共同拨款的联合医疗补助计划,为低收入人群和残疾人提供免费或低成本的医疗保障。1997年,美国联邦政府建立贫困家庭临时援助项目(Temporary Assistance for Needy Families,TANF),替代了原来的有抚养孩子负担的家庭援助计划。

第二次世界大战结束后,西方发达国家纷纷将社会保障体系建设列入议事日程,并将社会救助作为社会保障体系建设的重要内容之一。

三、社会救助的基本内容

各国社会救助制度的发展历程各不相同,社会救助的具体实践也存在较大差异,因而社会救助体系的基本内容也因地而异。在我国,社会救助制度体系经历了一个从无到有、不断完善的过程。目前,中国社会救助体系主要包括三个部分:一是基本生活救助;二是专项社会救助;三是急难社会救助。

基本生活救助是国家为保障困难群众的基本生活开展现金救助或实施救助供养的一项社会救助制度安排。在我国,基本生活救助制度遵循保障城乡居民基本生活的原则,坚持国家保障与社会帮扶相结合、鼓励劳动自救的方针。国家对不同类型的困难群众分类开展基本生活救助。基本生活救助制度主要包括最低生活保障和特困人员救助供养两项社会救助制度。其中,最低生活保障制度又包括城市居民最低生活保障制度和农村居民最低生活保障制度;特困人员救助供养制度主要针对农村的特困人员。

专项社会救助主要包括医疗救助、教育救助、住房救助、就业救助、受灾人员救助和法律援助等救助项目。

急难社会救助主要包括临时救助、生活无着的流浪乞讨人员救助、突发公共事件困难群众急难救助等救助项目。

在我国的社会救助体系中,基本生活救助、专项社会救助与急难社会救助三项制度的侧重点有所不同。基本生活救助侧重于满足贫困人口的基本生活需求;专项社会救助侧重于满足困难群体特定的、最基本的社会服务需求(例如教育、医疗和法律服务需求);急难社会救助侧重于满足困难群体临时性、突发性的急难救助与帮扶需求。

此外,尽管社会救助项目的筹资责任主要在政府,社会力量也可以通过多种形式参与社会救助。国家鼓励、支持公民、法人和其他组织等社会力量,通过公益慈善捐赠、设立帮扶项目、创办社会服务机构、提供志愿服务、承接政府购买服务项目等方式,参与社会救助(见图12-1)。

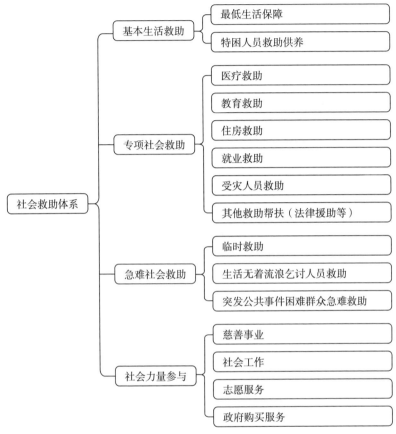

图 12-1　中国社会救助体系

四、我国社会救助的发展历程

新中国成立以来,我国社会救助制度的发展主要经历了三个阶段:传统社会救济阶段、社会救助制度初步建立阶段以及社会救助制度的改革与完善阶段。

(一)传统社会救济阶段(1949—1998)

新中国成立后,为了安抚贫民和维护社会稳定,中央和地方政府积极开展对城乡贫困人口的救济工作。此时的社会救济具有明显的突击性紧急救助特征,主要救济对象包括灾民、难民、贫民、散兵游勇、失业人员和无依无靠的孤老残幼等十余种人群。这一时期,社会救济的基本原则是,在政府领导下,以人民自救自助为基础,开展人民大众的救济福利事业。社会救济的工作方针是"在自力更生原则下,动员与组织人民实行劳动互助,实行自救、自助、助人"。新中国成立初期确立的社会救济方针、原则和方式,成为我国社会救助制度的雏形,也为今后我国社会救助事业的发展奠定了基础。①

20世纪50年代中期以来,随着社会主义计划经济体制的建立,我国传统社会救济模式逐渐由紧急性救济转向经常性救济,救助形式可以分为定期定量救济和临时救济两种,社会救济也开始呈现出明显的城乡二元结构。在农村,20世纪50年代中期,农村五保供养制度开始初步建立。1994年,《农村五保供养工作条例》颁布,对农村五保供养工作做了进一步规范。农村五保供养对象实行的是定期定量救济,所需经费主要由集体经济组织自筹。农村五保制度的供养对象主要包括缺乏劳动能力、生活上没有依靠的鳏寡孤独的农村居民。对于其他农村困难户则采取临时救济的方式,所需经费采取以农村集体经济组织为主、国家保障为辅的方式筹措。在城市,由国家和集体对无固定收入、无生活来源、无劳动能力的生活困难人员(简称"三无"人员)开展定期定量救济。城市临时救济主要针对遭遇临时性、突发性变故而生活出现暂时性困难的城市居民家庭,由国家和集体开展非定期、非定量的生活救济。1986年,城乡社会困难户有4000万人得到救济,救济面占38.2%。城乡由集体供养的社会散居孤老、残、幼230.7万人,得到国家定期救济的人数有37.0万人;集体供给补助金额4.78亿元。② 在传统社会救济阶段,城乡社会救济主要以满足贫困人群的基本生存需求为原则。由于社会救济经费的投入缺乏必要的保障机制,所以社会救济水平还比较低,社会救济工作的随意性比较大,社会救济工作的规范化、制度化程度依然较低,有待进一步完善。

(二)社会救助制度初步建立阶段(1999—2007)

为保障城市困难居民的基本生活,上海于1993年在全国率先建立城镇居民最低生活保障制度。1999年9月,国务院颁布《城市居民最低生活保障条例》。2007年,为了切实解决农村贫困人口的生活困难,国务院办公厅发布《在全国建立农村最低生活保障制度的通知》,要求在2007年底前在全国建立农村最低生

---

① 刘喜堂:《建国60年来我国社会救助发展历程与制度变迁》,《华中师范大学学报(人文社会科学版)》2010年第4期,第19—26页。
② 《1986年民政事业发展概述》,http://www.mca.gov.cn/article/sj/tjgb/200801/200801150094349.shtml,2022年9月23日访问。

活保障制度。以此为标志,最低生活保障制度首次实现对全体城乡居民的制度全覆盖。

为了解决贫困人口患病后因无力负担医疗费用而不能得到及时治疗、由患病导致家庭生活困难的问题,2003年民政部、卫生部和财政部联合发布《关于实施农村医疗救助的意见》,开始在全国建立农村医疗救助制度。2005年,国务院办公厅转发了民政部等部门《关于建立城市医疗救助制度试点工作意见的通知》,医疗救助制度试点工作开始在城市地区开展。2008年,城市医疗救助制度在全国范围内全面建立。至此,医疗救助制度开始覆盖城乡居民。

在这个阶段,我国虽然初步建立起以最低生活保障为核心、专项救助为补充的新型社会救助体系,但是社会救助制度的发展依然面临城乡发展不平衡、专项救助项目不完善等问题。

(三) 社会救助制度的改革与完善阶段(2008年至今)

为进一步健全社会救助体系,我国对社会救助制度进行了改革调整,不断完善分层分类、城乡统筹的中国特色社会救助体系。2014年2月,国务院颁布《社会救助暂行办法》。作为社会救助领域唯一的综合性行政法规,《社会救助暂行办法》对我国社会救助体系的基本原则、主要救助项目、监督管理等方面内容进行了初步规定。2019年国务院对《社会救助暂行办法》的内容进行了局部修订。新修订的《社会救助暂行办法》为我国社会救助领域当前适用的最高层次的行政法规。

2020年8月公布的《关于改革完善社会救助制度的意见》,对我国今后一段时期社会救助制度的进一步改革和完善提出了具体要求。该文件明确提出,我国社会救助制度的近期改革目标为"用2年左右时间,健全分层分类、城乡统筹的中国特色社会救助体系"。

经过70多年的发展,我国已经基本上形成以基本生活救助、专项社会救助、急难社会救助为主体,社会力量参与为补充,分层分类的社会救助体系(见图12-1)。

第二节 最低生活保障

一、最低生活保障的含义

最低生活保障制度是指,国家对共同生活的家庭成员人均收入低于当地居民最低生活保障标准的家庭和个人,提供基本生活物质帮助的一项制度安排。

国家对最低生活保障对象按月发放最低生活保障金。在最低生活保障制度的实际运行中,最低生活保障金既可以分档发放,也可以按照共同生活的家庭成员人均收入与当地最低生活保障标准的实际差额发放。低收入家庭中的重度残疾人、重病患者等特殊困难人员,可以纳入最低生活保障范围,发放最低生活保障金。在我国,国家对城乡居民实施有差别的最低生活保障;在全国范围内,城市和农村地区的最低生活保障标准尚未统一。

二、最低生活保障制度的发展历程

我国最低生活保障制度的发展经历了试点探索、制度确立和改革与完善三个阶段,并呈现出"城乡差异化"发展特征。

(一) 试点探索阶段(20 世纪 90 年代)

20 世纪 90 年代,伴随着计划经济向市场经济体制的转变和国企改革的推进,以上海为代表的许多大城市出现了"下岗潮",大量下岗工人的安置与基本生活保障成为重大挑战。为保障城市困难居民的基本生活和维护社会稳定,1993 年,上海在全国率先建立城镇居民最低生活保障制度。随后,全国其他省份城市地区也开始效仿上海,开展了城市居民最低生活保障制度的试点探索。

在全国层面,尽管以上海为代表的城市地区最早建立了最低生活保障制度,但是农村居民最低生活保障制度(以下简称"农村低保制度")的探索却比城市要更早一些。农村低保制度是对农村传统生活救济制度的发展和创新。农村低保制度最早源于对农村特困户的传统生活救济制度。由于传统的生活救助制度存在救助的临时性、实施标准不统一、操作不规范、救助效率低下等问题,以临时救济为主的传统社会救济制度已不能适应农村社会发展需要。为此,北京、青海等地开始尝试对农村特困户进行定期定量救济。1992 年山西省左云县在总结定期定量救济经验的基础上,率先在全国探索建立农村低保制度。上海 1994 年也开始自发探索建立农村低保制度。在 1994 年全国民政工作会议上,国务院决定启动农村社会保障体系建设试点工作。以此为契机,1995 年民政部在山西阳泉、河北平泉、山东烟台、四川彭州等地开展农村低保制度建设试点工作。

1996 年民政部印发了《关于加快农村社会保障体系建设的意见》和《农村社会保障制度建设指导方案》,这两个文件总结了各地农村低保制度的试点经验,对建立农村低保制度提出基本原则和要求,1996 年底大部分省份开始探索建立农村低保制度,农村低保制度建设进入推广阶段。1996 年上海率先全面建立城乡一体的居民最低生活保障制度。

（二）制度确立阶段（1997—2007）

为了妥善解决城市贫困人口的生活困难问题，国务院决定在全国建立城市居民最低生活保障制度，并于1997年发布了《关于在全国建立城市居民最低生活保障制度的通知》。1999年9月，国务院颁布《城市居民最低生活保障条例》，自1999年10月1日起施行。截至1999年底，城市居民最低生活保障制度建设工作全面完成，全国所有的城市和县人民政府所在地的镇全部建立了城市居民最低生活保障制度。以此为标志，城市最低生活保障制度在全国范围内普遍建立起来。

20世纪90年代中期以来，农村低保制度的发展进入了快车道。1997年，继上海之后，天津在全市范围内建立了农村低保制度。1999年，广东也开始全面建立起农村低保制度。浙江、北京分别于2001年、2002年全面确立农村低保制度。紧接着，2004年福建、辽宁、江苏完成农村低保制度的建制工作。2005年，随着河北、海南、吉林等省份全面建立农村低保制度，陕西、四川也完成农村低保制度的建制工作，西部部分省份开始跟上东部省份的农村低保制度建设步伐。2003年3月，党中央、国务院开始正式部署农村税费改革试点工作，重点取消乡统筹费等行政事业性收费，并于2005年底取消所有省份的农业税，由村集体承担的农村低保资金来源中断，所以有些省份对原先的农村低保政策进行了调整；加之2003年民政部对农村社会救助工作思路的转变，中西部大部分省份开始将农村低保逐步转型为以对特困户定期定量生活救助为主的模式，东部发达省份和少数中部省份继续探索农村低保制度建设。2001—2004年全国建立农村低保制度的县（市）所占比例由81%持续降到41.14%[1]，这在一定程度上反映了农村低保制度建设规模的萎缩。

2006年中央一号文件提出，"有条件的地方，要积极探索建立农村最低生活保障制度"，释放出推进农村低保制度建设的积极信号，全国范围内的农村低保制度建设开始被提上议事日程。截至2006年底，包括黑龙江、山东在内的全部东部省份全面建立农村低保制度；中部地区的山西、河南、江西、湖南完成农村低保制度的建制工作，中部地区已建制省份占66.67%；内蒙古、甘肃、重庆也全面确立农村低保制度，西部地区已建制省份达41.67%。[2] 2007年国务院《关于在全国建立农村最低生活保障制度的通知》发布后，安徽、湖北、青海、广西、云南、贵州、

---

[1] 中华人民共和国民政部编:《中国民政统计年鉴》，中国社会出版社2002—2005年版。
[2] 中华人民共和国民政部编:《中国民政统计年鉴（2007）》，中国社会出版社2007年版。

西藏、宁夏、新疆相继建立农村低保制度。截至 2007 年底,农村低保制度在中国 31 个省(自治区、直辖市)建立起来了。至此,最低生活保障制度实现了对全国范围内城乡居民的制度全覆盖。

(三) 改革与完善阶段(2008 年至今)

最低生活保障制度在全国普遍建立以来,随着一系列相关配套政策的陆续出台,最低生活保障制度在保障城乡困难群众的基本生活方面发挥了一定的积极作用。但一些地区存在对最低生活保障工作重视不够、责任不落实、管理不规范、监管不到位、工作保障不力、工作机制不健全等问题。2012 年 9 月,国务院发布《关于进一步加强和改进最低生活保障工作的意见》,提出了加强和改进最低生活保障工作的政策措施,具体包括七个方面:完善最低生活保障对象认定条件;规范最低生活保障审核审批程序;建立救助申请家庭经济状况核对机制;加强最低生活保障对象动态管理;健全最低生活保障工作监管机制;建立健全投诉举报核查制度;加强最低生活保障与其他社会救助制度的有效衔接。2012 年 12 月,民政部制定了《最低生活保障审核审批办法(试行)》,进一步规范了最低生活保障的审核审批工作。2014 年 2 月,国务院发布《社会救助暂行办法》,对最低生活保障制度的内容进行统一规范。2021 年 6 月,为规范最低生活保障审核确认流程,确保低保制度公开、公平、公正实施,民政部制定了《最低生活保障审核确认办法》。

截至 2020 年底,全国共有城市低保对象 488.9 万户、805.1 万人。全国城市低保平均保障标准 677.6 元/人/月,比上年增长 8.6%,全年支出城市低保资金 537.3 亿元;农村低保对象 1985.0 万户、3620.8 万人。全国农村低保平均保障标准 5962.3 元/人/年,比上年增长 11.7%,全年支出农村低保资金 1426.3 亿元。[①]

三、最低生活保障制度的基本内容

中国目前最低生活保障制度运行的主要法律政策依据包括《城市居民最低生活保障条例》《关于在全国建立农村最低生活保障制度的通知》《社会救助暂行办法》等。

目前,最低生活保障制度的基本内容主要包括保障对象、保障标准、资金筹集、保障待遇和监督管理等五个方面。

---

① 《2020 年中国民政事业发展统计公报》,https://images3.mca.gov.cn/www2017/file/202109/1631265147970.pdf,2021 年 3 月 3 日访问。

（1）保障对象。最低生活保障对象的资格认定主要涉及最低生活保障的申请、受理与审核确认等方面。2014年5月开始实施的《社会救助暂行办法》第九条规定，"国家对共同生活的家庭成员人均收入低于当地最低生活保障标准，且符合当地最低生活保障家庭财产状况规定的家庭，给予最低生活保障"。2021年7月开始实施的《最低生活保障审核确认办法》进一步拓宽了最低生活保障对象的范围，首次将最低生活保障边缘家庭也纳入了保障对象的范围，最低生活保障边缘家庭中的重残、重病人员可以单独提出最低生活保障申请。《最低生活保障审核确认办法》第八条规定，"最低生活保障边缘家庭一般指不符合最低生活保障条件，家庭人均收入低于当地最低生活保障标准1.5倍，且财产状况符合相关规定的家庭"；低保边缘家庭中的重残人员是指"最低生活保障边缘家庭中持有中华人民共和国残疾人证的一级、二级重度残疾人和三级智力残疾人、三级精神残疾人"；低保边缘家庭中的重病人员是指"最低生活保障边缘家庭中患有当地有关部门认定的重特大疾病的人员"。最低生活保障的申请通常以家庭为单位，向户籍所在地乡镇人民政府(街道办事处)提出书面申请。乡镇人民政府(街道办事处)对申请家庭的经济状况进行调查核实，提出初审意见，并在申请家庭所在村、社区进行公示。县级人民政府民政部门对最低生活保障申请进行最终的审核确认。

（2）保障标准。最低生活保障标准，又称最低生活保障线，是指最低生活保障对象维持基本生活水平所需要达到的收入标准。最低生活保障标准通常由地方政府根据当地经济发展水平、地方财政状况和物价水平等因素制定。

（3）资金筹集。最低生活保障所需资金，由地方政府列入财政预算，纳入社会救济专项资金支出项目。中央财政安排城乡低保补助资金，用于支持经济欠发达和地方财政紧张的地区开展城乡低保工作。

（4）保障待遇。最低生活保障待遇的确定通常采用"差额补助"模式，即保障待遇根据当地最低生活保障标准与保障对象家庭人均收入的差额予以确定。此外，国内也有部分地区实行分类分档救助，根据不同类型和不同收入档次对保障对象进行定额救助。最低生活保障待遇通常以货币形式按月发放；必要时，也可以给付实物。

（5）监督管理。县级以上人民政府及其民政部门依法履行对最低生活保障工作的监督检查职责。县级以上政府财政部门、审计部门依法监督城乡居民最低生活保障资金、物资的使用情况。最低生活保障资金和物资的筹集、分配、管理、使用情况,应当依法接受审计监督。履行最低生活保障职责的工作人员行使职权,应当接受社会监督。任何单位、个人有权对履行最低生活保障职责的工作人员在最低生活保障工作中的违法行为进行举报、投诉。受理举报、投诉的机关应当及时核实、处理。申请或者已获得最低生活保障的家庭或者人员,对民政部门做出的具体行政行为不服的,可以依法申请行政复议或者提起行政诉讼。

现阶段,我国已经基本建立较为完善的最低生活保障制度体系。作为社会救助领域最核心、最重要的制度安排,最低生活保障制度在保障困难群众基本生活、促进社会公平、维护社会稳定等方面发挥了重要作用。同时,作为一项反贫困的基础性制度安排,最低生活保障制度为贫困人口的基本生活提供了兜底保障。

第三节 特困人员救助供养

一、特困人员救助供养的含义

特困人员救助供养是指国家对无劳动能力,无生活来源,且无法定赡养、抚养、扶养义务人,或者其法定赡养、抚养、扶养义务人无赡养、抚养、扶养能力的老年人、残疾人以及未满16周岁的未成年人,提供基本生活保障和照料护理保障的一项制度安排。

二、特困人员救助供养制度的发展历程

在计划经济时期,我国先后建立起农村五保供养、城市"三无"人员救济和福利院供养制度,城乡特困人员基本生活得到了保障。

从20世纪50年代开始,我国逐步建立了农村五保供养制度,对农村无劳动能力,无生活来源,无法定赡养、抚养、扶养义务人的老年人、残疾人和未成年人,在吃、穿、住、医、葬等五个方面给予生活照顾和物质帮助。在计划经济时期,五保供养工作被认为是农村的集体福利事业,2005年以前农村五保供养的筹资责任主要由农村集体经济组织承担,地方政府并未承担相应的筹资责任。为了保障五保供养对象的基本生活,1994年1月,国务院颁布《农村五保供养工作条例》,对农村五保供养工作进行规范。1994年颁布的《农村五保供养工作条例》第三条规定,"农村集体经济组织负责提供五保供养所需的经费和实物,乡、民族乡、镇人民政府负责组织五保供养工作的实施"。2006年1月

新修订的《农村五保供养工作条例》首次明确了政府尤其是地方政府在农村五保供养资金筹资方面的主体责任,如第十一条规定,"农村五保供养资金,在地方人民政府财政预算中安排。有农村集体经营等收入的地方,可以从农村集体经营等收入中安排资金,用于补助和改善农村五保供养对象的生活……中央财政对财政困难地区的农村五保供养,在资金上给予适当补助"。2006年以来,农村五保供养的筹资责任开始主要由地方政府财政承担,中央财政补助和农村集体经济收入作为农村五保供养的补充资金来源。农村五保供养开始逐渐从"集体福利"转变为"国家福利",农村五保供养制度发展进入新阶段。

2014年,国务院公布施行了《社会救助暂行办法》,城乡"三无"人员保障制度统一为特困人员救助供养制度,我国城乡特困人员基本生活保障工作进入新的发展阶段。为解决城乡发展不平衡、相关政策不衔接、工作机制不健全、资金渠道不通畅、管理服务不规范等问题,2016年2月,国务院发布《关于进一步健全特困人员救助供养制度的意见》,提出了进一步健全和完善特困人员救助供养制度的政策措施。

三、特困人员救助供养制度的基本内容

目前,中国特困人员救助供养制度运行的主要政策法律依据包括《社会救助暂行办法》《农村五保供养工作条例》《国务院关于进一步健全特困人员救助供养制度的意见》等。特困人员救助供养制度的基本内容包括救助供养对象、救助供养标准、资金筹集、救助供养形式、救助供养内容和监督管理等六个方面。

(1) 救助供养对象。救助供养对象包括无劳动能力,无生活来源,无法定赡养、抚养、扶养义务人或者其法定义务人无履行义务能力的城乡老年人、残疾人以及未满16周岁的未成年人。

(2) 救助供养标准。特困人员救助供养标准包括基本生活标准和照料护理标准。基本生活标准指满足特困人员基本生活所需的物资标准。照料护理标准应当根据特困人员生活自理能力和服务需求分类制定,体现差异性。特困人员救助供养标准由省、自治区、直辖市或者设区的市级人民政府综合考虑地区、城乡差异等因素确定、公布,并根据当地经济社会发展水平和物价变化情况适时调整。目前,特困人员救助供养虽然在制度层面实现了城乡统筹,但是在救助供养标准上仍存在一定的城乡差异。

(3) 资金筹集。特困人员救助供养的筹资责任主要由地方政府负担,由县级以上地方人民政府将政府设立的供养服务机构运转费用、特困人员救助供养

所需资金列入财政预算。省级人民政府通过优化财政支出结构,统筹安排特困人员救助供养资金。中央财政给予适当补助,并重点向特困人员救助供养任务重、财政困难、工作成效突出的地区倾斜。有农村集体经营等收入的地方,可从中安排资金用于特困人员救助供养工作。

(4) 救助供养形式。特困人员救助供养形式分为在家分散供养和在当地的供养服务机构集中供养。具备生活自理能力的,鼓励其在家分散供养;完全或者部分丧失生活自理能力的,优先为其提供集中供养服务。对分散供养的特困人员,经本人同意,乡镇人民政府(街道办事处)可委托其亲友或村(居)民委员会、供养服务机构、社会组织、社会工作服务机构等提供日常看护、生活照料、住院陪护等服务。有条件的地方,可为分散供养的特困人员提供社区日间照料服务。对需要集中供养的特困人员,由县级人民政府民政部门按照便于管理的原则,就近安排到相应的供养服务机构;未满16周岁的,安置到儿童福利机构。

(5) 救助供养内容。特困人员救助供养主要包括以下内容:①提供满足基本生活条件的物资,可以通过实物或者现金的方式予以保障。②对生活不能自理的给予照料,包括日常生活、住院期间的必要照料等基本服务。③提供疾病治疗。全额资助参加城乡居民基本医疗保险的个人缴费部分。医疗费用按照基本医疗保险、大病保险和医疗救助等医疗保障制度规定支付后仍有不足的,由救助供养经费予以支持。④办理丧葬事宜。特困人员死亡后的丧葬事宜,集中供养的由供养服务机构办理,分散供养的由乡镇人民政府(街道办事处)委托村(居)民委员会或者其亲属办理。丧葬费用从救助供养经费中支出。对符合规定标准的住房困难的分散供养特困人员,通过配租公共租赁住房、发放住房租赁补贴、农村危房改造等方式给予住房救助。对在义务教育阶段就学的特困人员,给予教育救助;对在高中教育(含中等职业教育)、普通高等教育阶段就学的特困人员,根据实际情况给予适当教育救助。

(6) 监督管理。特困人员救助供养制度坚持属地管理的原则,由地方政府负责救助供养工作的具体实施。县级以上地方人民政府统筹做好本行政区域内特困人员救助供养工作,分级管理,落实责任,强化管理服务和资金保障,为特困人员提供规范、适度的救助供养服务。

近年来,我国城乡特困人员救助供养制度得到了较大的发展。特困人员救助供养制度实现了城乡统筹,特困人员救助供养机构和设施不断完善,城乡特困人员救助供养水平不断提高。《2020年民政事业发展统计公报》的数据显示,截至 2020 年底,全国共有提供住宿的特困人员救助供养机构 17 153 个,床位 174.8 万张。截至 2020 年底,全国共有农村特困人员 446.3 万人,全年支出农村特困人员救助供养资金 424 亿元;全国共有城市特困人员 31.2 万人,全年支出城市特困人员救助供养资金 44.6 亿元。

关键词

社会救助　基本生活救助　最低生活保障　特困人员救助供养

复习思考题

1. 如何理解基本生活救助在我国社会救助体系中的地位和作用?
2. 如何理解社会救助与社会保险两者之间的关系?

第十三章 专项社会救助

📖 本章概要

本章主要讲解医疗、教育、住房、就业、灾害、法律等专项救助制度的相关概念和内容,帮助学生掌握我国的专项社会救助体系的内容,理解国外相关制度模式对健全我国社会救助体系的借鉴意义。

第一节 医疗救助

一、医疗救助概述

(一)医疗救助的内涵

世界卫生组织曾指出,政府对其人民的健康负有责任,只有通过适当的卫生保健和社会措施才能履行其职责。可见,改善贫困人群的健康状况,保证其基本生存权和健康权是政府义不容辞的责任。医疗救助是指政府通过财务、政策和技术手段,对贫困人群或妇女儿童、老年人、残疾人等脆弱人群中患病却无经济能力进行治疗的人,或者因支付数额庞大的医疗费用而陷入贫困的人群,实施专项帮助和经济支持,使他们获得必要的卫生服务,以维持其基本生存能力,改善其健康状况的一种医疗保障制度。医疗救助既是医疗保障体系的重要组成部分,又是社会救助体系的重要内容。由这一定义也可得知,通常情况下,医疗救助对象需要满足三个条件:一是贫困人口;二是患病者;三是无法承担医疗费用。

（二）医疗救助的形式

各国立足自身经济、文化、社会发展水平采取了多种医疗救助形式，具体可分为如下几种：

（1）对医疗费用进行一定比例的减免或完全免费。

（2）资助参加社会医疗保险。

（3）行会、工会等社会组织对会员进行互济共助。

（4）社会或慈善组织如慈善医疗机构、福利医院等为病贫人员组织开展义诊、义捐和无偿医治活动。

（5）互联网医疗互助。随着互联网的普及和发展，一大批互联网大病众筹机构如水滴筹、轻松筹等发展起来，它们借助互联网的优势，为公众参与公益事业提供了便利，也为困难群体救助提供了多重保障。

（三）救助资金的筹集

从国际经验来看，医疗救助基金以政府筹集为主，辅以多种途径、多种方式吸纳社会各界资金投入医疗救助事业。如英国以财政预算安排国民医疗救助支出；德国由政府资助享受医疗保险待遇；美国则由联邦政府和州政府共同承担。在筹集好医疗救助资金后，大多数国家选择成立专门的资金管理委员会对筹集到的基金进行管理，如以专门的账户存储、实行专账专项管理、由专人负责报销补偿等。在此基础上，接受群众监督，防止挪用和挤占。

（四）医疗救助的作用

第一，预防贫困，保证人民的基本生存权和健康权。"因病致贫返贫"是造成贫困现象的重要原因，而"因病致贫，因贫致病"是一种恶性循环。经济困难已成为贫困人口患病就医的最大障碍，因此国家和社会应保证贫困人群拥有获得必要医疗救助的权利，使生命权和健康权得到保障。

第二，促进医疗服务利用公平。一方面，医疗救助有利于医疗卫生服务中的机会公平。一般来说，越是贫困的家庭，健康状况越差，陷入"因病致贫，因贫致病"恶性循环的可能性也越大。而建立医疗救助制度，能够确保社会中的每一个体平等享有获取基本医疗服务的机会，从而帮助那些陷入困境的家庭。另一方面，有利于医疗卫生服务的结果公平。医疗救助缓解了贫困人群的高额医疗费用压力，减少了有病不医现象，促进了健康公平。

第三，维护劳动力再生产，促进经济发展。增强国家经济实力有赖于劳动生产效率的提高。医疗救助对劳动者特别是贫困人群的身体健康、家庭经济、生活稳定以及恢复和保护劳动力方面都起着重要的积极作用，可以为国民经济的持续发展提供充足的健康劳动力。

二、国外的医疗救助

医疗救助是防范因病致贫返贫、保障国民健康的重要制度安排，世界上几乎所有国家都建立起了相应的医疗救助制度。

（一）国家医疗服务体系下的英国医疗救助

英国是国家医疗服务制度的典型代表，政府通过税收等方式筹措医疗基金，以财政预算安排国民健康保险支出，国家医疗服务体系（NHS）是英国社会福利制度中最重要的制度安排。为了保障医疗服务的公平性，英国对老年人、低收入者、身体状况较差者、政府津贴享受者、税收抵免者等特定人群实施医疗救助，主要是免除 NHS 的自付费用，包括处方费、牙医费、视力检查费、配镜及修理费、交通费、麻醉和手术材料费等。英国医疗救助制度的总体原则是，有能力承担费用者必须自己支付，没能力承担费用的可以获得救助。① 此外，为了确保有限的医疗救助资金能够帮助到真正需要的困难群体，英国医疗救助有严格的审批和约束机制，一旦查出弄虚作假者，将会处以费用 5 倍的罚款。

（二）社会医疗保险体系下的德国医疗救助

德国的社会医疗保险制度是由国家通过立法形式强制实施的，由雇主和雇员按一定比例缴纳保险费，建立社会保险基金，用于雇员及家属看病就医的一项医疗保险制度。其基金主要来源于职工工资收入，政府原则上无须拨款。在这一保障体系下，医疗救助的作用主要包括支持参保、提高报销水平等。首先，对参保有困难的人群，由政府资助其参保。其次，对于高龄、残疾、生育等特殊需求者，救助标准比一般标准高 30%—50%。最后，对于低收入者，疾病基金设立的自付费用的最高限额甚至可以完全免除自付费用。②

（三）商业医疗保险体系下的美国医疗救助

美国是实施商业医疗保险制度的典型国家，主要通过市场来筹集费用和提供服务。但在这种运营模式下，商业保险公司会将身体状况较差的脆弱群体排

---

① 薛秋霁、孙菊、姚强：《全民医保下的医疗救助模式研究——英国、澳大利亚、德国的经验及启示》，《卫生经济研究》2017 年第 2 期，第 49—50 页。

② 石祥、周绿林：《国外弱势群体医疗救助制度对我国的启示》，《中国卫生经济》2007 年第 11 期，第 78—79 页。

斥在外,因此政府需要承担起为他们提供医疗服务及保障的责任,除了针对老年人的医疗照顾项目 Medicare 外,美国政府还建立了医疗援助项目 Medicaid。Medicaid 的资金由联邦政府和各级地方政府共同承担,负担比例与地方的经济状况挂钩,且地方经济状况越差,联邦政策的筹资责任会更大。各州自行确定申请者资格条件,服务的类型、数量、期限和范围,服务支付比例和管理项目等。

(四)储蓄医疗保障体系下的新加坡医疗救助

新加坡是采用储蓄医疗保障的典型国家。储蓄医疗保障建立在公积金制度之上,以个人责任为基础,筹资主要采取个人自我积累方式,大大提高了人们对自身健康的责任,而政府就可以集中精力来保障人们的基本医疗需求,如果个人负担不起,政府就可以伸出援助之手。自1984年以来,新加坡政府先后建立起医疗储蓄(MediSave)、医疗保护(MediShield)、医疗基金(MediFund)、老年保护(ElderShield)和老年残疾资助(IDAPE)等多项基金。其中医疗储蓄和医疗保护强调个人责任,而医疗基金是新加坡政府为帮助贫困人群支付医疗保健费用而特别建立的捐赠基金,意在为不能支付医疗费用的人提供最后的帮助。此外,为保障老年人的长期护理需求,新加坡政府出台老年保护计划和老年残疾资助两项制度,前者需要缴纳一定保险费,当无法独立完成六项规定的日常起居活动(盥洗、穿衣、进食、如厕、行动和移动)中的任何三项时,每月可以领取一定的救助金。而后者主要针对残疾且贫困的老年人。①

三、我国的医疗救助

20世纪80年代,我国传统的医疗救助主要用于农村扶贫工作和加强农民基本卫生保健的工作,具有很大的随意性。此后,随着经济水平的提高,以及基本医疗保险制度体系的建立,我国采取多方面措施加强对医疗救助体系的投入和制度的建设。2016年,根据国务院扶贫办建档立卡统计,我国因病致贫、因病返贫贫困户占建档立卡贫困户总数的42%。② 为了缓解患大病和患长期慢性病的贫困人口的医疗负担,国务院发布的《"十三五"脱贫攻坚规划》,强调要加大医疗救助力度,将贫困人口全部纳入重特大疾病医疗救助范围,对突发重大疾病暂时无法获得家庭支持,导致基本生活出现严重困难的贫困家庭患者,加大临时救助力度,以减轻贫困人口的医疗费用负担。2018年3月,十三届全国人大一次会

---

① 李小华、董军:《国外医疗救助政策比较》,《卫生经济研究》2006年第10期,第18—19页。
② 李木元:《我国因病致贫返贫贫困户占建档立卡贫困户总数超44%居所有致贫因素首位》,http://www.rmzxb.com.cn/c/2017-08-27/1750239.shtml,2022年10月9日访问。

议表决通过了《关于国务院机构改革方案的决定》,将原先由民政部履行的医疗救助职责收归至新成立的国家医疗保障局,全面整合了分散在各单位的医疗保障职能,至此医疗救助事业进入了新的发展阶段。

(一) 医疗救助对象

在我国,医疗救助对象同样需要符合"须为贫困人口、须为伤病患者、须无力支付医疗费用"这三个基本条件,具体又可分为以下几类:

(1) 无劳动能力且既无法定扶养人又无生活来源的人,即"三无"人员;

(2) 由自然灾害导致伤病的农村灾民;

(3) 参加基本医疗保险但个人负担医疗费用有困难的城市贫民;

(4) 享受城市居民最低生活保障待遇家庭中丧失劳动能力的伤病无业人员,60周岁以上的伤病无业老人和16周岁以下的伤病未成年人;

(5) 伤残军人、孤老复员军人及孤老烈属等重点优抚对象;

(6) 其他经各种救助仍有困难自负医疗费用的特困人员。

(二) 与基本医疗保险的衔接

作为基本医疗保险制度的有效补充,医疗救助制度主要从以下三个方面与基本医疗保险制度进行衔接:

(1) 资助救助对象参加基本医疗保险,如上海市资助本市低保、低收入等困难群众家庭成员参与城乡居民基本医疗保险和其他补充医疗保障计划;

(2) 降低或取消住院起付线,对基本医保报销后的个人自付部分进行二次报销等,如北京市对低保、低收入群体取消住院救助报销起付线,住院救助比例达到80%,年度救助封顶线达到6万元;

(3) 免除门诊起付线,对高额门诊费用进行报销,如长沙市对低保对象患慢性病需要长期服药和患重特大疾病需要长期门诊治疗的,按门诊实际发生额进行救助,年度累计救助限额为8000元。

(三) 医疗救助的资金来源

在我国,医疗救助资金主要来源于政府财政,包括如下途径:

(1) 地方各级财政安排用于医疗救助的资金;

(2) 地方各级民政部门从彩票公益金中提取用于医疗救助的资金;

(3) 社会各界捐赠用于医疗救助的资金;

(4) 医疗救助基金形成的利息收入;

(5) 按规定可用于医疗救助的其他资金。

第二节 教育救助

一、教育救助概述

（一）教育救助的内涵

普及公共教育对提高国民素质、促进社会进步有着举足轻重的作用。由于贫困问题的客观存在和无偿教育在短期内难以改变，所以无论是发达国家还是发展中国家，几乎都设立了教育救助项目。作为教育投入不足的补充，教育救助是指国家、社会团体以及个人为保障适龄人口能平等地获得接受教育的机会，在不同教育阶段为贫困地区和贫困家庭提供物质和资金援助的制度。

发挥教育救助功能的主要有国家、社会团体以及个人等主体。其中，国家对普及教育、提供教育救助承担主要责任，通过财政拨款以及政策优惠等形式，对贫困地区和家庭提供特定的教育补贴和援助。除此之外，由于教育行业的特殊性且教育具有正向的外部性，越来越多的社会团体和个人也开始提供教育救助，通过建立各类教育救助基金、接受社会捐赠等多种形式来对贫困学生进行援助，并起到了良好的补充救助作用。并且，世界银行、联合国儿童基金会、亚洲开发银行等国际组织也为贫困落后国家提供大量教育援助和助学贷款，实现了国家间的教育援助。

（二）教育救助的形式

与其他社会救助项目不同的是，教育救助具有较强的连续性和间接性。一方面，学生受教育是一个连续的过程，而困难学生的家庭经济状况往往很难在短期内有显著改善，因此教育救助往往是一个持续的过程。另一方面，教育救助往往不是直接向困难学生发放救助资金，而是为其提供间接的经济援助，包括学费减免、提供勤工助学机会以及助学贷款等。当前，很多国家已经设计出了奖助学金、助学贷款、费用减免、困难补助、勤工助学等多样的教育救助形式，以保障不同教育阶段救助对象的基本学习和生活需求。

（1）奖助学金。奖学金主要帮助成绩优异但经济困难的学生，它主要由国家、学校或校外单位资助或发放。这一制度将学生能否享受奖学金与学习成绩挂钩，这样能够较好地调动和激发学生学习的积极性和努力程度，但它可能将那些家庭贫困且学习成绩不好的学生排除在外。为了解决这一弊端，许多国家针对贫困家庭学生建立起助学金制度，助学金通常是定期发放的，一般以学期或学年为时间单位进行发放。相较而言，助学金往往不需要学生成绩优异，只要符合条件均可申请。但是,也有一些国家会根据学生贫困程度和学习成绩提供不等的助学金。

(2) 助学贷款。助学贷款是由商业金融机构为贫困大学生提供的一种教育援助。作为有效的补充,助学贷款能够借助市场的力量减轻政府的救助压力。近些年,助学贷款得到了较快速的发展。不过,商业贷款机构以利润最大化为目标,往往不愿意为无稳定收入的在校学生提供贷款。因此,为了这项制度顺利开展,国家往往会给予一定的政策优惠,如在校期间由国家承担贷款利息等,而且贷款往往需要学生家庭提供经济担保。

(3) 费用减免。由于高等教育的学费往往相对昂贵,对于贫困大学生来说是一个很沉重的负担,因此很多国家通过费用减免特别是学费减免的方式来减轻贫困大学生的经济困难,以确保学生不因经济问题而放弃或中断学业。

(4) 困难补助。困难补助是由各级政府或者学校提供的一种临时性的或不定期性的教育救助项目,包括开学补助、交通费补助、伙食补助等形式,以解决学生在校期间的生活费问题。在许多国家,政府会拨出专款为贫困学生提供困难补助。有时候学校自身也会从自筹资金中拿出一部分来帮助学生完成学业。

(5) 勤工助学。勤工助学制度不仅能够帮助贫困大学生缓解经济困难,而且为学生提供了社会实践和锻炼的机会,因此绝大部分大学都会为学生介绍和提供勤工助学的工作岗位,在校内主要提供助研、助教等机会,在校外主要介绍学生能够而且法律上允许从事的各项工作岗位。

(三) 教育救助的作用

第一,推动解决贫困问题。根据人力资本理论,个体因为受教育程度低,导致工作能力差、就业经验不足等,往往会削弱其在劳动力市场的竞争力,进而导致收入下降而使得家庭陷入贫困的概率提高。因此,消除贫困应以提升贫困人口的人力资本为主,而教育是减轻甚至消除贫困的最有效方法之一。教育可以提升个体获得收入的能力,从而增进家庭中个体的人力资本,促进其脱贫自立。此外,教育是具有正向外部性的特殊商品,如改善家庭成员的经济状况及健康状况等,所以教育救助有助于加强教育的积极外溢效应。

第二,促进教育公平。由于教育能够显著地改善人的生存状态,增进社会公平,因而被视为实现社会平等的"最伟大的工具"。许多国家的法律都明确规定公民享有教育机会均等的权利,接受教育已经成为现代社会公民的基本人权。而教育救助制度是促进困难地区和家庭普及初等教育、完成高中教育、追求高等教育的重要保障。

第三,促进国民经济持续健康发展。一个国家经济实力的提高取决于劳动生产效率的改善,而教育是提高劳动者素质、改善生产效率的重要手段。然而,随着经济的发展,由于马太效应等的客观存在,贫富差距可能会不断扩大,这就意味着每个公民在接受教育的机会上并不是完全平等的。因此,需要建立相应的教育救助制度以确保国民能获得平等的受教育机会,从而促进整个国民经济更快、更平稳地发展。

二、国外的教育救助

全球普遍认为,公共教育的普及对国家的整体发展有着举足轻重的作用。美国从南北战争到第一次世界大战的 50 年间快速成为世界头号工业强国,其中教育、科技发挥了重要作用。日本在第二次世界大战后奇迹般地飞速发展,公共教育更是功不可没。此外,印度、马来西亚等发展中国家在推进自身经济发展的过程中,也十分强调普及教育的重要性。受限于自身综合经济实力,如何合理配置有限的资金,建立一套针对不同教育阶段的救助系统,就显得尤为重要。

(一) 初中等教育救助的国际经验

(1) 英国的"教育优先发展区计划"。为了解决义务教育发展失衡的问题,英国教育当局于 1967 年在《普劳斯顿报告》中正式提出教育优先发展区这一概念,此后英国教育与科技部发布通知,正式将学生家长的经济地位、学生家庭生活基本设施的缺乏情况、学生家庭领取政府资助状况、学生学习障碍比率四大指标作为选定教育优先发展区的参考标准。教育优先发展区选定后,政府会把优先补助的重点放在学前和社区小学教育上。

(2) 马来西亚的贫困儿童教育资助计划。为了解决贫困家庭的儿童教育问题,缩小各族儿童在文化教育上的差异,马来西亚不仅逐步推行小学免费义务教育,而且还拨出专款,为贫困家庭儿童提供政府奖学金计划、教科书贷款计划、小学生营养计划、住校计划等,以解决贫困儿童入学难的问题。

(3) 埃塞俄比亚的"十年制免费义务教育"。21 世纪以来,埃塞俄比亚颁布实施了多项教育改革与发展政策,以促进教育平等,消除贫困。在各项政策的推动下,政府不断加大对教育的投入,各级各类教育得到了较快发展。埃塞俄比亚实行十年制免费义务教育,2015 年普及了小学教育,并重点普及农村及不发达地区教育。为消除教育性别歧视,设立专门项目为贫困女学生提供奖学金等。

(二) 高等教育救助的国际经验

(1) 美国高等教育的"资助包"制度。为了使最困难的学生获得最多的资助,并且获取的成本最低,美国政府采取了"资助包"的办法。所谓的"资助包",是把提供给学生的全部资助,如奖学金、助学金、贷学金、校园工读等混合成一个"包",同时通过规范合理的配置,使每个学生都能获得与其困难程度相称的经济资助,如将低成本的资助项目组合与贫困学生阶层相对应,回应了保证教育机会均等的社会诉求。

(2)日本高等教育的"收费+贷学金"救助模式。日本现行的助学贷款有"第一种借贷奖学金"和"第二种借贷奖学金"两种形式。前者不计利息,主要供出身贫寒、经济困难、最需要资助的优秀学生借贷;后者主要供有经济需要的成绩中等以上的学生申请,贷款为变动利息,最高可达 3.0%。与此同时,日本制定了专门的法律——《日本育英会法》和《日本育英会法实施令》来规范贷学金相关行为。

(3)印度高等教育的国家助学贷款制度。印度从 1963 年开始实施奖学金贷款计划,对贫困且优秀的大学生提供奖学金贷款。此计划由中央政府出资,地方政府管理。贷款通过高等教育机构发放,50%以上学业成绩合格、其父母收入低于一定水平,且未获得任何奖学金的学生有资格获得贷款。

三、我国的教育救助

(一)"两免一补"和营养改善计划

为加快我国农村教育发展,深化农村教育改革,促进农村经济社会和城乡协调发展,国务院于 2003 年 9 月 17 日发布《关于进一步加强农村教育工作的决定》,提出到 2007 年,争取全国农村义务教育阶段家庭经济困难学生都能享受到"两免一补",努力做到不让学生因家庭经济困难而失学。"两免一补"是指国家全面免除义务教育阶段(小学和初中)学生的学杂费,对农村义务教育阶段学生免费提供教科书,对农村家庭经济困难寄宿生补助生活费的一项资助政策,简称"两免一补"。经过中央和各地方政府多年来的努力,到 2008 年我国已全面实现了免费的九年义务教育,农村义务教育阶段免收学生的学杂费、教科书费,城市义务教育阶段免收学生的学杂费,其所需资金已全部纳入义务教育经费保障机制。

学生营养改善计划是我国自 2011 年实施的用以解决农村义务教育阶段学生就餐问题的一项健康计划。中央财政为国家试点地区农村义务教育阶段学生提供营养膳食补助,并且不以现金形式直接发放。截止到 2020 年 9 月 18 日,全国有 29 个省份 1762 个县实施了营养改善计划,覆盖农村义务教育阶段学校 14.57

万所,受益学生达 4060.82 万人。①

（二）高校在校困难学生资助政策

根据《国务院关于建立健全普通本科高校高等职业学校和中等职业学校家庭经济困难学生资助政策体系的意见》,我国的高校在校困难学生资助体系以奖（奖学金）、贷（助学贷款）、助（勤工助学）、补（补助金）、减（学费减免）和绿色通道为主要内容。其中,奖学金是最主要的资助形式。主要的资助政策具体包括：第一,国家设立各种形式的奖学金支持家庭经济困难、学习成绩优秀的学生和学习农林、师范、体育、航海等特殊专业的学生；第二,商业银行给经济困难的学生提供助学贷款,学生在校期间产生的利息由国家承担；第三,学校为经济困难的学生设立一些勤工助学的岗位,让他们从事一定时间的劳动,获取一定的报酬；第四,每年中央和地方政府都拨出一定的专款,各高校每年从所收取的学费中提取 10% 左右,用于对困难学生的补助；第五,国家对农林、师范、体育、航海、民族等特殊专业的学生减免学费,具体减免办法由高校自己制定；第六,为那些被录取的经济困难新生开辟"绿色通道",即允许新生先办理入学手续,再根据实际经济情况予以相应资助。

（三）民间资助政策

2003 年公布的《关于开展经常性助学活动意见的通知》,动员全社会开展多种形式的经常性助学活动,充分发挥各类基金会以及"希望工程""春蕾计划""安康计划"和"西部开发助学工程"等社会公益项目在经常性助学活动中的作用。国家明确规定：对纳税人通过非营利的社会团体和国家机关向农村义务教育的捐赠资金,可在应纳税所得额中全额扣除,以此鼓励社会力量积极参与教育体系建设。经常性助学活动主要资助农村义务教育阶段家庭经济困难的学生,优先资助农村家庭经济困难的学生和残疾学生,适当兼顾其他困难学生。

第三节 住房救助

住房是人类生存、生活的基本场所。住房权作为一项基本人权,被明确写入了《世界人权宣言》《经济、社会、文化权利国际公约》等一系列国际法律文书。联合国人类住区规划署作为联合国负责人类居住问题的专门机构,关注并支持

---

① 《爱加餐项目》,http://cn.chinadaily.com.cn/a/202011/11/WS5faba66ba3101e7ce972ef85.html,2022 年 9 月 30 日访问。

各国政府对住房权的保障。

住房问题是我国重要的民生问题,党中央、国务院始终高度重视。针对住房困难群体的住房问题,中共中央办公厅、国务院办公厅于2020年印发的《关于改革完善社会救助制度的意见》提出,要通过危房改造、公租房保障等措施进一步完善住房救助制度。

一、住房救助概述

(一) 住房救助的内涵

住房救助是指政府对低收入家庭和其他需要保障的特殊家庭在住房修缮、重建和租房时给予现金补贴或直接提供住房的一种社会救助安排。

提供住房救助的责任主体为政府。从保障个人基本人权、促进社会公平、维护国家的稳定和发展的角度来看,提供住房救助应该是一项国家责任。

住房救助针对的对象主要为住房困难群体,该群体具有如下特征:(1)住房困难群体及其家庭的现实居住水平处于社会居住水平以下,且在购房甚至租房上的支付能力远不能支持其在房地产市场上的正常消费;(2)住房困难群体的无房、危房等状况在短时间内无法依靠自身的力量改变。我国住房救助制度中一般将有住房困难的低保家庭、分散供养的特困人员认定为住房困难群体。

住房救助的目标是满足住房困难群体及其家庭的最基本的居住要求,过高要求的住房改善需求不在住房救助管辖的范畴内。因此,住房救助在实际操作中,会对补贴的金额、救助住房的建筑面积等有明确的限制,且救助对象一般也不拥有对分配房屋的选择权。

(二) 住房救助的主要形式

住房救助主要包括直接提供公共住房以及发放住房补贴两大类。

(1) 提供公共住房。政府直接以较低的价格或租金向住房困难群体及其家庭出售或出租住房。具体又可以细分为:①公共住房的租赁,即仅以出租的形式向救助对象转移公共住房的使用权。国内外常见的廉租房、公共租赁房均属于这个类别。②公共住房的购买,即以低于市场价的价格向住房困难群体销售公共住房,发生房屋产权的转移,例如我国的经济适用房。

(2) 发放住房补贴。除了提供实体住房外,政府还以向住房困难群体直接发放现金或税收减免优惠的形式,帮助其租住或购买或修缮房屋。常见做法有:向公共或私人住房租赁人群中困难个体发放租房补贴;我国农村危房改造政策中向居住在危房中的贫困农户发放危房改造补助;针对购买自住房的困难群体的购房税费减免等优惠政策等。

二、国外的住房救助

一些发达国家在住房救助方面已有多年的实践,建立起了相对成熟的政策和制度,其一些实务管理层面的经验可供我国借鉴。

(一) 美国的住房救助

在发达国家中,美国在住房救助方面立法最齐全,包括《联邦住房法》《城市重建法》《国民住宅法》《住房与城市发展法》等。美国联邦政府针对低收入群体提供的住房救助措施大致可以分为三大类别[1]:

(1) 提供低租金的公共住房。根据1937年的《联邦住房法》建立的公共住房是联邦政府第一个大规模的针对低收入人群的住房救助项目。公共住房的产权归政府所有,其建造费用主要依靠联邦政府的拨款,房屋的选址、房屋维护、租户的选择等具体运营由地方政府的住房管理部门负责。公共住房主要针对低收入家庭、老年人和残疾人。公共住房管理机构一般根据申请人的年收入、年龄、身体残疾情况等多项情况来确定申请人是否具备租住公共住房的资格。由于对公共住房的需求量通常大于当地可提供的数量,因此申请人经常需要等待非常长的时间。

(2) 补贴提供保障性住房的私人房主。除了建造公共住房,美国政府还鼓励私人以较低的租金向低收入人群出租房屋。如果私人房产拥有者愿意在特定年限内提供低租金的房屋出租,政府则向这些私人房产拥有者提供补贴,以弥补租户支付的租金与房屋建造、维护等成本之间的差额。此项措施最早出现于20世纪60年代,通常旨在为收入略高于公共住房资格标准的家庭提供住房。

(3) 住房选择的代金券计划。住房选择代金券的接受者为租户,享受代金券的租户可以在市场上自由寻找住房。代金券的金额取决于租户的收入、家庭构成以及当地的住房成本。代金券可以用于支付全部或者部分的房屋租金。当房租低于代金券金额时,允许租户保留余额继续使用;当房租高于代金券金额时,租户必须自己承担租金的差额部分。住房选择的代金券计划是目前美国住房和城市发展部针对低收入家庭最大的住房补贴计划。

---

[1] Robert Collinson, Ingrid G. Ellen and Jens Ludwig, "Reforming Housing Assistance," *The Annals of the American Academy of Political and Social Science*, Vol. 686, No. 1, 2019, pp. 250-285.

此外，美国的退伍军人事务部还为无家可归的退伍军人提供代金券以外的住房救助服务；农业部的地方农村发展办公室为农村地区的低收入人群提供贷款和补贴等救助手段，以帮助其租房、购房、装修和维修房屋；美国住房和城市发展部、全国老龄化委员会等多个部门和机构提供针对老年人的住房救助信息以及服务。

（二）澳大利亚的住房救助

澳大利亚是高福利国家，政府将安全且负担得起的住房视为公民福祉的基础，因此住房救助是澳大利亚社会政策与福利保障的重要内容。澳大利亚联邦政府与州政府通过一系列的政府计划，在国家和州多个层面帮助低收入家庭获得和维持住房。[①] 澳大利亚具体的住房救助可以分为两大类：

（1）提供社会保障性住房。目前澳大利亚主要有政府兴建和管理的公共住房、政府持有并管理的土著住房、由社区的非营利组织管理的社区住房和由土著社区拥有和/或管理的土著社区住房四大类社会保障住房。截止到2020年，澳大利亚各类社会保障性住房超过43万套，其中以公共住房和社区住房为主，分别占到了69%和24%，且社区住房数量还在增加。

（2）提供租房或购房的针对性经济救助。对租房的具体经济救助计划有联邦租金资助计划和私人租用资金计划。针对购房的具体经济救助计划有购房资助计划，以及仅限于土著居民申请的澳大利亚土著业务。

三、我国的住房救助

（一）我国住房救助政策的发展

在计划经济时期，我国城市地区主要实行住房产权公有、实物分房的福利住房政策，农村地区则主要通过无偿分配宅基地解决农民住房问题，并没有实行特殊群体的住房保障政策。

随着20世纪90年代我国住房制度的改革、高价商品住房的出现，低收入群体住房困难的问题日益凸显。1994—1995年，我国集中出台了《关于深化城镇住房制度改革的决定》《城镇经济适用住房建设管理办法》《国家安居工程实施方案》等一系列政策，提出了通过经济适用房解决中低收入、住房困难家庭的住房问题，标志着我国住房保障制度的起步。此后，我国陆续出台了《城镇最低收入

---

① "Housing assistance in Australia," https://www.aihw.gov.au/reports/housing-assistance/housing-assistance-in-australia, 2022年3月3日访问。

家庭廉租住房管理办法》《经济适用住房管理办法》《廉租住房保障办法》《国务院关于解决城市低收入家庭住房困难的若干意见》《关于加快发展公共租赁住房的指导意见》《公共租赁住房管理办法》《关于加快棚户区改造工作的意见》等一系列政策文件,确定了廉租房、公共租赁房、经济适用房等不同住房救助的制度安排。2014年发布的《关于做好住房救助有关工作的通知》,明确了住房救助对象、救助方式、救助标准等具体政策,对住房困难群体的住房困难问题作出了更完善的制度安排。

由于我国城乡地区的差异,农村和城市的住房救助的形式有所不同,其中农村地区以困难群众危房改造为主,城市地区则包括提供廉租房、公共租赁住房、经济适用房等形式。

（二）我国农村地区住房救助的主要形式

长期以来,我国农村实行的是"自建"房屋政策,居住权和使用权归农户所有、农户自行管理房屋。基于上述背景,我国农村地区的住房救助包括困难群众危房改造、特殊困难农民搬迁和修缮、新建住房等多种形式。自2008年国家在贵州省开展危房改造试点以来,危房改造项目目前已覆盖全国各省,并成为农村地区住房救助最主要、最常见,甚至在部分地区是唯一的形式。

农村危房改造坚持"三最两就"原则,即"优先帮助住房最危险、经济最贫困农户,解决最基本安全住房"的"三最",以及"采取就地、就近重建翻建的改造方式"的"两就"。在上述原则的指导下,该政策具体救助的对象为居住在危房中的分散五保户、低保户和其他农村贫困农户,改造建筑面积控制在60平方米以内。农村危房改造的主要救助形式为提供建房补助资金,2021年中央财政农村危房改造补助资金总计预算超过92亿元。[①]

（三）我国城市地区住房救助的主要形式

1. 廉租房和公共租赁房

我国于1998年提出的廉租房属于住房救助中的兜底制度安排,主要针对城市低收入住房困难家庭提供租金补贴或实物配租,以增强该群体的承租能力。为了解决廉租房无法覆盖的既买不起房又非低保的"夹心层"家庭以及流动人口的住房问题,我国于2010年开始大力发展公共租赁住房制度。公共租赁住房是指由国家提供政策支持、限定建设标准和租金水平,面向符合规定条件的城镇中

---

① 《关于提前下达2021年中央财政农村危房改造补助资金预算的通知》,http://sbs.mof.gov.cn/zxzyzf/ncwfgzbzzj/202011/t20201125_3629434.htm,2022年9月23日访问。

等偏下收入住房困难家庭、新进就业无房职工和在城镇稳定就业的外来务工人员出租的保障性住房。考虑到廉租房和公共租赁住房制度的平行运行不利于两项制度的政策衔接,我国于2013年实行廉租房和公共租赁住房并轨运行,并统称为公共租赁住房,覆盖原来两项制度的保障人群。

2. 经济适用房

我国实施的经济适用房制度属于购置式的住房救助措施。经济适用房是指由国家统一下达计划,以行政划拨土地,享受免收土地出让金等优惠,以保本微利为原则确定政府指导价销售,具有社会保障性质的一类商品住宅。经济适用房主要针对中低收入职工家庭。

第四节 就业救助

就业影响到每个家庭的收入和生活,是个体和家庭生存之本、发展之源,具有稳定的劳动收入是维持基本生活和防止贫困的根本途径。2016年1月,联合国将"人人享有体面工作"列入2015—2030年的可持续发展目标(SDGs)。然而,受到世界经济周期性波动的影响以及战乱、疾病大流行等不确定因素的干扰,劳动力市场供求失衡造成的失业长期存在。如根据国际劳工组织于2021年6月发布的《世界就业和社会展望:2021年趋势》,受到全球新冠肺炎疫情的影响,全球经济陷入衰退,全球劳动力市场也受到了前所未有的冲击。据估算,2021年全球劳动力市场就业需求与供给的差额达7500万,全球失业人数达到2.2亿,2022年的预期失业率将高达5.7%。[①]

作为现代社会必不可少的管理制度之一,就业救助一方面有利于实现社会充分就业、缩小贫富差距、保持社会稳定、促进经济发展,另一方面可以使困难群体参与劳动就业并实现脱贫自立,避免"福利陷阱"以及减轻财政负担。

一、就业救助概述

(一)就业救助的内涵

我国2014年颁布的《社会救助暂行办法》首次对就业救助进行了专章规定,

---

① *World Employment and Social Outlook: Trends 2021*, Report of the International Labour Organization, 2 June, 2021.

具体指"国家对最低生活保障家庭中有劳动能力并处于失业状态的成员,通过贷款贴息、社会保险补贴、岗位补贴、培训补贴、费用减免、公益性岗位安置等办法,给予就业救助",明确其属于社会救助制度的一种。作为一种新型的专项社会救助制度,就业救助旨在有效地帮助贫困人群实现就业,有助于克服传统社会救助直接向该群体"输血"的缺陷,具有积极性的"造血"功能,能够帮助克服就业困难人员的福利依赖现象。因此,就业救助是一项"赋能型"救助、"发展型"救助和"治本型"救助。

常与就业救助混用的一个概念是就业援助。相比而言,就业援助的对象更为广泛。我国《就业促进法》规定就业援助针对就业困难人员,而就业困难人员的具体范围则由各地各级政府根据本行政区域的实际情况规定。后续如人社部于2016年发布的《关于开展东北等困难地区就业援助工作的通知》,以及地方政府出台的一些政策,也将高校毕业生等生活并未陷入贫困但确实存在实际就业困难的群体纳入就业援助的范畴。

与就业救助密切相关但有区别的另一个概念是失业保险。失业保险是社会保险制度的一种,领取失业保险金的必要条件则是缴纳保费。但是,就业救助不需要承担缴费义务,只要达到规定的贫困标准且处于失业的状态就可以申领。

(二)就业救助的主体、对象与形式

根据《社会救助暂行办法》的界定,就业救助的责任主体为政府,具体表现为政府通过立法来规定就业促进的公共项目,通过国家财政支出来支持相关项目的实施。这和依靠市场的力量来实现就业有很大的区别。

就业救助的对象为"最低生活保障家庭中有劳动能力并处于失业状态的成员"。其中,"最低生活保障"和"处于失业状态"这两条要求是需要进行专门的审查的。一般而言,多数国家采用家计调查的方式,即家庭财产审查和就业审查,来确认申请就业救助的资格。

常见的就业救助措施有如下几种形式[①]:(1)发放失业救助金。一些国家除了针对贫困人群发放一般性的社会救助金,还有专门针对失业的救助金项目。例如,澳大利亚、英国、爱尔兰均设立了求职者津贴,新西兰设立了自立青年津贴、失业津贴—培训、失业津贴—困境等救助金名目。(2)职业指导和职业技能培训。职业指导主要通过开展职业咨询、就业政策解答等形式,指导、帮助受助

---

① 张浩淼:《就业救助:国际经验与中国道路》,《兰州学刊》2018年第10期,第174—182页。

者根据自己的特点和社会的需要选择最佳职业。职业技能培训则旨在提供受助者所需技能的培养和训练,以提高受助者就业能力。此类培训一般具有针对性和实效性强的特点,因此一般以短期培训和以掌握实际操作技能为目标的培训为主。(3)设立公共岗位,指通过不同的公共工程等,采取以工代赈方式安置受助者。(4)就业支持的配套措施。为了消除受助者的就业顾虑,一些国家还制定了如儿童托管等旨在解决受助者家庭抚养和就医困难的配套措施。

二、国外的就业救助

(一)美国的就业救助制度

美国的就业救助与失业保险相关联,由劳工部统一管理。在有些州,只有当被覆盖的失业工人用尽了联邦和州政府社会救助项目赋予的救助权利,并且参加了培训项目,才由州政府支付失业救济金。

当国家或州处在特殊时期,如某个州处在高失业率的情况下且失业者已超出失业保险的待遇领取期限,政府为失业者提供失业保险延长救济金,延长期限为7—20周不等。此外,当企业雇员或自雇人员由于重大灾害而失业或中断就业时,或经劳工部认定为国外进口所致的失业,失业者可分别申领灾难失业救助以及贸易再调整津贴。

整体而言,自20世纪60年代后期,美国福利机构启动的强制性"从福利到工作"项目逐步扩张,并在联邦救助项目中长期扮演重要角色。很多"从福利到工作"项目以"工作福利"的形式,鼓励越来越多的福利领取者去工作而不是领取福利津贴。[①]

(二)英国的就业救助制度

由于福利国家的传统,英国的就业救助较美国更注重对失业者提供生活保障。英国就业救助制度依据《国民保险法》和《求职者法案》,具体的就业救助工作由就业中心和工作及养老金部管理。

英国的就业救助主要包括失业求职救助金、求职者过渡金以及单亲家庭救助金。其中最主要的失业求职救助金针对企业雇员及自雇人员,资金来源为政府。获得求职救助金的失业者需满足以下三个条件:第一,失业者须到有关部门登记失业,并签订《失业求职同意书》;第二,不符合申领失业求职者津贴的资格;

---

① 韩克庆:《就业救助的国际经验与制度思考》,《中共中央党校学报》2016年第5期,第75—81页。

第三,通过家计调查。在待遇水平上,失业求职救助金与年龄挂钩,并考虑失业者的家庭收入、家庭人口结构等因素。除了上述专门的就业救助金外,英国的失业者还可以领取针对全体英国居民的普遍福利金。[①]

三、我国的就业救助

(一) 我国就业救助的历史发展

我国最早在20世纪50年代针对旧中国留下的失业工人以及残疾人实行就业救助,主要的政策依据为《救济失业工人暂行办法》和《关于城市烈属、军属和贫民生产单位的税收减免和贷款扶助问题的通知》。此外,根据生产自救方针,我国还组织伤残士兵成立合作社,从事手工业或小型加工业生产。但整体而言,救助对象范围非常有限。

20世纪80年代,为配合市场化改革和劳动制度改革,我国正式建立了失业保险制度。90年代,我国进一步出台《就业登记规定》《职业介绍规定》《关于切实做好国有企业下岗职工基本生活保障和再就业工作的通知》等政策,推进了就业救助的进程。但在国有企业改制的大背景下进行的相关制度设计,就业救助涉及的对象仍比较单一,仅包括残疾人和国企下岗职工。就业救助方式也主要是保障基本生活、提供就业岗位,很少涉及困难群体劳动技能的提升。

随着我国市场化改革的不断深入以及社会结构的转型,结构性失业成为城镇居民贫困最直接的原因。同时,我国传统的社会救助以低保为核心,一方面给财政造成了较大的负担,另一方面也导致了贫困群体不同程度地依赖救助金、不愿实现脱贫自立,福利依赖问题日益凸显。在此背景下,我国于2014年出台的《社会救助暂行办法》首次将就业救助纳入了专项社会救助。根据《社会救助暂行办法》的规定,就业救助制度针对的是低保户中有劳动能力并处于失业状态的成员,而且如果失业人员在没有正当理由的情况下,连续3次拒绝接受与低保家庭失业人员健康状况和劳动能力相适应的工作,地方政府应减发甚至停发其本人的最低生活保障金。

《社会救助暂行办法》从制度层面规范了生活救助与就业救助之间的关系,改变了传统生活救助现金给付的单一救助模式,克服了传统社会救助的消极影响。就业救助将通过提升贫困群体的自立能力,刺激其主动就业,实现自主脱

[①] 陈成文、邓婷:《就业援助:英、美、日三国的实践模式及其启示》,《湖南师范大学社会科学学报》2009年第2期,第91—94页。

贫,是一项治本的社会救助措施。①

(二) 我国现阶段就业救助的措施

目前,我国的就业救助基本政策框架已经在《社会救助暂行办法》中得到确定,即对最低生活保障家庭中有劳动能力并处于失业状态的成员,由国家通过贷款贴息、社会保险补贴、岗位补贴、培训补贴、费用减免等办法给予就业救助,主要包括推荐就业、培训、公益岗位安置等措施,对于连续3次无正当理由拒绝工作的,减发或停发其低保金。② 总结来说,我国就业救助和相关配套政策主要包括以下几类:

(1) 通过职业培训和培训补贴以提高低保对象的工作技能。职业培训的基本内容一般包括基本素质培训、职业知识培训、专业知识与技能培训等方面。职业补贴在实际操作中会以培训卡的形式发放。以上海为例,向受助对象发放培训卡,鼓励他们参加培训,且针对失业人员的情况有不同的补贴额度,但是对于培训项目的选择并没有太多限制,给予受助对象较大的自由度和选择权。③

(2) 为增加就业的经济收益、降低福利捆绑的影响、调动低保对象的工作积极性,部分地方政府在国家政策框架下还制定了一些经济激励措施,如收入豁免、渐进扣除和救助渐退等。收入豁免指就业获得的劳动收入若不超过豁免限额,则收入不会影响其领取的救助待遇;渐进扣除是指对于收入超过豁免限额的,在计算待遇时设置一定比例的抵扣率,以避免就业收入对救助收入的全额挤出;救助渐退是指受助者在就业后,相关现金或专项救助待遇并非马上取消,而是会保留一段时间,帮助受助者过渡。

(3) 通过工作推荐和公益岗位创造来解决工作机会的缺乏。例如,上海市在街道一级设社区服务办公室,办公室下设启点工作站和社会保障援助服务社,负责职业指导、调查走访、收集求职者信息和空缺的工作岗位信息、将合适的岗位信息传递给就业困难人员、推荐合适的人员报名和面试、提升就业成功的机会等。此外,向用人单位提供岗位补贴和社会保险补贴等来鼓励其吸纳相关人员就业。

---

① 张浩淼:《困境与出路:"激活"视角下我国就业救助制度透视》,《兰州学刊》2021年第6期,第96—110页。
② 同上。
③ 王迪、刘宝臣、王燊成:《就业救助中的公共服务供给研究——基于上海市某区的实践》,《社会建设》2017年第3期,第26—35页。

第五节 灾害救助

一、灾害救助概述

(一) 灾害的基本概念

灾害是能给人类本身和人类生存的环境造成破坏性影响的事物的总称。按照发生原因的不同,可以将灾害分为两大类:(1)自然灾害,即自然环境发生异常变化而造成人类生命以及经济、社会活动危害的一系列自然现象或事件,如地震、洪涝、台风、旱灾、蝗灾等;(2)人为灾害,即由于人类行为的不当而对人类生命以及社会造成巨大危害的事件,如火灾、有毒物质的泄漏、恐怖袭击等。

(二) 灾害救助的基本概念

灾害救助是指国家和社会依法向因遭受灾害袭击而造成生存危机的社会成员提供如衣、食、住、医等基本生活方面的最低保障,同时使灾区社会尽快恢复正常生活、生产秩序的一项社会救助制度。灾害救助在解决灾害社会问题、调解社会矛盾、促进社会公平、维持社会稳定、推动社会发展等方面发挥着重要作用,是社会保障体系中的重要一环,也是社会救助体系中的重要组成部分。一般而言,狭义的灾害救助通常指针对自然灾害的社会救助,不包括对人为灾害的预防和补救措施。本节讨论的灾害救助采用其狭义概念。

灾害的救助包括政府救助、社会力量救助、个人自救三个层次。但由于灾害救助是一国居民生存权的基本保障之一,且"守护人民生命及财产安全"是国家的基本职责,故灾害救助的责任主体多为政府。灾害救助的对象具有选择性,必须是因受灾而生活困难的灾民。只有经过调查、核实和认定申请者符合救助条件后,国家才给予救助。

灾害救助涉及如紧急抢救、安排灾民生活、恢复工农业生产和公益设施、扶持灾民发展生产、重建社会关系等多项内容,但其最重要的目标主要有两个:一是维持受灾群众基本生活,保障受灾群众生命安全;二是进行灾后重建,帮助受灾群众尽快恢复正常的生活和社会秩序。从上述两个目标来看,灾害救助的水平是低层次的,以维持最基本的物质生活为原则;同时,和其他类别的社会救助相比,灾害救助具有临时性和短暂性的特点。当灾民和灾区恢复正常的生活和社会秩序后灾害救助的使命就完成了。

二、国外的灾害救助

为有效开展自然灾害救助,世界各国根据本国的政治制度和经济发展水平,引入了不同的灾害救助项目和措施,可供我国借鉴。

(一) 美国的自然灾害救助

美国的自然灾害救助主要由联邦紧急事务管理署负责,对于灾民的救助以非货币化服务为主,如法律咨询、心理咨询、保险服务、建筑执照申请服务、再就业服务等。具体的救助项目主要有:(1)防灾减灾救助主要包括防灾计划救助和灾害预警救助两部分;(2)重大灾害应急救助主要包括一般性联邦救助、必需的基本救助、风险防御、联邦设施救助、修复和重建受损设施、对个人和家庭的联邦救助、失业救助、食品券的分配、食品紧急调度与供应、法律服务、危机咨询服务、社区灾难贷款、紧急通信、紧急公共交通、消防救助和木材售卖合同共16项;(3)突发事件救助主要是联邦政府对州与地方政府进行紧急援助,协调联邦机构、私营组织、州与地方政府共同救灾,向受灾的州与地方政府提供技术与咨询服务,清除废墟,提供临时住房,帮助州与地方政府分发药品、食品、可消费补给与紧急援助物资。

美国灾害救助财政筹措资金以中央财政预算为主体,联邦政府出资比例最低为50%,最高可达75%。同时,美国也建立了多元化的资金筹集渠道,以保险为核心;贷款以低息贷款为主。目前保险理赔、信贷支持等市场融资渠道所占救灾资金的份额日渐增多。[①]

(二) 日本的自然灾害救助

日本是一个地质灾害多发的国家,灾害救济制度历史悠久。现在日本是世界上防灾救灾制度相当成熟的一个国家,日本全民预防和完善的救济体系尤其引人注目。

日本的公园、小学等公共设施在设计时都考虑到了防灾功能。防灾教育覆盖全年龄段和全媒体渠道。日本建立了由消防、警察、自卫队和医疗机构等承担的、较为完善的灾害救援体系。其中,消防机构是负责灾害救援的主要机构;警察机构承担灾情情报收集、灾区现场劝导和指挥居民避难、开展急救、寻找失踪人员、维持社会治安等职责;自卫队救援范围很广泛,包括搜寻和营救伤员,处理飞机残骸,防洪抗险,医疗援助,预防疫病蔓延,供应水、食品,运输人员和物资

---

① 祝明:《国际自然灾害救助标准比较》,《灾害学》2015年第2期,第138—143页。

等。此外,日本法律规定,各都道府县必须设立一家以上骨干灾害医疗救护中心和若干家必要的地区灾害医疗救护中心。

日本灾害救济的内容设立也较为全面,包括:(1)住宅贷款;(2)非住宅之个人贷款;(3)中小企业融资贷款;(4)所得税减轻或免除;(5)处理住宅解体费;(6)提供免费的公用住宅;(7)提供临时住宅;(8)发放失业金;(9)免除学费等优待;(10)发放灾害抚慰金;(11)提供灾民就业推荐;(12)提供保险金缓交、邮政免费等生活保障措施。[1]

三、我国的灾害救助

(一) 我国灾害救助概况

我国是世界上自然灾害最为严重的国家之一,灾害种类多,分布地域广,发生频率高,易多灾并发和集中爆发,造成损失严重。我国各级政府对灾害救助极为重视,在国家层面先后颁布和实施了多部行政法规和部门规章,其中国务院出台的《自然灾害救助条例》《社会救助暂行办法》及 2016 年最新修订的《国家自然灾害救助应急预案》是我国当前实施自然灾害救助活动的主要依据。此外,如在云南、贵州、四川等自然灾害频发的地区,政府也根据自身经济发展情况以及当地灾害发生的特点具体制定了一些地方法规和规范性文件。

2000 年以来,我国灾害救助一直处在根本性的调整中,并实现了如下五个方面的转型:(1)灾害救助目标由减少经济损失向以人为本转型。在相当长的时期内,在面对自然灾害时,社会习惯强调尽量减少国家财产的损失。在转向以人为本的指导思想后,当前的灾害救助首先强调的是努力确保人民的生命安全。(2)灾害救助时点由事后救济向全方位救助转型。在第一时间对受灾困难人群进行应急救助被特别强调。(3)灾害救助的组织指挥由依靠个人经验向依靠系统预案转型。(4)灾害救助的组织由封闭向全方位透明转型,特别是对灾情数据的公布。(5)灾害救助的标准由传统的低标准转向保证基本生活、与国际接轨。[2]

总体而言,经过多年的建设发展,我国在自然灾害救助能力和管理体系的建设上有了极大的进步,目前已基本建立了自然灾害救助管理体系。

(二) 我国灾害救助的管理机构

基于我国既往灾害救助管理的实践、经验与教训,我国目前形成了包括自然

---

[1] 杨东:《日本的灾害对策体制及其对我国的启示》,《中州学刊》2008 年第 5 期,第 95—97 页。
[2] 王振耀、田小红:《中国自然灾害应急救助管理的基本体系》,《经济社会体制比较》2006 年第 5 期,第 28—34 页。

灾害救助行政机构、单灾种的应急协调机构、自然灾害救助综合协调机构、辅助性自然灾害救助管理机构在内的自然灾害救助管理机构体系。[①]

1. 自然灾害救助行政机构

我国的灾害救助主要由民政部门负责实施,其主要工作职责包括8个方面:(1)及时跟踪自然灾害预警预报信息,并及时启动救灾预警响应;(2)掌握灾害损失、因灾带来的生产和生活问题、解决措施和效果,为开展救灾工作提供依据和参考;(3)组织紧急抢救、转移和安置灾民;(4)受理、发放和使用救灾救济款物;(5)检查、督促国家生产自救、互助互济、救济扶持、灾害重建等方针政策的贯彻执行;(6)管理国外援助和国内捐赠的款物;(7)解决好遗属遗孤和残疾人员的抚恤安置问题;(8)组织指导救灾扶贫工作,扶持灾民生产自救。

2. 单灾种的应急协调机构

由于洪涝、干旱、地震、台风和滑坡泥石流等为我国最为经常发生的自然灾害,其所造成的损失占到我国自然灾害损失总量的80%以上,我国成立了专门针对上述自然灾害的单灾种应急协调机构,包括常设的防汛抗旱指挥部、森林草原防灭火指挥部和临时性的抗震救灾指挥部等。

3. 自然灾害救助综合协调机构

由于自然灾害具有连带效应,一个自然灾害的发生往往会形成灾害链。因此,建立综合性的协调机构,统筹多个部门的参与和配合,这对自然灾害救助是非常必要的。根据1997年《国务院关于加强抗灾救灾管理工作的通知》和2016年新修订的《国家自然灾害救助应急预案》的规定,全国抗灾救灾综合协调办公室和国家减灾委员会为我国自然灾害救助的综合协调机构,负责组织、领导全国的自然灾害救助工作,会同国务院有关部门统筹安排抗灾救灾资金和物资,协调开展特别重大和重大自然灾害救助活动。

4. 辅助性自然灾害救助管理机构

由于各政府行政部门有其自身特有的业务范围、技术专长、资源、设备等,在自然灾害救助中具有不可替代的支持和配合作用,这些部门可以称为辅助性的自然灾害救助机构或者支援机构。根据自然灾害救助的实际需要,2013年调整后的国家减灾委包括成员单位民政部、解放军总参谋部、中共中央宣传部、外交部等30多个机构。《国家自然灾害救助应急预案》明确了各辅助性自然灾害救

---

① 赵朝峰:《当代中国自然灾害救助管理机构的演变》,《中国行政管理》2015年第7期,第137—142页。

助机构在不同级别应急响应中的任务、职责和强制要求。

（三）我国灾害救助的形式和内容

我国灾害救助的形式主要包括：(1)以政府为责任主体的国家灾害救助，这是我国最重要、主导的以及最有效的形式，也是我国社会保障制度的重要环节。(2)社会互助形式的救助。例如，国内外各类非政府组织在我国汶川地震等自然灾害救助过程中发挥优势，对国家救助起到了补充的作用。(3)救灾保险，这是主要在农村地区实行的新型救助形式。具体方法是由中央救灾经费、地方财政的补贴、农民自己缴纳的保险费组成救灾保险基金，当灾害发生、灾民需要时，给予相应的生活、生产等方面的保障与补偿。

我国灾害救助的内容主要包括：(1)实物救助，指在灾害发生后，无偿供灾民使用以保障其最基本生活需求的物资，如食品、药品、帐篷、衣物等。我国的救灾物资实行定点储存、专项管理、无偿使用的原则，不得挪作他用，不得向灾民收取任何费用。(2)现金救助。我国目前主要有六项中央级灾害生活补助，包括灾害应急救助补助、遇难人员家属抚慰金、过渡性生活救助补助、倒损房屋恢复重建救助补助、旱灾临时生活困难救助补助、冬春临时生活困难救助。(3)服务救助，指在灾害发生后向受灾群众提供紧急转移安置、医疗、教育等必要的公共服务。在2012年，国家减灾委员会还在《关于加强自然灾害社会心理援助工作的指导意见》中首次明确了要在自然灾害救助过程中开展心理救助服务。

第六节　法律救助

一、法律救助概述

（一）法律救助的范畴

2020年，中共中央办公厅、国务院办公厅印发了《关于改革完善社会救助制度的意见》，在巩固专项救助制度的基础上，要求"加强法律援助，依法为符合条件的社会救助对象提供法律援助服务。积极开展司法救助，帮助受到侵害但无法获得有效赔偿的生活困难当事人摆脱生活困境，为涉刑事案件家庭提供救助帮扶、心理疏导、关系调适等服务"。上述规定明确我国法律救助制度包含法律援助及司法救助两大范畴。

其中，法律援助是指由政府设立的法律援助机构，组织法律援助人员和志愿者，为经济困难的公民或特殊案件的当事人提供必要的无偿法律服务，以保障其合法权益的一项法律保障制度。司法救助则是指对遭受犯罪侵害或者民事侵权但无法通过诉讼获得有效赔偿且生活面临急迫困难的当事人,由国家给予适当经济资助的一种救助制度。

法律援助与司法救助均旨在保护经济有困难的公民的合法权益。两者的对象大致相同,即除了某些特殊案件需要特殊处理外,均是针对经济确有困难、权益受到侵害的公民。两者实施程序也是相同的,都是首先需要由当事人主动提出申请,相关法律机构按照司法救助或者法律援助的适用条件,给予救助,一般不由相关法律机构主动实施法律援助和司法救助。①

法律援助与司法救助的区别主要体现在实施主体、救助方式和费用性质等方面。实施主体方面,法律援助由政府的相关法律援助机构实施,具体参与人员包括专业律师、志愿者、社会团体等;而司法救助只由公安、检察院、法院三部门实施。救助方式方面,法律援助提供法律咨询、代理、刑事辩护等多种无偿法律服务;而司法救助以支付救助金为主要方式,并与思想疏导、宣传教育相结合,与法律援助、诉讼救济相配套,与其他社会救助相衔接。费用性质方面,法律援助免收各项法律服务费用;司法救助是发放救助金。②

(二)法律救助的意义

无论是法律援助还是司法救助,均在保障司法人权、维护公平正义、维持社会稳定等方面发挥了重要作用。

(1)保障司法人权。所谓司法人权,是指人权的司法保障,是人权事业发展的重要方面。人权的落实是一个漫长而复杂的过程;其中,公正审判是人权司法保障的核心要素,而法律援助是公正审判的必要内容。我国于1998年签署的《公民权利和政治权利国际公约》对公正审判中有关法律援助的内容进行了明确规定;《残疾人权利公约》更是以"司法保护"的表述将法律援助进一步明确。③

(2)维护公平正义。"法律面前人人平等"是国际社会所公认的一项法律基本原则,其含义是,一个国家所有公民,不论其社会地位、财产、种族、年龄等差别,都一律平等地受到法律的保护。鉴于人的社会属性的差异,法律赋予公民的

---

① 林欣:《关于加强国家司法救助与法律援助衔接与配合问题的思考》,《法制博览》2018年第18期,第120—121页。
② 任宗理:《关于加强司法救助与法律援助衔接与配合问题的思考》,《河北法学》2005年第6期,第99—101页。
③ 张万洪、丁鹏:《人权法视野下的刑事司法早期阶段法律援助:中国经验与发展前瞻》,《求是学刊》2019年第2期,第127—137页。

权利能否真正得到公正平等的实现和保障不仅取决于公平原则是否在制度规定中有所体现,更取决于制度能否转化为有效的实践措施。法律救助提供了制度转换为实践的切实可行途径。

(3) 维持社会稳定。由于我国各地经济社会发展不平衡,一些案件当事人经济状况差异较大,部分群众因经济困难打不起官司,一些刑事案件的被害人或近亲属因得不到赔偿而生活陷入困境,一些执行案件的当事人因债务人确无财产可供执行而经济状况恶化等问题十分突出。以司法救助为代表的法律救助则提供了修复社会关系、缓和社会矛盾、维护社会稳定的重要手段。[①]

二、国外的法律救助

(一) 国外法律援助制度

目前,多数发达国家都已完善了法律援助的相关立法,通过宪法或法律援助制度专门立法的形式规定了法律援助相关内容;同时,法律援助人员和机构设置也较为完善,基本建立了法律援助资金供给制度。一些有益的实践和经验值得我国借鉴。

1. 英国的法律援助制度

英国是世界上最早建立法律援助制度的国家,也是该制度发展最为完善的国家之一。英国进行法律援助的机构主要有两类:一是管理型机构,如英国法律援助局、政府宪法事务部等。这类机构代表政府对法律援助工作实施管理,具体职责包括审批法律援助案件的申请、提供法律援助资金支持和政策支持等。第二类是法律援助实施机构,包括地方法律援助实施机构及社会组织自发成立的法律援助机构,提供的法律援助覆盖了刑事、民事和特别诉讼等各类案件。英国法律援助经费基本上都来源于中央政府,刑事法律援助案件经费完全由中央财政承担。此外,有一小部分资金来自受援助者的分担费用和法律援助案件胜诉后由法律服务委员会从败诉的对方当事人处收取的费用。

2. 美国的法律援助制度

美国法律援助工作包含以公设辩护人为主导的刑事法律援助和以法律服务公司为主导的民事法律援助两大类。刑事案件中的公设辩护人是指经联邦各级

[①] 胡铭、王廷婷:《法律援助的中国模式及其改革》,《浙江大学学报(人文社会科学版)》2017年第2期,第76—92页。

法院或者州各级法院法官聘任,在联邦政府或者地方政府财政支持下,为触犯法律但没有经济能力聘请律师且可能面临监禁刑的当事人提供刑事法律援助的专职律师。除了公设辩护人模式外,一些地区还通过私人律师模式、合同制模式、非营利辩护机构或者法律援助协会,为经济困难的犯罪嫌疑人提供法律帮助和辩护服务。民事案件中的法律援助服务公司是独立的非公司法人性质的法定机构。法律服务公司主要行使两个职能:一是经费拨付和管理。国会每年都要按照各州贫困人口数拨款给法律服务公司,法律服务公司再向法律援助机构拨款,并对拨款使用情况进行监督。在美国所有的民事法律援助资金中,法律服务公司提供的资金占80%以上。二是对接受其资助的各地法律援助机构的业务进行指导和规范,确保服务质量和效率,鼓励更多的执业律师参与法律援助工作。

(二) 国外司法救助模式

国外的司法救助制度主要指刑事被害人补偿制度。由于对刑事被害人权利救助认识的不同,各国的侧重点和救助方法也有所差异,并形成了各具特色的美国模式、欧洲模式和澳大利亚模式。

1. 美国模式

为补偿刑事被害人的损失,美国制定了《刑事被害人法》。该法规定由联邦政府向州政府提供资金来对被害人进行补偿,此即被害人补偿基金项目。在此之后,有关被害人保护的立法活动越来越频繁,《梅根法案》是一个有代表性的法案,它是关于性刑事被害人权利保护的法案。除国会立法外,各州也根据自己州的具体情况制定了《被害人权利法案》。除立法建制外,刑事被害人补偿还需要专门的机构保障。由此,美国联邦政府以及各州政府设立了保护刑事被害人的专门机构,该类机构提出了许多有效的建设性意见。

2. 欧洲模式

欧洲模式的特点是依靠大量的民间组织及志愿者为刑事被害人提供救助和补偿。民间组织不受官方限制,在为被害人提供救助时更自由。"苏格兰被害人支持协会"就是一个典型的民间被害人救助组织,长期为被害人提供免费的服务。当然,政府也通过对民间组织的资金援助来支持其为刑事被害人服务。

3. 澳大利亚模式

澳大利亚对被害人的权利救济是以家庭暴力犯罪当中的被害人、刑事犯罪当中的被害人为主要保护对象的,并为此专门设立了家庭暴力刑事被害人中心、刑事被害人协助组织。这些组织与欧洲模式的主导机构相同,都属于民间的非政府组织,但不同的是,澳大利亚的民间组织需要依靠自己的力量来解决资金来源和人员配置问题。澳大利亚政府于20世纪60年代为被害人制定了专门的国家补偿制度,只要被害人得不到犯罪人的损害赔偿,就可以申请国家补偿。澳大利亚南威尔士州设立了"刑事被害人管理局",专门处理有关刑事被害人的事项。

三、我国的法律救助

(一) 我国法律救助的历史演变

1. 我国法律援助的历史演变

我国法律援助制度建立的时间比较短,但是发展非常迅速。1994年初,司法部提出了探索建立和实施中国法律援助的思路,随后在北京、上海、郑州、武汉、西宁、银川等地开展法律援助试点工作。1996年3月,司法部成立国家法律援助中心筹备组,旨在进一步推动法律援助制度的建立;12月,中央机构编制委员会办公室批复同意成立全额拨款的司法部法律援助中心。至此,中国历史上第一个专门负责法律援助工作的国家级机构正式诞生。[①]

1996年修订的《刑事诉讼法》第三十四条首次对"法律援助"进行规定;同年颁布的《律师法》在第六章以专章形式对律师法律援助的内容作出了详细规定。此后,从1997年至2001年,司法部先后与最高人民法院、最高人民检察院、公安部联合下发《关于刑事法律援助工作的联合通知》《关于民事法律援助工作若干问题的联合通知》《关于在刑事诉讼活动中开展法律援助工作的联合通知》,相继解决了法律援助机构在办理法律援助案件过程中与法院、检察院和公安机关的工作衔接问题,为法律援助律师更好地提供法律援助服务创造了便利条件。2003年7月21日,国务院公布了《中华人民共和国法律援助条例》,以行政立法的形式将法律援助制度确定为一项国家制度,标志着我国法律援助制度在全国范围内正式建成。

2. 我国司法救助的历史演变

我国1999年发布的《〈人民法院诉讼收费办法〉补充规定》首次正式提出"司法救助"的概念,文件规定对经济困难当事人的诉讼费实行缓交、减交或免交。由于在司法实践中,一些案件当事人经济状况差异很大,出现了不少受侵害

---

① 樊崇义:《中国法律援助制度的建构与展望》,《中国法律评论》2017年第6期,第189—202页。

人因无法获得有效赔偿而陷入生活困境的情况。针对上述现象,对被害人补偿的司法救助问题开始得到中央政法机关的关注和重视。在经过《关于切实解决人民法院执行难问题的通知》《关于为构建社会主义和谐社会提供司法保障的若干意见》《关于开展刑事被害人救助工作的若干意见》等一系列政策实践探索后,中共中央政法委、财政部、最高人民法院等部门于2014年联合发布了《关于建立完善国家司法救助制度的意见(试行)》,对司法救助条件和范围、救助标准和程序、救助资金的使用管理等作出了规定,成为当下我国司法救助工作的指导性文件。2016年,最高人民法院出台了《关于加强和规范人民法院国家司法救助工作的意见》,通过统一案件受理、救助标准、救助范围、经费保障、资金发放,实现了"救助制度法治化,救助案件司法化",进一步完善了我国的司法救助制度。

(二) 我国法律救助的现行模式

我国法律援助的对象包括:(1)确因经济困难,无能力或无完全能力支付法律服务费用的公民;(2)盲、聋、哑和未成年人为刑事被告人或犯罪嫌疑人,且没有委托辩护律师;(3)可能被判处死刑的刑事被告人且没有委托辩护律师。法律援助的运行模式可以概括为"政府责任、律师义务、社会参与",具体运作方式体现为:(1)经费来源上,主要依靠国家财政拨款。(2)机构设置上,由政府成立专门的法律援助机构,受理、审查、批准法律援助申请;指派法律援助工作人员或社会律师、基层法律服务工作者承办法律援助案件;核发案件补贴,并对法律援助的组织实施进行监督和管理。(3)提供模式上,由法律援助机构的工作人员与社会律师、基层法律工作者相结合承办法律援助案件,社会团体、民间组织作为补充。

我国司法救助目前已经实现了由早期对诉讼费的"减、缓、免"模式向刑事被害人救助、执行救助等多元救助模式的转变,对弥补被害人的损失、缓解其生活困境、维护社会稳定发挥了积极的作用。司法救助的具体运作方式为:(1)资金来源上,大多以财政保障为主,以其他资金来源为辅。(2)发放标准上,大多以小额为主,个别特殊情况特殊对待。由于司法救助是临时性、应急性救助,所以各地法院在救助上一般不超过5万元。(3)发放对象上,以特困群体为主。各地法院普遍采取了严格审核的方式,救助那些特别困难而又确有需要的人。(4)在发放程序上,以政法委发放为主,以法院发放为辅。虽然发放救助金也是司法救助的主要形式,但是有别于其他社会救助项目,司法救助只救急解困、不扶贫,司法救助后当事人仍面临生活困难的,应当依托社会保障解决。

关键词

医疗救助　教育救助　住房救助　就业救助　灾害救助　法律救助

复习思考题

1. 分析各类专项社会救助在社会保障体系中的地位和作用。
2. 结合各国专项社会救助的现状以及我国的实际情况，谈谈如何完善我国各类专项社会救助制度。

第十四章 急难社会救助

本章概要

本章主要讲解了我国急难社会救助体系的主要内容,帮助学生了解我国急难社会救助的含义、特征和功能,了解临时救助、生活无着的流浪乞讨人员救助和突发公共事件困难群众急难救助的基本内容。

第一节 急难社会救助概述

急难社会救助是社会救助体系的重要组成部分,与基本生活救助、专项社会救助共同构成社会救助体系的主体。目前,我国急难社会救助制度主要以临时救助和生活无着流浪乞讨人员救助为主,急难社会救助的功能尚未得到有效发挥,进一步发展和完善急难社会救助制度对于健全我国社会救助体系具有重要意义。

一、急难社会救助的含义

急难社会救助是指国家对遭遇突发性、紧迫性、灾难性困难而陷入生活困境,依靠自身和家庭无力解决,其他社会救助制度暂时无法覆盖或救助之后生活仍有困难的家庭或个人,通过临时救助或生活无着流浪乞讨人员救助的方式给予应急性、过渡性生活保障的制度安排。

急难社会救助的责任主体是国家,主要包括中央政府和地方政府。急难社会救助的对象是家庭或个人,具体而言,是遭遇突发性、紧迫性、灾难性困难而陷入生活困境,依靠自身和家庭无力解决,其他社会救助制度暂时无法覆盖或救助之后生活仍有困难的家庭或个人。急难社会救助的方式主要包括临时救助和生活无着的流浪乞讨人员救助。急难社会救助的目标是为临时陷入生活困境的家庭和个人提供应急性、过渡性的生活保障。

二、急难社会救助的特征

急难社会救助具有应急性、临时性、兜底性等特征。

(1)应急性。急难社会救助通常是一种应急救助。一般来说,救助对象的生活保障需求往往非常急迫,因而急难社会救助在保障困难群众基本生活方面具有"救急救难"的特点,呈现出"应急性"的特征。

(2)临时性。急难社会救助通常是一种过渡性的救助措施。由于大部分急难社会救助对象只是因为突发风险事件陷入临时的生活困境,随着风险事件带来的生活危机的解除,他们有望恢复自力更生的能力,可以通过自助的方式获得基本生活保障,因而不再需要急难社会救助。尽管也有部分急难社会救助对象可能因为突发的风险事件陷入长期生活困境,这部分救助对象可以通过最低生活保障或特困人员救助供养等常规制度渠道获得基本生活救助,因而也不再需要依靠急难社会救助获得基本生活保障。

(3)兜底性。急难社会救助旨在为因突发风险事件而临时陷入生活困境的家庭和个人提供基本生活保障,发挥为临时困难群体的基本生活提供兜底保障的功能。同时,急难社会救助为其他生活保障制度提供兜底,其他社会救助制度暂时无法覆盖或救助之后生活仍有困难的家庭或个人,可以通过急难社会救助获得临时的基本生活兜底保障,从制度层面保障了公民的基本生存权利,维护了社会的底线公平。

三、急难社会救助的功能

急难社会救助具有救急救难和基本生活兜底保障的功能。

(1)救急救难功能。急难社会救助为临时陷入生活困境的家庭或个人应对突发风险事件提供了及时有效的经济支持,有助于救助对象缓解短期的生活困难,渡过短期的生存困境。急难社会救助为救助对象提供了应急性、过渡性的救助,发挥了救急救难的功能。

（2）基本生活兜底保障功能。急难社会救助为临时陷入生活困境的家庭或个人提供了最基本的现金救助或物质帮助，在一定程度上保障了救助对象的基本生活。对于其他社会救助制度暂时无法覆盖或救助之后生活仍有困难的家庭或个人，急难社会救助发挥了兜底保障的制度功能，使社会成员不至于因为缺乏社会救助而陷入生存困境。

四、急难社会救助的内容

急难社会救助主要包括临时救助、生活无着的流浪乞讨人员救助和突发公共事件困难群众急难救助等三个方面的内容。其中，临时救助和生活无着的流浪乞讨人员救助两项制度已经在我国全面建立；突发公共事件困难群众急难救助工作尚处于起步探索阶段，目前我国尚未建立起重大突发公共事件困难群众急难救助的正式制度安排。

第二节 临时救助

临时救助是我国社会救助制度体系的重要组成部分，是为生活困难群众提供暂时性的生活救助的一项基本制度安排。临时救助制度的建立，对于深化改革、促进社会公平正义和维护社会稳定具有重要意义。

一、临时救助的含义

临时救助是国家对遭遇突发事件、意外伤害、重大疾病或其他特殊原因导致基本生活陷入困境，其他社会救助制度暂时无法覆盖或救助之后基本生活暂时仍有严重困难的家庭或个人给予的应急性、过渡性的救助。临时救助主要采取发放临时救助金、配发实物和提供必要的服务等方式进行。与基本生活救助和专项社会救助相比，临时救助具有应急性、过渡性、临时性的特点。

二、临时救助制度的基本内容

2014年10月，国务院公布《关于全面建立临时救助制度的通知》，初步确立了我国临时救助制度的基本框架和基本内容。我国临时救助制度的基本内容主要包括救助对象范围、申请受理、审核审批、救助方式和救助标准等五个方面。

（一）救助对象范围

临时救助对象主要包括家庭对象和个人对象两类。家庭对象主要包括：因火灾、交通事故等意外事件,家庭成员突发重大疾病等原因,导致基本生活暂时出现严重困难的家庭;因生活必需支出突然增加超出家庭承受能力,导致基本生活暂时出现严重困难的最低生活保障家庭;遭遇其他特殊困难的家庭。个人对象主要包括:因遭遇火灾、交通事故、突发重大疾病或其他特殊困难,暂时无法得到家庭支持,导致基本生活陷入困境的个人。其中,符合生活无着的流浪、乞讨人员救助条件的,由县级人民政府按有关规定提供临时食宿、急病救治、协助返回等救助。

因自然灾害、事故灾难、公共卫生、社会安全等突发公共事件,需要开展紧急转移安置和基本生活救助,以及属于疾病应急救助范围的,按照有关规定执行。县级以上地方人民政府应当根据当地实际,制定具体的临时救助对象认定办法,规定意外事件、突发重大疾病、生活必需支出突然增加以及其他特殊困难的类型和范围。

(二)救助申请受理

临时救助的申请受理包括依申请受理和主动发现受理两种类型。依申请受理是指:凡认为符合救助条件的城乡居民家庭或个人均可以向所在地乡镇人民政府(街道办事处)提出临时救助申请;受申请人委托,村(居)民委员会或其他单位、个人可以代为提出临时救助申请。对于具有本地户籍、持有当地居住证的,由当地乡镇人民政府(街道办事处)受理;对于上述情形以外的,当地乡镇人民政府(街道办事处)应当协助其向县级人民政府设立的救助管理机构(救助管理站、未成年人救助保护中心等)申请救助;当地县级人民政府没有设立救助管理机构的,乡镇人民政府(街道办事处)应当协助其向县级人民政府民政部门申请救助。申请临时救助,应按规定提交相关证明材料,无正当理由,乡镇人民政府(街道办事处)不得拒绝受理;因情况紧急无法在申请时提供相关证明材料的,乡镇人民政府(街道办事处)可先行受理。

主动发现受理是指:乡镇人民政府(街道办事处)、村(居)民委员会要及时核实辖区居民遭遇突发事件、意外事故、罹患重病等特殊情况,帮助有困难的家庭或个人提出救助申请。公安、城管等部门在执法中发现身处困境的未成年人、精神病人等无民事行为能力人或限制民事行为能力人,以及失去主动求助能力的危重病人等,应主动采取必要措施,帮助其脱离困境。乡镇人民政府(街道办事处)或县级人民政府民政部门、救助管理机构在发现或接到有关部门、社会组织、公民个人报告救助线索后,应主动核查情况,对于其中符合临时救助条件的,应协助其申请救助并受理。

(三) 救助审核审批

临时救助申请的审核审批主要包括一般程序和紧急程序两类。一般程序是指：乡镇人民政府（街道办事处）应当在村（居）民委员会协助下，对临时救助申请人的家庭经济状况、人口状况、遭遇困难类型等逐一调查，视情况组织民主评议，提出审核意见，并在申请人所居住的村（居）民委员会张榜公示后，报县级人民政府民政部门审批。对申请临时救助的非本地户籍居民，户籍所在地县级人民政府民政部门应配合做好有关审核工作。县级人民政府民政部门根据乡镇人民政府（街道办事处）提交的审核意见做出审批决定。救助金额较小的，县级人民政府民政部门可以委托乡镇人民政府（街道办事处）审批，但应报县级人民政府民政部门备案。对符合条件的，应及时予以批准；不符合条件不予批准，并书面向申请人说明理由。申请人以同一事由重复申请临时救助，无正当理由的，不予救助。对于不持有当地居住证的非本地户籍人员，县级人民政府民政部门、救助管理机构可以按生活无着人员救助管理有关规定审核审批，提供救助。

紧急程序是指：对于情况紧急、需立即采取措施以防止造成无法挽回的损失或无法改变的严重后果的，乡镇人民政府（街道办事处）、县级人民政府民政部门应先行救助。紧急情况解除之后，应按规定补齐审核审批手续。

(四) 救助方式

临时救助的救助方式主要包括发放临时救助金、发放实物和提供转介服务等三种。发放临时救助金是指：各地要全面推行临时救助金社会化发放，按照财政国库管理制度将临时救助金直接支付到救助对象个人账户，确保救助金足额、及时发放到位。必要时，可直接发放现金。

发放实物是指：根据临时救助标准和救助对象基本生活需要，通过发放衣物、食品、饮用水，提供临时住所等方式予以救助。对于采取实物发放形式的，除紧急情况外，要严格按照政府采购制度的有关规定执行。

提供转介服务是指：对给予临时救助金、实物救助后，仍不能解决临时救助对象困难的，可分情况为救助对象提供转介服务。对符合最低生活保障或医疗、教育、住房、就业等专项救助条件的，要协助其申请；对需要公益慈善组织、社会工作服务机构等通过慈善项目，发动社会募捐，提供专业服务、志愿服务等形式给予帮扶的，要及时转介。

(五) 救助标准

临时救助标准要与当地经济社会发展水平相适应。县级以上地方人民政府要根据救助对象困难类型、困难程度,统筹考虑其他社会救助制度保障水平,合理确定临时救助标准,并适时调整。临时救助标准应向社会公布。省级人民政府要加强对本行政区域内临时救助标准制定的统筹,推动形成相对统一的区域临时救助标准。

三、我国临时救助制度的发展历程

早在新中国成立初期,我国各地民政部门就已经开始了临时救助的实践探索,但临时救助的制度探索起步较晚。在全国层面,临时救助的制度探索要晚于城乡居民最低生活保障制度的探索。从2007年开始,民政部在全国范围内探索建立临时生活救助制度,解决因突发性事件、意外伤害或因家庭刚性支出较大导致的临时性基本生活困难问题。到2013年底,在短短几年,全国26个省份都迅速制定或完善了临时救助政策。[①]

截至2013年底,以最低生活保障、特困人员供养、受灾人员救助等基本生活救助和医疗、教育、住房、就业等专项救助制度为支撑的社会救助体系已经在我国基本建立起来,绝大多数困难群众得到了及时、有效的救助。同时,社会救助体系仍存在"短板",解决一些遭遇突发性、紧迫性、临时性生活困难的群众救助问题仍缺乏相应的制度安排,迫切需要全面建立临时救助制度,发挥救急救难功能,使城乡困难群众基本生活都能得到有效保障,兜住底线。

为补齐社会救助体系的制度短板,2014年10月,国务院公布《关于全面建立临时救助制度的通知》,决定在全国范围内普遍建立临时救助制度。以此为标志,2014年底,临时救助制度开始在全国正式建立,进一步填补了我国社会救助体系的空白,社会救助体系得到进一步完善。为了有效保障困难群众基本生存权益,最大限度防止冲击社会道德和心理底线事件的发生,2015年7月,民政部、财政部发布了《关于在全国开展"救急难"综合试点工作的通知》,在全国范围内确定了300个"救急难"综合试点单位和地区,要求各地进一步明确临时救助在"救急难"工作中的功能和作用,不断完善临时救助政策措施。

2020年8月,中共中央办公厅、国务院办公厅印发《关于改革完善社会救助制度的意见》,要求各地进一步完善临时救助政策措施,"将临时救助分为急难型临时救助和支出型临时救助。实施急难型临时救助,可实行'小金额先行救助',事后补充说明情况;实施支出型临时救助,按照审核审批程序办理。采取'跟进

---

① 林闽钢:《我国社会救助体系发展四十年:回顾与前瞻》,《北京行政学院学报》2018年第5期,第1—6页。

救助'、'一次审批、分阶段救助'等方式,增强救助时效性。必要时启动县级困难群众基本生活保障工作协调机制进行'一事一议'审批。推动在乡镇(街道)建立临时救助备用金制度。加强临时救助与其他救助制度、慈善帮扶的衔接,形成救助合力"。

经过多年的政策试点与制度探索,我国临时救助制度的基本框架已经初步确立,临时救助的工作机制也初步建立起来,临时救助的成效开始显现出来。《2020年中国民政事业发展统计公报》的数据显示,2020年全年共实施临时救助1380.6万人次,其中救助非本地户籍对象8.4万人次。全年支出临时救助资金165.7亿元,平均救助水平1200.3元/人次。但是,目前我国临时救助制度仍存在救助程序不够规范、救助覆盖面窄、救助水平偏低等问题,有待于今后进一步完善。

第三节 生活无着的流浪乞讨人员救助

生活无着流浪乞讨人员救助是急难社会救助的核心内容,是我国社会救助体系的重要组成部分。对生活无着流浪乞讨人员进行临时救助,有助于保障流浪乞讨人员的基本生活权益,维护流浪乞讨人员的人格尊严,促进社会的和谐稳定。

一、生活无着的流浪乞讨人员救助的含义

生活无着的流浪乞讨人员救助是指国家对生活无着的流浪乞讨人员实施提供临时食宿、疾病救治、协助返回等救助,保障其基本生活权益,维护其人格尊严的一项临时性社会救助措施。国家是生活无着的流浪乞讨人员救助的责任主体,国家有义务对生活无着的流浪乞讨人员进行临时救助。生活无着的流浪乞讨人员救助的对象为生活无着落、无家可归的流浪乞讨人员。生活无着的流浪乞讨人员救助的方式主要包括提供临时食宿、疾病救治和协助返回等。

二、生活无着的流浪乞讨人员救助制度的基本内容

《社会救助暂行办法》和《城市生活无着的流浪乞讨人员救助管理办法》规定了我国生活无着流浪乞讨人员救助制度的基本框架和主要内容。生活无着流浪乞讨人员救助制度主要包括救助对象范围、救助资金来源、救助申请程序、救助方式和救助监督管理等五个方面的内容。

(1) 救助对象范围。城市生活无着的流浪乞讨人员救助对象是指因自身无力解决食宿,无亲友投靠,又不享受城市最低生活保障或者农村五保供养,正在

城市流浪乞讨度日的人员。

（2）救助资金来源。县级以上城市人民政府应当采取积极措施及时救助流浪乞讨人员，并应当将救助工作所需经费列入财政预算，予以保障。国家鼓励、支持社会组织和个人救助流浪乞讨人员。

（3）救助申请程序。流浪乞讨人员向救助站求助时，应当如实提供本人的下列情况：①姓名、年龄、性别、居民身份证或者能够证明身份的其他证件、本人户口所在地、住所地；②是否享受城市最低生活保障或者农村五保供养；③流浪乞讨的原因、时间、经过；④近亲属和其他关系密切亲戚的姓名、住址、联系方式；⑤随身物品的情况。救助站应当告知求助的流浪乞讨人员救助对象的范围和实施救助的内容，询问与求助需求有关的情况，并对其个人情况予以登记。救助站对属于救助对象的，应当及时安排救助；不属于救助对象的，不予救助并告知其理由。对因年老、年幼、残疾等原因无法提供个人情况的，救助站应当先提供救助，再查明情况。对拒不如实提供个人情况的，不予救助。此外，救助站应当根据受助人员的情况确定救助期限，一般不超过10天；因特殊情况需要延长的，报上级民政主管部门备案。

（4）救助方式。救助站应当根据受助人员的需要提供下列救助：①提供符合食品卫生要求的食物；②提供符合基本条件的住处；③对在站内突发急病的，及时送医院救治；④帮助与其亲属或者所在单位联系；⑤对没有交通费返回其住所地或者所在单位的，提供乘车凭证。

（5）救助监督管理。救助站应当建立健全岗位责任制、安全责任制、工作人员行为规范等规章制度，实行规范化管理。救助站应当将受助人员入站、离站、获得救助等情况如实记载，制作档案妥善保管。救助站及其工作人员应当严格遵守《城市生活无着的流浪乞讨人员救助管理办法》规定。对违反规定的，由该救助站的上级民政主管部门责令改正；情节较重的，对直接负责的主管人员和其他直接责任人给予纪律处分；构成犯罪的，依法追究刑事责任。

县级以上地方人民政府民政部门应当加强对救助站的领导和监督管理，履行以下职责：监督救助站落实救助措施和规章制度；指导检查救助工作情况；对救助站工作人员进行教育、培训；调查、处理救助站及其工作人员违法违纪问题；帮助救助站解决困难，提供工作条件。救助站的上级民政主管部门不及时受理救助对象举报，不及时责令救助站履行职责，或者对应当安置的受助人员不报请当地人民政府予以安置的，对直接负责的主管人员和其他直接责任人员依法给予行政处分。

三、生活无着的流浪乞讨人员救助制度的发展历程

生活无着的流浪乞讨人员救助制度的前身为收容遣送制度。收容遣送制度最早可以追溯到1951年,最初这一制度主要针对国民党散兵游勇、妓女、社会无业游民等人群,对其进行临时救助、教育、收容安置和遣返。20世纪60年代初,大量灾民涌入城市,收容安置成为救济灾民的一项重要内容。20世纪80年代开始,随着流动人口的增多,为了加强对流动人口的管理,1982年国务院颁布了《城市流浪乞讨人员收容遣送办法》。该办法将家居农村流入城市的、城市居民中流浪街头的和其他露宿街头生活无着的流浪乞讨人员等三类人员列为收容遣送对象,收容遣送制度在全国层面正式确立。1991年国务院发布《关于城市遣送工作改革问题的意见》,将收容遣送的对象扩大到三证(身份证、暂住证、务工证)不全的流动人员。为做好生活无着流浪乞讨人员救助管理工作,国务院于2003年6月发布《城市生活无着的流浪乞讨人员救助管理办法》,以此为标志,我国生活无着的流浪乞讨人员救助制度正式建立,并且正式废除了《城市流浪乞讨人员收容遣送办法》。

《城市生活无着的流浪乞讨人员救助管理办法》明确规定,县级以上城市人民政府根据需要设立流浪乞讨人员救助站,救助站采取积极措施及时救助流浪乞讨人员,并应当将救助工作所需经费列入财政预算,予以保障;国家鼓励、支持社会组织和个人救助流浪乞讨人员;县级以上人民政府民政部门负责流浪乞讨人员的救助工作,并对救助站进行指导、监督;公安、卫生、交通、铁道、城管等部门应当在各自的职责范围内做好相关工作。

2003年7月,民政部发布《城市生活无着的流浪乞讨人员救助管理办法实施细则》,对城市生活无着的流浪乞讨人员救助管理工作提出了具体的实施意见。

2014年4月发布的《社会救助暂行办法》,对生活无着的流浪乞讨人员救助工作作出了初步规定,生活无着的流浪乞讨人员救助工作的地域范围开始超出城市地区,城乡地区的生活无着的流浪乞讨人员救助管理统一纳入规范。公安机关和其他有关行政机关的工作人员在执行公务时发现流浪、乞讨人员的,应当告知其向救助管理机构求助。对其中的残疾人、未成年人、老年人和行动不便的其他人员,应当引导、护送到救助管理机构;对突发急病人员,应当立即通知急救机构进行救治。

2020年8月,中共中央办公厅、国务院办公厅印发《关于改革完善社会救助制度的意见》,要求各地加强和改进生活无着的流浪乞讨人员救助管理。"强化

地方党委和政府属地管理责任,压实各级民政部门、救助管理机构和托养机构责任,切实保障流浪乞讨人员人身安全和基本生活。完善源头治理和回归稳固机制,做好长期滞留人员落户安置工作,为符合条件人员落实社会保障政策。积极为走失、务工不着、家庭暴力受害人等离家在外的临时遇困人员提供救助。"

经过多年的发展,我国生活无着的流浪乞讨人员救助制度不断完善,流浪乞讨人员救助机构、管理机构的数量和救助人数不断增加,流浪乞讨人员救助管理机构基本实现了全国所有县(市、区)的全覆盖。2020年,我国共有提供住宿的流浪乞讨人员救助管理机构1555个,床位8.4万张,全年救助流浪乞讨人员83.2万人次;未成年人救助保护机构252个,床位1.0万张,救助流浪乞讨未成年人0.9万人次。①

第四节 突发公共事件困难群众急难救助

突发公共事件困难群众急难社会救助是我国急难社会救助制度体系的重要组成部分。2020年新型冠状病毒肺炎疫情的暴发,暴露了我国在重大疫情等突发公共事件中困境群众急难救助方面的制度短板。随后,在各级党委和政府的高度重视下,全国各地开展了突发公共事件困难群众急难救助制度的积极探索,制度建设取得了初步成效。

一、突发公共事件困难群众急难救助的含义

突发公共事件困难群众急难救助是指,国家对因自然灾害、事故灾难、公共卫生事件、社会安全事件等突发公共事件导致基本生活陷入困境,其他社会救助制度暂时无法覆盖或救助之后基本生活暂时仍有严重困难的家庭或个人,给予的应急性、过渡性的救助。

突发公共事件困难群众急难救助的主要责任主体为国家。国家也可以鼓励社会组织、企业和个人等社会力量积极参与到突发公共事件困难群众的急难救助工作当中。

二、突发公共事件困难群众急难救助的基本内容

目前,我国尚未形成突发公共事件困难群众急难救助的正式制度安排。在

---

① 《2020年中国民政事业发展统计年鉴》,http://images3.mca.gov.cn/www2017/file/202109/1631265147970.pdf,2022年9月27日访问。

发生自然灾害、事故灾难、公共卫生事件、社会安全事件等突发公共事件之后,按照属地管理的原则,通常由地方政府负责向因突发公共事件而基本生活陷入困境的家庭或个人提供应急性、过渡性的救助。

在突发公共事件困难群众急难救助制度尚未正式建立的情况下,困难群众急难救助通常按照临时救助的方式进行。对于受突发公共事件影响而陷入生活困难的群众,地方政府一般通过发放临时救助金、发放实物(如基本生活用品等救援物资)和提供转介服务(如应急医疗服务)等方式开展急难救助。

三、突发公共事件困难群众急难救助的国际经验

西方发达国家较早开始突发公共事件困难群众急难救助政策实践,目前已经在重大疫情等突发公共事件社会救助制度建设方面积累了宝贵的经验。对于突发事件中的困难群众,各国采取的社会救助政策有所不同。有些国家(如英国和澳大利亚)侧重于向困难群众提供基于收入调查的救助待遇,这些待遇往往跟救助对象的就业状况无关,而且只有那些收入水平低于救助标准的家庭才能获得救助。因此,只有少部分人群可以获得来自政府的现金救助。另外一些国家(如意大利和西班牙)则侧重于向困难群众提供保险形式的收入支持,保险待遇的领取通常需要以向保险项目缴费为前提。许多欧洲大陆国家往往将保险型的收入援助(针对没有工作的人群)和普惠型社会救助(针对低收入家庭尤其是有儿童的家庭)相结合(如奥地利、德国、法国和斯洛伐克)。

目前,西方发达国家为国内困难群众提供的收入支持主要包括四种形式:一是向低收入群体提供现金救助,救助待遇的获得需要建立在家庭经济状况调查的基础上;二是为受到疫情影响的人群提供有针对性的收入支持;三是向全体民众提供普惠性的收入支持;四是向那些无法应付日常生活开支的人群提供直接的援助。为了最大限度地提高急难救助的速度、覆盖面和效率,大多数国家的急难救助政策通常会包括多种救助方式和收入支持形式。[①]

总体而言,西方发达国家虽然在突发公共事件困难群众的急难救助方面进行了一些有益的制度探索,也积累了大量的实践经验,但是目前并没有建立统一

---

① S. Scarpetta, M. Queisser, S. Carcillo, H. Immervoll, E. Farchy, & R. Hyee, "Supporting livelihoods during the COVID-19 crisis: Closing the gaps in safety nets," https://www.oecd.org/coronavirus/policy-responses/supporting-livelihoods-during-the-covid-19-crisis-closing-the-gaps-in-safety-nets-17cbb92d/#contactinfo-d7e2967, 2022 年 3 月 3 日访问。

的专门的制度安排,对突发公共事件中困难群众的急难救助的职能通常分散在不同的政府部门。

四、我国突发公共事件困难群众急难救助的发展历程与展望

目前,我国虽然在突发公共事件困难群众急难救助方面进行了一些试点工作和制度探索,但是依然缺乏关于重大疫情等突发公共事件困难群众急难救助的正式制度安排。突发公共事件困难群众急难救助工作目前仍停留在试点探索阶段。

自从国务院公布《社会救助暂行办法》和《关于全面建立临时救助制度的通知》以来,为了进一步完善社会救助制度体系,我国开始在全国层面推动突发公共事件困难群众急难救助的试点探索工作。2015年7月,民政部、财政部发布《关于在全国开展"救急难"综合试点工作的通知》,要求各地在做好日常救助工作的同时,积极建立急难对象主动发现机制。依托城乡社区党组织、群众性自治组织等,落实好驻村(社区)干部、村(社区)级社会救助员、社区网格员等的主体责任,并充分发挥专业社会工作者、慈善机构工作者和志愿者作用,及时了解、掌握辖区居民遭遇突发事件、意外事故、罹患重病等特殊情况,建立"救急难"信息档案,帮助有困难的群众提出救助申请并协助办理,做到早发现、早救助、早干预。

2020年8月,中共中央办公厅、国务院办公厅印发《关于改革完善社会救助制度的意见》,要求各地在前期试点探索的基础上,进一步完善急难社会救助政策体系,做好重大疫情等突发公共事件困难群众急难救助工作。将困难群众急难救助纳入突发公共事件相关应急预案,明确应急期社会救助政策措施和紧急救助程序。重大疫情等突发公共卫生事件和其他突发公共事件发生时,要及时分析、研判对困难群众造成的影响以及其他各类人员陷入生活困境的风险,积极做好应对工作,适时启动紧急救助程序,适当提高受影响地区城乡低保、特困人员救助等保障标准,把因突发公共事件陷入困境的人员纳入救助范围,对受影响严重地区人员发放临时生活补贴,及时启动相关价格补贴联动机制,强化对困难群体的基本生活保障。

2021年8月,民政部办公厅印发了《关于进一步做好受灾情疫情影响困难群众基本生活保障工作的通知》,要求各地进一步加强急难社会救助,提高社会救助的灵活性与时效性。充分发挥社会救助兜底保障作用,有效保障受灾情疫情影响困难群众基本生活。该通知要求,各地应加强急难社会救助,各地民政部门要充分发挥主动发现机制作用,组织动员基层干部、村级组织、社会救助协理员、社会工作者等,深入困难群众家中,全面了解辖区内受灾情疫情影响群众生活状况,做到发现早、介入快、救助及时。加大乡镇(街道)临时救助备用金支持力度,发现因灾因疫造成基本生活出现困难的群众,要及时给予临时救助;情况紧急的,可实行"先行救助",事后补充说明情况。取消户籍地、居住地申请限制,对受疫情影响,暂时找不到工作又得不到家庭支持的生活困难外来务工人员,因交通管控等原因暂时滞留的临时遇困人员,以及户籍不在本地的受灾人员等,由急难发生地直接实施临时救助,做到凡困必帮、有难必救。同时,要求各地切实提高社会救助时效,根据防汛救灾和疫情防控实际,进一步简化优化社会救助审核确认程序,积极推行低保、特困人员救助供养等社会救助申请全流程网上办理,提高救助时效。各地可以根据灾害影响、疫情形势,决定暂停开展低保对象退出工作,提高受灾情疫情影响困难群众抵御风险能力。

经过近些年的积极探索,我国在突发公共事件困难群众急难救助工作方面积累了许多有益的经验,在全国层面初步建立起突发公共事件困难群众的工作机制。目前,全国各级政府将困难群众急难救助纳入突发公共事件相关应急预案。随着试点工作的积极推进,我国将逐步探索建立突发公共事件困难群众急难救助的制度体系,不断完善应急期社会救助政策措施,推动紧急救助程序的不断优化,从而为受突发公共事件影响的困难群众提供及时有效的基本生活保障和应急救助。

 关键词

急难社会救助　临时救助　生活无着的流浪乞讨人员救助　突发公共事件困难群众急难救助

复习思考题

1. 如何理解急难社会救助在我国社会救助体系中的地位和作用?
2. 如何推动我国急难社会救助制度的进一步完善?

分论三　福利服务

第十五章　老年人福利

本章概要

本章主要讲解老年人福利相关的知识点,帮助学生掌握老年人福利的概念、内容和功能,熟悉老年人福利的相关理论,了解发达国家老年人福利的主要内容,认识我国老年人福利的现状、问题和未来发展方向。

第一节　老年人福利概述

老年人福利对改善老年人生活起着积极作用。本节主要介绍老年人福利的概念、形式和内容,阐释老年人福利的功能和原则,以深化对老年人福利的理解。

一、老年人福利的概念

老年人福利是根据老年人的特点及其特殊需求,由政府或社会提供给老年人的免费或优惠性的物质帮助和社会服务。发达国家的老年福利是其社会福利体系中的一项主要内容,它是在全民福利的发展模式中逐步建立起来的。[1] 学者吕宝静对老年人福利服务做出了如下界定:"老年人福利服务系用来满足老年人的各项需求:最基本的需求,如收入、栖身之所和食物;以及次级的需求,如教育、

---

[1]　孙光德、董克用主编:《社会保障概论》(第6版),中国人民大学出版社2019年版,第103页。

休闲、娱乐;正式体系所提供的也包括那些可减轻老年期身体健康恶化和心理问题的服务。"①

结合我国的实践状况,本书对老年人福利做出如下界定:老年人福利是面向老年人群体的社会福利项目,是国家和社会为了满足老年人的各项基本生活需求及提高老年生活质量所采取的有针对性的政策措施,具体形式包括福利津贴、设施和服务,其目的是使老年人享有体面和有尊严的晚年生活。

二、老年人福利的形式和内容

(一) 老年人福利的形式

老年人福利形式多样,主要划分为以下三种:

第一,货币形式。包括各种津贴、补贴以及其他以现金形式供给的老年人福利。如我国的高龄老年人津贴、面向经济困难失能老人的养老服务补贴及护理补贴等。在广义的老年人福利概念下,养老金也是一种货币形式的老年人福利。

第二,服务形式。包括老年生活照料、老年文化娱乐、老年金融服务、老年健康服务、老年人体育健身等。服务是老年人福利供给的主要形式。

第三,实物形式。如春节社区走访给孤寡老人发放慰问品,政府给老年人提供辅助器具等。

(二) 老年人福利的内容

老年人福利可归纳为三大类,即收入保障、健康照顾和福利服务。

第一,收入保障。收入保障是为缓解老年人的经济压力所提供的各种经济支持,包括养老金、救助金、补助金、住房补助和食物券等。

第二,健康照顾。健康照顾是为解决老年群体的身心健康问题所提供的各种支持,具体包括医疗服务、日常生活照料、康复护理、精神慰藉等服务。

第三,福利服务。福利服务主要指政府和社会在日常生活中为老年人提供的各种优待服务,具体包括适老化设施建设和改造、老年住宅建设、为老志愿活动及日常生活中其他的优待服务。

三、老年人福利的功能和原则

(一) 老年人福利的功能

第一,保障老年人的基本物质生活。保障老年人的基本物质生活是现代

---

① 吕宝静:《老人福利服务》,五南图书出版有限公司2012年版,第62页。

老年人福利的基本要求。老年人福利根据老年人的需求和特点,为其提供相应的津贴、服务和实物,保障老年人的基本物质生活,并努力提高老年人的生活质量。

第二,改善老年人的健康状况。老年人健康状况随着年龄增长而逐渐变差,仅依靠养老金无法有效维持老年人的身体健康,老年人健康照顾起到了补充作用,如护理服务满足了老年人的照料需求,体育健身服务项目起到了很好的疾病预防和保健作用,文化娱乐服务能够充实老年人的生活,有助于减少老年人心理疾病的发生。

第三,充实老年人的精神文化生活。建设大量的文化福利设施或娱乐福利设施,一方面能够减少退休老年人生活中的迷茫和不适,充实其晚年生活;另一方面,也使经济相对困难的老年人能够享受文娱生活的乐趣,滋养其精神世界。

第四,维护代际和代内社会公平。整体而言,由于生理原因以及社会上存在的歧视观念,老年人往往在体力、机会等方面处于不利地位。同时,老年群体内部异质性也很强,困难家庭老年人、患病老年人是老年人群体中的困难群体。一方面,老年人福利的实施有利于维护代际公平,使老年人能够共享经济社会发展成果;另一方面,老年人福利对困难群体适当倾斜,满足其特殊需求,有助于代内公平的维护。

第五,弘扬敬老爱老美德。老年人福利事业的发展,有利于全社会共同营造孝老敬亲的良好氛围,继承和发扬传统孝道文化,普及新时代"孝"文化,弘扬敬老爱老美德。

(二)老年人福利的原则

第一,合理性原则。主要体现在两个方面:一是要根据老年人的需求和特点合理地制定老年人福利政策;二是各地要结合地方实际情况合理设置相应的福利设施和服务,积极稳妥地推进老年人福利工作。

第二,普遍性和特殊性相结合的原则。老年人福利的设置既要考虑到全体老人的需求和特点,制定相应的政策,也要关注到老年人中的困难群体的特殊需求,并给予适当的政策倾斜,制定具有针对性的政策。

第三,协调性原则。老年人福利制度要与整个时代的发展前景相协调、相适应。同时,老年人福利制度要与其他制度相协调,要注重不同制度之间的联系和差异,做好政策衔接工作,从而形成合力。

第二节 老年人福利的国际经验

依据埃斯平-安德森关于福利国家的划分,本节选取了相应模式的典型国家,介绍其老年人福利。其中,自由主义模式的代表国家是英国,社会民主主义模式的代表国家是丹麦,保守主义模式的代表国家是德国。由于这三种模式主要涉及欧美国家,故补充介绍日本的老年人福利。基于西方国家对广义福利概念的认同及其老年人福利的主要内容,本节主要从收入保障、健康照顾、福利服务三方面展开介绍。

一、英国

英国是世界上第一个福利国家。20世纪20年代末,英国65岁以上的老年人口已占总人口的7%,迈入了老龄化社会。英国老年人福利从收入、医疗、照顾、安宁及精神文化等领域为老年人提供全方位支持,提高英国民众晚年生活幸福感。

（一）收入保障

目前,英国的养老金制度包括国家基本养老金、国家补充养老金、职业养老金和自选私人养老金四项内容。补充养老金独立于国家基本养老金,是基本养老金待遇的补充,最初是一种职业养老金计划,强调雇主的资金支持和员工的自由参与,后来逐渐失去了职业养老金特征,成为一种政府主导下的特殊的国家基本养老金制度。职业养老金又可称为企业补充养老金,一般由经济单位面向其单位职员单独举办,由企业和职员共同承担保险费,且企业所缴费用须占一定比例,而个人所缴费用往往没有限制,缴费越多退休后可获得的养老金就越多,该制度具有一定灵活性。[①]自选私人养老金计划不具强制性,由个人自愿与银行或保险公司等机构签订合同,开设私人养老金账户,定期缴纳保费,退休后便可从该账户中领取养老金,政府的作用仅限于监督协议的合法性而不会干涉协议的具体内容,私人养老金计划的灵活度比职业养老金更强,该优点也是许多英国人选择参加私人养老金计划的重要原因。

（二）健康照顾

英国养老服务体系通过成人社会服务体系和国民医疗服务体系为老年人分

[①] 叶至诚:《老人福利国际借鉴》,秀威资讯科技股份有限公司2011年版,第169页。

别提供日常生活服务和医疗服务。成人社会服务体系主要是为老年人提供日常生活照料、康复护理、精神慰藉等服务,居家养老和社区照护是该体系中最主要的两项服务。英国居家养老的照护者称为"家庭照护者"。对于家庭照护者,英国法律规定要给予其照护津贴、喘息服务及其他社会保障政策方面的优待,以减轻家庭照护者的负担并对居家养老方式表示肯定。社区照护制度是将社区管理和老年人日常照护结合起来,利用社区互助互惠、行动迅捷和便于社交等优点,通过地方政府、私营机构和志愿组织等为老年人提供护理服务,满足老年人的健康生活需求。社区老年照护服务的收费标准与家庭经济状况挂钩,享受免费社会养老服务的老年人要经由地方政府相关部门对其实施严格的"服务需求评估"与"家庭财产调查",通过审核之后才有资格获得免费养老服务。国民医疗服务体系是一种普惠的、全民共享的医疗服务提供体系,涵盖了初级卫生保健、医院医疗服务和临床专业内用来解决特殊疑难、复杂问题的专家服务。

(三)福利服务

英国老年人能够享受到许多优惠待遇,66岁及以上的老年人可以享受国内旅游车船票减免,电视、电灯、电话费用和冬季取暖费等相关优惠待遇。[1] 此外,英国政府还为老年人提供大量的物质保障服务,如地方政府或志愿组织用专车将食物送到老年人家中、各托老所及老年人俱乐部;为居家养老的老年人安装楼梯、浴室、厕所等处的扶手,设置无台阶通道和电器、暖气设备等设施及提供其他的家庭适老化改建服务。[2] 精神文化方面,英国举办多种多样的活动,以丰富老年人晚年生活,不仅为老年人锻炼身体提供方便,也为老年人日常生活增添乐趣。此外,英国的老年安宁服务(临终关怀)是世界安宁疗养服务的典范。世界首家安宁疗护医院圣克里斯多福安宁医院于1967年在英国成立。现在安宁疗护机构遍布英国各地,为老年人提供专业、全面且人性化的关怀和服务。

二、丹麦

2020年,丹麦65岁以上老年人占全部人口的20.16%。丹麦宪法规定,赡养老人是社会的责任和义务。丹麦作为高税收、高福利的国家,老年人福利服务全面且精细。

---

[1] 姜守明、耿亮:《西方社会保障制度概论》,科学出版社2002年版,第99页。
[2] 丁潇:《英国老年人社会保障制度研究》,山东大学硕士学位论文,2012年,第35页。

(一) 收入保障

丹麦的养老保险制度主要包括国家养老保险、劳动市场补充养老保险和自愿养老保险。其中，国家养老保险和劳动市场补充养老保险属于法定养老保险，其资金主要或者全部由政府承担。国家养老保险覆盖在丹麦居住的全体退休人员，具有普惠性。根据法律规定，凡是年满67岁的丹麦公民，不论是否缴纳社会保险税费，都可以享受不带任何附加条件的国家养老金。国家养老金由基本津贴、追加津贴、单身老人特殊追加津贴以及其他情况下申请的个人补贴组成。除国家养老金外，丹麦还有半政府或私人养老金方案可供老人选择申请。[1] 前者用来保障居民的基本生活需要，后者则用于满足不同经济水平居民的养老需求。丹麦的国家养老金在追求普惠目标的同时，兼顾社会公平，将国家养老金与退休后的收入挂钩，收入越高，其所领取的国家养老金越少；当收入达到一定水平，退休人员将失去领取国家养老金的资格。在丹麦，国家养老金是老年人福利的核心内容。

(二) 健康照顾

丹麦作为典型的北欧福利国家，实行全民免费医疗制度。丹麦的公费医疗制度主要分两级（保健、医院）。初级医疗保障是指居民有需求时向基层保健医生求助，若保健医生诊断确需更加专业的医疗服务，才能获得进入二级医疗服务的资格，进一步寻求专业医疗服务。丹麦有着全时、全面、高效的老年医疗保障制度。[2] "全时"是指丹麦依托社区服务平台，使老年人可以享受24小时全天候的医疗照料和家庭服务。"全面"是指周全的养老服务体系，这主要体现在三个方面：第一，丹麦政府依托社区平台，为老年人提供全面的医疗服务。第二，丹麦政府为老年人提供完善的保健服务。丹麦政府建设专业队伍对老年人进行功能评价、康复护理和功能训练，尽可能地满足老年人的护理需求。第三，丹麦政府依托社区平台，积极开展有益的文体活动，重视老年人心理疾病的预防。

丹麦政府为老年人提供免费的家务劳动、个人卫生和病人照料等家庭服务，同时，为健康老人群体提供娱乐交流用的"老人活动中心"，为不能自理的老人群体设置专门的照护机构以提供日间或者夜间的托管与照护服务。[3] 丹麦政府还

---

[1] 徐燕：《丹麦老年福利政策及改革》，《中国社会报》2019年9月16日，第7版。
[2] 茆长宝：《丹麦的老年福利和养老服务及其对中国的启示》，《中国社会报》2014年3月3日，第4版。
[3] 高荣伟：《丹麦的老年福利政策》，《检察风云》2021年第5期，第50—51页。

为老年人提供专门的辅助器具,各级政府负责这些辅助器具的购买、保管、调配等工作。

（三）福利服务

社会养老是丹麦的法定养老模式。丹麦的老年人住房形式包括养老院、疗养院和老年人收容所等。同时,丹麦政府竭力帮助居家养老的老年人进行房屋适老化改造,完善居家养老硬件设施,优化其居家养老环境。丹麦制定有专门的老年人住房法案——《老年人及丧失劳动能力者住房法案》。法案主要规定了为身体机能弱化的老年人进行相应的住房改造,改造是否免费由政府决定等内容,同时,该法案对改造细节有着严格规定,尽力优化老年人的住房条件。弹性退休政策是丹麦老年人福利政策的重要组成部分。目前丹麦的法定退休年龄为67岁,到2030年预计推迟到68岁,2060年,退休年龄有可能自动推迟到74岁。弹性退休和提高退休年龄是为了更好地应对丹麦人口老龄化所带来的社会问题。延迟退休增加了丹麦劳动力市场的供给,同时政府会对弹性退休人员给予一定的补贴。

三、德国

德国在20世纪50年代就已步入老龄化社会,2020年德国65岁及以上老年人口占总人口比重达21.69%。德国是世界上最早建立社会保险制度的国家,养老服务体系较为完善。德国老年人福利制度以保障老年人的基本权利作为指导思想,以实现所有老年社会成员有尊严的个人生活和活跃的社会参与为主要目标。[1]

（一）收入保障

德国的公共养老保险给予老年人较为充足的经济保障。"德国普通参保职工退休后可以获得的养老金是薪资的70%,保险费由雇主和雇员各自承担50%,但雇主和雇员缴费只占总保险数额的四分之三不到,其余由政府补贴填补。"[2]社会救助是德国老年人最基本的社会保障形式,是老年人福利的组成部分。与老年人相关的社会救助主要有三种:(1)老年人基本保障。65岁以上的老年人因年龄或18—64岁的个人因健康,难以通过自身劳动所得解决生存困境,可依法向有关部门提出申请,获得基本保障。(2)护理救助。法律规定,对于因疾病

---

[1] 刘冬梅:《德国老年福利制度研究》,《社会政策研究》2018年第2期,第31—47页。
[2] 叶至诚:《老人福利国际借鉴》,秀威资讯科技股份有限公司2011年版,第179页。

或残疾无法应付日常生活,需要他人照护且照护时间不少于6个月的居民,若自身无法承担照护费用,并且护理保险等社会保障措施也无法彻底解决护理费用问题,可以申请护理救助。(3)老年人救助。这是一种补充性救助,该救助设置的目的是帮助因健康问题无法正常进行日常活动的老年人,获得该救助的前提条件有两个,一是达到法定年龄,二是自身存在年老所带来的自理问题。

(二)健康照顾

老年人护理是德国老年人福利政策的核心内容,而护理保障供给主要涉及两方面内容,一是资金,二是服务。德国主要有三种护理模式:居家护理型养老、全天候机构养老和互助式养老。

第一,居家护理型养老。德国的居家养老分多种情况:身体健康的老年人居住在自己家中,生活基本能够自理,不需要专门的护理服务,老年人可自行到住所附近的服务网点获取必要的生活援助;生活不能自理的老年人居住在家中,需要由亲属照护,或依托周边的养老机构,获得居家护理养老服务;社区服务中心可为居家老人提供上门护理服务,日间照料中心则可为居家老年人提供短期的托老服务。

第二,全天候机构养老。全天候机构养老的服务对象一般是护理级别较高的老人或是无子女老人。这部分老年人入住养老院,由养老院提供集中的生活照料、基础护理和医疗护理。

第三,互助式养老。互助式养老是德国近年兴起的一种养老模式。老年人搬离自己原来的住所,以购买或租赁方式入住新建的老年公寓。老年公寓整体采用无障碍化设计,安装电子监控系统,设置性能优化的养老护理服务设施,增强居住环境的安全性和舒适性。老年公寓一般仍建在老人原来生活的社区内,以便老年人与社区内其他成员照常互动。

(三)福利服务

德国的社会保障制度全面且完善,养老保险、失业保险、医疗保险、护理保险等各类保险制度为老年人福利供给提供了基础保障,社会通过多种途径为老年人群体提供有针对性、差异化的服务,敬老院、老年公寓、老年护理院等机构遍布全德。这些机构虽然内部的养老条件存在差异,但是养老设施完备,能够有针对性地满足不同经济状况老年人的需求。收入较高的老年人可以选择入住私营性质的敬老院,院内设施完备且先进,环境优美,交通便利,宜人宜居。高级公寓配有专门护理人员,为老年人日常起居提供全方位护理保障,公寓内生活设施完备,文娱设施、健身设施等应有尽有。针对经济困难的老年人群体,德国推行的互助式养老模式中出现了一种叫"三代同堂"的互助模式,这是由当地政府和福利机构出资建造福利公寓,专门供孤身老人和单亲家庭居住,有公用的厨房和大饭厅,并有专人管理和打扫卫生。[1]

四、日本

日本是目前人口老龄化程度最为严重的国家,现已进入了"超高龄社会"。目前,日本已形成了以居家养老为核心、以机构养老为支撑的养老服务体系,并配以老年福利计划和健全的法律保障,以应对日益严峻的老龄化形势。

(一)收入保障

日本老年人的收入保障主要依靠养老保险制度,该制度由国民年金、厚生年金以及共济组合年金组成。国民年金是基础养老金,覆盖各级各类工作阶层的国民,具有强制性。厚生年金及共济组合年金是以劳动关系为基础的雇员辅助养老金,同样也是政府强制参加的养老保险。其中,私人部门职工参加厚生年金,公务人员则参加共济组合年金,依据保险年资及所得多寡决定保险费和给付水平。此外,日本还有一种补充形式的养老保险制度,即企业年金,该制度不具强制性,雇员可自愿选择是否参保,而政府主要通过颁布政策鼓励雇员参加企业年金。

(二)健康照顾

第一,居家养老服务。日本的居家养老服务包括上门服务、往返日间照料服务和养老用具租赁服务等多种方式。上门服务有上门照护、上门医护两种方式。上门照护服务必须由专业的护理机构负责,服务内容主要包括身体护理服务和人性化服务项目;上门医护服务则是指护士、保健师等专业医护人员到老人的住所提供康复训练、营养指导等医护服务。往返日间照料服务主要是白天接送老人进行健康检查、身体机能训练、午餐和洗澡等服务。

第二,机构养老服务。根据服务对象、经营主体的不同,日本的养老机构可分为护理保险设施、老年公寓等类型。

根据日本《介护护理保险法》,养老护理对象按照需要援助和需要护理两类

---

[1] 叶至诚:《老人福利国际借鉴》,秀威资讯科技股份有限公司2011年版,第330页。

进行划分。需要援助者和需要护理者,可享受政府按其护理级别提供的养老服务,但需在规定的额度范围内,个人只需支付10%的服务费用。各护理保险"施设"的收费标准还会根据服务对象的收入水平、身体状况等情况进行一些调整。老年公寓主要接收援助级别低、行动方便但有明显的老年痴呆症状、不具备独立生活能力的老人。老年公寓的工作人员和老人一般按1∶3的比例配置,人数限制在10人之内,居住环境和家庭较为接近。在这里,医护人员进行训练指导以减缓他们老年痴呆症病情的发展速度。

(三)福利服务

第一,"黄金计划"。日本第一个"黄金计划"制订于1989年,也称《促进老年人健康和福利的十年规划战略》,主要内容是落实市町村居家福利政策,进行各项老人福利设施建设。进入21世纪,日本又实施了"黄金计划21",该计划在继续关注面向需要护理的高龄者的对策的基础上,提出了"营造健康""护理预防—精力旺盛活动"等对策,确定了老人福利的基本目标,并制定了应对老龄化的切实可行的措施。计划也将各种养老事业尽可能细化为标准项目,既扩大了可供老年人选择的范围,又降低了成本,提高了整个制度的效率。

第二,地区老人保健福利计划。根据《老年人福利法》和《老年人保健法》的规定,地方政府必须制订确保高龄者保健及福利事业供给体制的计划。1993—1994年,日本所有市町村和都道府县都完成了该计划的制订,不过按各级地方政府在其中的职责不同,计划在内容上略有区别。作为养老服务实施主体,市町村制订的是老人保健福利计划,注重该地区将来所需老人保健福利服务的量以及保障这一量的供给体制;都道府县作为市町村的领导部门,则为市町村提供支援和指导。

五、国际经验借鉴

上述发达国家较早地进入了老龄化社会,在老年人福利工作方面积累了丰富的经验,了解这些国家的老年人福利实况,可以从中总结和积累经验,助力我国老年人福利事业发展。

(一)健全相关法律法规体系

健全的法律法规体系是完善的老年人福利的基础。发达国家老年人福利相关法律制定和更新较为及时且完善,如丹麦出台了一系列的详细法案,对各方面的老年人福利进行了规定和说明:一方面,通过老年人福利专项法规,对老年人福利的内涵和外延做了详尽的解释说明,为老年人福利工作的顺利开展创造了良好的前提条件;另一方面,法律的强制力为老年人福利的落实提供了有力保障。

(二)老年人福利供给主体多元化

从发达国家经验可知,单纯依靠政府部门进行福利供给将难以为继,应鼓励多元主体共同承担老年人福利的供给责任,引入社会力量共同发展老年人福利,如德国政府一直强调,国家机构、福利机构、社会组织和专业人士等都必须在社会福利制度中发挥积极作用,并要求国家机构和社会力量之间进行紧密合作,社会力量在老年人福利事业中的作用应进一步提升。强调引入社会力量,并不意味着发达国家放弃政府在老年人福利事业中的主导作用,而是提倡一种以政府为主、其他各方力量为辅的长效发展模式。

(三)老年人福利供给与需求相适应

发达国家老年人福利事业发展过程中,社会发展水平不断提高,同时,老年人的需求也更加多元。及时关注老年人需求变化并结合已有的客观条件调整福利供给是保证老年人福利工作长期有效的重要举措。反之则会造成供给和需求不匹配,使得老年人福利工作难以实现预期的政策目标。发达国家的老年人福利经过长期发展,老年人福利项目设置愈加完善且与时俱进,全方位地考虑了老年人在日常生活中的衣、食、住、行、医疗健康、教育等各方面需求。

(四)建设普惠型老年人福利发展模式

发达国家的老年人福利大多起源于对特殊困难群体的关切,帮助其维持基本的生存。当下发达国家的老年人福利更加具有普惠性,不再局限于扶贫措施和补救措施,既考虑到老年人群体整体层面上的普遍需求,也关注到老年人中的困难群体的特殊需求。之所以呈现普惠的发展趋势,是因为社会发展、经济水平提高及观念的转变,为普惠型老年人福利发展创设了良好的前提条件,同时,发达国家老年人的主要需求发生了改变,不再局限于基本生存,而是上升到更高层次需求。普惠型老年人福利发展模式有助于老年人共享经济社会发展成果,也有利于维护社会稳定。

(五)老年人福利政策的长远性

结合发达国家经验可知,老年人福利政策必须具有长远性和衔接性。长远性是指老年人福利措施既要解决短期内出现的问题,也要在未来一段时间里持续发挥作用。福利政策的衔接性则是指各项老年人福利政策之间、老年人福利政策和其他政策之间的合理衔接,如老年人护理服务与老年人住宅体系之间的衔接。合理衔接才能减少阻力,形成制度合力。

第三节 我国老年人福利

发达国家和地区的老年人福利经历了从无到有、从有到优的发展历程,其老年人福利经验有助于我国更好地应对老年人福利发展过程中出现的问题,对我国老年人福利的发展大有裨益。

一、现状

我国于1999年迈入老龄化社会。第七次人口普查数据显示,我国65岁及以上人口约为1.9亿人,占总人口的13.5%。"十三五"时期,我国老龄事业发展和养老服务体系建设取得一系列新成就:老龄政策法规体系不断完备,多元社会保障不断加强,养老服务体系不断完善,健康支撑体系不断健全,老龄事业和产业加快发展。为了便于与发达国家进行对比,本书从收入保障、健康照顾、福利服务三方面介绍我国老年人福利①的相应内容。

(一)收入保障

首先,在基本物质生活方面,政府给予老年人许多优惠和补贴。主要有针对高龄、失能老年人的补贴,对经济困难老年人的养老服务补贴,以及对计划生育家庭老年人的扶助,这些补贴的具体标准各地区之间存在差异。根据《2019年民政事业发展统计公报》数据,"全国共有3579.1万老年人享受老年人补贴,其中享受高龄补贴的老年人2963.0万人,享受护理补贴的老年人66.3万人,享受养老服务补贴的老年人516.3万人,享受综合老龄补贴的老年人33.5万人。2019年,全国共支出老年人福利经费453.0亿元"。

其次,在医疗保障方面,国家鼓励老年人参加城乡居民基本医疗保险,符合条件的低收入家庭老年人参保所需的个人缴费部分,政府给予适当补贴。在生活照料方面,我国建立福利院、敬老院等养老机构,收养没有生活保障的老年人,并扩大对社会上一般老人的收养安置,提供社会化服务,为老年人解决生活照料、医疗保障服务以及精神孤独等问题,保障老年人晚年生活所需,提高老年人

---

① 由于社会保障制度模式的不同,我国社会福利相对于国外而言,是狭义的福利概念,被视为在社会救助、社会保险之外,为提高人们生活质量而实施的一系列福利措施和服务项目,但在实务工作中,属于社会救助范畴的服务补贴等项目也被涵盖在老年人福利范围内,而社会保险则被划定在老年人福利之外。

的生活质量。

（二）健康照顾

在老年人疾病预防工作方面，我国持续开展老年人健康教育活动，向老年人宣传健康老龄化理念和医疗保健知识，增加老年人自身的保健知识，提高其健康生活能力。《"十三五"国家老龄事业发展和养老体系建设规划》提出，"基层医疗卫生机构为辖区内65周岁以上老年人普遍建立健康档案，开展健康管理服务。加强对老年人心脑血管疾病、糖尿病、恶性肿瘤、呼吸系统疾病、口腔疾病等常见病、慢性病的健康指导、综合干预。指导老年人合理用药，减少不合理用药危害"。此外，我国积极开展家庭医生签约服务，为老年人提供连续的健康管理和医疗服务。我国老年人健康水平持续提升，2020年人均预期寿命提高至77.9岁；医养结合服务有序发展，照护服务能力明显提高，2020年全国两证齐全（具备医疗卫生机构资质且进行了养老机构备案）的医养结合机构5857家，床位数达到158万张。

（三）福利服务

在老年人体育健身工作方面，各地政府依托公园、广场、绿地等公共设施及旧厂房、仓库、老旧商业设施等城市空置场所，建设适合老年人体育健身的场地设施，开展老年人康复健身体育活动。乡镇（街道）的综合文化站也努力为老年人建设健身场所并提供合适的器材设施。许多公办的体育设施免费向老年人开放或给予老年人优惠。

我国对老年人精神需求关注度不断提高。我国积极发展老年教育，加大对老年教育的资源供给；向老年人公平有序地开放教育资源，为经济困难老年人进入老年大学学习提供学费减免，鼓励乡镇（街道）、城乡社区为老年人提供学习场所和合适的学习资源。同时，大力支持老年人开展文体娱乐和精神慰藉活动，鼓励乡镇（街道）、城乡社区、为老服务机构和组织配备适合老年人的文娱器材。

我国持续推进社区、家庭的适老化设施改造，鼓励有条件的地方对经济困难的失能、残疾、高龄等老年人家庭实施无障碍和适老化改造，有序推进城镇老旧小区改造，完善社区卫生服务中心、社区综合服务设施等的适老化改造；大力推进无障碍环境建设，加大城市道路、交通设施、公共交通工具等适老化改造力度；为老年人提供城市公共交通的优惠和便利；各级党委和政府开展敬老月活动，定期走访和慰问困难老年人，利用基层服务型党组织和工会、共青团、妇联等群团组织以及城乡基层社会组织的优势，开展经常性为老志愿活动。

二、主要问题

在中央政府的统一规划和指导,各级地方政府的通力配合下,我国的老年人福利建设取得了一些成效,但目前我国老年人福利事业仍然存在法制建设不完善、供给和需求不匹配、责任主体单一、地区发展水平差距大等问题。

(一) 老年人福利法制建设不完善

我国老年人福利法制建设问题主要体现在三个方面:第一,法律不完善,存在法律空白。当下,我国仅有一部老年人专项法律,即《老年人权益保障法》,且该法律并不是老年人福利工作的专项法律。我国老年人福利法制建设严重落后,使得老年人福利工作的执行力大打折扣。第二,法律更新不及时。"我国的老年人福利的政策法规体系建设严重滞后于经济和社会的发展水平,老年人福利保障和服务水平比较低,经济不发达、欠发达地区和广大农村问题尤为突出。"[①]第三,我国的老年人福利法律法规建设项目林立,彼此之间缺少配套和衔接。我国老年人福利工作的更新主要是依靠政策文件的出台,缺乏系统法律文件对老年人福利工作进行总结和梳理,难以形成制度合力。

(二) 老年人福利水平不高

我国人口老龄化与社会经济发展水平不相适应,呈现"未富先老"的特点,在工业化起始阶段、经济建设要求资金集中的情况下,我国就步入了老龄化社会。这使得我国应对老龄化挑战的经济实力和社会保障能力不足。具体表现为:老年人福利资金不足,社会福利设施不能满足老年人需要,老年人相关的社会福利政策不完善等。[②] 我国老年人福利的需求巨大,但目前的老年人福利不论是在经济赡养、生活照料还是精神慰藉方面,均存在供给不足问题,无法完全满足广大老年人群体的需求。此外,我国老年人的福利需求日渐多样,相较需求而言,我国老年人福利供给内容稍显单一,无法有效满足老年人多样化需求。

(三) 老年人福利责任主体单一

我国的老年人福利需求大且呈增长趋势,面对如此庞大的福利需求,单纯依靠政府力量进行老年人福利供给是不现实的。根据西方发达国家的老年人福利经验,过于依赖政府的力量最终将导致过重的财政压力,进而危及经济发展和社

---

① 阎青春:《中国老年人社会福利政策浅析》,《社会福利》2006年第3期,第27页。
② 成海军:《当前中国老年社会福利的困境与对策》,《首都师范大学学报(社会科学版)》2012年第1期,第126页。

会稳定。尽管现阶段社会力量已参与到老年人福利服务的供给中,但老年人福利供给主要还是依靠政府,社会化程度仍较低,导致管理成本加大,福利事业的效率低下,不利于老年人福利事业的长远发展。

(四)老年人福利发展地区间差距大

受我国城乡二元体制的影响,我国的老年人福利事业在城市和农村之间的发展差距显著。较之于经济欠发达地区,经济发达地区的老年福利项目门类更多,支付水平更高;而在广大的农村或中西部地区,老年人福利政策滞后,项目明显不足,多数老人难以共享社会福利和经济发展的成果。[①] 较城市地区而言,部分老年人福利项目在农村地区的需求更为迫切,但受限于地区经济发展的不平衡,需求最为迫切的地区却无法获得其所期待的福利服务。

三、政策展望

我国经济发展起步较晚,而老龄化发展速度快。老年人福利事业存在许多问题与挑战,同时也存在着巨大的发展空间。结合我国老年人福利现状和问题及发达国家和地区老年人福利事业发展经验,我国老年人福利事业可以从以下几点着手推进。

(一)健全法律法规体系

首先,我国应加快推进老年人相关立法工作,完善和细化涉及老年人福利的规章制度和政策措施,同时建立和完善相关配套措施,规范老年人福利的运作机制,持续推进老年人福利的制度化建设。其次,完善已有的老年人福利相关政策法规,注重解决我国老年人福利保障和服务水平低,尤其是经济欠发达、不发达地区和广大农村地区的老年人福利问题。最后,注重老年人福利法律法规及有关政策之间的配套和衔接,使老年人福利工作在各个环节、各个层次之间形成制度合力。

(二)推动老年人福利供给主体多元化

单纯依靠政府部门进行福利供给将难以为继,应鼓励多元主体共同承担老年人福利的供给责任,引入社会力量作为补充。2021年12月30日,国务院发布的《"十四五"国家老龄事业发展和养老服务体系规划》中强调未来老龄事业发

---

① 孙光德、董克用主编:《社会保障概论》(第5版),中国人民大学出版社2016年版,第126页。

展要坚持多方参与、共建共享的原则,坚持政府、社会、家庭、个人共同参与、各尽其责。该原则体现的便是老年人福利供给主体多元化,这将是我国老年人福利事业的重要发展趋势之一。

(三) 发展与老年人需求相适应的福利

老年人需求是老年人福利制度发展的基本动力。老年人福利供给和需求不匹配的问题不是一个短期内可以彻底解决的问题,它受到社会经济发展水平、地区差异等多方面因素的影响和制约。但可以明确的一点是,未来老年人福利应该以满足老年人的需求为出发点,加快福利制度建设。一方面要发展普惠型老年人福利,不断扩大老年人福利供给,努力满足与日俱增的老年人福利需求。另一方面,要尽可能满足老年人的多样化福利需求,与现阶段的经济社会发展水平相适应。

(四) 促进地区间老年人福利的均衡发展

我国应关注经济发达地区和欠发达地区之间的老年人福利事业发展差距,深入了解不同地区间的老年人福利需求差异,采取积极措施综合社会各方力量,保证部分老年人福利措施能够在各地尤其是经济欠发达地区执行到位,因地制宜地发挥积极作用。当下,发达国家的福利项目既注重普遍需求,又关注特殊需求,这对促进我国地区间老年人福利的均衡发展有着重要启示。我国应加快补齐广大农村地区的老年人福利服务短板,因地制宜地发展农村老年人养老服务,满足广大农村老年人的普遍养老服务需求。同时,关注乡镇特困人员的特殊需求,为其改造和升级相应的养老服务设施。另外,还要加强农村养老服务和管理人才队伍建设,提高职业化、专业化水平。

(五) 系统协同推进老龄相关政策

在社会转型期,面对日益严峻的人口老龄化问题,我国发布《国家积极应对人口老龄化中长期规划》,提出了应对人口老龄化问题的总目标,即"积极应对人口老龄化的制度基础持续巩固,财富储备日益充沛,人力资本不断提升,科技支撑更加有力,产品和服务丰富优质,社会环境宜居友好,经济社会发展始终与人口老龄化进程相适应"。积极应对人口老龄化问题是我国老年人福利发展的一个重要目标,为我国老年人福利服务发展指明了方向。应对人口老龄化是系统工程,需要全社会共同努力,加强顶层设计,深化改革创新,完善相关政策,统筹推进"健康服务、养老服务、社会保障"体系建设,为平稳渡过人口老龄化高峰期创造良好条件。

关键词

老年人福利　养老服务

复习思考题

1. 老年人福利的概念是什么？
2. 简述老年人福利的内容和功能。
3. 发达国家的老年人福利经验给我们带来了哪些启示？
4. 简述我国老年人福利的现状、问题和对策。

第十六章　妇女儿童保障与福利

本章概要

本章围绕妇女儿童福利展开介绍,帮助学生掌握妇女儿童福利的概念、内容及功能,同时了解相关思想渊源及理论基础。在熟悉代表性国家妇女儿童福利政策经验的基础上,了解我国妇女儿童福利事业的发展脉络及现有成就,并且针对现阶段存在的问题进行深入思考。

第一节　妇女福利概述

一、妇女福利的概念

"只有对女性在现代社会中的位置有一个正确认识的基础上所进行的福利国家分析,才能揭示出现代福利主义的全部内涵。"[1]换句话来讲,一套完整的福利政策体系,必须具备面向女性的专业化、系统性设计与考量。妇女福利的出发点不仅在于提升女性群体,乃至全体人民的生活质量,更在于实现制度结构优化基础上赋予全体人民塑造自身无限可能性的基本权利。妇女福利是女性生存权、健康权、发展权等一系列权利的集中体现。

---

[1] 张赛玉:《女性主义福利视野下的中国福利制度研究》,《长春理工大学学报(社会科学版)》2015年第5期,第60—64页。

结合社会福利的基本概念,可从广义和狭义两个方面解读妇女福利。区别于从群体或水平角度划分的做法,本章的概念界定是从内容层面展开的。狭义的妇女福利强调针对妇女的生理特点而提供的特殊政策与服务。广义的妇女福利则涵盖与妇女相关的所有福利:在社会保险、社会救助、劳动就业权等"普适性"安排的基础上,考虑到妇女生理特点而专门制定的维护妇女权益和促进妇女发展及男女平等的福利政策、规定或计划,如生育保险、生育救助、生殖健康相关保障项目,以及家务劳动社会化等传统上归属妇女服务范畴却又因服务缺失而导致妇女社会地位降低、福利水平下降的项目。①

针对女性生理特点的相关保障内容是妇女福利的核心所在,也是妇女福利与其他福利制度有所区别的重要体现。广义与狭义妇女福利的争议在于:放大基于女性生理特点而做出的相关保障设计的"特殊性",还是强调其在整体福利制度中的"补充性"。

二、妇女福利的内容

狭义的妇女福利强调制度的"特殊性",主要指作为女性的特殊权益。一是生育福利。这一福利设计更多是出于女性先赋条件的社会性维护,即人类繁衍延续、代际传承的保障。包括实施强制性生育保险,为怀孕、分娩期妇女提供物质帮助和资金补助;为职业妇女在分娩或流产期间提供法定的带薪假期等。二是健康福利。作为人口素质的核心内容,妇女健康以及婴幼儿健康的重要性不言而喻。健康福利包括定期免费体检;针对孕妇和哺育期妇女提供的营养教育及其他健康和社会服务等。三是就业保障。作为男女平等的重要体现,对女性的就业保障已成为妇女福利的内在要义。就业保障包括女性享有和男性平等的就业机会及择业权利,享有在工作单位和男职工同工同酬的权利等。②

广义的妇女福利在关注女性身心健康及劳动就业这类传统福利供给内容的同时,更强调女性权利的完整性与连续性,具体内容包括:一是健康保障。妇女平等享有全方位全生命周期的健康服务。二是教育保障,即保障妇女平等享有受教育权。三是劳动保障,即保障妇女平等参与经济发展的权利和机会,促进平等就业,消除就业性别歧视。四是政治保障,即妇女平等享有参与社会事务和民主管理的权利。五是社会保障,即妇女平等享有多层次可持续的社会保障,待遇

---

① 黄桂霞:《国家、市场、家庭在妇女福利中的角色与作用》,《山东女子学院学报》2015年第2期,第37—41页。

② 李静、周沛:《"人口与家庭福利"研究》,《社会科学研究》2011年第6期,第76—82页。

水平稳定。六是家庭保障。完善家庭发展法规政策体系,平衡家庭内部男女责任义务。七是环境保障。塑造鼓励、引导妇女广泛社会参与的人文环境与自然环境。八是法律保障。完善保障妇女合法权益的法律体系,提高妇女尊法学法守法用法的意识和能力。

除广义和狭义方面的差异外,妇女福利在内容层面还包含正式性福利与非正式性福利的差异。正式的妇女福利集中体现为"国家责任",强调为增强国家治理能力、完善治理体系而采取的服务女性发展的系统性制度设计、政策安排与措施管理。正式妇女福利也是当前妇女福利的主流表现形式,大多数对于妇女福利的内涵理解与具体设计都是以正式妇女福利这一框架作为前提的。而非正式的妇女福利强调"自发性",主要表现为以社会互助原则为基础的志愿、关怀、照护、捐赠等临时性活动[1],其并未形成单独的体系。

三、妇女福利的功能

从封建社会到工业社会,再到后工业社会,"社会分工"作为生产及分配领域的内在逻辑之一,影响着社会的方方面面。以此为基础,"男主外,女主内"的社会生产形式一直延续到了福利国家制度模式的产生及发展阶段,在原有性别不平等的框架下,逐渐衍生出了福利给付以及机会获取层面的性别鸿沟。而伴随着这一矛盾的深化,以及生产、再生产方式的变革,女性以劳动领域为切入点,逐步表现出对社会服务及福利保障的诉求。显然,这一诉求在福利体系的完善以及现代文明的进步等方面均具备正当性。在女性角色扮演的变革过程中,其外在功能也在不断显现,不仅有利于女性群体自身发展,也推动社会诸多领域的进步。

一是有利于实现男女平等,弥合性别鸿沟。女性的福利需求虽然最初表现在劳动就业领域的参与意愿上,但实质上体现了女性对自身角色扮演的不满,特别是对男女家庭责任与社会权力落差的意见。而妇女福利产生及发展的进步意义在于,从社会政策与国家意识层面,对女性的经济角色、政治角色、文化角色予以肯定与承认。至少从基本认知以及权力获取上,男女平等已经得到了初步的实现,这对于经济社会的良性运转以及人类文明的历史演进都具有重要意义。

二是有利于提高人口素质,延续代际传承。健康问题不仅涉及横向层面的

---

[1] 黄桂霞:《国家、市场、家庭在妇女福利中的角色与作用》,《山东女子学院学报》2015年第2期,第37—41页。

人口发展,即当代每个人的生理与心理健康程度;更涉及纵向层面的种群延续,每一代人在其生命每一阶段的健康状态问题。从文明传承的角度来看,女性身心健康直接影响到下一代的健康状况。故此,在现行妇女福利的框架内,劳动保护、生育福利、教育保健等内容对于提升人口素质及代际传承的稳定有着重大贡献。

三是有利于治理相对贫困,维护社会稳定。基于家庭视角,女性的全方位社会参与以及福利待遇的稳定供给将直接提升家庭层面的风险抗击能力。同时,性别间社会定位及角色扮演差距的缩小也将在很大程度上弱化社会层面潜在的各类冲突与矛盾。解决贫困问题以及达成社会和谐的目标都是长期性的系统工程,妇女福利制度建设可强化家庭功能及弱化性别间矛盾,将是该系统内部的基础性环节,妇女福利所起到的"调和作用"无法以其他制度安排替代。

四、妇女福利的思想渊源

妇女福利制度的形成与发展源于早期的女权运动。早期的女权主义者注意到,相对于男性而言,女性作为一个群体有特殊性与独立性。基于对女性身份认同的构建,对女性的研究与讨论逐步从生理、心理等个体维度扩展到了社会维度,并囊括了民主政治、社会政策、劳动就业等多项内容。在女权运动的发展过程中,女性主义思潮应运而生,并演化出了三类主要流派,共同构成了现代妇女福利的思想来源。

一是自由主义女性主义。该流派强调性别间的机会均等,认为性别不平等是历史缘由造成的,应通过受教育权、劳动权、财产权等基础权利的给付达成男女之间的价值均等。达成"公正"状态的路径包括:废除法律层面对女性的歧视,保障女性的政治参与,支持女性参与劳动,提供给女性受教育机会,以及认可家庭内部女性角色的价值。

二是社会主义女性主义。该流派强调资本主义社会的社会关系助长了父权制社会结构的传递,并生成了父权制分工意识。如果想要达成女性真正意义上的解放,在改变资本主义生产关系的同时也要摧毁父权制社会结构,并且要将目标放在对整体社会结构的"革新"层面。

三是激进女性主义。该流派认同父权制社会结构及相关意识对女性发展的消极影响,也强调对意识形态的变革,但尤为关注以家庭为代表的社会活动单元。同时,激进女性主义对形成女性从属性地位的生理基础进行了一定的思考,如：认为可通过生殖技术终结女性在生育和养育过程中的角色定位；可利用社会福利机构开展针对女性群体的特殊服务等。①

第二节 妇女福利的国际经验

一、英国妇女福利制度概述

（一）女性劳动保护

伴随着工业时代的到来，进入劳动市场已经不再是男性的"专利"，女性劳动者队伍逐渐发展壮大。为保障处于相对弱势地位的女工群体的基本权利，英国建立了妇女工会联盟。该联盟限制、保护危险行业中的女性工作者，同时为提高女性工资收入、实行八小时工作制做出了贡献。19世纪后期女性劳动保护的系列政策先后出台，标准化了工时、行业、工龄等劳动规定。1905年颁布的《失业工人法》规定，为了确保女性权利，中心委员会和区委员会中至少设置一名妇女委员。

（二）生育政策

英国对女性生育行为的保护可以追溯到济贫法时期，主要体现为对妊娠期妇女的补贴（尽管数额较少）。1911年颁布的《国民保险法》规定：加入健康保险26周并缴纳保费者可领取产妇津贴。1945年后，家庭津贴成为常态化制度，但受益范围只限于生育了两个及以上孩子的母亲。1946年的《国民保险法》强调产妇补助金，之后该补助金的发放时间放宽至产前和产后均可领取。此外，低收入家庭的产妇免除处方费。

（三）社会保险

1908年英国《养老金法》规定：年满70岁并在联合王国土地上居住满20年，且年收入不超过31英镑10先令的英国公民皆可申请免费养老金，年收入越高者领取补助就越低。这一制度设计补齐了工资收入较低妇女的养老保障短板。1911年颁布的《国民保险法》将受雇的女性纳入国民健康保险计划，但女工的缴费及待遇给付标准均低于男工。1944年的国民卫生保健服务强调男人、妇女和儿童应得到同等的免费治疗。②

---

① 章立明：《西方女性主义社会福利思想述评》，《学术论坛》2016年第2期，第106—111页。
② 吴秀芳：《英国社会保障制度中的女性权益研究》，重庆师范大学硕士学位论文，2015年，第34—35页。

二、欧盟典型国家妇女福利制度概述

(一) 产假制度

瑞典的产假安排为:每生育一个孩子,可享受为期 480 天的产假;生育双胞胎,可享受 640 天产假。常规产假内(480 天),父母双方各有长达 2 个月的专属产假,这一权限并非强制,可选择放弃,但不可累积与转让。雇主无权拒绝产假申请。此外,父母可在孩子 8 岁前向公司申请减少四分之一的工作时间,但这一时限内并无经济补偿。

德国现行的产假分为母亲个人的生育假和父母两人的育儿假。生育假共计 14 周:分娩前 6 周、分娩后 8 周。分娩前除孕妇本人同意,公司不得强制其参与工作;分娩后无论产妇是否存在工作意愿,都必须休假。当出现早产、多胎等情况时,产后休假时间可延长至 12 周。育儿假申请须在休假前 7 周提交申请,且需要雇主同意。

(二) 生育津贴

瑞典规定产假期间可领取生育津贴,该津贴由社会保险基金管理部门支付而非雇主。所有居住在瑞典的公民,无论在瑞典是否有过工作经历,均可领取最基本水平的生育津贴。在瑞典合法工作满 240 天,可获得带薪产假 390 天,领取相当于原本工资 80% 的生育津贴,后 90 天以统一费率支付。出于津贴给付的灵活性考量,申请人可以选择申请 1/8 天至 1 天份的津贴。

德国女性职工休假期间的津贴由医疗保险机构和用人单位共同负担,支付标准为休假前 3 个月的平均净收入。生育假的生育津贴为母亲月均工资的 100%。育儿假与生育假有所差异,育儿假待遇给付由联邦政府负担,标准为休假前平均净收入的 65%,补贴覆盖范围较大,没有工作的父母也可以享受补贴。生育多胞胎可每月多领取 10% 的补贴。

瑞典 1982 年通过的《卫生法》规定:该国公民在生育时有资格领取由地区社会保险局支付的医疗费用补助,并且除了常规的医疗保险待遇外,还可以领取一定数额的产妇津贴。在德国,生育时产生的费用无须父母承担,他们可以享受免费的医疗服务和药物,有权要求国家为自己及新生儿提供住宿及护理服务,还能够领取分娩津贴。

(三) 育幼服务

2009 年瑞典通过《反歧视法》,要求雇主主动促进男女平等,并且禁止性别歧视和职场性骚扰,同时公平对待使用育儿假的雇员或求职者。德国宪法《基本法》规定男女享有平等权利,任何人不得因性别受到任何歧视或优待。

瑞典通过出台《工作环境法》,要求雇主提供基本无害的工作环境;女性可以在工作期间哺乳;从事体力劳动或者在工作条件恶劣的环境中工作的孕妇还可以领取额外的怀孕补助。德国的雇主需要面向女性群体(特别是孕期、育幼期女性)建造具备一定空间的休息室;同时保证孕期女性不会从事繁重的体力工作或者暴露在有毒有害的气体中。此外,孕期女性不能在夜间、周日和节假日工作,也不能每天工作超过8个半小时或者2周超过90小时。在生育后,雇员有权要求每天享有两次30分钟的哺乳休息。在孩子3岁前,公司无权辞退父母。①

三、新加坡妇女福利制度概述

(一)婚姻保护

新加坡国会于1961年通过了《妇女宪章》,规定女性有权从事任何职业,并确定一夫一妻制为婚姻制度的唯一形式。在女性组织的推动下,1997年《妇女宪章修正法令》得到通过,并将家庭暴力问题首次正式写入宪章,明确阐述家暴的定义,并规定了相应的处罚。历经几次修订后,《妇女宪章》进一步得到完善,如:若夫妻离婚,不管妻子是否有职业和收入,前夫都必须支付赡养费,直到前妻再婚或去世,赡养费支付标准参照前妻之前的生活水平。

(二)生育支持

新加坡由社会及家庭发展部主管生育支持工作。在产假制度方面,女性享有16周产假,前8周由工作单位支付薪水,后8周费用由政府负担;男性享有两周陪产假。除此之外,针对家庭生育行为的财政补贴形式丰富,如"婴儿红利计划"、母亲生育津贴、新生儿保健储蓄补助、父母税收返还等。同时,社会及家庭发展部的幼儿培育署统筹帮助家庭开展儿童的抚养与教育,通过推行"工作—生活补助计划"和"职业转换计划",致力于减轻女性在家庭与工作中的双重负担。②

---

① 罗语初:《西方发达国家女性社会保障政策对我国的启示》,《经营者(理论版)》2016年第9期,第26—28页。
② 范若兰:《新加坡妇女权利与国家父权制关系试析》,《东南亚研究》2016年第1期,第4—10页。

第三节　我国妇女福利事业

一、妇女福利的发展脉络与现有成就

（一）社会主义转型期

新中国成立后，1950年《中华人民共和国婚姻法》的出台标志着包办强迫、男尊女卑的封建主义婚姻制度被废除，同时该法案明确提出了婚姻自由、一夫一妻、男女平等、保护妇女等重要原则。1951年颁布的《中华人民共和国劳动保险条例》对女性劳动者生育、医疗和休假待遇作出了详细安排。1953年《中华人民共和国全国人民代表大会及地方各级人民代表大会选举法》中关于妇女享有与男性同等的选举权和被选举权的规定，标志着新中国女性合法参与政治生活的开端。伴随着社会主义建设的开展，以男女平等为主要原则，通过生育支持、劳动保护和政治肯定等政策措施，我国在短时间内搭建起了妇女福利事业的初步框架。

（二）计划经济时期

基于城乡二元制的发展格局，我国妇女福利事业将"劳动就业"和"家庭扶持"作为工作的重心。城市区域内，计划经济体制下的单位工作制一定程度上保障了城市女性的就业机会，同时受益于"单位责任制"的社会保障模式，劳动就业与其他福利基本绑定在一起，内部再分配的身份制待遇使得城市女性福利待遇无论从种类还是质量上，都具备极强的稳定性。乡村区域内，妇女福利主要通过家庭扶持计划来实现，并无专项的制度设计与群体服务。可以说我国这一阶段的妇女福利事业存在着结构层面的失衡，实质上造成了由区域差异导致的群体保障差异；同时，城市女性福利与劳动就业的绑定限制了该群体的社会流动，制度的灵活性欠佳。劳动就业和家庭扶持的城乡二元框架下，还存在着其他的保障形式。在传统民政服务对象的认定中，孤寡病残等困难群体享有政府资助的"残补型"福利，如城市中的"三无"人员以及农村的"五保户"，其中包含部分女性群体。

（三）市场经济时期

改革开放后，我国的经济体制转型带动着社会结构的内在调整，"单位责任制"随着计划经济的解体而消失，女性福利的保障模式也随之发生变化；在市场经济的浪潮下，劳动者的就业与生活面临着更大的不确定性。为适应社会变迁，

有效防范风险,我国的妇女福利制度建设走上了整体性发展道路。1992年《中华人民共和国妇女权益保障法》强调了妇女权利的全面性以及保障内容的系统性。同时,制度安排更加科学化,如1994年的《企业职工生育保险试行办法》规定,原来由企业单位负责的生育保险改变为生育保险社会统筹;2015年《反家庭暴力法》对女性的健康保障由生理层面扩展至心理和社会层面。[①]

作为社会福利制度的重要内容,我国妇女福利事业经历了从无到有,由雏形到深化,从单一到全面的发展历程(见表16-1),在推进男女平等、健全保障体系、协调社会矛盾、促进社会稳定等方面做出了巨大贡献。当前,妇女参与经济社会发展的能力和贡献率明显提升,社会地位显著提高,合法权益得到有效保障,健康状况得到极大改善,受教育程度不断提高,参与决策和管理的途径更加多元,社会保障水平稳步提升,在家庭生活中的重要作用进一步彰显,发展环境日益优化。

表16-1 我国具有代表性的妇女福利政策

颁布年份	文件名	内容
1950	《婚姻法》	废除封建主义婚姻制度,强调婚姻自由、一夫一妻、男女平等、保护妇女等内容
1951	《劳动保险条例》	规定了女性生育待遇:包括产假时长、津贴发放等内容
1953	《全国人民代表大会及地方各级人民代表大会选举法》	妇女有与男子同等的选举权和被选举权
1988	《女职工劳动保护规定》	调整了女职工的生育产假、生育津贴;不可对女性进行性骚扰以及划定了女性禁忌从事的劳动范围
1992	《妇女权益保障法》	妇女在政治的、经济的、文化的、社会的和家庭的生活等方面享有与男子平等的权利及国家保护妇女依法享有的特殊权益
1994	《母婴保健法》	发展母婴保健事业,提供必要条件和物质帮助
1995	《中国妇女发展纲要(1995—2000年)》	男女平等作为基本国策,保障妇女在卫生健康、教育、就业、政治参与中享有应有的权益

---

① 黄丹、倪锡钦:《社会性别视角下的中国女性福利政策:反思与前瞻》,《社会建设》2018年第1期,第74—82页。

(续表)

颁布年份	文件名	内容
2011	《中国妇女发展纲要（2011—2020年）》	妇女工作的七大发展目标：妇女与健康、妇女与教育、妇女与经济、妇女参与决策和管理、妇女与社会保障、妇女与环境、妇女与法律
2021	《中国妇女发展纲要（2021—2030年）》	将促进妇女全面发展目标任务纳入国家和地方经济社会发展总体规划，纳入专项规划，纳入民生实事项目

二、现行妇女福利制度的问题

（一）现行制度固化了女性作为照护者的角色定位

在封建社会男耕女织的社会互动模式下，女性被天然地赋予照料老人、抚育儿童的责任，即以照护家庭为主要任务。这一社会分工传统并未随着工业文明的到来而消失，女性仍然主要承担照护家庭的责任，即便在生产与再生产模式的演进中被赋予了参与劳动的机会。随着生育政策的开放与老龄化程度的不断加深，中国社会的照护需求仍在不断上涨；然而，现有的社会福利制度仍以"家庭责任"为重要前提，更多的是一种补充性照护的设计，将女性作为照护者的假设并没有根本改变。在对照护者的保障方面，除了女性劳动参与保障政策的操作性与执行力度欠佳之外，这类保障也会导致在职女性的照护压力转移至上一辈女性身上，即现有的妇女福利制度设计依然存在缺位的情况。

（二）现行制度仍需回应不同女性群体的差异化需求

首先，区别于之前的妇女福利制度，现行福利政策并未在顶层设计层面存在严重的城乡差异，但在实际保障效果上，城乡间的妇女福利水平仍存在较大差异，较为典型的问题包括：城乡妇幼卫生资源分配不合理，农村妇幼保健经费短缺等。其次，从空间均衡的视角来看，当前女性福利保障资源在东部、西部、中部的分配存在着巨大差异，不同区域女性群体的生殖健康和就业等方面的差异在现有的政策中未得到足够关注。此外，政策对女性群体内部的差异性关注不足。如流动妇女的资源分配问题：作为外出务工群体，她们存在着融入城市女性福利体系的制度障碍，同时户籍所在地的福利给付也无法辐射到她们，从而成为妇女福利体系中的"真空群体"。

（三）现行制度设计过程需重视女性"发声"机制

尽管我国女性福利制度的建设已经取得了一定成绩，但这并不能掩盖制度设计中的薄弱之处,即女性在政策制定过程中的参与及发声机制尚未完善。如,中华全国妇女联合会作为负责女性事务的专项社会团体,并没有负责社会福利方面的工作,更多的是监督政府各项与女性相关政策的实施及参与具体政策的制定。在肯定妇女联合会在改善女性社会福利、维护妇女权益等方面的积极作用的同时,应注意到妇联一定程度上表现出了"官办"的色彩和行政化倾向,这直接影响到了其参与政策制定过程中的"发声"效果。①

第四节 儿童福利概述

一、儿童福利的概念

同样作为社会福利的重要组成部分,儿童福利指代面向儿童群体的专项社会性事业,致力于在个体进入成年期之前,维护其基本权利,尊重其独立人格,保障其健康成长。②

国外对儿童福利的界定中,有三类观点具有较强的代表性。一是 1959 年联合国《儿童权利宣言》所强调的:凡是以促进儿童身心健康及安全发展与正常生活为目的的各种努力、事业及制度等。二是《美国社会工作年鉴》的界定:谋求儿童愉快生活、健全发展,并有效地发掘其潜能,促进儿童健全发展有关的家庭和社区的福利服务。三是美国学者阿尔弗雷德·卡督逊(Alfred Kadushin)及朱迪斯·马丁(Judith Martin)的解释:儿童福利是社会工作专业领域之一,旨在针对儿童提供直接或间接之福利服务,以支持、增强及补充的方法,强化家庭的功能,谋求儿童健全发展。③

国内对儿童福利的理解一般分为广义和狭义两个方面。狭义的儿童福利是指,面向特定儿童和家庭的服务,特别是在家庭和其他社会机构中未能满足其需求的儿童。这种儿童福利面向困境儿童群体,如孤残儿童、流浪儿童、留守儿童、受虐待儿童等。广义的儿童福利是指,一切针对全体儿童的,促进和保障儿童生理、心理以及社会潜能得到最佳发展的各种方式和设计。狭义层面的儿童福利界定的针对性较强,可应用于社会资源不充分、需要选择性保障的实践中,但呈

---

① 黄丹、倪锡钦:《社会性别视角下的中国女性福利政策:反思与前瞻》,《社会建设》2018 年第 1 期,第 74—82 页。
② 杜宝贵、杜雅琼:《中国儿童福利观的历史演进——基于改革开放以来的儿童福利政策框架》,《社会保障研究》2016 年第 5 期,第 82—88 页。
③ 赵晓歌:《制度能力与儿童福利制度的形成及发展》,华中科技大学博士学位论文,2017 年,第 7 页。

现出一定的片面性与消极性。① 广义的儿童福利界定更贴近福利事业建构的本质要求,涵盖儿童基本生存、成长保护和健康发展等多元内容,更适合作为建设儿童福利体系的核心理念。②

二、儿童福利的内容

现有研究主要将儿童福利的内容分为两类:一是把家庭视为主要的福利服务责任主体,根据家庭功能能否正常发挥以及其他主体对家庭功能的替代、支持、补充或保护,将儿童福利服务划分为替代性服务、支持性服务、补充性服务和保护性服务;二是依据儿童和家庭的需要,从服务领域划分不同的儿童福利服务类型。③ 当前,世界范围内的大多数国家,特别是中国的儿童福利体系建设更贴合第二类内容设定。根据《国务院关于印发中国妇女发展纲要和中国儿童发展纲要的通知》,儿童福利具体内容包括:一是儿童健康。完善儿童健康服务体系,提升儿童医疗保健服务能力。普及儿童健康生活方式,提高儿童及其照护人健康素养。二是儿童安全。减少儿童伤害所致死亡和残疾,提升儿童用品质量安全水平。预防和制止针对儿童一切形式的暴力。三是儿童教育。适龄儿童普遍接受有质量的教育,孤儿、事实无人抚养儿童、残疾儿童等特殊群体受教育权利得到保障。儿童科学素质全面提升,科学兴趣、创新意识、实践能力不断提高。四是儿童公共服务。提高面向儿童的公共服务供给水平,发展普惠托育服务体系,完善困境儿童分类保障。五是家庭支持。尊重儿童主体地位,保障儿童平等参与自身和家庭事务的权利,教育引导父母或其他监护人落实抚养、教育、保护责任,树立科学育儿理念,掌握运用科学育儿方法。六是儿童友好型环境。优化儿童健康成长的自然环境和人文环境,建设儿童友好城市和儿童友好社区。七是落实儿童生存权、发展权、受保护权、参与权等权利保障,满足儿童身心发展全方位需要。

三、儿童福利的功能

(一) 完善福利体系,维护社会公平

从社会保障体系的完整性来讲,儿童福利事业作为服务儿童群体的专项制

---

① 杨生勇、冯晓平:《中国儿童福利研究综述》,《中国青年研究》2006 年第 1 期,第 39—42 页。
② 陆士桢:《建构中国特色的儿童福利体系》,《社会保障评论》2017 年第 3 期,第 70—78 页。
③ 乔东平、黄冠:《从"适度普惠"到"部分普惠"——后 2020 时代普惠性儿童福利服务的政策构想》,《社会保障评论》2021 年第 3 期,第 79—94 页。

度安排,与老年福利、妇女福利、残疾人福利等项目共同构成了现代社会福利体系。诸多福利项目服务于不同人群,包含不同内容,共同组成了社会发展成果惠及全体人民的"供给链",故而缺一不可。同时,考虑到儿童在人口年龄结构中的特殊性,相关福利安排具有更为长远的发展意义。从公平性角度来看,每一类社会群体均有享受社会保障、获得发展机会、获取生活支持的权利。尽管在不同历史时期,各类福利措施在人群与内容上存在一定的"偏差",但这均为暂时性的。给予各类人群以相应的制度保障,为其创造发展与成长空间才是社会建设的根本所在。因此,儿童福利制度的建立与社会公平事业的成熟密切相关。

(二) 促进人口均衡,稳定代际传递

无论是在封建社会,还是工业社会,甚至未来任何一种社会形态,人口的延续始终是人类文明的关键。而与人口延续直接相关的就是人口结构的稳定。伴随着生产力的飞速提升,我们已经进入了全新的发展阶段,但与之相伴的还有高龄化与少子化难题。在这一背景下,如何促进人口均衡发展,维护代际传递的稳定已成为影响人类延续的关键问题。作为改善人口结构问题的重要举措,对幼年期、成长期的儿童群体的保护显得极为重要。对儿童群体的关切与照料,对其人格与素质的培养、发展权利的赋予,将有助于人口结构的内在调整,实现代际的良性互动以及人口的长期均衡发展。

(三) 强化家庭支持,助力个体发展

当前,低生育格局与老龄化社会的深化,实际上已经内化为一种生活压力,集中作用于家庭这一社会活动单元。简单来讲,赡养多个老人的压力以及抚育幼儿的高额成本使得年轻一代对于家庭"望而却步"。特别是在家庭结构小型化的趋势下,社会层面的多方位家庭支持显得格外重要。儿童福利制度作为社会性制度安排,作为国家责任对社会、家庭育幼的支持与补充,将直接强化家庭的育幼与再生产功能。此外,儿童福利事业的普惠特征不仅有利于儿童群体的健康成长,也有利于全体人民个体层面的自由发展。加快发展儿童福利事业,挖掘其普惠性,强化其福利性,在当前低生育率与老龄化的双重挤压下具有必要性与紧迫性。[①]

[①] 尹吉东:《从适度普惠走向全面普惠:中国儿童福利发展的必由之路》,《社会保障评论》2022 年第 2 期,第 122—143 页。

四、儿童福利的理论基础

(一) 国家责任理论

国家责任学说的提出最早可以追溯到古希腊时期,而后在工业革命时期得到了较大发展,在"福利国家"建设过程中走向了成熟。随着封建社会向工业文明的演进,国家责任意识开始"觉醒",并逐渐成为指导国家治理模式和社会政策过程的中心学说。该学说产生时的基本假设为:儿童和妇女作为心智发育不全的群体并没有完整的民事行为能力,需要受到保护且依赖他人生活;儿童需要通过成年男性的监护和保护来避免各种形式的侵犯及伤害。这一假设的内在逻辑在不同历史时期存在着一定差异。封建社会由父权主义思想支配着社会运转,而国家作为行使父权主义权威的主要代表,扮演着儿童保护者的角色。而在福利国家时代,父权主义已被公民权利所取代,社会责任制成为社会政策的"应有之义"。

(二) 公民权利理论

作为现代性在思想领域的重要表现形式之一,对公民权利的尊重与维护体现在现代社会政治议程、社会政策、文化交流等各个方面。无论性别、年龄、民族等先赋条件如何,所有公民均享有平等的权利,所有人均可获得基本的尊重、生存的保障与发展的空间。这一认知被社会各层面所认可与接受,同时所有人自发予以保护与维持。儿童作为公民群体中的特殊群体,同样享有平等身份、独立人格、自由发展等权利,绝非某种意义上的私有财产。对于儿童的关怀与照料并不局限于家庭这一责任主体,对儿童的教育与保护本质上从属于国家职能与社会责任,具体包括:对儿童生理、心理层面的健康照护,对儿童成长空间的塑造与机会选择的认可,对儿童需求表达的尊重与生活参与的支持,对儿童切身利益的关切与潜能开发的助力。

(三) 生命周期理论

生命周期理论带有一定的抽象性,从个体生命孕育—出生—成长—消亡这一自然过程出发,强调基于时间序列的人生阶段划分。每个人在不同的人生阶段有着不同的特征与诉求,将连续性阶段放在一起可以更好地反映个体的成长变化过程,而针对每一阶段的主要问题,可以辅之以相对应的引导与支持政策。儿童时期作为个体的初生时期,是一个人形成基本认知、身心成长发育、掌握初级技能的关键阶段,行为习惯、价值观念等诸多要素均"塑形"于这一时期。故此,健全的福利保障、专业的价值引导、全面的健康照护对个体在儿童时期的成长非常重要。[①]

五、儿童福利的政策模式

（一）社会救助型

社会救助型儿童福利源于早期的儿童照顾行为,与13—14世纪欧洲范围内宗教慈善服务及儿童救助活动有较深的渊源。该模式并不突出强调国家责任,而是强调家庭的育幼功能。家庭与父母可以为儿童提供最好的成长环境与照料服务,育幼行为作为家庭内部事务,只有当个别家庭能力不足时,才应由国家采取回应与补救措施。在这类模型下,对儿童的保障仍属于"自发性"范畴内,国家责任的体现具有一定的事后性与补缺性,故而消极色彩浓厚。

（二）教养取向型

教养取向型儿童福利产生于近现代社会早期阶段,该模式注意到了社会变迁对家庭结构及功能的冲击,认为家庭需要外在的支持与辅助;同时强调儿童的成长空间与发展潜能,即应该通过后天培育促进儿童的全面发展。儿童福利政策应尽可能覆盖所有儿童,应注意到困境儿童群体的特殊需求。作为该模式的价值基础,儿童社会化及儿童健康发展的主张反映出了该模式的进步性。尽管仍存在部分事后性、补救性特征,但加大基础教育和基本医疗投入,促进儿童全面、自由、充分发展等积极主张已经具有重要的参考价值。

（三）社会保护型

社会保护型儿童福利产生于生产力飞速发展的工业社会。在繁华的都市圈与"火爆"的生产车间背后,社会环境正在急速变化,国家与社会机构认识到在这一变化过程中儿童作为脆弱群体受到各类伤害的可能性。出于对人道主义原则的遵循和对个体价值与尊严的维护,儿童保护被纳入了政策议程。该模式在肯定家庭育幼责任的同时也强调国家责任,并主张宗教慈善团体和专业人士对处境不利的儿童提供预防性、治疗性或补救性服务。

（四）社会参与型

社会参与型儿童福利并未将儿童福利事业简单地理解为对儿童的救助、教养与保护,而是强调儿童的主体性,鼓励儿童主动参与家庭生活及社会互动,并

[①] 刘继同:《社会转型期儿童福利的理论框架与政策框架》,《中国青年研究》2005年第7期,第29—34页。

且为儿童全面参与社会活动创造条件。儿童全面发展的目标是在儿童与环境的互动中达成的,儿童福利事业的关注点不应局限在儿童本身,还应囊括其所处的发展环境与成长状态。作为当代欧美社会福利改革的产物,社会参与型儿童福利的发展代表着儿童福利事业的理想范式。①

第五节 儿童福利的国际经验

一、美国儿童福利制度概述

(一) 儿童权益保护

美国儿童权益保护的法律建制较为完备,中心思想是保护儿童安全,避免其遭受虐待或受到忽视的情况发生。从1935年的《社会保障法》到该法1962年和1967年的修正案,均为受虐待或遗弃儿童的保护与服务提供了法律依据。20世纪60年代美国儿童局制定的《示范报告法》(Model Reporting Law)要求医生报告非意外原因导致的儿童严重伤害事件,后来这一要求逐步拓展至老师、社会工作者等所有可能了解相关儿童信息的职业群体。1974年《儿童虐待预防和处理法》的制定推动了各州专业儿童保护机构的设立。此外,2006年《儿童和家庭服务改善法案》和2011年《儿童和家庭服务改善与创新法案》的出台均对扩大儿童保护范畴、创新儿童服务形式提供了支持。

(二) 儿童救助

美国的儿童生活救助主要面向贫困儿童(贫困家庭儿童),致力于保障其基本生活需求,现金救助是其最主要的形式。1935年《社会保障法》创设了早期的儿童救助项目——儿童援助计划,该计划由联邦健康与人文服务部与各州的人文服务局共同管理。主要管理模式为:联邦机构审批州计划和拨款、提供技术支持、评估各州实施该计划的运作情况、制定标准、收集和分析有关数据。各州确定受助资格,每月邮寄支票。20世纪90年代后,依赖儿童补助项目的弊端开始显露,其制度的福利性以及部分捆绑福利一定程度上降低了项目接受者参与劳动市场的积极性;各州之间的福利水平差异也引发了部分"福利移民"现象。

(三) 儿童营养计划

美国的食品与营养计划在世界范围内较为成熟,种类多样,且具有一定的制

---

① 袁书华:《福利治理视角下农村留守儿童福利研究》,山东大学博士学位论文,2021年,第10—11页。

度特色,其中面向学龄儿童的专项食品计划主要包括三项:国家学校午餐计划、国家学校早餐计划以及暑期食品服务计划。各类儿童食品与营养计划的出发点均为:在一个适当的支出成本上为所有儿童提供足够的营养食品。此外,家庭收入低于联邦贫困线130%的儿童可以享受免费早餐和午餐,家庭收入在联邦贫困线130%—185%的儿童可享受低价伙食。还有一项妇女、婴儿和儿童特别补充食品计划,每月为婴儿和5岁以下的儿童、孕妇和哺乳妇女提供足量足质的食品。该计划主要面向贫困家庭,申请者家庭收入需低于联邦贫困线185%且处于营养缺乏的状态。

(四)儿童教育

美国的基础教育采取义务教育形式,所有公立小学及中心学校均实行免费教学模式。所属公立系统的学院贯彻"就近办学"原则,于本地区内居住的儿童无论是租住还是移民均可获得受教育机会。来自贫困家庭的学生可申领免费早、午餐(包含假期在内)。1965年,美国创设启蒙计划为低收入家庭提供学前教育。值得一提的是,公立幼儿园是美国最大的政府资助项目。政府还采用教育券帮助贫困学生购买所选学校的课程。同时为方便低收入家庭子女获取高等教育机会,克林顿政府对"联邦学生贷款计划"进行了修改,针对性地设计了"加强学习意识与准备上大学的计划",以服务贫困地区的学生和家长。①

二、英国儿童福利制度概述

(一)儿童福利津贴

1997年开始,英国政府面向所有儿童及所属家庭发放生活津贴,对困难儿童进行生活补助,正式的儿童福利津贴制度形成。至2013年1月,英国儿童福利津贴的发放标准开始收紧,在原有面向所有适龄儿童的基础上增设了资格限定,即家庭内夫妻一方年收入超过50 000英镑需缴纳高收入家庭儿童福利金税或放弃申请儿童福利津贴。一般情况下,申请者提交儿童福利申请后,津贴每四周发放一次。截至2018年12月,英国政府对儿童福利金的补助标准为家庭第一个孩子每周20.70英镑,之后的孩子每周13.70英镑,直到孩子满16岁止。

(二)儿童储蓄账户

英国的儿童储蓄账户制度可以理解为专属于儿童群体的长期免税账户,父

---

① 徐富海、姚建平:《美国儿童福利制度发展历程、特点与启示》,《治理研究》2021年第3期,第36—48页。

母可以定期为子女存入一定数额的成长基金,但存在最高额度限制。该账户采取两种形式运行:一是用作现金储蓄,即账户内所获利息均可免税;二是用于现金投资,在投资过程中,可免除任何因资本增长而带来的税收。子女 16 岁前这一账户可选择由父母代为保管,子女满 16 岁后,可选择自行管理(包括进行投资行为),但账户资金的支取权限只有子女自身年满 18 岁才可获取。

(三) 儿童税收抵免

儿童税收抵免制度并非直接面向儿童,实质上是一种家庭支持政策。家里育有一个孩子便可获取税收抵免的申请资格,如果家庭内育有三个或三个以上孩子,或者家长中的一人已经到了退休金领取年龄,也可申请该政策。具体的税收抵免分为三类情况:一是父母均无工作;二是父母有工作,一个孩子的看护费每周可以抵免一定数额的税,两个或两个以上儿童的则每周抵免额度可以增加;三是父母有工作,且不申请儿童看护,则可以根据家庭收入情况进行有最高额度限制的税收抵免。

(四) 监护人津贴

该津贴制度的发放主要面向父母双亡或父母一方去世的儿童,为其监护人发放补助。这一补助与上文所提到的儿童津贴和税收抵免可以叠加享受,且津贴发放并不会受到监护人的工资收入水平影响,即使工资收入很高也可获得。

(五) 儿童教育

英国的基础教育同样遵循"高福利"原则,坚持免费政策,并且从医疗卫生到儿童的营养膳食,各类伴生性福利服务也较为成熟。例如,凡 5—16 岁的居住地距离学校超过步行距离(8 岁以下儿童为 3.2 公里,8 岁以上儿童为 4.8 公里)的儿童可享受免费接送服务。此外,低收入家庭还可通过教育津贴为 16—18 岁未成年人申请完成全日制高等教育或专业技能培训学习项目。[①]

三、欧盟典型国家儿童福利制度概述

(一) 德国儿童福利制度

在经历了 20 世纪 90 年代的调整转型后,德国加大了儿童的福利给付力度,特别在救助与服务方面,强调家庭内部父母间的责任共担,以及家庭外部国家力

---

① 陈彦霏:《英国儿童福利制度对我国儿童福利制度的启示》,《管理观察》2019 年第 11 期,第 87—88 页。

量的辅助支持。1996年《儿童与青少年福利法》的修订正式赋予了3—6岁儿童法定入托权;同年在儿童津贴制度内引入最低生存标准并大幅提升其待遇水平。为应对下调低收入家庭失业救济力度所可能导致的儿童福利缺损,2005年开始施行面向低收入家庭的儿童补助金政策;同年出台的《儿童日托扩大法》要求在2010年10月前在全国范围内增加23万个日托场所。

2007年德国再度改革育儿津贴制度,用与收入挂钩的父母津贴替代此前低水平定额给付的育儿津贴,并引入两个月的"父亲配额假"。2008年出台的《儿童促进法》规定,2013年8月起所有1岁以上儿童均享有法定入托权。2014年在父母津贴的基础上新增附加父母津贴和合作育儿奖金。2019年出台的《儿童日托优化法》规定,联邦政府在2022年之前投入55亿欧元支持各州提升儿童托育服务的质量。这一阶段的德国儿童福利政策致力于维护父母在工作与家庭二者中的平衡,因此也可视为积极劳动力市场政策的组成部分。[①]

(二) 芬兰儿童福利制度

芬兰儿童福利制度的特色在于,构建了完善且独立于家庭、教育及卫生政策的儿童政策,同时建立起了可操作的、尊重儿童意见的、高度合作的儿童福利工作程序规则。芬兰于1983年出台《儿童福利法》,但作为一项基本法,其并未对儿童福利保障的具体方案(如责任主体、服务范畴等)做出细化的规定。20世纪90年代开始,芬兰在儿童福利领域的改革开始加速,于1991年签署联合国《儿童权利公约》,承诺遵守公约相关规定,展开儿童立法改革;1995年发布《从儿童保护到儿童政策》白皮书,标志着儿童政策开始出现在芬兰的国家政策中。2007年对《儿童福利法》进行了全面修改,阐明了儿童福利建设的系统性原则,细化了工作细节。新法同时明确了父母及其他监护人对儿童的主体照护责任,负责儿童及家庭事务的职能部门负责支持父母及监护人的育幼行为,并提供必要的家庭援助,同时包括公共性的儿童福利服务供应。

此外,独立的儿童监察制度也在20世纪90年代后得到了较大发展。在经历了长达8年的筹谋规划后,2003年芬兰提出设置儿童监察员职位。儿童监察员这一职位最终于2005年得到落实。[②]

---

① 杨无意:《德国儿童福利的发展及其对中国的启示》,《社会保障评论》2021年第3期,第110—121页。

② 易希平、易谨:《芬兰儿童福利政策的发展与变革》,《青年探索》2016年第1期,第108—112页。

第六节 我国儿童福利事业

一、儿童福利的发展脉络与现有成就

我国学界通常将儿童福利政策分为选择型的儿童福利政策和普惠型的儿童福利政策。前者通常面向特定的儿童和家庭,其受益对象和受益方式具有明确的选择性和指定性,如专门针对特殊儿童(孤儿、流浪儿童、留守儿童、患病儿童)的相关福利政策就属于这种类型。后者则面向全体儿童,它是"一切针对全体儿童的,促进和保障儿童生理、心理以及社会潜能得到最佳发展的各种方式和设计"①。选择何种类型的福利体系与一个国家的经济发展阶段、文化传统、社会主流价值观密切相关。

长期以来,除义务教育制度外,我国实行的儿童福利政策基本上属于选择型,这与国际上大多数发展中国家的情况一致。选择型儿童福利政策有利于减轻国家和企业的社会负担,促进经济发展。中华人民共和国成立初期,我国的儿童福利政策以保障孤残儿童为主。改革开放后,儿童福利的保障范围逐步扩大,从孤残儿童、流浪儿童逐渐扩至留守儿童、困境儿童,但覆盖全体儿童的福利政策依然不多。当前,我国正处于由选择型儿童福利向普惠型儿童福利过渡的适度普惠阶段。②

(一)形成了相对独立的儿童保护框架

从最初零碎、松散的救助内容及个别项目,到成为公共政策议题,我国的儿童福利已由社会救助及社会福利领域的个别环节转型为以法律和行政为主要框架的独立性事业。现行《中华人民共和国宪法》明确了我国儿童福利和保护的宪法性原则;《中华人民共和国未成年人保护法》《中华人民共和国义务教育法》《中华人民共和国母婴保健法》等专项法律,《中华人民共和国民法典》《中华人民共和国残疾人保障法》《中华人民共和国传染病防治法》等基本性法律,均与儿童保护工作密切相关,相应内容共同构成了我国构建儿童福利体系的法律依据。行政法规等国务院规范性文件,以及有关部委针对儿童领域具体问题发布的规

---

① 陆士桢:《中国儿童社会福利需求探析》,《中国青年政治学院学报》2001年第6期,第73—77页。
② 何文炯、王中汉、施依莹:《儿童津贴制度:政策反思、制度设计与成本分析》,《社会保障研究》2021年第1期,第62—73页。

范性文件,现已成为国家层面推动儿童福利制度建设的重要指导;我国政府签署、批准、加入和承诺履行的《儿童权利公约》等国际公约、宣言,现已成为我国儿童福利事业的国际法律基础。行政管理建构方面,围绕儿童福利形成了由国家层面议事协调机构、国家行政职能部门和人民团体组成的行政框架。上述以法律和行政为中心的制度性建设共同构成了我国开展独立性儿童福利事业建设的前提与基础。

(二) 由选择型保障演进为适度普惠型保障

我国儿童福利事业由选择型保障演变为适度普惠型保障,集中体现在教育和医疗领域。一是多层次儿童卫生健康体系初步形成,包含妇幼保健、预防接种、城乡基本医疗保险、大病保险、儿童医疗救助、慈善救助等多项支持政策。二是基本公共教育服务均衡化的建设。以义务教育的全国普及为代表,儿童教育进入均衡发展时期。三是以分类保障为原则,面向特殊儿童群体的多层次服务体系,包括孤儿保障、艾滋病病毒感染儿童基本生活费、农村留守儿童关爱服务体系、事实无人抚养儿童生活保障、残疾儿童康复救助等制度的发展。作为适度普惠型保障建设的重要标志,新修订的《中华人民共和国未成年人保护法》于2021年实施;同年国务院未成年人保护工作领导小组正式成立以及《关于加强未成年人保护工作的意见》的印发,均展现出了我国儿童福利事业多方位、多领域的进步。

(三) 呈现出鲜明的治理特点

一是需求导向的发展路径,即我国儿童福利事业从雏形到日渐成熟均带有时代特征,表现出满足儿童发展需求的层级次序。改革开放后,计划经济时期依托单位责任制与农村生产合作制的儿童保护体系解体,各类儿童问题集中爆发,同时特定儿童群体的针对性保障尚处于空缺状态。改革开放后的一段时期内,结合服务于经济社会发展的目标,依托"家本位"的文化传统,儿童基本生活保障遵循托底原则。改革开放后的一段时期内,结合服务于经济社会发展的目标,依托"家本位"的文化传统,儿童基本生活保障制度建设遵循托底原则,起步于孤残儿童的养育和照料,从机构养育发展到规范化收养和家庭寄养,进而发展到机构外特殊儿童的基本生活保障。

二是先试先行、总结推广的发展模式。我国在流浪儿童救助、孤儿保障、农村留守儿童和困境儿童关爱保护等方面鼓励创新,通过一定范围内的实践探索,经验成熟后再将其上升为国家制度。特别是党的十八大后,顶层制度设计与地方经验探索"互动"良好,多个试点经验被纳入正式文件,如将儿童主任试点经验纳入新修订的《中华人民共和国未成年人保护法》,呈现了先试先行、总结推广的发展模式。

三是体系化、标准化的建设方向。随着民政部儿童福利司的正式成立,截至 2021 年 5 月,民政部门先后单独或联合出台 19 项相关性政策文件,一定程度上形成了支持儿童福利发展的制度矩阵,具体包括:推动出台残疾儿童康复救助制度、事实无人抚养儿童保障制度,构建农村留守儿童和困境儿童关爱服务体系;面对传统儿童福利工作新形势,加快寄养、收养工作标准化建设,推动儿童福利机构优化提质和创新转型;提升突发公共事件应对能力,加快新冠肺炎疫情影响下的儿童福利应急机制建设和制度改革等。[①]

二、现行儿童福利制度的问题

(一)适度普惠的局限性逐渐显露

作为由选择型保障阶段向普惠型保障阶段的过渡,适度普惠型儿童福利处于一个相对成熟但不完善的状态。适度普惠型儿童福利仍主要针对孤儿、流浪儿童、事实无人抚养儿童及重病重残儿童等特殊群体,虽然福利供给内容与体系已日趋完善,但距离全体儿童的全面保障仍有一定距离。除未达成由保障弱势儿童到保障所有儿童的状态外,城乡、区域间的儿童保障不均发展空间差异,资源匹配失衡等问题仍长期存在。同时,现行的儿童津贴政策大多局限于特殊儿童且水平不高,功能发挥更多表现在特殊儿童的基本生活与医疗保障方面。此外,儿童服务供需失衡的局面长期存在,以托育服务为例,服务总量扩充较慢,而现实需求日益增长,供需缺口不断拉大;服务质量有待提高,精神健康服务欠佳,尚未对儿童的多元化需求发展做出有效的回应。

(二)组织层面存在碎片化问题

作为一项社会事业与系统工程,儿童福利体系的建设需要逐步统筹规划和整体协同推进,从而实现资源分配的优化。2018 年民政部儿童福利司的设置并未终结我国儿童福利事业"九龙治水"的格局。具体来讲:民政部门主要负责拟订儿童福利、孤弃儿童保障、儿童收养、儿童救助保护的政策、标准,健全农村留

---

① 闫晓英、周京:《加快建设普惠型儿童福利和保护制度》,《社会政策研究》2021 年第 4 期,第 124—136 页。

守儿童关爱服务体系和困境儿童保障制度,指导儿童福利、收养登记、救助保护机构管理工作;教育部门负责幼儿园建设的指导管理事项;国家卫健委负责拟订妇幼卫生健康政策、标准和规范,推进妇幼健康服务体系建设,指导妇幼卫生、出生缺陷防治、婴幼儿早期发展工作;国家医保局负责儿童医疗保险、儿童医疗救助及生育保险;国务院妇女儿童工作委员会负责编制中国妇女和儿童发展纲要并组织实施和监测评估。表面上相关单位各有分工、职能明确,但其所属分工与部门其他目标高度绑定,行政行为往往基于部门利益考量,而不是从优化儿童福利角度出发。同时,部门间协同性较差,"碎片化"管理背后是服务过程的重复、缺失甚至是冲突现象,从而使得整体儿童服务效率低下,改革进程缓慢。

（三）社会力量参与有限

一个成熟的儿童福利体系的建成并不能完全依靠国家责任和家庭功能,也需要社会力量作为"第三方"的融入与支持,从而达成全方位、全过程的福利供给状态。目前我国社会力量参与儿童福利事业的进程较为缓慢。首先,儿童福利类专项或兼职社会组织的数量不足。由于政策支撑力度弱、相关服务标准与监督规范缺失等因素,社会组织的参与融入存在诸多顾虑与隐患。其次,在现行政策框架下,行政力量主导的公办儿童福利设施建设与社会力量支持的儿童服务活动属于"两套体系",在总量、质量悬殊的情况下,"政府包办"的传统思维影响大众对于社会组织和社会资源的信任程度,这类情况又会反过来打击社会组织参与儿童福利事业的积极性。再者,社会力量的结构单一问题也较为明显。当前由社会力量兴办的儿童服务机构致力于进行教育培训,"重教育、轻服务"现象极为普遍。此外,社会组织自身建设规范性欠佳,服务人员专业性不强,服务供给替代性较高等,也影响了社会力量参与儿童福利事业的竞争能力。①

 **关键词**

妇女福利　女性主义　儿童福利　适度普惠型儿童福利

---

① 尹吉东:《从适度普惠走向全面普惠:中国儿童福利发展的必由之路》,《社会保障评论》2022年第2期,第122—143页。

复习思考题

1. 狭义层面的妇女福利和广义层面的妇女福利分别包含哪些内容?
2. 三大女性主义思想流派的核心观点都是什么?
3. 欧盟国家在保护妇女劳动权益方面的主要做法有哪些?
4. 儿童福利在狭义层面和广义层面的界定存在哪些差异?
5. 如何辩证看待适度普惠型儿童福利阶段?

第十七章　残疾人福利

本章概要

本章主要讲解了残疾人福利的主要内容,帮助学生了解残疾人福利的含义、残疾人的福利需求和残疾人福利的分析框架,掌握残疾人福利体系和提供方式,理解中国特色的残疾人福利制度的发展历程与基本现状。

第一节　残疾人福利概述

一、残疾人福利的含义

"残疾人福利是指国家或社会在确保身体有残疾的公民在年老、疾病、缺乏劳动能力及退休、失业、失学等情况下获得基本生活帮助的基础上,根据社会、经济、文化发展水平,给予残疾人相应的康复、医疗、教育、劳动就业、文化生活、社会环境等方面的保护措施的总称。"[1]残疾人福利的内容既包括为保障残疾人在贫困、年老、疾病、失业等情况下的基本生活而建立的社会保障制度,如残疾人社会救助、残疾人养老保险、残疾人医疗保险和残疾人失业保险等;也包括国家和社会为满足残疾人服务需求而提供的各类福利服务,如残疾人就业服务、残疾人教育服务、残疾人康复服务、残疾人文化服务以及残疾人无障碍环境建设等。

---

[1] 《社会保障概论》编写组编:《社会保障概论》,高等教育出版社2019年版,第343页。

残疾人福利具有福利对象的普遍性、福利实施的分类性、福利资金的社会化、福利提供的多元化、福利功能的多样化等特点。①

（1）福利对象的普遍性。残疾人福利的对象为全体残疾人。

（2）福利实施的分类性。由于不同类型、程度的残疾人的福利需求存在较大差异，不同类型、程度的残疾人享受的社会福利内容往往存在一定的差异。

（3）福利资金的社会化。残疾人福利资金筹资的责任主体不仅包括政府，而且包括企业、社会组织、残疾人家庭和个人等社会主体。我国残疾人福利资金来源包括政府财政拨款、企业缴纳的残疾人保障金、福利彩票公益金、其他社会捐赠以及残疾人家庭和个人出资等。②

（4）福利提供的多元化。残疾人福利提供的主体呈现多元化，包括政府、企业、社会组织、家庭及个人等。残疾人福利提供的内容也非常广泛。例如，我国残疾人福利的内容包括残疾人社会保障、残疾人就业服务、残疾人康复服务、残疾人教育、残疾人文化服务、残疾人无障碍环境建设等六类福利项目。

（5）福利功能的多样化。残疾人福利具有经济保障和服务保障等多种功能。例如，残疾人社会保险和残疾人生活补贴等福利项目为残疾人及其家庭提供了基本的生活保障，因而其具有经济保障的功能。残疾人护理服务为残疾人的生活照料和护理提供了重要的服务支持，在一定程度上缓解了残疾人及其家庭的照料护理负担，因而具有服务保障功能。

二、残疾人的福利需求

残疾人是社会成员的重要组成部分，享有平等参与经济社会生活的权利，同时也有保障基本生活和共享经济社会发展成果的需求。残疾人的福利需求可以大致包括生存性福利需求和发展性福利需求两类。生存性福利需求主要是指残疾人具有保障自身基本生存的需求。生存性福利包括各种需要缴费的社会保险以及国家和政府政策给予的社会救助和残疾人福利补贴。残疾人由于其生理、精神及社会融入等方面的障碍，其通过劳动来获得收入的能力有限。政府往往通过收入再分配的手段为残疾人提供救济或补贴等，保障残疾人的基本生活需求。残疾人的发展性福利需求是指残疾人具有保障自身发展的需求。发展权是个人、民族和国家自由地参与政治、经济、社会和文化的发展并公平享

---

① 《社会保障概论》编写组编：《社会保障概论》，高等教育出版社2019年版，第344—345页。
② 同上书，第344页。

有发展所带来的利益的权利。残疾人福利体系建设应至少提高残疾人群体参与经济社会的能力。①

三、残疾人福利的分析框架

在社会福利领域,美国学者尼尔·吉尔伯特(Neil Gilbert)和保罗·特雷尔(Paul Terrell)提出的社会福利政策分析框架已经被广泛运用于分析不同领域的福利政策。按照吉尔伯特和特雷尔的观点,社会福利政策的分析框架主要包括由谁来负责提供福利(福利提供的主体)、给谁提供福利(福利对象),提供什么福利(福利待遇的类型)以及福利项目所需资金如何筹集等元素(维度)。② 据此,我们将着重从福利提供主体、福利对象、福利待遇给付、福利资金筹集四个维度来分析和讨论残疾人福利体系的具体内容。

(1)福利提供主体。残疾人福利的提供涉及政府、市场、社会组织、社区和家庭等多个主体。其中,政府应在残疾人福利提供中担负最重要的责任。市场是残疾人福利供给的另一个重要主体。社会组织、社区和家庭等其他主体也应积极参与残疾人福利的提供。

(2)福利对象。福利对象主要涉及残疾人福利项目的资格条件,即哪些人在什么条件下有资格享受残疾人福利项目的福利待遇。

(3)福利待遇给付。福利待遇给付主要涉及残疾人福利待遇的分配问题。残疾人福利的待遇给付既可以是现金给付的形式,也可以是通过商品或服务的实物给付。此外,残疾人福利的待遇也可以通过服务券形式进行给付。

(4)福利资金筹集。福利资金的筹集主要涉及福利项目资金的来源以及筹资责任的分配问题。

四、残疾人福利体系

目前,我国残疾人福利体系主要包括残疾人社会保障、残疾人就业服务、残疾人康复服务、残疾人教育、残疾人文化服务、残疾人无障碍环境建设等六类残疾人福利保障项目。

---

① 陈功、江海霞:《包容性发展视角下我国残疾人福利体系的完善》,《西北大学学报(哲学社会科学版)》2017年第4期,第79—85页。
② 〔美〕Neil Gilbert、Paul Terrell:《社会福利政策引论》,沈黎译,华东理工大学出版社2013年版,第80—84页。

（1）残疾人社会保障。残疾人社会保障项目主要包括社会保险、社会救助、福利补贴、社会优抚、住房保障等内容。残疾人社会保障重点项目包括资金类和服务类两大类项目。资金类项目主要包括：最低生活保障；困难残疾人生活补贴和重度残疾人护理补贴；残疾人基本型辅助器具适配资助；残疾人电信业务资费优惠；残疾评定补贴；等等。服务类项目主要包括：困难残疾人走访探视服务；低收入重度残疾人照护服务；就业年龄段残疾人托养服务；残疾人社会工作和家庭支持服务；重大疫情等突发公共事件困难残疾人急难救助。

（2）残疾人就业服务。残疾人就业支持措施主要包括：落实残疾人就业支持政策，保障残疾人就业培训、就业服务、补贴奖励等相关资金投入；多渠道、多形式促进残疾人就业创业；提升残疾人职业素质和就业创业能力；健全残疾人就业服务体系，充分发挥残疾人就业服务机构和各类公共就业服务平台、人力资源服务机构、社会组织作用，为残疾人和用人单位提供全链条、专业化、精准化服务；维护残疾人就业权益。

（3）残疾人康复服务。残疾人康复服务体系主要涉及残疾人健康服务与康复服务。残疾人健康服务主要包括残疾人家庭医生签约服务，基本医疗服务，公共卫生、健康管理、心理健康服务，残疾妇女生殖健康服务等内容。残疾人康复服务主要包括残疾人精准康复服务、残疾儿童康复救助、精神卫生综合管理服务、残疾人互助康复服务、康复辅助器具服务等内容。

（4）残疾人教育。残疾人教育服务主要包括残疾少年儿童义务教育、非义务教育阶段特殊教育，残疾人高中阶段教育（含普通高中教育和中等职业教育），残疾人高等教育等内容。残疾人跟其他社会成员一样享有平等的受教育权利。国家应健全残疾人教育体系，保障残疾人的受教育权利，增加残疾人的受教育机会，提高残疾人教育质量。

（5）残疾人文化服务。残疾人公共文化服务主要包括残疾人无障碍文化服务、残健融合文化服务、网络视听媒体文化服务和残疾人特殊艺术服务等内容。保障残疾人平等参与文化生活的权利，首先要提高残疾人公共文化服务水平。鼓励残疾人参加公共文化活动，持续开展残疾人群众性文化艺术活动，推动基层创建一批残健融合文化服务示范中心（站、点），不断满足残疾人文化需求、增强残疾人精神力量。应加强经济欠发达地区和农村地区重度残疾人文化服务，为盲人、聋人提供无障碍文化服务。鼓励电视台、广播电台、网络视听媒体和融媒体中心开设残疾人专题节目。发展特殊艺术，鼓励残疾人参与文化艺术创作和非物质文化遗产传承，扶持残疾人题材图书等出版。

（6）残疾人无障碍环境建设。无障碍环境建设,是指为便于残疾人等社会成员自主安全地通行道路、出入相关建筑物、搭乘公共交通工具、交流信息、获得社区服务所进行的建设活动。残疾人无障碍环境建设主要包括无障碍设施建设、无障碍信息交流建设和无障碍社区服务。

第二节　残疾人福利的提供

一、残疾人社会保障

残疾人社会保障主要包括残疾人社会保险、社会救助和福利服务等内容。国家保障残疾人享有各项社会保障的权利。《"十四五"残疾人保障和发展规划》规定,政府和社会应采取措施,完善对残疾人的社会保障,保障和改善残疾人的生活。残疾人及其所在单位应当按照国家有关规定参加社会保险。残疾人所在城乡基层群众性自治组织、残疾人家庭,应当鼓励、帮助残疾人参加社会保险。对生活确有困难的残疾人,按照国家有关规定给予社会保险补贴。各级人民政府对生活确有困难的残疾人,通过多种渠道给予生活、教育、住房和其他社会救助。县级以上地方人民政府对享受最低生活保障待遇后生活仍有特别困难的残疾人家庭,应当采取其他措施保障其基本生活。各级人民政府对贫困残疾人的基本医疗、康复服务、必要的辅助器具的配置和更换,应当按照规定给予救助。对生活不能自理的残疾人,地方各级人民政府应当根据情况给予护理补贴。地方各级人民政府对无劳动能力、无扶养人或者扶养人不具有扶养能力、无生活来源的残疾人,按照规定予以供养。国家鼓励和扶持社会力量举办残疾人供养、托养机构。残疾人供养、托养机构及其工作人员不得侮辱、虐待、遗弃残疾人。[①]

二、残疾人就业服务

我国相关政策规定,国家保障残疾人劳动就业的权利。各级人民政府负责对残疾人劳动就业进行统筹规划,为残疾人创造劳动就业条件。残疾人劳动就业,实行集中与分散相结合的方针,采取优惠政策和扶持保护措施,通过多渠道、多层次、多种形式,使残疾人劳动就业逐步普及、稳定、合理。政府和社会举办残

[①]《国务院关于印发"十四五"残疾人保障和发展规划的通知》,http://www.gov.cn/zhengce/content/2021-07/21/content_5626391.htm,2022年9月27日访问。

疾人福利企业、盲人按摩机构和其他福利性单位,集中安排残疾人就业。国家实行按比例安排残疾人就业制度。国家机关、社会团体、企业事业单位、民办非企业单位应当按照规定的比例安排残疾人就业,并为其选择适当的工种和岗位。达不到规定比例的,按照国家有关规定履行保障残疾人就业义务。国家鼓励用人单位超过规定比例安排残疾人就业。残疾人就业的具体办法由国务院规定。国家鼓励和扶持残疾人自主择业、自主创业。

地方各级人民政府和农村基层组织,负责组织和扶持农村残疾人从事种植业、养殖业、手工业和其他形式的生产劳动。国家对安排残疾人就业达到、超过规定比例或者集中安排残疾人就业的用人单位和从事个体经营的残疾人,依法给予税收优惠,并在生产、经营、技术、资金、物资、场地等方面给予扶持。国家对从事个体经营的残疾人,免除行政事业性收费。县级以上地方人民政府及其有关部门应当确定适合残疾人生产、经营的产品、项目,优先安排残疾人福利性单位生产或者经营,并根据残疾人福利性单位的生产特点确定某些产品由其专产。政府采购,在同等条件下应当优先购买残疾人福利性单位的产品或者服务。地方各级人民政府应当开发适合残疾人就业的公益性岗位。对申请从事个体经营的残疾人,有关部门应当优先核发营业执照。对从事各类生产劳动的农村残疾人,有关部门应当在生产服务、技术指导、农用物资供应、农副产品购销和信贷等方面,给予帮助。

政府有关部门设立的公共就业服务机构,负责为残疾人免费提供就业服务。中国残疾人联合会举办的残疾人就业服务机构,应当组织开展免费的职业指导、职业介绍和职业培训,为残疾人就业和用人单位招用残疾人提供服务和帮助。

国家保护残疾人福利性单位的财产所有权和经营自主权,其合法权益不受侵犯。在职工的招用、转正、晋级、职称评定、劳动报酬、生活福利、休息休假、社会保险等方面,不得歧视残疾人。残疾职工所在单位应当根据残疾职工的特点,提供适当的劳动条件和劳动保护,并根据实际需要对劳动场所、劳动设备和生活设施进行改造。国家采取措施,保障盲人保健和医疗按摩人员从业的合法权益。残疾职工所在单位应当对残疾职工进行岗位技术培训,提高其劳动技能和技术水平。任何单位和个人不得以暴力、威胁或者非法限制人身自由的手段强迫残疾人劳动。[1]

---

[1] 《国务院关于印发"十四五"残疾人保障和发展规划的通知》,http://www.gov.cn/zhengce/content/2021-07/21/content_5626391.htm,2022年9月27日访问。

三、残疾人康复

我国相关政策规定,国家保障残疾人享有康复服务的权利。各级人民政府和有关部门应当采取措施,为残疾人康复创造条件,建立和完善残疾人康复服务体系,并分阶段实施重点康复项目,帮助残疾人恢复或者补偿功能,增强其参与社会生活的能力。

康复工作应当从实际出发,将现代康复技术与我国传统康复技术相结合;以社区康复为基础,康复机构为骨干,残疾人家庭为依托;以实用、易行、受益广的康复内容为重点,优先开展残疾儿童抢救性治疗和康复;发展符合康复要求的科学技术,鼓励自主创新,加强康复新技术的研究、开发和应用,为残疾人提供有效的康复服务。

各级人民政府鼓励和扶持社会力量兴办残疾人康复机构。地方各级人民政府和有关部门,应当组织和指导城乡社区服务组织、医疗预防保健机构、残疾人组织、残疾人家庭和其他社会力量,开展社区康复工作。残疾人教育机构、福利性单位和其他为残疾人服务的机构,应当创造条件,开展康复训练活动。残疾人在专业人员的指导和有关工作人员、志愿工作者及亲属的帮助下,应当努力进行功能、自理能力和劳动技能的训练。

地方各级人民政府和有关部门应当根据需要有计划地在医疗机构设立康复医学科室,举办残疾人康复机构,开展康复医疗与训练、人员培训、技术指导、科学研究等工作。

医学院校和其他有关院校应当有计划地开设康复课程,设置相关专业,培养各类康复专业人才。政府和社会采取多种形式对从事康复工作的人员进行技术培训;向残疾人、残疾人亲属、有关工作人员和志愿工作者普及康复知识,传授康复方法。

政府有关部门应当组织和扶持残疾人康复器械、辅助器具的研制、生产、供应、维修服务。[①]

四、残疾人教育

我国相关法律和政策规定,国家保障残疾人平等接受教育的权利。各级人民政府应当将残疾人教育作为国家教育事业的组成部分,为残疾人接受教育创

---

① 《国务院关于印发"十四五"残疾人保障和发展规划的通知》,http://www.gov.cn/zhengce/content/2021-07/21/content_5626391.htm,2022 年 9 月 27 日访问。

造条件。政府、社会、学校应当采取有效措施,解决残疾儿童、少年就学存在的实际困难,帮助其完成义务教育。各级人民政府对接受义务教育的残疾学生、贫困残疾人家庭的学生提供免费教科书,并给予寄宿生活费等费用补助;对接受义务教育以外其他教育的残疾学生、贫困残疾人家庭的学生按照国家有关规定给予资助。①

残疾人教育,实行普及与提高相结合、以普及为重点的方针,保障义务教育,着重发展职业教育,积极开展学前教育,逐步发展高级中等以上教育。残疾人教育应当根据残疾人的身心特性和需要,在进行思想教育、文化教育的同时,加强身心补偿和职业教育;依据残疾类别和接受能力,采取普通教育方式或者特殊教育方式;特殊教育的课程设置、教材、教学方法、入学和在校年龄,可以有适度弹性。

县级以上人民政府应当根据残疾人的数量、分布状况和残疾类别等因素,合理设置残疾人教育机构,并鼓励社会力量办学、捐资助学。普通教育机构对具有接受普通教育能力的残疾人实施教育,并为其学习提供便利和帮助。普通小学、初级中等学校,必须招收能适应其学习生活的残疾儿童、少年入学;普通高级中等学校、中等职业学校和高等学校,必须招收符合国家规定的录取要求的残疾考生入学,不得因其残疾而拒绝招收;拒绝招收的,当事人或者其亲属、监护人可以要求有关部门处理,有关部门应当责令该学校招收。普通幼儿教育机构应当接收能适应其生活的残疾幼儿。

残疾幼儿教育机构、普通幼儿教育机构附设的残疾儿童班、特殊教育机构的学前班、残疾儿童福利机构、残疾儿童家庭,对残疾儿童实施学前教育。初级中等以下特殊教育机构和普通教育机构附设的特殊教育班,对不具有接受普通教育能力的残疾儿童、少年实施义务教育。高级中等以上特殊教育机构、普通教育机构附设的特殊教育班和残疾人职业教育机构,对符合条件的残疾人实施高级中等以上文化教育、职业教育。提供特殊教育的机构应当具备适合残疾人学习、康复、生活特点的场所和设施。

政府有关部门、残疾人所在单位和有关社会组织应当对残疾人开展扫除文盲、职业培训、创业培训和其他成人教育,鼓励残疾人自学成才。国家有计划地举办各级各类特殊教育师范院校、专业,在普通师范院校附设特殊教育班,培养、培训特殊教育师资。普通师范院校开设特殊教育课程或者讲授有关内容,使普

---

① 《中华人民共和国残疾人保障法》,http://www.gov.cn/guoqing/2021-10/29/content_5647618.htm,2022年9月27日访问。

通教师掌握必要的特殊教育知识。特殊教育教师和手语翻译,享受特殊教育津贴。

政府有关部门应当组织和扶持盲文、手语的研究和应用,特殊教育教材的编写和出版,特殊教育教学用具及其他辅助用品的研制、生产和供应。[①]

五、残疾人文化服务

我国相关政策规定,国家保障残疾人享有平等参与文化生活的权利。各级人民政府和有关部门鼓励、帮助残疾人参加各种文化、体育、娱乐活动,积极创造条件,丰富残疾人精神文化生活。残疾人文化、体育、娱乐活动应当面向基层,融于社会公共文化生活,适应各类残疾人的不同特点和需要,使残疾人广泛参与。政府和社会采取下列措施,丰富残疾人的精神文化生活:通过广播、电影、电视、报刊、图书、网络等形式,及时宣传报道残疾人的工作、生活等情况,为残疾人服务;组织和扶持盲文读物、盲人有声读物及其他残疾人读物的编写和出版,根据盲人的实际需要,在公共图书馆设立盲文读物、盲人有声读物图书室;开办电视手语节目,开办残疾人专题广播栏目,推进电视栏目、影视作品加配字幕、解说;组织和扶持残疾人开展群众性文化、体育、娱乐活动,举办特殊艺术演出和残疾人体育运动会,参加国际性比赛和交流;文化、体育、娱乐和其他公共活动场所,为残疾人提供方便和照顾。有计划地兴办残疾人活动场所。

政府和社会鼓励、帮助残疾人从事文学、艺术、教育、科学、技术和其他有益于人民的创造性劳动。政府和社会促进残疾人与其他公民之间的相互理解和交流,宣传残疾人事业和扶助残疾人的事迹,弘扬残疾人自强不息的精神,倡导团结、友爱、互助的社会风尚。[②]

六、残疾人无障碍环境建设

残疾人无障碍环境建设主要包括设施无障碍和信息无障碍两个方面。国家和社会应当采取措施,逐步完善无障碍设施,推进信息交流无障碍,为残疾人平等参与社会生活创造无障碍环境。各级人民政府应当对无障碍环境建设进行统筹规划,综合协调,加强监督管理。无障碍设施的建设和改造,应当符合残疾人的实际需要。新建、改建和扩建建筑物、道路、交通设施等,应当符合国家有关无

---

① 《国务院关于印发"十四五"残疾人保障和发展规划的通知》,http://www.gov.cn/zhengce/content/2021-07/21/content_5626391.htm,2022 年 9 月 27 日访问。

② 同上。

障碍设施工程建设标准。各级人民政府和有关部门应当按照国家无障碍设施工程建设规定,逐步推进已建成设施的改造,优先推进与残疾人日常工作、生活密切相关的公共服务设施的改造。对无障碍设施应当及时维修和保护。

国家采取措施,为残疾人信息交流无障碍创造条件。各级人民政府和有关部门应当采取措施,为残疾人获取公共信息提供便利。国家和社会研制、开发适合残疾人使用的信息交流技术和产品。国家举办的各类升学考试、职业资格考试和任职考试,有盲人参加的,应当为盲人提供盲文试卷、电子试卷或者由专门的工作人员予以协助。公共服务机构和公共场所应当创造条件,为残疾人提供语音和文字提示、手语、盲文等信息交流服务,并提供优先服务和辅助性服务。

公共交通工具应当逐步达到无障碍设施的要求。有条件的公共停车场应当为残疾人设置专用停车位。组织选举的部门应当为残疾人参加选举提供便利;有条件的,应当为盲人提供盲文选票。国家鼓励和扶持无障碍辅助设备、无障碍交通工具的研制和开发。盲人携带导盲犬出入公共场所,应当遵守国家有关规定。①

第三节 我国残疾人福利制度的发展

一、我国残疾人福利制度的发展历程

新中国成立以来,党和政府一直十分重视残疾人福利保障工作。依据时间和制度发展情况,我国残疾人福利制度经历了初创期、发展期、转型期和深化改革期四个阶段。在不同阶段,党和政府对残疾人社会福利制度的建设理念也不同,衍生出不同形态的残疾人社会福利制度与提供机制。②

(一)残疾人福利制度初创期(1949—1978)

新中国成立后,国家在恢复和发展国民经济的同时,也开始逐步开展残疾人福利救济工作。经过二十多年的发展,到改革开放前夕,中国初步创立了残疾人福利制度体系。在这个阶段,残疾人社会福利制度主要依附于公有制经济和计

---

① 国务院:《无障碍环境建设条例》,中国政府网,2012年7月10日,http://www.gov.cn/flfg/2012-07/10/content_2179947.htm。

② 姚进忠、陈蓉蓉:《中国残疾人社会福利70年:历史演进和逻辑理路》,《人文杂志》2019年第11期,第1—10页。

划经济,残疾人福利制度建设在社会主义意识形态的指导下开展。①

1950年颁布《革命残废军人优待抚恤暂行条例》《革命工作人员伤亡褒恤暂行条例》《民兵民工伤亡抚恤暂行条例》等相关法规,对伤残军人等伤残人员的休养、治疗、生活、学习、工作给予必要保障。同时,国家还建立福利机构和精神病院,收养或安置无依无靠的重度残疾人、残疾孤儿、残疾老人、精神残疾人和残疾军人;兴办了盲童学校、聋哑学校等特殊教育学校,确立了特殊教育在国民教育体系中的地位。1951年,国家颁布的《关于改革学制的决定》规定:"各级人民政府并应设立聋哑、盲目等特种学校,对生理上有缺陷的儿童、青年和成人,施以教育",特殊教育正式成为社会主义教育体系的重要组成部分。在农村,国家通过探索建立五保供养制度,符合条件的失去劳动能力的残疾人由集体经济组织给予"五保"(保吃、保穿、保住、保医、保葬或保教)待遇。1963年颁发的《关于做好当前五保户、困难户供给、补助工作的通知》进一步明确了包括困难残疾人在内的五保户的生活保障安排。在城市,国家通过兴办福利工厂、福利生产单位等多种方式,安排残疾人就业,保障残疾人劳动就业的权利。

此外,我国还积极探索残疾人福利事业的社会化管理方式。1953年成立中国盲人福利会,1956年成立中国聋哑人福利会,1960年成立中国盲人聋哑人协会。大部分省、自治区、直辖市也建立起地方协会和基层组织,残疾人开始参与自身事务的管理。

在初创阶段,我国残疾人福利制度初步建立,残疾人福利水平逐步提升。全国城乡劳动就业的残疾人数量逐渐增多,文化体育活动有所开展,残疾人生活水平得到初步改善。然而,这一阶段我国残疾人福利制度呈现出明显的应急性、补缺性特征。残疾人福利对象以特殊困难残疾人群体为主,残疾人福利内容主要聚焦残疾人的基本生存需求,对残疾人的发展性和服务性需求的保障相对不足。②

(二)残疾人福利制度发展期(1979—2002)

改革开放后,国家将工作重心逐渐转移到经济建设上,在社会主义人道主义理念的影响和指引下,残疾人社会福利事业不断发展。③

1984年中国残疾人福利基金会成立,1987年我国开展第一次全国残疾人抽

---

① 刘婧娇:《从国家本位到需要本位:中国残疾人社会保障的目标定位转向》,《社会科学战线》2018年第7期,第233—239页。
② 姚进忠、陈蓉蓉:《中国残疾人社会福利70年:历史演进和逻辑理路》,《人文杂志》2019年第11期,第1—10页。
③ 同上。

样调查,1988年中国残疾人联合会(简称"中国残联")成立。1991年《中华人民共和国残疾人保障法》实施,同年我国第一次制定实施《中国残疾人事业五年计划纲要》。随后,制定实施"残疾人事业五年计划(规划)"成为各级政府的工作惯例。1994年《残疾人教育条例》颁布;1995年《残疾人就业保障金管理暂行规定》出台。进入21世纪,国家加快推进全面小康社会建设,残疾人事业全面提升。2001年《残疾人社会福利机构基本规范》出台,残疾人福利服务机构发展逐渐走向规范化。

在发展期,我国残疾人福利制度体系不断完善,残疾人福利内容不断丰富。"残疾人事业由改革开放初期以救济为主的社会福利工作,逐步发展成为包括康复、教育、就业、扶贫、社会保障、维权、文化、体育、无障碍环境建设、残疾预防等领域的综合性社会事业。残疾人参与社会生活的环境大为改善,残疾人的经济、政治、文化和社会权利得到尊重和保障;残疾人的面貌发生根本性变化,由被动的受助者变为积极参与的主体,成为经济社会发展的一支重要力量。"[1]这个时期,国家对基础性、经济性和服务性的福利均给予关注,残疾人作为平等的个体受到一定程度的尊重,残疾人的社会权益得到较好保障,残疾人社会保障和福利服务水平有了大幅度提升。[2]

(三)残疾人福利制度转型期(2003—2012)

党的十六大之后,在科学发展观的指引下,国家更加强调残疾人福利政策的公平正义导向和民生权利,我国残疾人福利制度开始进入转型时期。

在残疾人福利制度的转型时期,我国残疾人福利事业的法治化、科学化、规范化水平不断提高。2006年,国家开展了第二次全国残疾人抽样调查,为国家制定残疾人相关法律法规和福利政策等提供决策依据。2007年,国务院发布了《残疾人就业条例》,残疾人就业服务逐渐走向法治化和规范化。2008年中共中央、国务院发布了《关于促进残疾人事业发展的意见》,残疾人福利事业开始进入全面发展与完善时期。2008年,第十一届全国人民代表大会常务委员会第二次会议修订通过了《中华人民共和国残疾人保障法》,促进残疾人保障的法治化水平不断提升;2010年国务院办公厅转发了中国残联和有关单位《关于加快推进残疾人社会保障体系和服务体系建设指导意见的通知》,残疾人社会保障与福利服务

---

[1] 《平等、参与、共享:新中国残疾人权益保障70年》,http://www.gov.cn/xinwen/2019-07/25/content_5414945.htm,2022年9月24日访问。
[2] 姚进忠、陈蓉蓉:《中国残疾人社会福利70年:历史演进和逻辑理路》,《人文杂志》2019年第11期,第1—10页。

体系建设步入快车道;2011年国家实施贫困残疾儿童抢救性康复项目、残疾人事业专项彩票公益金康复项目等;2012年国务院发布了《无障碍环境建设条例》,残疾人无障碍环境建设步入法治化轨道。①

在转型期,我国残疾人福利制度建设坚持"效率与公平并重"的价值导向,残疾人福利制度开始由残补型福利向普惠型福利过渡,呈现出剩余型福利与普惠型福利相结合的特征。残疾人福利政策在满足残疾人基本生存需要的基础上,开始兼顾残疾人群体的经济性、服务性、发展性的福利需要。残疾人福利的覆盖人群开始扩大,开始向全民福利过渡。残疾人福利的供给主体逐渐走向多元化,国家开始重视市场在残疾人福利供给中的作用,残疾人福利领域初步形成国家、市场、个人相结合的福利供给机制。

(四)残疾人福利制度深化改革期(2013年至今)

党的十八大以来,中国特色社会主义进入新时代。在新的历史时期,中国残疾人社会福利事业也进入了深化改革期。2013年以来,我国残疾人福利制度不断完善,残疾人基本公共服务体系初步建立,残疾人生存发展状况显著改善。

2013年,中共中央组织部等7部门出台《关于促进残疾人按比例就业的意见》,进一步推动残疾人按比例就业,完善残疾人就业保护和就业促进制度体系。2015年,国务院发布《关于全面建立困难残疾人生活补贴和重度残疾人护理补贴制度的意见》,在全国范围内全面建立困难残疾人生活补贴和重度残疾人护理制度,进一步解决残疾人特殊生活困难和长期照护困难。2017年,国务院印发《残疾人预防和残疾人康复条例》,促进残疾人平等、充分地参与社会生活,推动残疾预防和残疾人康复事业的法治化和规范化。2018年,国务院出台《关于建立残疾儿童康复救助制度的意见》,进一步保障残疾儿童基本康复服务需求;2019年中国残联和其他部门共同印发《残疾人社区康复工作标准》《精神障碍社区康复服务工作规范》,残疾人康复服务的规范化水平进一步提升。2021年国务院印发《"十四五"残疾人保障和发展规划》,以巩固拓展残疾人脱贫攻坚成果、促进残疾人全面发展和共同富裕为主线,不断推动残疾人福利事业的高质量发展。②

在深化改革期,我国残疾人福利制度体系进一步完善。近年来,我国残疾人福利制度开始呈现出"公平正义""适度普惠"的价值导向,一些普惠型的福利项目逐渐建立,部分残疾人福利项目开始覆盖全体残疾人群体。残疾人福利制度

---

① 姚进忠、陈蓉蓉:《中国残疾人社会福利70年:历史演进和逻辑理路》,《人文杂志》2019年第11期,第1—10页。
② 同上。

设计更加关注残疾人的公民权利和生活质量,残疾人福利的供给更加强调满足残疾人基本生活保障、服务保障与权利保障等方面的多元化福利需求。残疾人福利供给主体多元化的机制不断完善,由政府主导,市场、社会组织、社区、家庭共同承担福利责任的多元化供给格局逐渐形成。①

回顾新中国成立以来我国残疾人福利制度的发展历程,残疾人福利制度先后经历了初创期、发展期、转型期和深化改革期四个阶段:一方面,四个阶段存在着一定的连续性,即残疾人福利制度的发展呈现渐进性的特点;另一方面,这四个发展阶段在价值导向、福利类型、福利设计、覆盖范围、供给主体和福利功能等六个方面存在较大的差异(见表17-1)。

表17-1 中国残疾人社会福利制度发展阶段

福利阶段	初创期	发展期	转型期	深化改革期
价值导向	效率	效率优先,兼顾公平	效率与公平并重	公平
福利类型	剩余型福利	剩余型福利为主,小部分地区出现普惠型福利	剩余型福利向普惠型福利过渡,普惠型福利和特惠型福利相结合	组合式普惠型社会福利:普惠型福利为主,选择型福利为辅,适度普惠
福利设计	基本生存需要	基础性、经济性和服务性需要	民生为本的福利需要	公民权利和生活质量需要
覆盖范围	困难人群	制度排斥:城乡二元结构导致福利供给缺失	城乡统一:健全社会保险制度,扩大保障人群,向全民福利过渡	全民共享
供给主体	国家全面包揽,行政直接干预	国家—单位保障	重视市场作用,初步形成国家、市场、个人的福利供给机制	完善政府主导,营利组织、非营利组织、家庭、社区共同承担的福利模式
福利功能	社会救助	社会保障	预防、社会融合	发展式整合模式、能力建设

资料来源:姚进忠、陈蓉蓉:《中国残疾人社会福利70年:历史演进和逻辑理路》,《人文杂志》2019年第11期,第1—10页。

---

① 姚进忠、陈蓉蓉:《中国残疾人社会福利70年:历史演进和逻辑理路》,《人文杂志》2019年第11期,第1—10页。

二、我国残疾人福利制度的发展现状

目前,我国有8500多万残疾人。① 近年来,党和政府高度重视残疾人福利制度的发展与完善,通过将残疾人福利纳入国家经济社会中长期发展规划和部门职责、向残疾人群体提供日益均等化的基本公共服务,保障残疾人在事实上享有各种社会福利权利,注重保障残疾人的生存权和发展权,使残疾人共享经济社会发展成果。② 2016—2020年,我国残疾人福利事业取得重大成就。710万农村建档立卡贫困残疾人脱贫,城乡新增180.8万残疾人就业,1076.8万困难残疾人被纳入最低生活保障范围。1212.6万困难残疾人得到生活补贴,1473.8万重度残疾人得到护理补贴。残疾人基本康复服务覆盖率达到80%,辅助器具适配率达到80%。残疾儿童少年接受义务教育的比例达到95%,5万多残疾学生进入高等院校学习。城乡无障碍环境明显改善,关爱帮助残疾人的社会氛围日益浓厚。③

(一)残疾人福利政策体系不断健全

截至目前,中国已形成以《中华人民共和国宪法》为核心,以《中华人民共和国残疾人保障法》为主干,以《残疾预防和残疾人康复条例》《残疾人教育条例》《残疾人就业条例》《无障碍环境建设条例》等为重要支撑的残疾人福利法律法规体系。截至2021年5月,我国直接涉及残疾人权益保障的法律有80多部,行政法规有50多部。④ 此外,近年来,出台了《中共中央、国务院关于促进残疾人事业发展的意见》《国务院关于加快推进残疾人小康进程的意见》《关于发展残疾人辅助性就业的意见》《国务院关于全面建立困难残疾人生活补贴和重度残疾人护理补贴制度的意见》《"十四五"残疾人保障和发展规划》等一系列政策措施,不断推动残疾人福利事业的健康发展,促进残疾人权益保障和福利水平的不断提升。

(二)残疾人福利工作机制逐步健全

目前,我国已经基本形成了党委领导、政府负责、社会参与、残疾人组织充分

---

① 《国务院关于印发"十四五"残疾人保障和发展规划的通知》,http://www.gov.cn/zhengce/content/2021-07/21/content_5626391.htm,2022年9月24日访问。

② 李建永:《国新办举行"保障残疾人权益 共享幸福美好生活"发布会》,《中国社会报》2021年9月27日,第A1版。

③ 《国务院关于印发"十四五"残疾人保障和发展规划的通知》,http://www.gov.cn/zhengce/content/2021-07/21/content_5626391.htm,2022年9月26日访问。

④ 《"残疾人也可以活出精彩的人生"——以习近平同志为核心的党中央关心残疾人事业纪实》,http://www.gov.cn/xinwen/2022-03/02/content_5676368.htm,2022年9月26日访问。

发挥作用的中国残疾人福利工作体制。1993年,国务院《关于国务院议事协调机构和临时机构设置的通知》决定设立国务院残疾人工作协调委员会。2006年4月,《国务院办公厅关于国务院残疾人工作协调委员会更名及调整有关组成人员的通知》发出,将国务院残疾人工作协调委员会更名为国务院残疾人工作委员会。作为残疾人福利领域的最高决策机构,国务院残疾人工作委员会的主要职责是协调国务院有关残疾人事业的方针、政策、法规、规划的制定与实施工作;协调解决残疾人工作中的重大问题;组织协调联合国有关残疾人事务在中国的重要活动。国务院残疾人工作委员会由34个部委和机构负责人组成,各成员单位按照部门分工履行残疾人事业有关职责,负责推动有关残疾人福利政策的制定与落实。在地方,全国县级以上人民政府均成立了残疾人工作委员会,负责所在辖区残疾人福利政策的制定与落实。

与此同时,作为由残疾人及其亲友和残疾人工作者组成的人民团体,中国残联及地方各级残联充分发挥代表、服务、管理职能,成为党和政府联系残疾人的桥梁和纽带,积极推动残疾人福利事业的发展。根据《2021年残疾人事业发展统计公报》,"2021年,全国省地县乡(除新疆生产建设兵团外)共有残联4万个,各省(区、市)、市(地、州、盟)、县(市、区、旗)全部成立残联,96.4%的乡镇(街道)已建立残联;97.4%的社区(村)建立残协,共56.7万个。地方各级残联工作人员11万人,乡镇(街道)残联、村(社区)残协专职委员总计55.1万人。87.5%的省级残联、61.1%的地级残联配备了残疾人领导干部,48.7%的县级残联配备了残疾人干部"。

此外,工会、共青团、妇联等人民团体和老龄协会等社会组织发挥各自优势,维护残疾职工、残疾青年、残疾妇女、残疾儿童和残疾老人的合法权益,促进残疾人福利水平的不断提升。红十字会、慈善会、残疾人福利基金会等慈善组织为残疾人福利事业筹集善款,开展爱心捐助活动,为残疾人福利服务的发展提供了有力的资金支持。企事业单位承担社会责任,成为残疾人福利事业的重要建设主体,为残疾人福利事业发展贡献力量。①

(三)残疾人福利服务水平不断提升

近年来,我国不断加强残疾人服务设施建设,残疾人福利服务能力显著提

---

① 《平等、参与、共享:新中国残疾人权益保障70年》,http://www.gov.cn/xinwen/2019-07/25/content_5414945.htm,2022年9月26日访问。

升。截至2021年9月,全国累计建成残疾人服务设施8000多处。① 以2021年为例,全国已竣工的各级残疾人综合服务设施2290个,已竣工各级残疾人康复设施1164个,已竣工的各级残疾人托养服务设施1048个。② 此外,我国开展了全国残疾人基本服务状况和需求专项调查,建立了覆盖所有持证残疾人的残疾人口基础数据库,为更好满足残疾人福利服务需求、提供精准化服务和精细化管理奠定了良好的工作基础。

在残疾人康复服务方面,我国不断完善残疾人康复服务体系,促进残疾人康复服务的适度普惠化。近年来,我国持续组织实施以农村低收入残疾人为重点人群的"残疾人精准康复服务行动"。截至2021年,全国共有850.8万残疾人得到基本康复服务,177万残疾人得到基本辅助器具适配服务。得到康复服务的持证残疾人中,有视力残疾人78.4万、听力残疾人65.1万、言语残疾人5.1万、肢体残疾人407万、智力残疾人68.8万、精神残疾人157.6万、多重残疾人49.8万。同时我国持续优化残疾儿童康复救助经办服务,推动实现残疾儿童康复"应救尽救",2021年全国共有36.3万残疾儿童得到康复救助。③

在残疾人就业服务方面,我国不断完善残疾人就业扶持政策,积极扶持有条件的城乡残疾人就业、创业。2021年,全国城乡持证残疾人新增就业40.8万人,其中,城镇新增就业13.2万人,农村新增就业27.6万人。全国城乡持证残疾人就业人数为881.6万人,其中按比例就业81.8万人,集中就业26.8万人,个体就业63.5万人,公益性岗位就业14.8万人,辅助性就业14.3万人,灵活就业(含社区、居家就业)250.3万人,从事种养殖业430.1万人。同时,国家持续加大对有劳动能力的残疾人的就业培训力度,不断提高残疾人的就业水平。2021年,全国城乡实名培训残疾人57.1万人。其中,全国共培训盲人保健按摩人员13 483名、盲人医疗按摩人员8372名,869人获得盲人医疗按摩人员初级职务任职资格,232人获得中级职务任职资格。

在残疾人社会保障方面,国家积极保障残疾人的社会保障权益,促进残疾人参加基本社会保险,享受基本社会服务。截至2021年底,全国参加城乡居民基

---

① 《国新办就"保障残疾人权益 共享幸福美好生活"有关情况举行发布会》,http://www.china.com.cn/zhibo/content_77773014.htm,2022年9月27日访问。
② 《2021年残疾人事业发展统计公报》,https://www.cdpf.org.cn/zwgk/zccx/tjgb/0047d5911ba3455396faefcf268c4369.htm,2022年9月26日访问。
③ 同上。

本养老保险的残疾人数达2733.1万。全国708.8万60岁以下参保的重度残疾人中,685.9万享受到个人缴费资助政策,占比96.8%。全国共有292.7万非重度残疾人参保也得到了个人缴费资助,1176.8万残疾人领取养老金。①

同时,残疾人社会服务体系不断完善,残疾人社会服务水平不断提高。截至2021年底,全国残疾人托养服务机构11 278个,其中寄宿制托养服务机构2337个,日间照料机构5089个,综合性托养服务机构1790个。全国共有13.8万残疾人通过寄宿制和日间照料服务机构接受了托养服务,47.1万残疾人接受了居家托养服务。②

经过70多年的发展,我国残疾人福利制度体系不断完善,残疾人福利的覆盖范围也不断扩大,国家在保障残疾人社会保障、就业服务、康复服务、教育、文化服务、无障碍环境建设等方面的福利需求上取得了长足的进步。此外,残疾人福利工作机制不断优化,残疾人福利的供给主体开始呈现出日益多元化的趋势,残疾人福利供给的可持续性不断增强,残疾人福利水平不断提升。然而,正如《"十四五"残疾人保障和发展规划》指出的,当前我国残疾人事业依然面临一些突出问题:一是残疾人返贫致贫风险高,相当数量的低收入残疾人家庭生活还比较困难。二是残疾人社会保障水平和就业质量还不高,残疾人家庭人均收入与社会平均水平相比还存在不小差距。三是残疾人公共服务总量不足、分布不均衡、质量效益还不高,残疾人就学就医、康复照护、无障碍等多样化需求还没有得到满足。四是残疾人平等权利还没有得到充分实现,歧视残疾人、侵害残疾人权益的现象还时有发生。五是残疾人事业仍然是经济社会发展的短板,欠发达地区、农村和基层为残疾人服务的能力尤其薄弱。我国残疾人福利制度建设依然存在发展不平衡、不充分的问题。为了持续推动残疾人事业的高质量发展,我们需要进一步改革和完善残疾人福利制度体系,不断满足残疾人日益增长的美好生活需求,促进残疾人群体民生福祉水平的不断提升。

 **关键词**

残疾人福利　福利需求　福利供给　筹资模式　福利制度

---

① 《2021年残疾人事业发展统计公报》,https://www.cdpf.org.cn/zwgk/zccx/tjgb/0047d5911ba3455396faefcf268c4369.htm,2022年9月26日访问。

② 同上。

复习思考题

1. 残疾人福利的含义是什么?
2. 如何构建我国残疾人福利的分析框架?
3. 我国残疾人福利体系包括哪些残疾人福利保障项目?
4. 简述我国残疾人福利制度的发展历程。
5. 简述我国残疾人福利制度的发展现状。

第十八章 住房保障

本章概要

本章主要讲解住房保障的基本概念和理论、国际经验以及我国实践,帮助学生熟悉住房及住房保障的基本概念,了解住房保障的理论基础,掌握住房保障的基本分析框架;了解世界上主要的住房体制类型及其划分标准,熟悉代表性国家关于住房保障的政策实践,分析其对我国的有益启示;熟悉我国住房制度改革的基本历程及主要节点,掌握新时代住房保障体系的构成,熟悉各类住房保障政策的历史、现状及存在的主要问题,了解新时代全面深化住房保障制度改革的基本方向。

第一节 住房保障概述

一、住房保障相关概念

(一) 住房的概念与属性

住房是专供人们居住的建筑,是发挥遮风挡雨、休息歇脚、家庭沟通、维系情感等功能的场所。作为人类生存必需的基本条件之一,住房的作用具有不可替代性,其意义体现在物质、政治、经济、社会和文化等多重层面。

住房属性是指住房本身所固有的性质。住房是价值和使用价值的统一体,前者体现在住房的开发、投资、建设等环节凝结了无差别的人类劳动,后者表现为住房能够满足人们的日常居住需要。二者同时决定了住房可以在市场上自由交易,由此塑造的作为商品的住房可以被进一步解构为两个方面:一是满足居民居住需要的消费品,二是满足投资或投机需求的资本品。与一般商品相比,住房的独特性还在于它是人人都必需的基本生活品。综上,分别作为消费品、投资品和必需品存在的住房对应着三类不同的属性,即居住属性、资本属性和权利属性。

居住属性是住房的根本属性,是稳定和协调住房三类属性之间关系的锚。如果住房的资本属性过分上扬,住房投资和投机行为的无序扩张将导致房价迅速上涨,造成中低收入群体陷入住房难以负担的困境;如果过分重视住房的权利属性,可能会形成政府承担全部住房福利责任的社会认知,造成政府和市场在住房资源配置中的关系失衡。只有时刻保持对住房居住属性的正确认知,才能及时抑制无序的资本属性,并对权利属性依赖进行适当纠偏。我国目前坚持的"房子是用来住的,不是用来炒的"定位,正是彰显了对住房属性的理性科学认知。

(二)住房保障的概念与内涵

住房问题是世界各国在经济发展和城市化进程中面临的困扰之一。18世纪开始的工业革命带动了城市的繁荣发展,随着人口迅速向城市集中,除了高收入和部分中等收入家庭有能力依靠自身力量解决住房问题外,大部分中低收入家庭被迫居住在环境较差、条件较劣的地方,甚至面临无家可归的局面。鉴于此,各国政府在工业化和城市化进程中,普遍采取干预手段,通过实施倾斜性的住房政策,解决困难群体住房问题,从而产生了现代意义上的住房保障政策。

作为社会保障制度和住房政策的重要组成部分,一方面,住房保障是社会保障制度在住房领域内的具体实行,目的在于通过对困难群体的重点帮扶而保证所有社会成员住有所居;另一方面,住房保障也是住房政策的重要组成部分,是社会政策意义上的住房政策的主要体现。[①] 具体而言,住房保障是指在市场经济条件下,以政府为主导、各种社会力量共同参与,通过收入再分配承担解决中低收入阶层、住房困难群体以及其他特殊社会群体住房问题的责任,为民众提供多种形式的保障政策,以实现住有所居。住房保障不仅是作为供应准公共产品的政府职能的体现,还具有改善民生、防止贫富差距扩大、促进社会和谐稳定的政策导向作用。

[①] 一般而言,住房政策兼具经济政策和社会政策两种性质:经济政策性质主要体现在应满足居民住房需求而生的房地产业是国民经济体系中的重要产业,发挥着稳定经济增长的作用;社会政策性质主要体现在住房政策应当以维护社会公平为导向,保障困难群体的住房权益,确保住有所居。

二、住房保障理论基础

(一) 适足住房权理论

住有所居是一项基本人权。根据《世界人权宣言》,"人人有权享受为维持其本人和家属的健康及福利所需的生活水准,包括食物、衣着、住房、医疗和必要的社会服务"。住房权最早是从道德层面界定的,反映了人类对生存权利的基本诉求,侧重于住房的"有"与"无"。随着经济社会发展,人们不再满足于生存意义上的住房权,对住房的"质"与"量"提出了稳定的制度化和法律化要求,从而衍生出适足住房权的概念,意指"公民拥有能够获得并负担得起的适宜于人类居住的,有良好的物质设备和基础服务设施的,安全、和平和尊严地居住于其中,且不受歧视的住房权利"[①]。不同国家和地区对适足标准的界定千差万别,往往取决于社会、经济、文化、气候、生态及其他因素,通常需要将以下方面纳入考量:使用权的法律保障,服务、材料、设备和基础设施的提供,力所能及,乐舍安居,住房机会,居住地点,适当的文化环境。

根据适足住房权理论,首先,适足的住房权利适用于每个人,对该权利的享受不应受到任何歧视,对个人或家庭而言,不论其年龄、经济水平、社会地位、群体属性或其他因素如何,都有权享受适足的住房;其次,不论处于何种发展状态,各国都必须采取措施保障本国公民的适足住房权,尤其是应该优先考虑处境不利的群体,将健全和完善住房保障体系上升到平等实现公民社会权利的高度加以认识;最后,适足住房权之适足标准的动态性和区域差异性,决定了只有结合实际情况确定具体化的操作方案,将形式标准转化为实质标准,才能保障适足住房权的实现。

(二) 福利多元主义理论

根据福利多元主义理论,住房保障不仅是政府的责任,而且需要市场和社会组织协作发挥作用,共同保障公民居住权利的实现。为推动住房保障供应主体向多元化发展,政府既要采取住房供应、分配、补贴等一系列政策手段,弥补市场缺陷,为单纯依靠市场难以解决住房问题的中低收入家庭提供住房援助,以保障他们获得基本居住条件;还应鼓励企业、民间组织、社会工作者等多方力量介入。这样既可以避免因过分强调政府责任和忽视公民自身责任而导致的福利依赖,

---

① 《第4号一般性意见:适足住房权(《公约》第十一条第一款)》,https://www.humanrights.cn/html/2014/1_1008/1866.html,2022年10月21日访问。

也可以使其他组织分担福利的生产,从而缓解政府负担过重的危机。

需要说明的是,政府仍然是住房保障最重要的供应主体,对提供住房保障具有义不容辞的责任。强调福利多元主义并不意味着政府要从住房保障领域退出,而是说政府应当把握自身的责任边界。如果过度依赖私人市场和社会力量,住房市场将有可能向着过度金融化的方向发展,由此引发的房价上涨将使得居民住房可支付问题愈加突出。在这种情况下,实施福利多元政策尽管减轻了政府在住房领域的负担,却忽视了住房保障应重点关注的低收入群体,该群体反而因住房市场的不断繁荣而面临更大的住房困难,这其实和福利多元主义理论的初衷背道而驰。

(三)住房梯度消费理论

住房梯度消费是指消费者根据自身的年龄、收入、家庭等状况确定住房消费层次,满足住房需求。住房的高价性决定了住房消费的层次性和阶梯性,梯度消费即对这些特征的高度概括。从静态角度看,不同档次、价格的住房产品组合在一起形成了梯度住房产品体系,不同的社会阶层因为住房消费行为形成不同的消费群体,比如租房群体、刚需群体、改善群体、投资群体等;从动态角度看,梯度消费也体现为住房消费的循序渐进性,即随着收入提高,居民的住房消费行为也会不断升级,通常呈现租赁、购置首套房、购置二套改善房、购置多套投资性住房的演进过程。这种动态的住房梯度消费还和家庭生命周期密切相关,即消费者在家庭生命周期的不同阶段(单身期、家庭形成期、家庭成长期、家庭成熟期、退休期等)对住房的消费偏好和产品要求不同,且呈现周期性变化。

根据住房梯度消费理论,从宏观角度看,作为最重要的供给主体,政府应着力建立健全多层次住房保障体系,提供不同水准的住房保障产品,以满足不同收入水平、消费能力和社会阶层的保障对象的住房需求,并将中低收入家庭作为住房保障的重点对象,以保证社会和谐稳定发展;从微观角度看,不应忽视家庭随着生命周期演进而不断变化的住房梯度需求,尤其是随着组建家庭和子女出生而发生的购置自有住房的需求,在促进租购同权、鼓励住房租赁的同时,为确有必要的住房购置行为提供支持,从而实现对家庭的动态住房保障。

(四)资源配置理论

政府与市场都有资源配置的功能,但各有主导的作用领域。住房总体上属于私人产品,但住房保障具有准公共产品的性质。市场主体从经济利益出发,一般不愿意在可支付住房建设方面进行投资,因此仅仅依靠市场机制无法解决中低收入群体的住房困难问题,这就要求政府出面对市场进行干预。而政府纠正住房领域市场失灵的一个主要办法就是向社会提供住房保障,因此各国政府几乎都把解决中低收入者的住房问题列为重要的施政目标之一,通过向居民提供福利保障性住房以及发放各种形式的住房补贴,来纠正市场失灵并维护居民的居住权。

强调政府的责任并不是要求政府对市场过度干预或过度提供住房保障,而是说政府应当正确处理住房保障与市场的关系。政府对市场的过度干预会抑制经济增长,严重降低经济效益;政府干预不足同样会导致经济停滞不前。总体而言,在我国收入分配呈现分化且住房市场运行规范性有待提高的情况下,我国的住房保障仍有很大欠缺,因而进一步加大住房保障力度并加强政府对住房市场的宏观调控,让政府在合理的制度设计基础上,通过一定的公共财政投入,保障低收入群体获得作为生活必需品的住房是非常必要的。作为一项政策性、社会性强,涉及面广的系统工程,住房保障领域的制度构建需要充分考虑住房保障需求状况和财政支付能力,形成保障水平的层次性和保障手段的多元化格局。

三、住房保障分析框架

基于上述理论,围绕住房保障的相关议题可以凝练为"何主体基于何种目的、以何种形式向何对象提供住房保障",因此,对住房保障的分析需要囊括住房保障的主体、对象、目的和形式四个元素,分别反映了住房保障的供应能力、覆盖范围、价值取向和配置方式。

(一)住房保障主体

住房保障主体反映了对住房保障责任归属的认定。作为对适足住房权的维护,住房保障的竞争性与排他性程度均较低。市场主体不愿意也无法单独提供住房保障,政府自然而然地就成为住房保障的责任主体。然而,根据福利多元主义理论及政府与市场关系理论,单纯依靠政府力量无法高效解决住房供给不足的问题,所以住房保障需要其他市场和社会主体的适度参与。因此,在划定住房保障的主体时,需要在明确政府住房保障责任及其在构建住房保障供应体系中的角色的基础上,引入多主体力量共同参与。

(二)住房保障对象

作为社会保障制度的组成部分,住房保障旨在满足社会成员的基本住房需要。一般而言,随着经济发展和社会进步,住房保障理念将经历从选择性保障向普惠性保障的变迁,对何为"住房困难"的认识将日益宽泛,住房保障的覆盖范围将逐渐扩大,不仅涉及中低收入住房困难群体,一些中等收入群体也将被纳入。

尽管如此,住房保障终究只是政府通过国民收入再分配对社会成员进行住房扶持的一种方式,其保障范围和保障力度始终受政府财政状况的约束,因而住房保障首先还是应着眼于解决低收入群体的住房困难问题,然后再考虑将住房保障覆盖的对象范围扩大。

(三) 住房保障目的

住房需求既可以通过购买也可以通过租赁得到满足,由此也形成了家庭住房产权的两种形态,即自有和租赁。租赁住房仅能提供基本的居住条件,而自有住房除了能解决居住问题外,还是家庭财富的重要载体。在住房自有文化充斥的社会背景下,住房自有既有可能通过提高居民的生活控制感和获得感而对其健康和幸福感等多维福祉产生积极效应,亦有可能使非理性的自有住房家庭因无力偿还抵押贷款而陷入困境。因此,基于住房梯度消费理论,随着住房保障覆盖范围的扩大,应当通过有效的政策引导促使家庭在租购之间做出理性选择。住房保障的基础在于保障居民的基本居住权,同时也应为居民获得自有产权住房的理性需求提供支持。

(四) 住房保障形式

住房保障的具体形式可分为实物保障和货币保障两类。其中,实物保障是指政府或其他主体将通过各种途径获得的房源以配售或配租的形式供应给保障对象。货币保障是指政府或其他机构通过发放货币补贴或给予其他货币型优惠以支持保障对象在市场购买或租赁住房。两类保障形式各有优缺点,反映了不同的资源配置思维。实物保障的优点在于能够帮助住房困难家庭快速解决居住问题,提供与建设实物住房相关的就业岗位;缺点在于房源供应成本较高,带来较重的财政负担,且在分配、日常管理、退出等环节易因缺乏监管而产生资源配置扭曲。货币保障的优点在于能够充分发挥市场配置资源的作用,效率较高;缺点在于补贴标准制定和补贴资金监管等方面容易产生管理漏洞。

第二节 住房保障的国际经验

一、住房保障理念及特点

作为一项重要的制度安排,住房保障体系的构建和发展始终与各国政治、经济和社会的变迁相伴而生,通常植根于所在国家的政治体制、经济条件和文化传统,并被嵌入福利国家的概念中加以分类和理解。住房、社会保障、医疗和教育一道被视为福利国家的四大支柱[1],国家应当承担保障其公民享有上述基本福利的责任。尽管如此,相比其他三大支柱,围绕住房保障的争论无论在学术界还是在实践中都更为激烈,既有观点认为"住房是福利国家中一根摇晃的支柱"[2],也有学者认为"住房保障是西方福利国家最关键的政策内容"[3]。

根据比较住房政策领域的既有研究,可以将当前世界部分国家的住房保障模式划分为以下六种:自由主义模式、大陆法团主义模式、社会民主主义模式、地中海家庭模式、中东欧转型国家模式以及东亚模式。这些模式之间的核心差异在于对政府、市场、社会和家庭等福利供给主体在住房保障中责任边界的划分,由此所塑造的差异化的住房保障理念,使得各国在住房保障目标、覆盖范围、政策工具等方面各具特点,具体如表18-1所示。在此基础上,以下将重点介绍美国、德国、荷兰、瑞典和新加坡等代表性国家的实践,梳理和概括关于住房保障顶层设计和具体政策的国际经验。

表18-1 世界部分国家的住房保障模式

社会福利模式	住房保障理念及特点	代表性国家
自由主义模式	强调市场机制在住房资源配置中的作用,推崇住房的资产属性和个人主义导向,住房保障具有救济色彩;公共住房领域保持相对有限的政府投入,被定位为市场的安全网,严格审查对象资格,仅满足"最需要住房"而又缺乏支付能力的弱势群体的临时需求;社会住房水平较低	美国、英国
大陆法团主义模式	市场机制与政府干预并存,倾向于发挥市场在住房供应中的基础性作用;强调普遍的住房权利保障以及国家对此的法定社会责任;公共住房领域保持有限的政府投入;社会法团深度介入住房权利保障;社会住房水平很高	德国、法国、荷兰、比利时、奥地利

---

[1] Jim Kemeny, "Comparative Housing and Welfare: Theorising the Relationship," *Journal of Housing and the Built Environment*, Vol. 16, 2001, pp. 53-70.

[2] Ulf Torgersen, "Housing: The Wobbly Pillar under the Welfare State," *Scandinavian Housing and Planning Research*, Vol. 4, 1987, pp. 116-126.

[3] Tony Fahey and Michelle Norris, "Housing in the Welfare State: Rethinking the Conceptual Foundations of Comparative Housing Policy Analysis," *International Journal of Housing Policy*, Vol. 11, 2011, pp. 439-452.

（续表）

社会福利模式	住房保障理念及特点	代表性国家
社会民主主义模式	市场机制与政府干预并存，以政府配置住房资源为主；强调建立全面完善的住房保障体系；公共住房领域保持较高比例的政府投入；社会法团作为国家力量的补充；社会住房水平较高	瑞典、丹麦、挪威、芬兰
地中海家庭模式	以市场机制为主，政府干预力度不大；强调有限的住房权利保障以及家庭在其中的责任；公共住房领域的政府投入水平较低；社会住房水平较低	意大利、西班牙、葡萄牙、希腊
中东欧转型国家模式	向市场机制过渡，政府干预较少；住房权利保障意识较为模糊、保障能力较弱；公共住房领域的政府投入水平较低，延续了计划经济体制下的制度遗产；社会住房水平非常低	波兰、捷克、斯洛伐克、匈牙利
东亚模式	奉行生产主义导向，住房部门附属于国家经济发展需要，政府对住房领域实施强力干预，通过鼓励住房自有以支持较低的国家福利水平，家庭扮演重要角色	新加坡、日本

二、住房保障顶层设计

（一）制度建设

制度建设是住房保障可持续发展的重要基础。各国在建立和完善住房保障体系的过程中，普遍重视通过立法明确住房保障事业的发展重点，将其作为制定具体政策的权威性、基础性参照。同时，各国也强调住房保障领域制度建设的稳定性和延续性。

美国于1937年出台了第一部有关住房事务的法律——《联邦住房法》，之后陆续出台了《住房与城市发展法》《住房与社区发展法》《国民可承担住宅法案》《公房改革与责任法》《优质住房与工程责任法》等法律，为公共住房建设和解决管理中的一系列问题提供配套法制保障。此外，为增强中低收入居民在住房市场上的购买能力，支持其获得自有住房，美国还相继推出《住宅抵押贷款法》《税收改革法》《无家可归者资助法》等法律来推行一系列支持性政策。

德国政府奉行租购中性的住房政策取向，以完备的社会住房体系和发达稳定的住房租赁部门而被许多国家视为学习的典范。以《民法典》的相关精神为基础，德国构建了完善的住房保障法律体系，覆盖房屋建设、补贴分配及后期管理等全过程。1950年,为应对战后住房短缺的严峻局面,德国颁布第一部《住房建设法》,规划建设保障性住房;1956年,第二部《住房建设法》颁布,试图采取补贴方式促进私人购买住房。其后,随着经济社会形势不断变化,德国适时出台《住房现代化促进法》《住房改造法》《住房租赁法》《住房供给补贴法》《住房货币补贴改革法》《租金水平法》《住房补助金法》等法案,对社会保障性住房供给、中低收入房租补贴、规范租赁市场和私有住房等住房保障的诸多方面做出规定,为德国稳定的住房保障政策提供了法制基石。

新加坡的住房建设与分配是以政府主导的方式进行,该国政府于1964年推出"居者有其屋"计划,并依据国情特点制定了分阶段大规模建设公共组屋计划。为配合计划实施,新加坡通过立法建立了完善的住房法律法规体系,相继颁布《中央公积金法》《建屋与发展法》《特别物产法》《土地征用法令》《中央公积金修正法令》等,明确了政府发展住房的目标、方针及政策,确立了承担政府组屋建设、分配和管理职能的专门法定机构,规定了政府为公共组屋建造征用土地并调整被征用土地价格的权力,规范管理和使用公积金储蓄行为,为实现居者有其屋目标提供了法律保障。

(二) 管理机构

为保证住房保障体系的正常运行,各项法律法规得以充分贯彻,各项具体政策得以顺利实施,各国着力构建完善的住房保障管理体制,负责规划、解决本国住房问题。

美国的住房保障管理体制呈现多层次特征。在联邦政府层面,1934年美国政府成立联邦住房管理局,专门负责稳定住房业。1965年成立住房和城市发展部,作为内阁的组成部门之一,负责管理住房提供和社区发展援助计划,并致力于确保所有人享有公平和平等的住房机会,联邦住房管理局成为其下属机构。美国有联邦国民抵押贷款协会、政府国民抵押贷款协会、联邦住房贷款抵押公司三家具有政府色彩的住房贷款证券化经营机构,在贷款二级市场运作,为购房者提供抵押贷款保险与资金,对抵押贷款支持证券提供担保。此外,美国退伍军人事务部专门为退伍军人及其家属的住房抵押贷款提供保险,支持金融机构向其发放贷款。在地方层面,各地设有公共住房委员会,负责低收入家庭的公共住房建设和管理,住房和城市发展部向这些地方机构提供资金支持,以及公共住房项目规划、开发、管理等方面的技术和专业指导。

德国住房保障管理机构规划合理、责任清晰。联邦、州与地方三级政府围绕社会住房事务各司其职、分工协作:联邦政府负责制定法律法规和具体政策,明确政策框架,提供财政支持;州政府参与政策框架制定,确定本地区发展目标,提供财政及其他融资支持;地方政府负责用地供应、项目审批、准入审核和租金水平的确定等具体事宜。在地方政府层面,部门之间相互配合。以法兰克福为例,当地规划局负责制定住房建设、保障计划并提供住房保障资金,住房局则负责公共福利住房申请人资格审查,房屋分配、维护和修缮,法律咨询和服务等事宜。此外,德国还有住房合作社和住房信贷协会。其中,前者自1847年成立至今已发展成为机制完善、高效运行的机构,在配合政府实现住房保障政策目标方面发挥着不可替代的作用;后者主要负责经营住房储蓄和住房贷款业务,分为仅服务于所在地的公营和可以跨地营业的民营两种。

在新加坡政府体系中,国家发展部是城市规划、市区建设、公共工程和城市其他建设的主管部门,下辖的市区重建局和建屋发展局分别负责规划和住房发展。1960年开始运营的建屋发展局是新加坡住房体系的关键支柱,作为公共住房的开发、运营、分配管理机构,其基本职责是"向所有有住房需求的人提供有现代设施的体面居所",目前已成为新加坡最大的住房发展商和公共住房管理机构。1974年新加坡创建住房与都市发展公司,以支援建屋发展局,适应逐渐增加的中产阶级住房需求。在住房金融机构方面,成立于1955年的新加坡中央公积金局是依法成立的半官方性机构,尽管名义上隶属于劳工部,但在运营管理方面完全独立、自负盈亏,主要负责公积金归集、管理和增值等工作。

三、典型的住房保障政策

在明确住房保障指导思想和规划住房保障顶层设计的基础上,各国结合自身的传统、国情和经济社会发展状况,不断调整和发展住房保障举措,勾勒出丰富多样的住房保障政策体系,所运用的政策工具呈现层次性、多样性和包容性等特点。表18-2是根据具体指向和适用类型对相关政策工具的概括。

表18-2 典型的住房保障政策

政策类型	产权型保障	租赁型保障
供给端政策	激励各类主体扩大房源供给—— 产权安排:实施共有产权住房政策等 土地优惠:无偿供应土地或提供补贴型土地 财政补贴:提供赠款或税收减免 融资支持:提供融资担保或优惠信贷	激励各类主体扩大房源供给—— 土地优惠:无偿供应土地或提供补贴型土地 财政补贴:提供赠款或税收减免 融资支持:提供融资担保或优惠信贷

（续表）

政策类型	产权型保障	租赁型保障
需求端政策	支持购买首套自有住房的家庭—— 购房补贴：向购买面积不高于一定标准的中小套型住房的、收入水平低于一定标准的首次购房家庭提供一次性补助。 补贴型抵押贷款：政府机构提供优惠性抵押贷款或为商业抵押贷款提供补贴。 抵押贷款担保：政府机构为购房者申请商业抵押贷款提供担保。 贷款利息抵扣个税：对个人纳税人购买其主要居所给予减税或税收抵免 支持陷入财务困境的自有住房家庭—— 贷款减免：对偿还抵押贷款及欠款进行补贴、允许推迟还款、抵押贷款再融资支持、抵押贷款转租金等	支持市场租赁住房的家庭—— 租房补贴：向保障家庭提供租房补贴，以覆盖租金、水电费和服务费用等支出。 租金管制：对住房市场租金进行适度干预，保障租户群体的权益。 租金减税：对个人纳税人在市场租赁的租金支出进行减税或税收抵免

（一）供给端的政策实践

在供给端，各国面向保障对象供应的具有保障性质的住房的特点主要有：基于成本定价，以低于市场价格提供，根据特定规则而非市场机制进行分配，以满足保障对象的基本居住需求为目的。为了确保保障性住房的有效建设、供应、维护和管理，各国实施了一系列包括土地、融资、财税等在内的支持政策。

在土地支持方面，1966年新加坡政府颁布法令，规定政府有权征用私人土地用于建造公共住房。瑞典地方政府向市政住房公司提供免费市政用地供其建设公共租赁住房，向住房合作社提供低价土地供其建设共有产权住房。在荷兰，住房协会可以获得由地方政府提供的价格优惠的土地。

在融资支持方面，瑞典政府通过发放无息、低息贷款为市政住房公司建设公共租赁住房提供资金，地方政府有权以其财政收入为市政住房公司举债建设公共租赁住房提供担保。美国住房和城市发展部有针对性地提供低息贷款、保障政策型贷款等产品，支持私营房地产开发商或非营利组织建造公共住房；房利美、房地美等政策性住房金融机构向商业银行、房地产抵押贷款公司等一级市场的金融机构购买房地产抵押贷款，为这些金融机构提供流动性，支持其向由联邦住房管理局担保的开发商发放低息的公共租赁住房建设贷款。荷兰政府构筑金融安全网络,由社会住房担保基金为住房协会从银行贷款提供担保,获得担保的住房协会可以从银行获得低于市场利率10%的优惠贷款,中央住房基金则为遇到财务困难的住房协会提供补贴或无息贷款等支持。

在财税支持方面,德国对住房合作社给予其筹集资金的等量资金资助,并对合作社所建设的房屋提供一定的免税优惠。新加坡政府在公共组屋出售时除对购房者实行价格优惠外,还对建设单位亏损进行补贴。此外,为激发住房租赁企业和私人房东参与国家的住房保障计划,积极向低收入群体提供租赁住房,各国普遍通过财税优惠政策提高租金收益率和规模经济回报,接受补贴政策的租赁住房租金水平及其面向的承租户收入水平都要在政策所限定的范围。以美国低收入家庭住房建设税收抵免计划为例,获得税收抵免和财政补贴的出租房源必须至少有40%的单元出租给那些低于都市区平均收入60%的住户。

(二) 需求端的政策实践

在需求端,各国的政策实践主要聚焦三类目标:一是为保障对象购买首套自有住房提供支持;二是为处于财务困境的自有住房家庭提供支持;三是为保障对象在市场上租赁住房提供支持。所实施的政策主要集中在财政补贴、税收减免、融资优惠、行政干预四个方面。

在财政补贴方面,美国政府自20世纪60年代先后推出租金援助计划、租金证明计划、租金优惠券计划等项目,其中租金优惠券已成为当今美国运用最广泛的住房补贴形式,纳入该计划的家庭可以持租金优惠券在全美范围内寻找房源。德国对租户提供的一般性住房补贴包括房租补贴和普通家庭住房花费补贴,确保受补贴家庭获得的实际补贴与物价和租金上涨幅度保持同步,生活水平不受通货膨胀冲击。瑞典对符合条件的退休人员、低收入多子女家庭等特定对象提供住房补贴。新加坡建屋发展局为购房者提供购屋津贴制度,主要包括额外公积金购屋津贴和特别公积金购屋津贴。

在税收减免方面,许多国家为家庭购买自有住房提供税收方面的优惠政策,最常见的是贷款利息抵扣个税。以美国为例,该政策可追溯到1913年。当时美国联邦政府设立个人所得税,列举抵扣项目包括所有类型和用途的个人贷款利息。1986年税收制度改革后,美国整体上不再允许个人贷款利息抵扣个税,但将住房抵押贷款利息作为例外。根据美国税法规定,家庭在使用住房抵押贷款利息抵扣个税时有若干限制,包括家庭必须选择列举抵扣,贷款必须用于家庭的主要或第二居所,可用于抵扣的利息对应贷款额度不超过100万美元,以及贷款用途限于购买、建设或永久性地修缮住房。

在融资支持方面,新加坡建立了覆盖面极广的住房金融体系,建屋发展局向首次购房者和购买改善型住房的家庭提供由政府补贴利率的住房抵押贷款,购房者也可以向中央公积金借首期付款和贷款。德国各州的政策性住房金融机构为中低收入家庭建、购房发放优惠利率贷款,以降低这些家庭的融资成本,起到了基础性住房融资的保障功能。此外,德国还建立了以"先存后贷、封闭运行、政府奖励"为特点的住房储蓄制度,根据与住房储蓄银行签订的储存合同,当储户存满储贷金额的一定比例后,即可获得贷款权。这种互助性的、封闭的和单一用途的存贷款体系独立存在,为解决中低收入阶层住房问题发挥了重要支撑作用。

在行政干预方面,主要是对社会住房与市场化住房实施租金管制,目的在于平衡出租人与承租人在住房租赁市场中的地位和利益。各国采取的租金管制政策在管制范围、对象、严格程度等细节上有所不同,但在内容上有很大共性,包括租金水平限制、租金调整限制、管制范围限制、租金争议解决四个部分。以对租金控制严格的德国为例,其使用的租金控制工具为"租金明镜",即以城市为单位,显示一个地方住房的平均、最高和最低租金的租金参照表。借助"租金明镜",租户可以很简单地发现自己的住房租金是否处于当地合理租金范围内。如果房东在租户租赁期间试图提高租金,必须遵循"租金明镜"和租赁法规的规定。如果拟提高的租金超出"租金明镜"限定的合理范围,房东还需向法院提起申诉。德国对租金上调的前提有明确规定,使用法律手段严惩"恶意涨租"行为,房东要上调租金,必须满足租金 15 个月未变,且目标租金不超过市政当局规定的或其他城市的大小、设施、质量、位置等条件相当的同类型住房的租金标准。

第三节　我国的住房保障

一、我国城镇住房体制变迁与住房保障特点

新中国成立以来,我国城镇住房体制经历的变革波澜壮阔。综合分析不同时期住房政策的指导思想、制度设计和实践现状,以改革开放启动和中共十八大为界,大致可以将住房体制变迁划分为三个阶段,即新中国成立至改革开放的福利住房分配时期,改革开放启动到十八大的以商品化为导向的住房市场化改革时期,再到十八大以来的以建立租购并举制度为导向的全面深化住房体制改革

时期。在制度变革的不同时期,住房保障在整个住房体系中的定位历经转变,呈现不同的特点,亦折射出经济社会发展演变的时代特征(见表18-3)。

表 18-3 我国城镇住房体制变迁及住房保障特点

阶段	城镇住房体制	住房保障特点
福利住房分配时期(1949—1978)	城镇住房供应体系由低租金公有住房主导,面向城镇居民或单位职工分配	租赁型住房保障对城镇居民和职工基本全覆盖,但保障水平很低,仅能满足简单的日常居住需要
住房市场化改革时期(1978—2012)	城镇住房体制改革以住房商品化为导向,从早期的双轨制逐渐过渡到实行完全的住房商品化	以经济适用房和廉租住房为主体的保障性住房供应长期短缺,住房保障覆盖范围较窄
全面深化住房体制改革时期(2012年至今)	面向住有所居目标,以建立多主体供应、多渠道保障、租购并举的新型住房制度为内容,全面深化住房体制改革	住房保障体系和住房市场体系并驾齐驱,住房保障覆盖范围不断扩大、保障形式灵活多样、保障水平日益提高

(一)福利住房分配时期(1949—1978)

新中国成立之初,我国总体上实行保护私房并规范租金管理的政策,私人拥有的房地产在各大城市的房地产中占很大比重。至20世纪50年代中期,随着社会主义改造的逐渐深入和以生产资料公有制为主要形式的社会主义经济制度的初步建立,对私有房产的社会主义改造被提上议事日程。

1956年1月18日中央批转中央书记处第二办公室《关于目前城市私有房产基本情况及进行社会主义改造的意见》,提出"加强国家控制,首先使私有房产出租完全服从国家的政策,进而逐步改变其所有制"。在具体形式上,除少数大城市对私营房产公司和一些大房主实行公私合营以外,绝大多数房产是国家经租,即凡是房主出租房屋的数量达到改造起点的,就将其出租房屋全部交由国家统一经营,包括统一租赁、统一分配使用和修缮维护,并在一定时期内付给房主原房租20%—40%的固定租金。1964年,国家房产管理局宣布我国基本上消灭了房屋租赁中的资本主义经营。

通过对私有住房的社会主义改造,国家实现对存量住房资源的控制。在此基础上,国家在基本建设框架下统一安排新建住房投资,实行福利化的公有住房实物分配体制。根据房屋所有权人和管理主体的不同,公有住房分为直管公房和自管公房两种类型。前者是由各级政府直接投资建设、由房地产管理部门直接进行管理的公房,属于全民所有制房产;后者是由国家机关、社会团体、企事业单位出资建造,由该单位自行管理的公房,属于集体所有制房产。

在该时期,公有住房被视为完全的福利品,因此,住房保障属于普惠式的全面保障。城镇居民或职工获得住房福利,通过支付少量租金获得对公有住房的承租权。尽管公有住房实物分配制度为住房严重短缺条件下快速解决无房居民的住房问题发挥了重要作用,且通过降低生产单位的人工成本确保了低工资制度的顺利运转;但由于国家几乎承担了公有住房投资、建设、分配、管理和维修的全部责任,住房的投融资机制严重扭曲。据统计,1952—1978年包括农村地区在内的住房总投资仅占同期基本建设投资的7.5%,仅占GDP的0.7%。公有住房建设匮乏及维护不善使得这一时期的普惠式住房保障水平非常低,至20世纪70年代末,各大中城市普遍面临住房紧缺、分配不均且质量低劣的局面,190个城市的人均居住面积仅为3.6平方米。

(二)住房市场化改革时期(1978—2012)

为扭转住房问题严重影响城镇居民正常生活和工作的不利局面,住房制度改革大幕随着改革开放的启动同步拉开。1978年9月,中央召开的城市住宅建设会议传达了邓小平的一次重要谈话,"解决住房问题能不能路子宽些,譬如允许私人建房或者私建公助,分期付款。把个人手中的钱动员出来,国家解决材料"[①]。1980年4月,邓小平发表关于建筑业和住宅问题的谈话,指出"城镇居民可以购买房子,也可以自己盖,不但新房子可以出售,旧房子也可以出售,可以一次付款,也可以分期付款"。这两次谈话为住房制度改革指引了方向。1980年6月,中共中央和国务院批转《全国基本建设工作会议汇报提纲》,正式宣布将实行住房商品化的政策,提出个人可以新建、购买、拥有住房。事实上,住房商品化政策的执行不是一蹴而就的,而是经历了从初期的双轨制过渡到完全的住房商品化。

在改革之初,随着全价出售、"三三制"补贴售房等旨在推动公房出售的改革实践在多地展开,"住房靠国家分配"的老观念得到扭转。1986年1月,国务院住房制度改革领导小组成立,并于1988年印发《关于在全国城镇分期分批推行住房制度改革的实施方案》,将住房制度改革作为社会主义经济体制改革的重要

---

① 贾康、刘军民:《邓小平讲话拉开改革序幕》,《文摘报》2007年11月1日。

组成部分予以推进。1991年6月,国务院发布《关于继续积极稳妥地进行城镇住房制度改革的通知》,同年10月,国务院转批国务院住房制度改革领导小组起草的《关于全面推进城镇住房制度改革的意见》,均提出要有计划有步骤地提高公有住房租金,对于按照市场价格购买的公房,购买者拥有全部产权。1994年7月,国务院发布《关于深化城镇住房制度改革的决定》,构建了关于住房制度改革的综合性框架,提出建立包含面向中低收入人群的保障性住房和面对高收入家庭的商品房的住房供应体系以及住房公积金制度。

1998年7月,国务院下发《关于进一步深化城镇住房制度改革加快住房建设的通知》,要求彻底停止住房实物分配,宣告形成于计划经济时期的福利住房分配的结束。1999年8月,建设部发布《关于进一步推进现有公有住房改革的通知》,要求各地进一步明确可出售公有住房和不宜出售公有住房的范围,并指出,凡属各地房屋管理部门直管的成套公有住房,除按规定不宜出售的外,均应向有购房意愿的现住户出售。2003年8月,国务院下发《关于促进房地产市场持续健康发展的通知》,指出"房地产业关联度高,带动力强,已经成为国民经济的支柱产业",并提出"逐步实现多数家庭购买或承租普通商品住房"的住房供应目标。

在住房商品化完全确立的过程中,尽管最初设计了以经济适用住房为主的多层次城镇住房供应体系,即"最低收入家庭租赁由政府或单位提供的廉租住房;中低收入家庭购买经济适用住房;其他收入高的家庭购买、租赁市场价商品住房",但这一基调随着2003年提出"逐步实现多数家庭购买或承租普通商品住房的住房供应目标"而扭转。自此以后,经济适用住房、廉租房等保障性住房建设没有得到中央和各级地方政府的充分重视。直到2007年,国家开始重新审视住房供应体系结构,调整住房制度改革工作重心,力图重构保障性住房体系。当年8月,国务院发布《关于解决城市低收入家庭住房困难的若干意见》,指出建立健全以廉租住房制度为重点、多渠道解决城市低收入家庭住房困难的政策体系是政府公共服务的一项重要职责。2008年3月,"抓紧建立住房保障体系"作为一项独立内容被写入政府工作报告,标志着城镇住房制度改革从"重市场、轻保障"阶段迈向"保障和市场并重"阶段。

在这一时期,经济适用住房和廉租住房分别是产权型和租赁型住房保障的主体形式。其中,经济适用住房是指政府提供政策优惠,限定套型面积和销售价格,按照合理标准建设,面向城市低收入住房困难家庭供应,具有保障性质的政策性住房;廉租住房是指政府和单位在住房领域履行社会保障职能,向具有城镇常住居民户口的最低收入家庭提供的租金相对低廉的普通住房。尽管二者在保障相关群体住房方面发挥了一定的作用,但随着时间的推移,政策本身的缺陷逐渐显现。首先,能否享受经济适用住房和廉租住房保障往往以是否具有本地户籍为前置条件,使得广大外来人口被排斥在城镇住房保障体系之外;其次,两类保障性住房均由政府进行投资建设,中央提供的建设资金有限,地方政府缺乏按规定从住房公积金增值收益及土地出让净收益中安排资金的积极性,导致各地保障性住房建设迟缓;再次,经济适用住房保障定位笼统、对象模糊、范围偏大,巨大的套利空间滋生寻租现象,加之经济适用房价格对于真正的低收入群体而言仍然偏高,导致较为明显的福利错配现象;最后,廉租住房建设选址往往缺乏科学规划,大都远离市区和就业集中地,导致保障群体面临职住分离困难。

(三) 全面深化住房制度改革时期(2012年至今)

十八大以来,在中国特色社会主义进入新时代的背景下,我国住房保障事业步入崭新发展阶段。2013年10月,中共中央政治局就加快推进住房保障体系和供应体系建设进行集体学习,指出要处理好住房发展的经济功能和社会功能的关系,构建以政府为主提供基本保障、以市场为主满足多层次需求的住房供应体系。2015年中央经济工作会议首次明确以满足新市民住房需求为主要出发点,以建立购租并举的住房制度为主要方向。2016年中央经济工作会议提出要坚持"房子是用来住的,不是用来炒的"的定位,加快研究建立符合国情、适应市场规律的基础性制度和长效机制。2017年党的十九大报告提出,加快建立多主体供给、多渠道保障、租购并举的住房制度,让全体人民住有所居,指明了深化住房制度改革的主要方向。

其中,多主体供给中的主体包括政府以及用人单位、非营利机构、房地产开发商等市场和社会主体,换言之,政府除了直接投资建设公共租赁住房、共有产权房等保障性住房外,也鼓励其他主体提供可负担得起的住房。多渠道保障指的是管理层面上的保障手段,如拓宽资金筹措渠道,优化住房保障资金在中央和地方政府之间的分担结构,改进住房保障运行管理模式,完善土地供应、税费减免等各项政策等,其最终目的是集中力量确保主体任务的推进与完成。租购并举核心在"并",只有打通买卖市场与租赁市场的关系,租赁房源才能有所保证。十八大以来,中央关于住房问题确定的一系列新理念新思想新战略为形成新时代的城市住房保障理论提供了指南,其思想精髓是:通过住房保障制度建设,维护社会公平正义和最广大人民群众的根本利益,让改革和发展的成果更好地惠及全体人民,最终实现共同富裕。

二、新时代我国住房保障体系

(一)住房保障体系概览

2021年7月,国务院办公厅印发了《关于加快发展保障性租赁住房的意见》,对中国特色社会主义进入新时代后的住房保障体系做出顶层设计,提出"加快完善以公租房、保障性租赁住房和共有产权住房为主体的住房保障体系"。尽管住房公积金制度没有被包含在内,但作为政策性住房金融的主要形式,其在支持城镇职工和灵活就业人员住房消费以及保障性住房建设方面都发挥了重要的资金支撑作用,亦是广义上住房保障体系不可或缺的组成部分。参照前文构建的对住房保障政策的分析框架,我国住房保障体系主要包含公共租赁住房、保障性租赁住房、共有产权住房及住房公积金制度(见表18-4)。

表18-4 新时代住房保障体系

保障类型	保障主体	保障对象	保障形式	保障目的
公共租赁住房	以政府为主	城镇住房、收入困难家庭	实物配租和货币补贴	租赁型、兜底型
保障性租赁住房	多主体	住房困难的新市民、青年人,不设住房和收入限制	以实物配租为主	租赁型、发展型
共有产权住房	政府	以本地户籍家庭为主,逐步过渡到常住人口	实物出售	产权型、发展型
住房公积金制度	单位和个人	城镇职工,逐渐涵盖灵活就业人员	货币补贴	政策性住房金融

(二)公共租赁住房

公共租赁住房是我国为完善住房保障体系,解决原有体系中"夹心层"群体[①]的住房问题而设置的一种限定建设标准和租金水平,面向符合规定条件的城镇

---

① "夹心层"群体是指不满足住房保障准入条件,也无法在商品房市场中满足自身住房需求的城市中低收入住房困难家庭。在原有的住房保障体系中,廉租房和经济适用住房一般只面向本地户籍群体,前者只面向最低收入群体,后者的价格对中低收入群体而言仍然较高,因此,廉租住房、经济适用住房和商品房三者之间不能实现衔接,形成数量庞大的"夹心层"群体。

中等偏下收入住房困难家庭、新就业无房职工和在城镇稳定就业的外来务工人员出租的保障性住房。

自2005年开始,公共租赁住房作为一种新的保障性住房类型,在厦门、深圳、常州和天津等多个城市出现。2009年3月,《政府工作报告》提出"积极发展公共租赁住房",系中央政府首次将公共租赁住房这一概念引入公众视野和政策议程。2010年6月,住房和城乡建设部等七部门联合发布《关于加快发展公共租赁住房的指导意见》,为公共租赁住房发展奠定了坚实基础。2011年,国务院办公厅发布《关于保障性安居工程建设和管理的指导意见》,明确指出大力推进以公共租赁住房为重点的保障性安居工程。2012年5月,住房和城乡建设部发布《公共租赁住房管理办法》,使公共租赁住房的建设和管理逐渐步入规范化轨道。2013年底,住房和城乡建设部、财政部、国家发展和改革委员会联合印发《关于公共租赁住房和廉租住房并轨运行的通知》,规定从2014年起,各地公共租赁住房和廉租住房并轨运行,并轨后统称为公共租赁住房,廉租住房从此退出历史舞台,公共租赁住房成为租赁型住房保障的主要形式。2016年5月,国务院办公厅发布《关于加快培育和发展住房租赁市场的若干意见》,将"基本形成保基本、促公平、可持续的公共租赁住房保障体系"作为培育和发展住房租赁市场的重要方面。

公共租赁住房主要面向城镇住房和收入"双困"家庭,一般由当地政府主管部门或受托管理机构在综合考虑保障对象的住房困难程度、收入水平、申请顺序、保障需求以及房源等情况的基础上,合理确定轮候排序规则,统一轮候配租。公共租赁住房保障实行实物配租或租赁补贴方式,其租赁补贴标准往往结合市场租金水平和保障对象实际情况合理确定。房源则通过新建、改建、收购、长期租赁等多种方式筹集,可以由政府直接投资,也可以由政府提供政策支持、社会力量投资。公共租赁住房的所有权人及其委托的运营单位应当负责公共租赁住房及其配套设施的维修养护,不得改变公共租赁住房的保障性住房性质、用途及其配套设施的规划用途,确保公共租赁住房的正常使用。

近年来,公共租赁住房领域逐渐暴露出一些不容忽视的问题,突出表现在多地出现"遇冷"现象。究其原因,主要在于以下两点:其一,尽管公共租赁住房的保障对象不再以本地户籍作为限制条件,对于收入的要求也有所放松,但本地户籍人口和外来人口所面临的申请门槛并不一致。根据一项对四十个城市公共租赁住房准入标准的定量分析,多数城市对本地人申请公租房的收入条件至少放宽到当地城镇居民人均可支配收入水平,对于外来人口则进一步附加工作、社保等严苛条件,且在城镇化水平更高的城市表现得更加明显,反映了城市所奉行的生产主义的"有用原则"①。其二,一些公共租赁住房项目选址不够合理,部分公租房房源存在位置偏远,且常常伴随着周围配套设施不够完善的问题。尽管公租房租金低于商品住房市场租金,但对于往往依靠城中村等非正规住房解决居住问题且对租金价格较为敏感的城市中低收入群体而言,公共租赁住房并不具备租金优势,特别是在通勤成本上升的情况下,入住公共租赁住房并不会降低生活成本。因此,公共租赁住房领域在选址建设、分配管理等方面还有一系列有待研究和解决的问题。

(三)保障性租赁住房

发展保障性租赁住房是在城市住房矛盾从总量短缺转为结构性供给不足的背景下作出的重要部署。经过近四十年的住房制度改革和房地产市场的蓬勃发展,住房领域发展不平衡不充分的现象有所显现。尤其是在人口净流入的大城市,对广大新市民、青年人而言,居高不下的商品住房价格令其在经济上难以承受,公共租赁住房等传统的保障性住房难以覆盖到该部分群体,住房租赁市场供应不足、供应结构不合理等问题使之只能租住在老旧小区、城中村、棚户区甚至违章建筑等非正规住房,居住质量无法保障。

保障性租赁住房确认成为国家战略经过了一系列过程。2020年11月发布的《中共中央关于制定国民经济和社会发展第十四个五年规划和二〇三五年远景目标的建议》,首次出现"扩大保障性租赁住房供给"的提法。2020年12月,中央经济工作会议重点部署解决好大城市住房突出问题,提出"要高度重视保障性租赁住房建设"。2021年3月,正式发布的《中华人民共和国国民经济和社会发展第十四个五年规划和2035年远景目标纲要》明确指出"以人口流入多、房价高的城市为重点,扩大保障性租赁住房供给,着力解决困难群体和新市民住房问题"。其后,保障性租赁住房政策进入落地实施阶段,住房和城乡建设部要求"十四五"期间,在新市民和青年人多、房价偏高或上涨压力较大的大城市,新增保障性租赁住房占新增住房供应总量的比例应力争达到30%以上;各大城市纷纷跟进提出保障性租赁住房的具体举措,北京、上海、广州、深圳等40个城市计划2021年内筹集建设93万套保障性租赁住房。2021年6月,《国务院办公厅关于

---

① 马秀莲、范翻:《住房福利模式的走向:大众化还是剩余化?——基于40个大城市的实证研究》,《公共管理学报》2020年第1期,第119页。

加快发展保障性租赁住房的意见》发布,对保障性租赁住房的目标内涵、功能定位、发展方式和支持政策等多方面都作了界定。

保障性租赁住房的提出体现了新的住房保障理念,为我国住房保障体系的完善注入了新的元素。相较于传统的保障性住房,保障性租赁住房在面向人群和功能目标上发生显著变化。具体而言,保障性租赁住房跳出了以往以户籍和收入作为条件确定保障对象的思路,而将侧重点放在符合条件的新市民、青年人等群体,是更广意义上的住房保障。将发展保障性租赁住房与推动新型城镇化进程相联系,反映了我国政府在住房保障领域已超越托底思维,越来越强调以人为本,看重住房保障在落实人的发展权利、提升人的发展能力方面所具备的不可替代的作用。

保障性租赁住房由政府给予土地、财税、金融等政策支持,包括完善土地支持政策、简化审批流程、给予中央补助资金支持、降低税费负担、执行民用水电气价格、加强金融支持等。同时鼓励充分发挥市场机制作用,引导多主体投资、多渠道供给,坚持"谁投资、谁所有",主要利用集体经营性建设用地、企事业单位自有闲置土地、产业园区配套用地和存量闲置房屋建设,适当利用新供应国有建设用地建设,并合理配套商业服务设施。其建筑面积以不超过 70 平方米的小户型为主,租金低于同地段同品质市场租赁住房租金,准入和退出的具体条件、小户型的具体面积由城市人民政府按照保基本的原则合理确定。城市人民政府还需建立健全住房租赁管理服务平台,加强对保障性租赁住房建设、出租和运营管理的全过程监督,强化工程质量安全监管。由于保障性租赁住房尚属新生事物,因此有许多亟待研究的相关问题。

(四)共有产权住房

与公共租赁住房和保障性租赁住房不同,共有产权住房属于产权型住房保障,是指政府提供优惠性政策支持,由建设单位按照有关标准开发建设,限定套型面积,销售价格低于同地段、同品质商品住房价格水平,限定使用范围和处分权利,实行政府与购房人按份共有产权,面向符合规定条件的中低收入住房困难家庭供应的政策性商品住房或保障性住房。

2007 年 3 月,江苏省淮安市提出城市拆迁中符合最低补偿标准的被拆迁家庭和拆迁补偿总额虽高于最低补偿标准但人均补偿额较低的低收入家庭,购买拆迁安置房时可与政府按 7∶3 的比例共同出资,即被拆家庭出资 70%、政府承担 30%,二者形成共有产权。2009 年 9 月,淮安市发布全国首个共有产权住房实施细则方案。2009年末,上海市开始在徐汇、闵行两区实施共有产权房试点。2013年北京也提出探索建设共有产权住房。2014年4月,北京市、上海市、广东省深圳市、四川省成都市、湖北省黄石市和江苏省淮安市被确定为全国共有产权住房试点城市。2017年9月,住房和城乡建设部印发《关于支持北京市、上海市开展共有产权住房试点的意见》,鼓励两市以制度创新为核心,结合本地实际,在共有产权住房建设模式、产权划分、使用管理、产权转让等方面大胆探索,力争形成可复制、可推广的试点经验。2019年1月,中共中央、国务院发布《关于支持河北雄安新区全面深化改革和扩大开放的指导意见》,指出在雄安新区构建的新型住房供给体系中,个人产权住房以共有产权房为主。截至2020年11月,有20多个城市结合各自经济发展水平和居民住房状况推出了共有产权住房政策或项目。

在产权型住房保障领域实施共有产权住房政策的目的主要有两个:一是避免重蹈经济适用住房、限价房套利行为频发的覆辙,政府和购房者共同分享共有产权住房的增值收益,也共同承担可能的贬值风险;二是逐渐增加的共有产权房供应能够改善住房供应结构,从而有助于抑制房价上涨和缓解部分中低收入家庭的经济压力。对于共有产权住房的价格,由政府投资建设的一般按成本价或略低于成本价确定基准价格;由市场主体或社会投资机构开发建设的按成本加微利的方式定价,利润率通常不超过3%。各地对于共有产权住房的申请条件也存在差异,以北京市为例,申请人应具有完全民事行为能力,申请家庭成员包括夫妻双方及未成年子女;单亲家庭申请购买的,申请人应当年满30周岁;申请家庭应符合本市住房限购条件且家庭成员名下均无住房,一个家庭只能购买一套共有产权住房。对于共有产权住房在政府与个人之间的产权分配,一般有3∶7或者5∶5两种比例。在共有产权住房的退出机制方面,根据各地规定,购买人随着收入增加,可以申请购买政府的部分产权,也可以在市场上出售其产权,出售所得按照个人与政府所拥有的产权比例分配;当购买家庭的经济情况有所改善,不符合规定的购买条件时,政府将对其产权部分收取市场租金,并不会强制购买者退回住房。

近年来,共有产权住房在多个城市成功试点并得到了进一步推广,但现阶段共有产权住房仍存在一系列问题亟待解决。首先,对于"共有产权"这一理念还未形成统一的认知框架,部分居民对共有产权住房的概念还不清楚,导致很多关键制度难以达到既定目标或者无法落实;其次,政策本身以及管理效率存在问题,和公共租赁住房等其他类型的保障性住房不同,截至目前,全国层面仍未出台统一的共有产权住房管理政策文本,各地对于共有产权住房的性质定位、覆盖对象、退出机制等关键问题的规定缺乏共识;最后,由于共有产权住房缺少相关管理规范,购房者违法违规使用住房的情况时有发生,使共有产权住房的保障作用大打折扣。

(五)住房公积金制度

住房公积金是指国家机关、国有企业、城镇集体企业、外商投资企业、城镇私营企业及其他城镇企业、事业单位、民办非企业单位、社会团体及其在职职工缴存的长期住房储金。住房公积金制度最早是1991年由上海市探索实践。1994年7月,《国务院关于深化城镇住房制度改革的决定》首次提出在全国全面推行该制度,要求所有行政和企事业单位及其职工按照"个人存储、单位资助、统一管理、专项使用"的原则建立住房公积金制度。1994年11月,《建立住房公积金制度的暂行规定》对住房公积金的定义、缴存、支付、使用及管理等内容进行规范。1999年3月国务院发布《住房公积金管理条例》并于2002年进行完善,标志着住房公积金制度正式进入法制化、规范化发展时期。2005年1月,建设部、财政部、中国人民银行印发《关于住房公积金管理若干具体问题的指导意见》,建议有条件的地方,城镇单位聘用进城务工人员,单位和职工可以缴存住房公积金;提出城镇个体工商户、自由职业人员可申请缴存住房公积金。2015年11月,《住房公积金管理条例(修订送审稿)》公开征求社会各界意见,提出将缴存范围扩至灵活就业人员。

住房公积金是现行住房保障体系中覆盖面最广、受益面最大的住房保障制度,具有普遍性、义务性、互助性、保障性、专用性和返还性的特点。其保障性主要体现在两个方面:第一,住房公积金制度的本质是通过资金筹集和运用,为居民家庭住房消费提供长期、稳定、充足的保障资金,并将资金进行合理配置以实现住房效用最优化;第二,自2008年以来,在中央政府的安排下,各地在优先保证职工提取和个人住房贷款、留足备付准备金的前提下,探索将住房公积金闲置资金和结余资金用于支持保障性住房建设,成为支持住房保障事业的不可或缺的资金来源之一。

住房公积金制度的建立和发展对于深化住房制度的改革,全面推进住房货币化分配,解决职工住房问题发挥了积极作用,但在缴存比例、缴存范围、提取和贷款程序、保值增值和监管等方面逐渐暴露出一些问题,甚至在全社会引发关于公积金存废的争论。"取消论"认为,取消公积金可以为企业"减负",由此节省的经营资金可以促进企业投资,释放的强制储蓄资金也将提振消费;公积金贷款在住房抵押贷款中的比例不高,具有较强的可替代性;公积金制度的覆盖面缺乏公平性,且不同行业、不同性质单位在缴存基数和比例方面存在较大的不平等;在大城市房价上涨的背景下,住房公积金贷款上限使缴存人难以得到有力支持,使得公积金制度缺乏效率;公积金管理中心行政化与运作市场化之间存在矛盾,导致治理存在缺陷。"保留论"则认为,由于中小微企业中实际缴纳公积金的比例很低,取消公积金对于其"降成本"不具有显著意义;取消公积金会弱化个人购房能力,并降低公积金对于保障性住房建设的支撑作用;公积金实际发挥着补充养老的功能,一旦缺少退休时一次性提取的住房公积金,将不利于退休人员的养老。2020 年 5 月,中共中央、国务院发布《关于新时代加快完善社会主义市场经济体制的意见》,明确了"改革住房公积金制度"的基本方向。如何针对上述争论开展系统性改革,仍是一个有待探索和研究的问题。

三、我国住房保障展望

(一) 取得的成就和存在的不足

新中国成立以来,特别是改革开放以来,我国住房事业取得巨大成就,建成了世界上最大的住房保障体系。住房保障的覆盖面不断扩大、标准不断提高,对保障社会公平、缓和社会矛盾、维护社会正义、满足公共利益、促进和谐发展起到了重要的推动作用。城镇居民人均住房面积从 1978 年的 6.7 平方米,提高到 2019 年的 39.8 平方米,41 年增长将近 6 倍。从 1994 年国务院决定深化城镇住房制度改革到 2007 年,全国共建设各类保障性住房 1000 多万套;2008 年大规模实施保障性安居工程以来,全国累计开工建设各类保障性住房和棚改安置住房 7800 多万套,有 2200 多万困难群众获得住房补贴,2 亿多困难群众的住房条件获得改善①,低保、低收入住房困难家庭基本实现应保尽保,中等偏下收入家庭住房条件有效改善。

尽管已经取得巨大历史成就,但我国当前的住房保障事业仍然存在不足,突出表现在以下方面:一是立法进程迟缓,至今没有出台有关住房保障的法律法规,各类规章或规范性文件对地方管理实践的指导效力存在欠缺;二是住房保障覆盖面仍然不高,不同社会经济属性群体在享受住房保障方面仍然面临一定程度的不平等,尤其是日益扩大的流动人口群体难以被住房保障政策惠及;三是住

---

① 《住房和城乡建设事业发展取得历史性成就》,http://www.scio.gov.cn/xwfbh/xwbfbh/wqfbh/44687/46680/zy46684/Document/1711598/1711598.htm,2022 年 9 月 29 日访问。

房保障领域的区域发展不均衡矛盾日益突出,一线城市和三四线城市分别因房价快速上涨和财力有限而面临较大的住房保障压力;四是住房保障管理制度和各项配套政策依然不健全。

(二)改革方向

1. 激励多主体共同参与住房保障供给

这意味着要正确处理政府与市场在住房保障资源配置中的关系,明确政府在住房保障体系建设与运行中的职责定位,政府职能由直接提供住房保障转向与提供政策支持和监管服务并举。政府一方面要掌握一定规模的住房保障实物量并通过发放住房补贴等方式直接参与住房保障供给,另一方面也要逐步加强行政指导和政策引导,围绕土地供应、信贷融资、财政补贴、税费减免等多个方面积极施策,培育从事和开展住房保障工作的市场主体和社会组织,从而形成以政府保障为主体,企业、社会组织、个体共同参与的住房保障多元供给模式,促进住房保障事业的健康可持续发展。

2. 确定住房保障覆盖的适度普惠水平

本着"尽力而为、量力而行"的原则,正确处理需要和可能的关系、住房保障和防止福利陷阱的关系。以建立适度普惠的住房保障制度为政策目标,依据经济社会发展水平和住房保障供给能力,做好住房保障对象选择和范围划定,因地制宜、因时而动确定普惠式住房保障的适度水平。在宏观层面逐步降低住房保障的获取门槛、提升住房保障的对象层次、扩大住房保障的覆盖范围,在微观层面建立住房保障准入和退出的动态机制,从而在提高住房保障总体水平的基础上优化住房保障需求匹配的精准度,使住房保障真正惠及不断扩展的目标群体。

3. 兼顾发展租赁型保障和产权型保障

在租赁型保障方面,合理区分公共租赁住房和保障性租赁住房两种保障类型的适用范围,以扩大保障性租赁住房供给为重点,对各地运行的各项政策性租赁住房保障进行整合,制定并落实各项租购同权政策,引导保障对象通过租住租赁房源解决居住问题。在产权型保障领域,以发展共有产权住房为重点,拓展共有产权的主体组合,发挥各类企事业单位参与住房保障供应的积极性,探索建立单位和个人共有产权的保障方式。把握城镇居民家庭从租赁到自有的产权转换客观需要,探索构建保障性租赁住房向共有产权住房转换的机制,从而破解租赁型保障和产权型保障的隔阂。

4. 打造灵活多样的住房保障实现方式

综合运用实物保障和货币补贴两类政策工具,打造灵活多样的住房保障实现方式。在实物保障方面,通过引入多主体参与,扩大保障性租赁住房的供给比例;完善共有产权住房、保障性租赁住房、公共租赁住房配租或配售机制;改善保障性住房房源质量,推动老旧房源和社区提质升级;优化房源选址,加强配套基础设施和公用设施建设,促进社会融合;加强保障性住房社区治理。在货币补贴方面,建立包括购房或租房补贴、优惠贷款、政策性住房金融、租金管制等在内的广义上的一揽子货币补贴工具体系,综合考虑补贴对象的收入变化、支付能力、补贴方式等客观因素,科学合理制定补贴范围和标准;优化完善住房公积金制度,加快探索灵活就业人员缴纳公积金,逐步实现住房公积金对城镇居民全覆盖。

5. 推进住房保障配套政策的调整完善

与建立共同参与、适度普惠、兼顾租购、灵活多样的住房保障体系相适应,围绕法制、土地、财政、融资、行政管理等领域实施配套改革,支撑住房保障事业快速健康发展。在法制方面,建立完善的住房保障法律法规,尤其是要尽快出台"住房保障法"及"住房保障法实施条例",使住房保障有法可依;在土地方面,优化保障性住房用地供应,加大实施利用集体经营性建设用地建设保障性住房的试点力度;在财政方面,构建政府财政投入为主,多渠道筹措保障性住房建设资金的投入机制;在融资方面,形成政府资金、社会资金、民间资本三位一体的住房保障融资体系;在行政管理方面,在住房保障领域深化放管服改革,制定和执行一套行之有效的监管体系,理顺各级政府部门的权责关系,从规划、建设、分配、流转等各管理环节对住房保障事务实施有效管理和监督,建立动态化、制度化的住房普查机制,为政策制定和调整提供定量依据。

关键词

住房保障　住房保障的国际经验　住房保障的中国实践

复习思考题

1. 如何构建住房保障的分析框架?
2. 住房保障模式有哪些?并尝试简述其理念及特点。
3. 我国当前实施的各类住房保障政策有何异同?
4. 如何评价我国的住房制度改革历程?

教师反馈及教辅申请表

北京大学出版社本着"教材优先、学术为本"的出版宗旨，竭诚为广大高等院校师生服务。为更有针对性地提供服务，请您认真填写完整以下表格后，拍照发到 ss@ pup.pku.edu.cn，我们将免费为您提供相应的课件，以及在本书内容更新后及时与您联系邮寄样书等事宜。

书名		书号	978-7-301-	作者	
您的姓名				职称、职务	
校/院/系					
您所讲授的课程名称					
每学期学生人数	_____人 _____年级			学时	
您准备何时用此书授课					
您的联系地址					
联系电话(必填)				邮编	
E-mail(必填)				QQ	
您对本书的建议：					

我们的联系方式：

北京大学出版社社会科学编辑室

北京市海淀区成府路 205 号, 100871

联系人：梁　路

电话：010-62753121 / 62765016

微信公众号：ss_book

新浪微博：@未名社科-北大图书

网址：http://www.pup.cn

更多资源请关注"北大博雅教研"